Tobias Kaiser

Wer darf
das Fernsehen besitzen?

Die Konzentrationskontrolle für das Fernsehen in
Deutschland und den USA

Tobias Kaiser

WER DARF DAS FERNSEHEN BESITZEN?

Die Konzentrationskontrolle für das Fernsehen
in Deutschland und den USA

ibidem-Verlag
Stuttgart

Bibliografische Information der Deutschen Nationalbibliothek
Die Deutsche Nationalbibliothek verzeichnet diese Publikation in der
Deutschen Nationalbibliografie; detaillierte bibliografische Daten sind im
Internet über http://dnb.d-nb.de abrufbar.

Bibliographic information published by the Deutsche Nationalbibliothek
Die Deutsche Nationalbibliothek lists this publication in the Deutsche Nationalbibliografie;
detailed bibliographic data are available in the Internet at http://dnb.d-nb.de.

Coverbild: Four colorful television sets isolated on white background © hemul75 # 9618491 /
www.istockphoto.com/

∞

Gedruckt auf alterungsbeständigem, säurefreien Papier
Printed on acid-free paper

ISBN: 978-3-8382-0087-3

© *ibidem*-Verlag
Stuttgart 2010

Printed in Germany

Meinen Eltern

Inhalt

Vorwort

„Ich schreibe über die Konzentrationskontrolle für das Fernsehen." Bei Gesprächen mit Freunden und Verwandten waren immer einige Sätze nötig, um zu erklären, worum es in meiner Doktorarbeit ging. Gelegentlich auch kleinere Vorträge. Lediglich Freunde und Bekannte aus Italien waren sofort im Bilde: Auf die Frage, woran ich arbeitete, konnte ich gerade noch das Thema nennen und zur inzwischen eingeübten Erläuterung anheben – und wurde meist schon an dieser Stelle unterbrochen. Ein tolles Thema sei das, spannend und relevant. Und natürlich mündeten diese Gespräche regelmäßig in Diskussionen über die Situation der italienischen Medien und die Politik von Silvio Berlusconi. Trotz des ernsten Sujets motivierten mich diese Gespräche, waren sie doch eine Vergewisserung, dass ich ein Thema von hoher demokratietheoretischer Relevanz verfolgte.

Wer lange an einem wissenschaftlichen Projekt gearbeitet hat, kennt die Furcht, allmählich das Gespür zu verlieren für die Relevanz des Themas außerhalb des eigenen Arbeitszimmers. Für mich war es daher geradezu ein Glücksfall, dass ausgerechnet wenige Monate vor Abgabe der Arbeit der Axel Springer Verlag ankündigte, das Fernsehunternehmen ProSiebenSat.1 übernehmen zu wollen. Bild, BamS und Glotze, mehr hatte Alt-Kanzler Gerhard Schröder einmal gesagt, brauche es nicht, um in Deutschland an die Regierung zu kommen. All diese Medien unter einem Dach, diese Vorstellung sorgte für Ängste, und die Berichterstattung war groß – nicht nur über die Pläne sondern auch über die Konzentrationskontrolle. Das plötzliche Interesse an meinem Untersuchungsgegenstand motivierte mich enorm – und ersparte mir bei sozialen Anlässen fortan ausführliche Erklärungen zum Thema meiner Arbeit. Ein Verweis auf die aktuelle Problematik genügte, und meine Gegenüber hatten das Gefühl, im Bilde zu sein.

Gleichwohl war der Kampf um ProSiebenSat.1 vermutlich die letzte Auseinandersetzunge dieser Art. Das digitale Zeitalter, in dem Grenzen zwischen

Mediengattungen verwischen und die Algorithmen einer einzigen Suchmaschine entscheiden, welche Internetseiten Nutzer überhaupt wahrnehmen, stellt die Medienregulierung vor neue Herausforderungen. Deshalb habe ich versucht, in meinen Ausführungen Mechanismen zu skizzieren, mit denen Pluralismus auch künftig gesichert werden kann. Ich hoffe, es ist mir gelungen.

Die vorliegende Arbeit basiert auf meiner Dissertation an der Ludwig-Maximilians-Universität München, die ich im Oktober 2006 eingereicht und vor der Drucklegung überarbeitet und aktualisiert habe. Sie konnte dank der Unterstützung entstehen, die ich von vielen Menschen während der Recherche und dem Verfassen erfahren habe. Für Rat und Hilfe in dieser Zeit bedanke ich mich.

Insbesondere danke ich Jonathan Levy, dem Stellvertretenden Chefvolkswirt der Federal Communications Commission (FCC) und Diego T. Ruiz, dem Stellvertretenden Leiter des Office of Strategic Planning and Policy Analysis der FCC dafür, dass sie mich bei der FCC in Washington D. C. herzlich empfangen haben und mit großer Offenheit und Geduld über Ziele und Herausforderungen ihrer Arbeit gesprochen haben.

Ein herzlicher Dank gilt meinen ehemaligen Vorgesetzten und Kollegen bei der Europäischen Kommission, die es mir ermöglicht haben, während meiner Arbeit im Grundsatzreferat der Generaldirektion Informationsgesellschaft und Medien ressortübergreifend an einer neuen europäischen Initiative zur Pluralismussicherung zu arbeiten. Die Erfahrungen diese Zeit sind in die vorliegende Fassung eingeflossen.

Ich danke Dr. Ferdinand Leikam für die wertvollen Diskussionen vor allem in der Konzeptionsphase des Vorhabens und Dr. Karsten Thiel, sowie den Teilnehmern des Oberseminars an der Ludwig-Maximilians-Universität für ihre Anregungen.

Meiner Mutter bin ich dankbar für das unermüdliche Korrekturlesen vor der Abgabe.

Herrn Prof. Dr. Edgar Grande danke ich dafür, dass er sich sehr schnell bereit erklärt hat, die Arbeit zu unterstützen und für die Erstellung des Zweitgutachtens.

Herrn Prof. Dr. Heinz-Werner Stuiber danke ich für die Betreuung der Arbeit und vor allem für den Vertrauensvorschuss, den er dem unkonventionellen interdisziplinären Projekt entgegengebracht hat.

Berlin im Januar 2010   Tobias Kaiser

1 Einleitung

Das Entstehen des Privatfernsehens in Deutschland Mitte der 1980er Jahre war vermutlich der größte Strukturbruch des deutschen Mediensystems seit dem Ende des Zweiten Weltkriegs. Mit dem Privatfernsehen wandelte sich die deutsche Fernsehordnung von einem rein öffentlich-rechtlichen System in ein gemischt privat/öffentlich-rechtliches System – mit erheblichen publizistischen und ökonomischen Konsequenzen. Durch die Zulassung des privaten Fernsehens entstand auch eine neuartige Notwendigkeit des Staates auf die Wettbewerbsordnung auf dem transformierten Fernsehmarkt Einfluss zu nehmen. Die Anforderungen an die staatliche Gestaltung gingen weit über die bekannten Formen der Wettbewerbsaufsicht, wie sie in Deutschland durch das Kartellamt wahrgenommen wurde, hinaus. Das Fernsehen ist in modernen Gesellschaften nicht nur meinungsbestimmender Einflussfaktor (Vgl.: Noelle-Neumann 1996), sondern das Leitmedium schlechthin. Daher unterliegt das Fernsehen besonderen gesellschaftlichen und politischen Anforderungen, die nach vorherrschender Meinung nach spezifischen Formen der Regulierung verlangen. Deshalb gingen die Privatisierung und Kommerzialisierung des Fernsehsektors einher mit der Etablierung neuer Formen der Regulierung, zu deren Zielen es auch gehörte, im Programmangebot Vielfalt zu schaffen und zu erhalten und eine übermäßige Konzentration von Meinungsmacht und deren Missbrauch zu verhindern. Der Fernsehsektor wurde so Teil einer allgemeinen Entwicklung hin zu einem Regulierungsstaat, wie er auch in anderen Infrastruktursektoren wie der Telekommunikation seit den 1980er Jahren zu beobachten ist.

In Westeuropa orientierten sich die Organisation der Regulierung wie auch die Regulierungspraxis häufig am Beispiel der USA. Dort hatte sich bereits zu Beginn des 20. Jahrhunderts eine Arbeitsteilung zwischen Staat und Wirtschaft etabliert, bei der die Privatwirtschaft öffentliche Güter bereitstellte während das öffentliche Interesse in Form staatlicher Regulierung geltend gemacht wurde. Mit der Zulassung privaten Fernsehens wurde dieses Modell in den 1980er Jahren nun auf den deutschen Fernsehsektor übertragen. So wurde nicht nur das deutsche Fernsehsystem strukturell amerikanischer; auch die Regulierung des neuen Privatfernsehens orientierte sich an den USA. Da die Vereinigten Staaten über die größte und längste Erfahrung mit der Regulierung des privaten Rundfunks verfügten, dienten bei der Einführung des privaten Rundfunks in Deutschland die Regeln und Institutionen der US-amerikanischen Fernsehregulierung teilweise als Blaupause für die deutsche Fernsehregulierung.

Heute, mehr als zwanzig Jahre nach der Zulassung der ersten Privatprogramme, sind der deutsche und der amerikanische Fernsehmarkt einander ähnlicher, als Mitte der 1980er Jahre; dies gilt in struktureller, ökonomischer und inhaltlicher Hinsicht (Vgl.: Wehmeier 1998; Buchwald 1999: 617f.; Wentzel 2002: 250f.). Angesichts dieser Konvergenz drängt sich die Frage auf, wie sich die Fernsehregulierung in beiden Ländern in den vergangenen beiden Jahrzehnten entwickelt hat. Haben sich auch die Regulierungsordnungen angenähert, oder haben sie sich auseinander entwickelt?

Um diese Frage zu beantworten, greift diese Arbeit einen zentralen Regulierungsbereich heraus: Die fernsehspezifische Konzentrationskontrolle. Die *fernsehspezifische Konzentrationskontrolle* umfasst primär all jene Vorschriften, die in den beiden betrachteten Ländern dazu dienen, eine Ballung von ökonomischer und publizistischer Macht bei Unternehmen der Fernsehbranche zu verhindern. Teil der fernsehspezifischen Konzentrationskontrolle sind darüber hinaus die mit diesen Vorschriften angestrebten Ziele, ihre Begründung und ihre Durchsetzung durch die entsprechenden Institutionen.[1]

Diese im weiteren Verlauf der Untersuchung aus Gründen der Lesbarkeit nur noch als *Konzentrationskontrolle* bezeichnete Form der Regulierung sollte aber nicht mit der wettbewerbsrechtlichen Konzentrationskontrolle verwechselt werden, die auf die Förderung des Wettbewerbs abzielt. Die Ziele der fernsehspezifischen

Konzentrationskontrolle sind vielmehr die Schaffung und der Erhalt von Vielfalt im Gesamtprogramm und das Verhindern einer übermäßigen Konzentration von Meinungsmacht und deren Missbrauch (Vgl.: Kübler 2002: 118). Dabei setzen die Regeln der Konzentrationskontrolle bei den Eigentumsverhältnissen im Medienbereich an und beschränken den Besitz an Medieneigentum wesentlich stärker als die Vorschriften des allgemeinen Wettbewerbsrechts.

In der vorliegenden Untersuchung soll die Konzentrationskontrolle in Deutschland und in den USA einer komparativen Analyse unterzogen werden. Dabei werden nicht nur die Regeln, Institutionen und Begründungen der Konzentrationskontrolle im Rahmen einer historischen Betrachtung untersucht, sondern auch die Regulierungs-Realität analysiert. So sollen Antworten darauf gefunden werden, inwiefern man von einer Konvergenz der Regulierungsordnungen sprechen kann. Mehr als 20 Jahre nach der Etablierung des dualen Rundfunksystems soll diese Untersuchung demnach auch aufzeigen, inwieweit die US-amerikanische Konzentrationskontrolle noch immer eine Vorbildfunktion erfüllt.

Eine solche Gegenüberstellung verspricht Erkenntnisse über den unmittelbaren Vergleich hinaus. Strukturelle Unterschiede der Wirtschaftsordnung, zu der auch die Regulierung gehört, werden in der Politikwissenschaft und der Wirtschaftsgeschichte zunehmend unter der Fragestellung untersucht, welche Faktoren für die Entstehung spezifischer Unterschiede verantwortlich sein könnten. Eine solche Analyse lässt Rückschlüsse über das Untersuchungsgebiet hinaus zu: Eine Medienordnung ist indirekt auch ein Abbild der jeweiligen Gesellschafts- und Wirtschaftsordnung (Vgl.: Wentzel 2002: 3), dabei spiegeln sich in der Konzentrationskontrolle auch Werte, historische und kulturelle Entwicklungen und politische Überzeugungen wider. Diese formenden Faktoren der Unterschiede und Gemeinsamkeiten der Konzentrationskontrolle in beiden Ländern zu isolieren, ist Ziel dieser Arbeit. Die beiden Leitfragen lauten dabei:

Was sind herausragende Gemeinsamkeiten der beiden Regulierungsregime? Was sind relevante Unterschiede?

Wie können diese Gemeinsamkeiten und Unterschiede erklärt werden?

Aufbau der Untersuchung

Die vorangestellten Leitfragen werden in dieser Untersuchung in vier Schritten beantwortet, die ihre Entsprechung in der viergeteilten Struktur der Arbeit finden:

Im ersten Teil werden grundlegende Konzepte erarbeitet und damit das theoretische und konzeptionelle Fundament für die darauf folgenden Teile gelegt. Zunächst wird dabei in Kapitel 2 das Konzept des *Regulierungsregimes* eingeführt, das als zentrales Instrument genutzt werden wird, um die Darstellung und den komparativen Teil der Arbeit zu strukturieren. Dazu werden auch der Begriff *Regulierung* analytisch erarbeitet sowie die Grundlagen der Regulierungstheorie knapp erläutert. In Kapitel 3 wird die spezielle Konzentrationskontrolle für das Fernsehen theoretisch und konzeptionell fundiert. Dazu werden die dafür zentralen Begriffe *wirtschaftliche Konzentration, publizistische Konzentration* sowie *(Meinungs-)Vielfalt* diskutiert und die Leitbilder der *Konzentrationskontrolle* beschrieben.

Der zweite Teil der Arbeit ist der analytischen Beschreibung der Situation in den USA gewidmet: Dabei wird zunächst in Kapitel 4 der Fernsehmarkt der USA dargestellt, dessen komplexe Strukturen nur durch eine detaillierte Darstellung zu erfassen sind. Für die Diskussion der US-Konzentrationskontrolle ist jedoch ein Grundverständnis der Mechanismen und Strukturen des Fernsehmarktes Voraussetzung. Auf die Betrachtung des Fernsehmarktes aufbauend wird im darauf folgenden Kapitel 5 die Konzentrationskontrolle für den US-Fernsehmarkt beschrieben und analysiert. Besonderes Augenmerk liegt hierbei auf den Begründungen für die spezielle Konzentrationskontrolle und deren Leitideen. Die Regeln und Mechanismen der Konzentrationskontrolle werden in ihrer historischen Entwicklung dargestellt – dadurch sollen neben dem Inhalt der Regeln auch längerfristige Entwicklungen und Tendenzen in der Konzentrationskontrolle dargestellt werden.

Im dritten Teil, der aus den Kapiteln 6 und 7 besteht, werden in weitgehender Analogie zum zweiten Teil das Fernsehsystem und die Konzentrationskontrolle für das Fernsehen in Deutschland eingeführt und analysiert. Auch hier werden in Kapitel 7 die Konzentrationskontrolle und ihre historische Genese diskutiert. Die Beschreibung der deutschen Situation ist knapper als die der US-amerikanischen, da zum einen größere Vorkenntnisse in Bezug auf die Strukturen des deutschen

Fernsehmarktes vorausgesetzt werden können und zum anderen die deutsche Konzentrationskontrolle eine weniger lange Historie und weniger Regeln als die US-amerikanische vorweist.

Die komparative Analyse der Konzentrationskontrolle in beiden Ländern findet im vierten Teil der Arbeit statt. Dort werden die regulatorischen Arrangements der Konzentrationskontrolle in den USA und Deutschland unter Berücksichtigung der beiden Leitfragen verglichen. Der Vergleich ist um drei Strukturmerkmale gruppiert, mit denen Regulierungsregime beschrieben werden können. Jedem der Merkmale ist eines der Kapitel 8 bis 10 gewidmet. Das Merkmal *Legitimität* umfasst die Begründung für die spezielle Konzentrationskontrolle, ihre (tatsächlichen) Gründe und ihre Ziele. *Form* beschreibt die Institutionen der Konzentrationskontrolle, ihre Verortung innerhalb des Staatsgefüges, ihre innere Organisation und fragt nach ihrer Autonomie und ihren Beziehungen zu anderen Staatsakteuren. Unter *Mechanismen* werden die Instrumente, Regeln und Entscheidungen der Konzentrationskontrolle in beiden Ländern verglichen

Die Untersuchung schließt mit einer Zusammenfassung der Untersuchungsergebnisse und der Beantwortung der beiden Leitfragen. Daran schließt sich eine auf den gewonnenen Erkenntnissen basierende Prognose darüber an, welche Entwicklungen bei der Konzentrationskontrolle in den USA und in Deutschland in den kommenden Jahren zu erwarten sind. Dabei wird auch eine Antwort darauf versucht werden, inwieweit bestehende Unterschiede zwischen der US-amerikanischen und der deutschen Konzentrationskontrolle angesichts potentiell nivellierender Kräfte wie der Verbreitung von Mehrkanaldiensten, des Internet, ökonomischer Prinzipien und konvergierender Fernsehsysteme weiter bestehen werden.

Methodik

Dem Gegenstand dieser Untersuchung entsprechend wurde eine deskriptiv-analytische Herangehensweise gewählt. Diese basiert vor allem auf einer historisch orientierten Beschreibung von Genese und Ausgestaltung der Rundfunksysteme beider Länder als auch der Ausgestaltung staatlicher Regulierung im Bereich der Konzentrationskontrolle. Darstellung und Analyse basieren dabei primär auf der Sekundäranalyse der vorhandenen wissenschaftlichen Literatur. Dabei verfolgt die

Untersuchung bewusst einen interdisziplinären Ansatz, der mit dem Untersuchungsgegenstand korrespondiert: Die Regulierung steht zwischen verschiedenen gesellschaftlichen Bereichen, denn sie vereint Elemente des Rechts, der Wirtschaft und der Politik. Daher verwundert es nicht, dass Regulierung das wissenschaftliche Interesse einer Vielzahl von Disziplinen geweckt hat; hervorzuheben sind hier Jura, Volkswirtschaftslehre, Politikwissenschaft, Soziologie, Geschichte, Psychologie und Betriebswirtschaftslehre, um nur einige zu nennen. Folgende Analogie formuliert anschaulich, warum eine Untersuchung der Konzentrationskontrolle – einer Form von Regulierung – nach einem interdisziplinären Ansatz verlangt:

> „If economists were to devise technically superb schemes of regulation these would come to little, if no heed was paid to the warnings of those political scientists and sociologists who point out reasons why, in the real world, those schemes will not produce the ends the economists anticipated (Baldwin und Cave 1999: 1)."

Aus diesem Grund werden in der vorliegenden Untersuchung Quellen und Konzepte aus den Rechtswissenschaften, der Politikwissenschaft, den Wirtschaftswissenschaften und der Geschichtswissenschaft einbezogen, um den Untersuchungsgegenstand möglichst differenziert zu erfassen und so die Leitfragen angemessen beantworten zu können. Diese Untersuchung unterstreicht damit auch den Anspruch der Kommunikationswissenschaft, durch ihr interdisziplinäres Vorgehen differenziertere und umfassendere Ergebnisse zu erzielen, als dies Einzeldisziplinen erreichen könnten.

Wegen der hohen Dynamik der untersuchten Materie betont diese Untersuchung bei der Herausarbeitung der Gemeinsamkeiten und Unterschiede der beiden Regulierungsordnungen grundlegende Eigenschaften der beiden Systeme. In den deskriptiven Abschnitten werden die Vorschriften der Konzentrationskontrolle zwar detailliert beschrieben – die komparative Analyse beschränkt sich jedoch auf zentrale Spezifika, um so grundlegende Herangehensweisen und Entwicklungen herauszuarbeiten. Davon erhoffe ich mir einen bleibenden heuristischen Wert dieser Arbeit über die nächsten Regeländerungen hinaus. Trotz des Bemühens um Ergebnisse mit längerfristiger Aussagekraft wurde dennoch darauf geachtet, in allen Teilen der Untersuchung auch den aktuellen Stand der Entwicklungen vom September 2006 wiederzugeben: Dazu gehören die versuchte Übernahmen der

ProSiebenSat.1 Media AG durch die Axel Springer AG, die Einstellung von zwei US-Networks im September 2006 und der im Juni 2006 begonnene Konsultationsprozess zur Neuformulierung der US-Konzentrationskontrolle. Weil in der vorhandenen wissenschaftlichen Literatur ein Teil der Entwicklungen der vergangenen Jahre noch nicht aufgearbeitet wurde, verwende ich zusätzlich zur vorhandenen Literatur Artikel aus Zeitungen, Fach- und Publikumszeitschriften. Dabei habe ich mich bemüht, Quellen zu verwenden, die als weitestgehend verlässlich eingestuft werden können, wie etwa *The New York Times* oder *The Economist*. Eine weitere Leistung dieser Arbeit wird daher auch in der wissenschaftlichen Aufbereitung von noch nicht untersuchten Entwicklungen bestehen.

Für diese Arbeit wurden außerdem im Mai 2006 zwei ausführliche Interviews mit Vertretern der FCC in Washington geführt: Jonathan Levy ist *Deputy Chief Economist* der FCC und Diego T. Ruiz ist *Deputy Chief* des *Office of Strategic Planning and Policy Analysis* der FCC.

Forschungsstand und Quellenlage:

Die vorliegende wissenschaftliche Literatur hat sich mit der Konzentrationskontrolle bereits intensiv beschäftigt, allerdings häufig aus sehr spezifischen disziplinären Perspektiven. Das gilt auch für komparative Darstellungen der fernsehspezifischen Konzentrationskontrolle: So sind allein in Deutschland in den vergangenen zehn Jahren eine Reihe von einschlägigen rechtsvergleichenden Monographien erschienen, die sich nur der Medienkonzentration widmen oder die Medienkonzentration im Rahmen eines allgemeinen Vergleichs des Rundfunkrechts behandeln. Die Mehrzahl der Werke beschränkt sich dabei jedoch auf einen Vergleich der europäischen Systeme; darunter sind vor allem Holznagel (1996)[2], Schellenberg (1997)[3] und Mailänder (2000)[4] hervorzuheben, die sich durch eine besondere Breite und Tiefe der Darstellung und Analyse auszeichnen.

Die vorliegende Untersuchung unterscheidet sich von den aufgeführten Werken dadurch, dass sie die Konzentrationskontrolle in den USA mit einbezieht, wo mit den so genannten *Ownership Rules* die erste einschlägige Regulierung dieser Art geschaffen wurde. Zwar existieren zwei rechtsvergleichende Monographien neueren

Datums: Bender 1997[5] beschränkt sich allerdings auf einen Vergleich der Regeln zur Eindämmung der intermediären Verflechtung, der so genannten *Cross-Ownership-Regeln*, und umfasst damit nur einen Teilaspekt der Konzentrationskontrolle. Die Darstellung von Kühn (2003)[6] besteht vor allem in einer Gegenüberstellung der Rechtsmaterie. Zudem liegt eine einschlägige Aufsatzsammlung – Blaurock (2002)[7] – vor, in der es allerdings vorrangig um das Verhältnis von Wettbewerbsrecht und Rundfunkrecht in beiden Ländern geht.

Gemeinsam ist den bisher aufgeführten Darstellungen, dass es sich dabei um rein juristische Werke handelt, in denen die Regulierungsrealität nicht berücksichtigt wird, obwohl diese für einen umfassenden Vergleich und eine fundierte Beurteilung der Konzentrationskontrolle in beiden Ländern von erheblicher Bedeutung ist. Eine Ausnahme bildet hier der von Hoffmann-Riem (1996)[8] herausgegebene Vergleich der Rundfunkregulierung in sechs Ländern, unter anderem den USA und Deutschland, in dem nicht nur die Rechtslage, sondern auch die Regulierungsrealität berücksichtigt wurden. Der Konzentrationskontrolle für das Fernsehen sind in der zitierten Untersuchung jedoch nur wenige Seiten gewidmet, da sie das gesamte Spektrum der Rundfunkregulierung abdeckt. Zudem war es Ziel der Analyse, die Gemeinsamkeiten in der Rundfunkregulierung der sechs Ländern herauszuarbeiten – auf die spezifischen Unterschiede und Gemeinsamkeiten der Konzentrationskontrolle in Deutschland und den USA konnte sie daher nicht eingehen. Hervorzuheben ist außerdem die ordnungsökonomische Analyse des deutschen und amerikanischen Fernsehmarktes von Wentzel (2002)[9], die sich durch eine besonders differenzierte interdisziplinäre Analyse auszeichnet. Auch in diesem Werk nehmen Darstellung und Analyse der Konzentrationskontrolle nur wenig Raum ein.

In Bezug auf die gesamte vorliegende Literatur muss zudem angefügt werden, dass sich der Untersuchungsgegenstand, seine Strukturen und Problematiken als so dynamisch erweisen, dass eine erneute Bestandsaufnahme sinnvoll erscheint.

Ein grundsätzliches Problem einer literaturbasierten, internationalen und komparativen Analyse ist, dass fast alle herangezogene Literatur aus einer deutschen oder einer amerikanischen Perspektive heraus verfasst wurde. Nur der geringste Teil der Literatur nimmt eine wirklich internationale Perspektive an; dazu zählt vor allem die Untersuchung von McQuail (1992)[10], die mittlerweile als

Standardwerk für die internationale theoretische Betrachtung der Aufgaben und Funktionen der Massenmedien bezeichnet werden kann. So werden die meisten Diskurse in der Forschung weitestgehend im Kontext der jeweiligen lokalen, kulturellen und politischen Verhältnisse geführt. Dieser Umstand ist teilweise erfreulich, etwa wenn die Darstellung eines Sachverhalts aus zwei unterschiedlichen Perspektiven ein differenzierteres Bild liefert als eine Perspektive. In anderen Fällen erschweren jedoch die unterschiedlichen Konzeptionen, Sichtweisen und Strukturen eine allgemeingültige Definition von Begriffen und Sachverhalten. Deshalb findet sich im Anschluss an diese Einleitung ein Abschnitt mit den wichtigsten Terminologien, von denen viele spezifisch für diese Untersuchung formuliert wurden. Es ist dabei eine Leistung dieser Arbeit, aus den unterschiedlichen Perspektiven einen einheitlichen Blick auf die Verhältnisse in den USA und Deutschland zu synthetisieren.

Terminologie

Die unterschiedlichen Perspektiven der herangezogenen Literatur und die unterschiedlichen Strukturen der Fernsehmärkte und Regulierungsordnungen in den USA und in Deutschland resultieren in divergierenden Konzepten und Definitionen; eine Varianz, die allerdings die Diskussion der Konzentrationskontrolle erschwert. Deshalb werden in diesem Abschnitt grundlegende Konzepte vorab definiert. Dies geschieht teilweise in Anlehnung an bereits existierende Definitionen, allerdings sind die folgenden Definitionen durchweg spezifisch für die vorliegende Untersuchung formuliert.

Konzentrationsrechtliche Vorschriften, Regeln der Konzentrationskontrolle und ähnliche Begriffe bezeichnen in dieser Arbeit die **Regeln der speziellen Konzentrationskontrolle für das Fernsehen und/oder den Rundfunk.** Darunter versteht diese Arbeit all jene Vorschriften die in den beiden betrachteten Ländern das Ziel verfolgen, eine Ballung von ökonomischer und publizistischer Macht bei Unternehmen der Fernsehbranche zu verhindern. Die **spezielle Konzentrationskontrolle für das Fernsehen** oder **fernsehspezifische Konzentrationskontrolle** im Sinne dieser Untersuchung umfasst sowohl diesen Normenkomplex als auch dessen Durchsetzung. Diese spezielle Konzentrationskontrolle wird in dieser Arbeit der Lesbarkeit halber als

Konzentrationskontrolle bezeichnet. Dieser Begriff wird in dieser Arbeit niemals im Sinn der wettbewerbsrechtlichen Konzentrationskontrolle verwandt, die der Förderung des wirtschaftlichen Wettbewerbs dient.[11]

In den Fernsehmärkten von USA und Deutschland existieren zwei ähnliche aber nicht identische Dualismen: In den USA wird grundsätzlich unterschieden zwischen **kommerziellen** Sendern und **nicht-kommerziellen** Sendern unterschieden. In Deutschland hingegen wird primär zwischen dem **öffentlich-rechtlichen** Fernsehen und dem **privaten** (das heißt: nicht öffentlich-rechtlichen) Fernsehen unterschieden. Das private Fernsehen in Deutschland ist zwar de facto weitgehend kommerziell organisiert, theoretisch könnte privates Fernsehen in Deutschland aber auch ohne Gewinnorientierung betrieben werden.

Das *Public Television* der USA ist strukturell nicht vergleichbar mit dem *öffentlich-rechtlichen Fernsehen* in Deutschland. Das amerikanisch *public television* ist zwar nicht-kommerziell und wird über Steuergelder finanziert, ist jedoch genauso wie das kommerzielle Fernsehen privatwirtschaftlich organisiert.[12] Die Literatur hat auf den Unterschied zwischen dem *öffentlich-rechtlichen Fernsehen* und dem *public television* mit einer Wortschöpfung reagiert, die den Bedeutungsunterschied zwischen beiden Systemen überbrücken soll: *public service television* (Vgl.: Browne 1999 16; Mattern, Künstner, Zirn 1998: 21). Diese Untersuchung übernimmt diesen Terminus nicht. Stattdessen werden der Einfachheit halber die Begriff **öffentlicher Rundfunk** und **öffentliches Fernsehen** in zwei Fällen benutzt: Zum einen, wenn es um das US-amerikanische *Public Television* geht, zum anderen, wenn die Systeme beider Länder in einem Begriff zusammengefasst werden. Geht es nur um das deutsche **öffentlich-rechtliche Fernsehen**, wird es als solches bezeichnet.

Übersetzungen

Bei der Beschreibung und Analyse des US-Fernsehsystems und der US-Konzentrationskontrolle werden in den folgenden Kapiteln die meisten Termini aus dem Englischen ins Deutsche übersetzt. Bei der Übersetzung wurde versucht, die Bedeutung des englischen Begriffs möglichst treffend wiederzugeben; der bedeutungsorientierten Übersetzung wurde dabei Vorrang gewährt vor der wortwörtlichen Übersetzung. Ein Beispiel: Das Konzept *Public Interest*

Convenience or Necessity, das der Fernsehregulierung zugrunde liegt, wird mit *Gemeinwohl* übersetzt. Der Ausdruck *Public Interest* wird ebenfalls mit *Gemeinwohl* übersetzt, einem Begriff der den Inhalt des englischen Originals treffender wiedergibt als der Ausdruck *öffentliches Interesse*. Weil die Übersetzungen sich eher am Sinn als am Wortlaut des englischen Originals orientieren, werden im Folgenden vielen deutschen Übersetzungen die englischen Originalformulierungen in Klammern nachgestellt. In den folgenden Absätzen werden die wichtigsten Übersetzungen und Definitionen aufgeführt.

In den USA wird zwischen *Broadcasting* und *Cable* unterschieden. Broadcasting, das in dieser Arbeit durch den Begriff **Rundfunk** wiedergegeben wird, bezeichnet terrestrisch ausgestrahlten Rundfunk, während Cable die Verbreitung von Fernsehprogrammen in Form von Kabelsendern, Pay-per-View-Sendern und Pay-TV-Sendern über Kabelfernsehnetze an die angeschlossenen Haushalte beschreibt. Beide Verbreitungsformen für Fernsehprogramme werden in den USA unterschiedlich reguliert, weshalb die Regulierung für das Kabelfernsehen, analog zur Regulierung des Radios, nur dort erwähnt wird, wo eine entsprechende Darstellung, dem Erkenntnisgewinn dient.

Der Begriff **(Fernseh-) Sender** wird gleichwertig mit dem amerikanischen Wort *Broadcasting Station* verwendet. Ein Fernsehsender ist nach einer Definition von Head u. a. (1998: 152) eine Körperschaft, die eine Lizenz der Bundesregierung hält, um Programme für eine spezifische Gemeinschaft über zugeteilte Radiofrequenzen zu übertragen.[13] Fernsehsender in den USA strahlen Fernsehprogramme für lokal, beziehungsweise regional begrenzte Gebiete aus, wobei diese Gebiete eine erhebliche Ausdehnung haben können. Der Begriff Fernsehsender bezeichnet in dieser Arbeit niemals einen Kabelfernsehsender. Wegen der großen Unterschiede hinsichtlich Finanzierung, Distribution und Regulierung werden die beiden Distributionskanäle in dieser Arbeit streng getrennt. Der Begriff Fernsehsender wird in dieser Arbeit *nicht* im Sinne von Fernsehkanal oder Fernsehprogramm verwandt, obwohl dieser Gebrauch im Deutschen umgangssprachlich üblich ist.

Die Begriffe **Kabelsender** und **Kabelfernsehsender** sind gleichwertig mit dem amerikanischen Begriff des *Cable Network* und bezeichnen ein Programm, das zentral zusammengestellt wird, um landesweit oder regional begrenzt in Kabelsystemen und über direkteinstrahlende Satelliten verbreitet zu werden. *Cable*

News Network (*CNN*) oder *Music Television* (*MTV*) sind Beispiele für Kabelfernsehsender. Die Begriffe (**Fernseh-**)**programm** oder (**Fernseh-**)**kanal** sind in dieser Arbeit gleichwertig mit den im Deutschen verwandten Begriffen *Fernsehprogramm*, *Fernsehsender* oder *Fernsehkanal* und dem englischen Begriff *Television Channel*. Kabelfernsehnetze über deren Leitungen Fernsehprogramme und zunehmend auch Telefonie und Internet in die Haushalte transportiert werden, werden in dieser Arbeit als **Kabelfernsehnetz** oder auch **Kabelsystem** bezeichnet. Die größten Betreiber dieser Kabelfernsehnetze werden in den USA als *Multiple Systems Operators* (*MSOs*)bezeichnet. Diese Bezeichnung wird in dieser Arbeit umschrieben mit Formulierungen wie **die große Kabelnetzbetreiber** oder **die großen Kabelfernsehunternehmen**. Die populärste Alternativen zum Kabelfernsehen ist der Empfang von Fernsehprogrammen von so genannten direkteinstrahlenden Satelliten (engl.: *Direct Broadcast Satellites*, kurz: *DBS*). Diese Satelliten, deren Programme mit relativ kleinen Antennen empfangen werden können, senden gezielt für den Empfang durch private Haushalte. Das Kürzel **DBS** wird in dieser Arbeit beibehalten. Der Begriff **Programm** wird analog zu der amerikanischen Bezeichnung *Program* gebraucht und bezeichnet Programmmaterial, einzelne Sendungen oder die Gesamtheit aller Sendungen eines Senders oder eines Kabelsenders. Einzelne Sendungen werden als (**Fernseh**)**sendung** bezeichnet.

Das Fernsehsystem in den USA ist auf den lokalen Markt ausgerichtet: Die lokalen, beziehungsweise regionalen Fernsehsender übernehmen Programme überregionaler Distributoren, der so genannten *Networks,* und ergänzen diese Programme um lokale und regionale Nachrichten und Informationen. Aus dieser Struktur des Fernsehmarktes resultiert eine eigene Terminologie. Für die meisten dieser Termini werden deutsche Begriffe verwandt:

Der Begriff **Network** wird aus stilistischen und inhaltlichen Gründen beibehalten, jedoch deutschen Lesegewohnheiten und der deutschen Rechtschreibung entsprechend, groß geschrieben. Die Networks ABC, CBS und NBC, die seit den späten 1940er Jahren ihre Programme verbreiten werden als **Traditions-Networks** bezeichnet. In den USA wird ein Fernsehsender, der vertraglich mit einem Networks verbunden ist und dessen Programme ausstrahlt *Affiliate* genannt. Im Folgenden werden diese Fernsehsender als **Vertragssender** bezeichnet.

Fernsehsender, die keinem der Networks angeschlossen sind, werden *Independent Stations* oder *Independents* genannt. Diese Sender werden in dieser Arbeit als **unabhängige Sender** bezeichnet. Diese Bezeichnung bezieht sich ausschließlich auf die Unabhängigkeit von einem Network und läßt keinerlei Rückschlüsse auf Finanzierungsform, -quellen oder die inhaltliche Ausrichtung des Programms zu. Die Networks besitzen auch eigene Fernsehsender in wichtigen Märkten, diese Fernsehsender werden in den USA *Owned & Operated (Stations) (O&Os)* genannt. In dieser Arbeit werden sie mit Begriffen wie **networkeigene Sender** oder **Sender im Network-Besitz** umschrieben. Wenn in dieser Arbeit von **Programmhandel, Rechtehandel, freiem Programmmarkt** oder dem **nachgelagerten Programmhandel** die Rede ist, ist damit der Handel mit Senderechten für Fernsehprogramme gemeint. Der Begriff *Syndication*, der durch diese Begriffe ersetzt wird, umfasst primär die Zweitverwertung von Fernsehserien auf dem US-Markt nach ihrer Erstausstrahlung, aber auch den internationalen Verkauf von Senderechten. Begriffe aus dem Recht oder der Politik wie **Supreme Court** oder **First Amendment** werden in dieser Arbeit beibehalten. Auch die Originalnamen der konzentrationsrechtlichen Vorschriften werden beibehalten.

Zitierweise von Gesetzestexten und Gerichtsurteilen

Gesetzestexte, Urteile, Verfassungen und ähnliche Quellen werden in dieser Arbeit nicht nach der juristischen Zitierweise referenziert. Bei der Zitierung dieser Quellen stand vielmehr die Verständlichkeit für den Leser im Vordergrund: Die jeweilige Quelle erschließt sich in jedem Fall intuitiv, ohne dass der Leser das Literaturverzeichnis konsultieren müsste. Im Literaturverzeichnis finden sich diese Quellen mit ihrem Fundort in einem gesonderten Verzeichnis. Vorschriften, Entscheidungen, Ausschreibungen und (Presse-)Erklärungen der FCC werden nach folgendem Muster zitiert: (FCC 2001b: Abs. 2). Verfassungen, Gesetze und Urteile des Bundesverfassungsgerichts, werden mit ihrem Namen zitiert, also beispielsweise: *(Grundgesetz in der Fassung von 2002: Art. 5 Abs. 1)*, *(RStV in der Fassung von 2006: §2, Abs. 1)* oder *(5. Rundfunkentscheidung - Baden-Württemberg-Beschluß)*

I. Grundlagen und Konzepte

2 Regulierung

Im Folgenden wird das Konzept des *Regulierungsregimes* (engl.: *regulatory regime*) eingeführt. Dieses Konzept wird in der vorliegenden Arbeit als analytisches Instrument genutzt, um zentrale und besonders prägnante Elemente der speziellen Konzentrationskontrolle für das Fernsehen in den USA und in Deutschland zu vergleichen. In der angelsächsischen Politikwissenschaft hat die Beschäftigung mit Regulierung eine längere Tradition als in der deutschen; grundsätzlich verlief der wissenschaftliche Diskurs über Regulierung dort sehr früh sehr differenziert – das gilt auch für die Terminologie. Daher kommen viele Konzepte, die in der deutschen Politikwissenschaft für die Analyse von Regulierung genutzt werden können, aus dem Angelsächsischen und wurden eingedeutscht.[14] Im Folgenden wird zunächst der Begriff Regulierung definiert und im Anschluss daran wird das für diese Arbeit modifizierte Konzept des Regulierungsregimes eingeführt.

2.1 Regulierung

Es existiert eine Vielzahl von Definitionen von *Regulierung*, mit unterschiedlichen definitorischen und konzeptionellen Reichweiten. Besonders breit ist eine Definition, die alle Formen sozialer Kontrolle oder sozialen Einflusses unter dem Begriff subsumiert:

> „[…A]ll mechanisms affecting behavior – whether these be state-derived or from other sources (e.g. markets) – are deemed regulatory. […T]here is no requirement that the regulatory effects of a mechanism are deliberate or designed rather than merely incidental to other objectives (Baldwin und Cave 1999: 2)."

Heuristisch wertvoller im Rahmen dieser Arbeit erscheint eine sehr viel enger gefasste Definition von Grande und Eberlein (1999: 14):

> „[Bei Regulierung] handelt es sich um einen neuen Modus staatlicher Intervention im Infrastruktursektor, der sich von gesetzlichen Regelungen oder der gesetzlichen

Rahmensetzung für die Wirtschaft insbesondere dadurch unterscheidet, dass es sich um eine dauerhafte und einzelfallbezogene Kontrolle des Marktgeschehens durch staatliche Akteure handelt, die in einem (mehr oder weniger) formalen Verfahren Regeln im >>öffentlichen Interesse << festlegen und anwenden."

Grundsätzlich versuchen alle staatlichen Ebenen, bestimmte wirtschaftliche Entscheidungen des privaten Sektors zu steuern. Die vorab zitierte Definition von Regulierung weist dieser spezifischen Form staatlichen Eingriffs zwei bezeichnende Merkmale zu: Der Regulierer versucht, wirtschaftliche Aktivitäten in eine Richtung zu steuern, die grundsätzlich als gesellschaftlich wünschenswert betrachtet wird. Da in den in dieser Untersuchung betrachteten Ländern das Privateigentum und die Organisation des Wirtschaftslebens nach marktwirtschaftlichen Prinzipien in der jeweiligen Verfassung festgelegt sind, müssen die Regulierer anspruchsvollen prozeduralen und beweisbasierten Regeln folgen, wenn sie in das Marktgeschehen eingreifen (Vgl.: Noll 1985: 9ff.).

Grundsätzlich wird Regulierung als ein Teil der Beziehungen zwischen Staat und Wirtschaft gesehen; das macht Regulierung zu einem zentralen Forschungsgegenstand der *Politischen Ökonomie*. Für Vertreter einer am Recht orientierten staatswissenschaftlichen Sichtweise wie Ogus (1994: 1f.) findet Regulierung zwischen der Sphäre des Staates und der Sphäre der Gesellschaft statt. Markt und Gesellschaft werden in dieser legalistischen Sichtweise als der gleichen Sphäre zugehörig betrachtet: der Sphäre privater Interaktion. Sie ist von den Freiheiten des Individuums und der Gruppe geprägt, in der Individuen ihre jeweiligen Ziele verfolgen. Dazu gehören auch ökonomische Aktivitäten, die der gleichen Logik wie andere gesellschaftliche Interaktionen folgen. Die grundsätzlichen Regeln dieser Interaktion sind im Zivilrecht festgelegt. Das bürgerliche Recht zieht die Grenzen akzeptablen Verhaltens, innerhalb derer Individuen agieren können, und setzt so Standards und grundsätzliche Richtlinien für individuelles und kollektives Verhalten (Vgl.: DeMuth 1983: 263, 276 zitiert in Müller 2002: 9f.). Neben das bürgerliche Recht treten in vielen Bereichen des Wirtschaftslebens Formen von Regulierung. Denn es ist ein Paradoxon des Marktsystems, dass Marktteilnehmer selbst, wenn sie sich an das bürgerliche Recht, also die konstitutiven Regeln des Marktes, halten, durch ihr Handeln das Funktionieren des Marktes gefährden können. Die Ökonomie spricht hier vom

Marktversagen, die Staatswissenschaft vom Versagen des Zivilrechts – beide Formulierungen beschreiben jedoch das gleiche Phänomen.

Ein Grund für Marktversagen ist, dass Marktteilnehmer tendenziell zunächst ihre individuellen Ziele verfolgen und weder kollektive Ziele noch die Zukunft des gesamten Systems im Blick haben. Sie streben nach einer starken Position im Markt, um sich so wenig wie möglich dem Wettbewerb aussetzen zu müssen. Solche Bestrebungen können zu Kartellen, Preisabsprachen und anderen Praktiken führen, die den funktionierenden Wettbewerb behindern. Etwas anders gelagert sind diese Mechanismen in Industrien, deren Strukturen per se Wettbewerb erschweren. Dazu gehören beispielsweise Sektoren wie die Stromversorgung, die Eisenbahn oder die Gasversorgung, in denen die Errichtung der Infrastruktur so teuer ist, dass potentielle Wettbewerber davor zurückschrecken, neue parallele Netze zu den bereits bestehenden zu errichten. Hierbei handelt es sich um Industrien, die als so genannte *natürliche Monopole* gelten oder galten und teilweise so genannte *öffentliche Güter* (engl.: *public goods*)[15] erbringen. Rundfunk gilt wegen seiner spezifischen Eigenschaften[16] als öffentliches Gut und wurde deshalb in Europa lange als natürliches Monopol öffentlicher Leistungserbringer betrachtet. Gemein ist beiden Sachverhalten, dass beim Fehlen von Wettbewerb der Preismechanismus als Steuerungsinstrument des Marktes versagt. Dieses Marktversagen gefährdet letztlich den Fortbestand des jeweiligen Marktes (Vgl.: Müller 2002: 10f.). Die beschriebenen Sachverhalte begründen die *ökonomische Regulierung*, deren Ziel das Funktionieren des Wettbewerbs oder zumindest des Marktes ist. So ist die Regulierung von Industrien, die zu natürlichen Monopolen neigen, besonders im Infrastrukturbereich, außerordentlich umfassend (Vgl.: Grande und Eberlein 1999, bes. 19ff.).

Marktversagen ist nicht auf die ökonomische Dimension beschränkt. Märkte können, selbst wenn sie ökonomisch betrachtet funktionieren und Ressourcen nach ökonomischen Gesichtspunkten effizient allozieren, trotzdem Ergebnisse produzieren, die sozial unerwünscht sind. Diese Form des Marktversagens kann unterschiedliche Ursachen haben. Der Markt kann diese Ungleichgewichte nicht ausgleichen, weil er keine kollektiven Ziele kennt – und dementsprechend auch nicht über Regeln verfügt, um solche kollektiven Ziele zu verfolgen (Vgl.: Müller 2002: 11). Die beschriebenen Sachverhalte begründen die Notwendigkeit von

Sozialregulierung – Regulierung, die eingesetzt wird, um sozial unerwünschte Folgen wirtschaftlichen Handelns zu verhindern, zu beschränken oder auszugleichen. Grande und Eberlein (1999: 21) bezeichnen diese Form von Regulierung deshalb auch als *marktkorrigierend*. Ein Beispiel aus dem Fernsehbereich sind die Regeln der amerikanischen FCC zum Jugendschutz (Vgl.: Hilliard und Keith 1992: 258). Ob auch die spezielle Konzentrationskontrolle für den Rundfunk eine Form von Sozialregulierung ist, wird im Laufe dieser Arbeit zu klären sein. In der Ökonomie werden sozial unerwünschten Folgen des Marktgeschehens als *negative Externalitäten* bezeichnet.[17] Die Regulierung mit ökonomischer Zielsetzung blendet solche gesellschafts- und sozialpolitischen Zielsetzungen aus, allerdings werden branchenbezogene ökonomische und soziale Regulierung oft institutionell miteinander verknüpft. Sozialregulierung findet vor allem in den Bereichen Verbraucher-, Umwelt- und Gesundheitsschutz statt. Langfristig betrachtet, kann Sozialregulierung auch im Sinne der Regulierten sein; denn wenn das Marktgeschehen über einen langen Zeitraum Ergebnisse produziert, die gesellschaftlich nicht akzeptiert sind, kann die gesellschaftliche Unterstützung für das herrschende Marktsystem erodieren (Vgl.: Müller 2002: 11). Sozialregulierung festigt nach Ansicht von Kommentatoren wie Reich (1984: 18f.) auch die Legitimation des jeweiligen Staatswesens. Ein wettbewerbsorientiertes Marktsystem könne zwar aus sich heraus private Güter produzieren, ohne Anstoß von außen jedoch keine öffentlichen Güter wie Lebensqualität oder Teilhabe. Wenn der Staat durch Regulierung die vom Markt erzeugten Funktionsdefizite ausgleiche, löse er seinen Anspruch auf Sozialstaatlichkeit ein, während er andernfalls an Legitimation verliere.

In dem besonderen Fall von Infrastrukturregulierung dient Sozialregulierung dazu, soziale Versorgungsansprüche, die an den Staat gestellt werden, zu befriedigen. Hier wird deutlich, dass soziale Regulierung und ökonomische Regulierung ihre jeweiligen Ziele häufig nicht isoliert voneinander verfolgen, sondern oft in einem Spannungsverhältnis stehen. Regulierung, deren Ziel die Erfüllung gesellschaftlicher Leistungsansprüche ist, befördert häufig nicht die ökonomische Effizienz und umgekehrt (Vgl.: Grande und Eberlein 1999: 20f.).

Diskussionswürdig ist in diesem Zusammenhang, dass Regulierung nicht wertfrei ist. Tatsächlich können nämlich auch überhöhte Güterpreise, Kartelle oder das

Fehlen von Wettbewerb als Resultate von Marktmechanismen aufgefasst werden. So wie Marktmechanismen an sich wertfrei ablaufen, so erhalten auch Marktergebnisse ihre individuelle Bewertung, etwa effizient oder ineffizient, erst in der Auseinandersetzung von Marktbeobachtern mit diesen Ergebnissen. Für die Sozialregulierung gilt das ebenfalls: Da es keine per se sozial unerwünschten Marktergebnisse gibt, findet Sozialregulierung nur dort statt, wo das staatliche System Marktergebnisse für sozial nicht akzeptabel hält. Was als sozial unerwünscht gilt, ist genauso politisch verhandelt, wie die Übereinkunft darüber, mit welcher Form von Regulierung der Staat auf sozial unerwünschte Marktergebnisse antworten sollte.

Der zentrale Begriff des Gemeinwohls

Regulierungsvorschriften beziehen sich immer auf das *Gemeinwohl* (engl.: *public good* oder *public interest*). Müller (2002: 14) hält deshalb den Bezug auf das Gemeinwohl für das möglicherweise entscheidende Charakteristikum von Regulierung. Im Namen des Gemeinwohls geben Gesetzgebung und Regulierung kollektive Ziele und Werte vor und versuchen so, die grundsätzlichen Ursachen des Marktversagens – sei es ökonomischer oder sozialer Natur – zu neutralisieren. Das Gemeinwohl, das über den Einzelinteressen der Marktakteure angesiedelt ist, kann so den staatlichen Einriff in die Individualbeziehungen der Regulierungsobjekte rechtfertigen. Das Gemeinwohl ist beispielsweise die zentrale Leitidee für das Handeln des US-Rundfunkregulierers FCC.

Problematisch an diesem Konzept ist nach Baldwin und Cave (1999: 20) vor allem die Schwierigkeit, eine durchgängig akzeptierte Konzeption des Gemeinwohls zu finden. Regulierung findet vielmehr inmitten einer Diskussion zwischen den Anhängern divergierender Konzepte von Gemeinwohl statt:

> "[...W]hat constitutes the public interest will vary according to time, place, and the specific values held by a particular society (Ogus 1994: 29). "

In der Tat scheint es vernünftig, im Weiteren davon auszugehen, dass der Inhalt des Begriffs Gemeinwohl politisch verhandelt ist (Vgl.: Müller 2002: 14).

2.2 Das Regulierungsregime

Der Staat als Regulierer muss über Regeln und Institutionen verfügen, die das politisch definierte Gemeinwohl in das Marktsystem übertragen. Diese Verbindungen schaffen eine komplexe Struktur, die als *Regulierungsregime* (engl.: *regulatory regime*) bezeichnet wird (Vgl.: Müller 2002: 22f.). Im Gegensatz zum Konzept Regulierung selbst, sind Definition und Gebrauch des Begriffs Regulierungsregime zum Studium von Regulierung weitgehend standardisiert und konsistent.[18]

„Mit dem Begriff „Regulierungsregime" werden jene Akteure, Institutionen, Verfahren, Instrumente, Normen und Regeln bezeichnet, die für den Verlauf und das Ergebnis staatlicher Regulierung in einem Sektor von Bedeutung sind." (Grande und Eberlein1999: 16)

Damit ist das Regulierungsregime sehr offen definiert. Vogel (1999: 20) beschreibt die beiden Fragestellungen, die in dem Konzept zusammengefasst werden: Dies sind zum einen die Ausrichtung des Regimes, das heißt dessen Ziele, und zum anderen die Organisation des Regimes. Das Konzept des Regulierungsregimes kann daher als analytisches Instrument dienen, um verschiedene Formen von Regulierung in ihre Bestandteile zu zerlegen und zu analysieren. In der vorliegenden Untersuchung werden nur jene Aspekte des Regulierungsregimes eingesetzt, die von der Fragestellung der Arbeit berührt werden. Die folgenden drei analytischen Elemente von Regulierungsregimen sind daher als Operationalisierungen der Forschungsagenda dieser Untersuchung zu verstehen; sie helfen dabei, die zu untersuchenden Elemente der Konzentrationskontrolle zu kategorisieren und den Gang der Untersuchung zu strukturieren.

Regulierungsregime sind gekennzeichnet durch ihre Legitimation, ihre Form und ihre jeweiligen Regulierungsmechanismen. Deshalb ist es sinnvoll, in einer komparativen Analyse die unterschiedlichen Ausprägungen dieser Strukturelemente zu vergleichen.

Legitimation

Der Begriff der *Legitimation* (engl.: *legitimacy*) bezieht sich auf die Ziele des jeweiligen Regulierungsregimes. Diese normalerweise aus dem Gemeinwohl abgeleiteten Ziele übersetzen die normativen Ansprüche des Gemeinwohls in konkrete Politik und regulatorische Intervention durch den Staat. Indem die Ziele von Regulierung die Regulierungstätigkeit mit dem Gemeinwohl verbinden, legitimieren sie die Eingriffe des Staates in die Marktordnung. Das Gemeinwohl wird damit zur entscheidenden Kategorie der Legitimation von Regulierung. Dabei können zwei Ebenen dieses Konstrukts unterschieden werden (Vgl.: Müller 2002: 24):

1. Das Gemeinwohl als *Legitimationsgrundlage*;
2. Das Gemeinwohl als *politisches Ziel*;

Auf der ersten Ebene dient das Gemeinwohl der Rechtfertigung von Regulierung. Dabei muss jedoch zwischen der *Regulierungsrhetorik* (Original: *regulatory rethoric*), also der Begründung der jeweiligen Form von Regulierung auf der einen Seite, und den tatsächlichen Beweggründen für Regulierungsaktivitäten auf der anderen Seite unterschieden werden. Auf einer zweiten Ebene kann das Konzept Gemeinwohl verstanden werden als die Gesamtheit der politischen Ziele, die der Staat mit der jeweiligen Form von Regulierung verfolgt – seien sie explizit in der jeweiligen Begründung vorhanden oder auch nicht (Vgl.: Müller 2002: 25). Während sich also auf der ersten Ebene das Gemeinwohl auf Argumente und Begründungen von Regulierung bezieht, – unabhängig davon, ob zutreffend oder nicht – beschreibt diese zweite Ebene die tatsächlichen Ziele, die der Staat mit der jeweiligen Form von Regulierung verfolgt. Marktversagen auszugleichen und die Effizienz der Märkte zu steigern kann ein solches Ziel sein, mögliche Ziele sind aber auch sozial-redistributive Intentionen,[19] paternalistische Motive[20] oder der Schutz von Gemeinschaftswerten.[21]

Die These des Agency Capture: Friendly Agency und Revolving Door

In den 1970er Jahren setzte sich zuerst in den USA die Sichtweise durch, dass ökonomische Regulierung, die Marktversagen ausgleichen soll, selbst Markversagen erzeugen kann. Dabei wird von *Regulierungsversagen* (engl.: *regulatory failure*) gesprochen. Die mit diesem Begriff verbundene Kritik an wirtschaftlicher Regulierung fußt primär auf den Erfahrungen mit Formen von Branchenregulierung – der sektorspezifischen ökonomischen Regulierung. Diese Art der Regulierung sei ineffizient, weil sie zu kartellähnlichen Strukturen und damit zu Wohlfahrtsverlusten führe, so die Kritiker aus den

Wirtschaftswissenschaften. Die Politikwissenschaft entwickelte dazu zwei sehr ähnliche Thesen: Nach der These von der *Friendly Agency* nehmen die betroffenen Wirtschaftssubjekte Regulierung in Kauf, wenn die Regulierung ihnen zufriedenstellende Profitmargen garantiert und den (Preis-)Wettbewerb minimiert. Die daraus resultierende Zusammenarbeit mit der Regulierungsbehörde führt zu Verhaltensänderungen des Regulierers. Die regulierten Wirtschaftssubjekte können auf einen verständnisvollen Regulierer, eben die Friendly Agency, vertrauen, der den Schutz des Status quo, der im Interesse der Regulierten liegt, als Allgemeininteresse definiert.

Eine Steigerung dieser These ist der *Agency Capture* oder *Regulatory Capture*. Demnach fordern betroffene Marktteilnehmer von den entsprechenden Institutionen Regulierung ein, beispielsweise um den Marktzugang für potentielle Wettbewerber zu beschränken. Die Regulierungsinstanz wird so von den regulierten Wirtschaftssubjekten auf die Durchsetzung ihrer Interessen verpflichtet und somit quasi gekapert. Das ist möglich, weil sich zwischen Regulierern und Regulierten ein dichtes Netzwerk von Interessen und Beziehungen gebildet hat (Vgl.: Mitnick 1980: 206). Eine Variante dieses Konzepts betont die Interessen des Regulierers und der Behördenvertreter. Unabhängige Regulierer wie die amerikanische FCC oder die Landesmedienanstalten in der Bundesrepublik stehen im Fokus dieser These. Ihre Mitarbeiter, die dem politischen Einfluss der Volksvertreter weitgehend entzogen sind, sind demnach besonders geneigt, im Interesse der regulierten Industrie zu handeln, um so die Aussichten auf eine Stelle in der Privatwirtschaft zu steigern. Der Wechsel von Personal zwischen Regulierern und Regulierten, wird häufig als Drehtür-Phänomen (engl.: *revolving door*) bezeichnet (Vgl.: Mitnick 1980: 206).

Der Änderung vieler Regulierungsregime durch Deregulierung und Marktliberalisierung oder andere Regulierungsinnovationen, die nicht im Interesse der etablierten Unternehmen in den jeweiligen Märkten sind, können mit diesen Ansätzen allerdings nicht erklärt werden. Möglicherweise ließe sich ein solcher Richtungswechsel der Regulierer damit erklären, dass eine andere Interessensgruppe nun die jeweilige Regierungspolitik dominiert, oder damit, dass der Regulierer die Seiten gewechselt hat. Der so genannte *Gemeinwohl-Ansatz* (engl.: *public interest approach*) geht allerdings davon aus, dass der Staat, beziehungsweise die in seinem Namen Handelnden, sich tatsächlich darum bemühen, eine Lösung für Regulierungsfragen zu finden, die über Partikularinteressen hinausgeht (Vgl.: Müller 2002: 26f.). Derthick und Quirk (1985) kommen in drei Fallstudien zu dieser Frage ebenfalls zu dem Ergebnis, dass die Experten in drei untersuchten US-amerikanischen Regulierungsbehörden offenbar weitgehend unabhängig von Partikularinteressen wesentliche Deregulierungsentscheidungen eingeleitet und vorangetrieben haben.

Form

Der Regulierung muss eine den Zielen entsprechende Form gegeben werden. Vor allem muss geregelt sein, ob der Regulierer den Gemeinwohlauftrag frei definieren, interpretieren und ausfüllen kann oder ob er innerhalb definierter Grenzen arbeiten wird, die ihm von anderen politischen Akteuren gesetzt werden.

Für diese Arbeit ist ein Aspekt der institutionellen Ausgestaltung von besonderem Forschungsinteresse: In welcher Beziehung steht der Regulierer zu anderen politischen Institutionen? Dabei interessieren besonders die Beziehungen zur Exekutive und zur Judikative. So wurde die Rundfunkaufsicht in der dualen Rundfunkordnung in Deutschland weitgehend durch die Rechtsprechung des Bundesverfassungsgerichts präjudiziert.

Ein zweiter Aspekt, der besonders bei der Behandlung der deutschen Konzentrationskontrolle berücksichtigt wird, ist die Frage, auf welcher Staatsebene die Regulierungsgewalt verortet ist, die durch den Regulierer in politisches Handeln umgesetzt wird. Die Verortung der Regulierungsgewalt kann erheblichen Einfluss auf die Regulierung haben; so korrespondiert die institutionelle Ausgestaltung von Regulierung mit dem Ort der Regulierungsgewalt. In Deutschland und in den USA ist politische Macht über die einzelnen Regierungsebenen verteilt und findet sich auf der Ebene des Bundesstaates, der Föderalstaaten und der örtlichen Verwaltungen. Hinzu kommt, dass einige Gewalten exklusiv auf einer Ebene gehalten werden, während andere über verschiedene Ebenen hinweg miteinander geteilt werden. Aber selbst wenn die Kompetenz für einen Sachverhalt formal einer Ebene exklusiv zugeteilt wird, ist es unter Umständen nötig, dass politische Einheiten ihr Vorgehen koordinieren – sei es freiwillig oder nach der Aufforderung durch Gerichte, wie im Fall der deutschen Bundesländer, die trotz der Rundfunkhoheit der Länder ihr Vorgehen in Fragen des Rundfunks koordinieren, um das Nebeneinander von unterschiedlichen Rechtsordnungen für den Rundfunk in Deutschland zu vermeiden.

Die interne Organisation der Regulierer ist ein wichtiger Aspekt von Regulierung, der auch in der einschlägigen Literatur ausführlich behandelt wird. Sie wird allerdings in dieser Untersuchung weitgehend ausgeklammert.

Mechanismen

Die Instrumente oder *Mechanismen* mit denen die Regulierer das Handeln ökonomischer Akteure im Sinne der Regulierungsziele steuern, variieren mit dem regulierten Sektor und der Marktstruktur des jeweiligen Sektors. Regulierer verfügen über ein Portfolio von Regulierungsinstrumenten und –mechanismen, die nach der *Eingriffstiefe* (engl.: *severity of interference*) klassifiziert werden können, das heißt nach dem Grad des Eingriffs in das Handeln ansonsten frei handelnder Marktteilnehmer[22] in dem betreffenden Sektor. Diese Mechanismen reichen von der Überredung, von Absichtserklärungen und anderen Formen der so genannten *weichen Regulierung* (engl.: *soft regulation*), mit deren Nicht-Erfüllung keine direkten rechtlichen Sanktionen verbunden sind, bis hin zu kodifizierten Verboten und Vorschriften, die juristisch durchsetzbar sind.[23] Eine häufig auftauchende Form von Regulierungsmechanismus ist die *Regulierung über Anreize* (engl.: *incentive regulation*), in deren Rahmen das Verhalten der Marktteilnehmer durch neue oder modifizierte Anreize verändert wird (Vgl.: Müller und Sturm 1998: 520f.).

Das Modell des Regulierungsregimes

Das Konzept des Regulierungsregimes wurde auf den vorangegangenen Seiten als ein analytisches Instrument eingeführt, mit dessen Hilfe zentrale Elemente von Regulierungssituationen beschrieben werden können. Im folgenden Schaubild sind noch einmal jene Aspekte des Regulierungsregimes zusammengefasst, die für die vorliegende Untersuchung relevant sind. Regulierungsregime umfassen intentionale, institutionelle und organisatorische Elemente. Diese Teilelemente des Regulierungsregimes werden in dieser Arbeit Legitimation, Form und Mechanismen genannt.

Abbildung: Das Regulierungsregime als analytisches Konzept

REGULIERUNGSREGIME

Legitimation	Form	Mechanismen
Was	Wer	Wie
Gemeinwohl als... 1. Referenz 2. Politisches Ziel	1. Rechtliche Vorgaben - Gewalt-Verortung - Ausgestaltung 2. Autonomie - Rechtliche Vorgaben - Tats. Ausprägung	1. Mechanismen 2. Instrumente

2.3 Regulierung und öffentliche Unternehmen

Im Hinblick auf das duale Fernsehsystem in Deutschland, in dem das private und das öffentlich-rechtliche Fernsehen institutionell aufeinander bezogen sind, wird im Folgenden auch das Verhältnis von Regulierung und öffentlichen Unternehmen beleuchtet.

In allen westlichen Industriegesellschaften tritt der Staat als Unternehmer auf. Teilweise betreiben Regierungen Monopole in Sektoren wie dem Postwesen, den Eisenbahnen oder dem Rundfunk. Teilweise stehen öffentliche Unternehmen im Wettbewerb mit privaten Akteuren, etwa im Banken-, oder im Versicherungssektor. Das öffentlich-rechtliche Fernsehen in Deutschland fällt in diese zweite Kategorie: Es steht mit den privatwirtschaftlich betriebenen Sendern im Wettbewerb um Zuschauer und in sehr viel beschränkterem Umfang im Wettbewerb um Werbegelder. Das öffentliche Fernsehen der USA fällt ebenfalls in diese Kategorie; da es jedoch als Ergänzung des privatwirtschaftlichen Angebots konzipiert wurde, ist es ein weitaus weniger potenter Wettbewerber der privatwirtschaftlichen Sender im Wettbewerb um Zuschauer und in vernachlässigbarem Umfang im Wettbewerb um Werbegelder.[24] Öffentliche Monopole, wie das öffentlich-rechtliche Fernsehmonopol in Deutschland bis 1983, werden traditionell damit gerechtfertigt, dass private Unternehmen nicht in der Lage seien, ein stabiles und umfassendes Angebot in dem betreffenden Sektor zu gewährleisten. Dort, wo öffentliche Monopole den Markt dominieren, gibt es keine Regulierung, sondern andere Formen der Kontrolle, beispielsweise durch eine ministerielle Fachaufsicht oder durch eine Form der Selbstverwaltung, in die Kontrollfunktionen integriert sind.[25]

Ähnlich lautet die Argumentation für die Aktivitäten öffentlicher Unternehmen, die in einem Sektor gemeinsam mit privatrechtlichen Unternehmen arbeiten. Indem die öffentlichen Unternehmen bestimmte Gruppen oder Regionen bedienen oder indem sie ihre Produkte zu bestimmten Konditionen anbieten, können sie direkt das Gemeinwohl verfolgen. Dieses Gemeinwohl wird dabei politisch definiert und in den jeweiligen Unternehmensstatuten verankert. Wenn die Vernachlässigung bestimmter Gruppen oder Regionen als Marktversagen wahrgenommen wird, kann laut Müller (2002: 21) öffentliches Unternehmertum als eine Variante von Regulierung aufgefasst werden. Je stärker diese Unternehmen den Markt und die Marktergebnisse beeinflussen, desto eher sollten sie als Teil des Regulierungsregimes berücksichtigt werden. Das gilt auch für den öffentlich-rechtlichen Rundfunk in Deutschland, dem ein so genannter *Grundversorgungsauftrag* zugewiesen wurde. Den privatwirtschaftlichen Sendern fällt im deutschen Rundfunksystem qua Gesetz die Komplementärfunktion zu.

2.4 Zur Geschichte der Regulierung in den USA und in Deutschland

Die deutsche und die US-Perspektive auf Fragen der Regulierung unterscheiden sich erheblich. Die unterschiedlichen Betrachtungsweisen beeinflussen Recht, und Politik und sind für die Beantwortung der Leitfrage dieser Untersuchung von erheblicher Relevanz. Deshalb wird im Folgenden die Entwicklung der Regulierung in beiden Ländern knapp skizziert.

Die USA

Die USA sind der Prototyp privater Leistungserbringung im Infrastrukturbereich und entsprechender staatlicher Regulierung (Vgl.: Grande und Eberlein 1999: 3f.). Anders als in Deutschland und in Europa, wo Infrastrukturleistungen im Kontext von öffentlichem Eigentum und staatlichen Monopolen erbracht wurden und wo die

Regulierung von Infrastrukturbereichen ein relativ junges Phänomen ist, haben die USA eine lange Erfahrung mit Regulierung.

Das erste regulatorische Gesetz auf Bundesebene war der Interstate Commerce Act (ICA) von 1887, mit dem die Interstate Commerce Commission (ICC) zur Regulierung des Eisenbahnverkehrs eingerichtet wurde. Die Eisenbahnen waren damals die Verkehrs-Hauptschlagadern des Kontinents, und ihre Eigentümer nutzten ihre Stellung aus, indem sie für den Personen- und Güterverkehr überhöhte Preise verlangten, so dass weite Teile der Bevölkerung und der Wirtschaft von diesem Verkehrsmittel ausgeschlossen zu werden drohten. Konfrontiert mit diesem wahrgenommenen Marktversagen, sah sich die Regierung der USA Ende der 1880er genötigt, regulierend auf die Betreiber der Eisenbahnen einzuwirken. Sie setzte die ICC ein, die mit Hilfe von Preiskontrollen faire Preise für die Benutzer der Eisenbahnen garantieren sollte und die erste Branchenregulierung darstellte (Vgl.: Mitnick 1980: 186ff.).[26] Anders als die ökonomische Regulierung ist die soziale Regulierung in den USA ein relativ junges Phänomen. Anfang der 30er Jahre, in der Roosevelt-Ära, war angesichts der Weltwirtschaftskrise das Vertrauen in die Möglichkeiten des Marktes erschüttert, so dass die Häufigkeit der Eingriffe des Staates in das Marktgeschehen zunahm. In der Folge nahm nicht nur die Intensität ökonomischer Regulierung zu, es wurde auch zum ersten Mal in kleinem Umfang Sozialregulierung geschaffen. Beispielsweise erhielt die Feder Trade Commission damals ihren Doppelcharakter als Wettbewerbs- und Verbraucherschutzbehörde (Vgl.: Muris and Clarkson 1981: 13ff.). In der Reformperiode nach den Präsidentschaften von Kennedy und Johnson ab Ende der 1960er Jahre erlebte die Sozialregulierung einen gewaltigen Bedeutungsschub (Vgl.: Post, Lawrence und Weber 1999: 188f.). So fällt in diese Zeit Schaffung der Environmental Protection Agency (EPA). Zwischen 1965 und 1975 nahmen soziale und ökonomische Regulierung nicht nur erheblich zu; sondern es änderte sich auch deren Qualität: Ein Großteil der in dieser Periode entstandenen Regulierungen war mit großen Ermessensspielräumen der Regulierer verbunden (Vgl.: Ogus 1994: 55). Während so in den 1970er Jahren die Idee der Sozialregulierung an Einfluss gewann, setzte sich beinahe simultan die Sichtweise durch, dass ökonomische Regulierung, die Marktversagen ausgleichen soll, selbst Markversagen erzeugen kann. Typische Ausprägungen des so genannten *Regulierungsversagens* wie *Agency Capture* und

Friendly Agency wurden weiter oben bereits dargestellt. Vor dem Hintergrund der zunehmenden Wahrnehmung von Defiziten und Ineffizienzen des Regulierungsapparats und der Verbreitung neokonservativen Gedankenguts forderten Regulierungsökonomen einen Abbau von Regulierung im Bereich der Branchenregulierung. Unter der Regierung Ford gewannen regulierungskritische Ökonomen an Einfluss, und in den Jahren nach 1975 wurden die ersten großen Deregulierungsgesetze verabschiedet. Präsidentschaftskandidat Ronald Reagan gab Anfang der 80er Jahre in seiner Präsidentschaftskampagne die Parole aus: „Get Government of the back of people", und die mit seiner Amtszeit eingeleitete umfangreiche Deregulierung setzte sich fort bis in die Regierungszeit von George Bush von 1988 bis 1992 (Vgl.: Post, Lawrence und Weber 1999: 190).

Mit fortschreitender Deregulierung setzte sich allerdings die Sichtweise durch, dass der Staat durch Regulierung die vom Markt erzeugten Funktionsdefizite ausgleichen müsse – ansonsten bleibe er dem Bürger das Versprechen auf Sozialstaatlichkeit schuldig und riskiere, an Legitimation zu verlieren. Als Antwort auf diese Überlegungen und damit verbundene Forderungen fand seit Beginn der 1990er Jahre unter der Clinton-Regierung eine ausgeprägte Re-Regulierung statt: Eine Ausweitung staatlicher Regulierung, vor allem in Bereichen, in denen zuvor die Regulierungstätigkeit zurückgenommen worden war und wo nun das Fehlen von Regulierung zu Marktergebnissen geführt hatte, die als Marktversagen wahrgenommen wurden (Vgl.: Post, Lawrence und Weber 1999: 190). Ein anschauliches Beispiel re-regulatorischer Gesetzgebung im Mediensektor ist der *Cable Act von 1992*:[27] Nachdem der Kongress mit dem *Cable Act von 1984*[28] die Kabelfernsehindustrie in weiten Teilen dereguliert und die Gebührenregulierung aufgegeben hatte, konsolidierte sich in der Folge die Branche – mit erheblichen Nebenwirkungen: Die Abonnentengebühren stiegen teilweise um das Dreifache der Inflationsrate, die Klagen über den schlechten Service der Netzbetreiber häuften sich und Formen der horizontalen und vertikalen Konzentration in den Branchen nahmen zu. Mit dem Cable Act von 1992 re-regulierte der Kongress praktisch alle Bereiche der Branche; tragende Idee war hierbei der Verbraucherschutz.

Deutschland

Die Wurzeln von Regulierung, im Sinne von staatlichen Interventionen zum Schutz des Gemeinwohls reichen auf dem Gebiet der heutigen Bundesrepublik zurück bis in das Mittelalter. Damals regelten die *Zünfte* Fragen ökonomischer Natur, wie den Marktzugang, Preise oder Absatzmengen. Regulierung war damit dezentralisiert, auf einzelne Professionen bezogen und sektorspezifisch auf mächtige, im Allgemeinen selbstverwaltete und weitgehend autonome Institutionen übertragen. Reste dieser Ordnung haben bis heute in einigen Berufen und ihren jeweiligen *Kammern* überlebt (Vgl.: Müller 2002: 43ff.). Moderne Regulierung im heutigen Sinn entstand in Deutschland erst im 19. Jahrhundert. Frühe Regulierung entwickelte sich mit der Industrialisierung und wurde in Infrastrukturindustrien eingesetzt wie Eisenbahnen (1838), Sparkassen (1838), Börsen (1896), Hypothekenbanken (1899) und Versicherungen (1901).

Seit der Mitte der 1980er Jahre gewinnt die Regulierung von Infrastruktursektoren in Deutschland eine neue Qualität. Zuvor waren die wichtigen Infrastruktursektoren wie Post, Telekommunikation und Rundfunk durch ausschließliche staatliche Aktivitat charakterisiert. Der Staat war direkt einbezogen in die Erbringung der entsprechenden Leistungen – Grande (1998: 301; vgl. Grande und Eberlein 1999: 6f.) spricht von einem auch im Grundgesetz vorgesehenen *Leistungsstaat*. In den 1990er Jahren wurden die entsprechenden Infrastrukturbereiche dereguliert, liberalisiert und staatliche Verwaltungen wie die *Bundespost* in Unternehmen überführt, um später weitgehend privatisiert zu werden. Der Staat zog sich also aus der Bereitstellung von Leistungen zurück und übertrug diese Aufgaben Privaten. Verbunden mit diesem Abbau des Leistungsstaates war ein Funktionswandel des Staates hin zu dem, was die Literatur den *Regulierungsstaat* (Original: *regulatory state*) (Vgl.: Grande 1998: 391) nennt. Mit der Übertragung vormals hoheitlicher Aufgaben auf Private begann der Staat deren wirtschaftliche Aktivität zu überwachen. Denn wenngleich sich der Staat aus der direkten Leistungserbringung zurückzog, bedeutete dies nicht, dass er seine Verantwortung für die Erfüllung der Infrastrukturaufgaben abgab. Vielmehr delegierte er nur die Ausführung an Private. Für die Durchsetzung der Infrastrukturaufgaben sorgt der Staat durch die Überwachung und Kontrolle der privaten Leistungserbringer – eben durch

Regulierung. Dieser Strukturbruch in der deutschen politischen Ökonomie war verbunden mit dem Aufbau von Regulierungsinstitutionen oder dem Umbau bestehender Institutionen für Regulierungszwecke (Vgl.: Grande und Eberlein 1999: 14ff.). Die Landesmedienanstalten sind ein Beispiel für solche Regulierungsinstanzen, die erst mit der Zulassung privater Leistungserbringer entstanden. Der deutsche Rundfunkmarkt war seit den Tagen der Weimarer Republik von einem staatlichen Monopol bedient worden. Er wurde als einer der ersten Märkte dereguliert und bereits 1983 wurden neben den bestehenden öffentlich-rechtlichen Sendern privatwirtschaftlich betriebene Rundfunksender zugelassen.

2.5 Zwischenfazit

Die Gesamtheit der Akteure, Normen, Regeln, Verfahren und Instrumente, die für den Verlauf und das Ergebnis staatlicher Regulierung in einem Sektor von Bedeutung sind, wird als Regulierungsregime bezeichnet. Mit Hilfe dieses Konzepts können zentrale Elemente von Regulierungssituationen beschrieben werden. In dieser Untersuchung strukturiert das Konzept den Vergleich der speziellen Konzentrationskontrolle für das Fernsehen in Deutschland und den USA. Regulierungsregime sind gekennzeichnet durch ihre Legitimation, ihre Form und ihre Mechanismen. Die Legitimation bezieht sich auf die Regulierungsziele, mit deren Hilfe die normativen Ansprüche, die sich aus dem Schutz und Erhalt des Gemeinwohls als dem übergeordneten Regulierungsziel ergeben, in konkrete Politik umgesetzt werden.

Die Form der Regulierung beschreibt ihre institutionelle Ausgestaltung. Von besonderem Interesse für diese Arbeit sind zum einen das Verhältnis des Regulierers zu anderen politischen Akteuren und zu den Gerichten, und zum anderen die Verortung der Regulierungsgewalt auf den politischen Ebenen des Bundesstaates. Mit der Kategorie der Mechanismen werden die Instrumente und Mechanismen beschrieben, mit deren Hilfe der Regulierer versucht, das Handeln der regulierten Wirtschaftssubjekte im Sinne der Regulierungsziele zu steuern.

Beim Vergleich beider Regulierungsregime ist es sinnvoll, die allgemeine Einstellung zur Regulierung in beiden Ländern im Zeitverlauf zu berücksichtigen. Seit Mitte der 1980er Jahre gewinnt die Regulierung in Deutschland eine neue

Qualität. Verbunden mit der Abkehr vom Leistungsstaat als Erbringer zentraler Infrastrukturleistungen und deren Übertragung auf Private ist der Aufbau von Regulierung zur Kontrolle und Steuerung der neuen privaten Leistungserbringer. Anders als Deutschland sind die USA der Prototyp privater Leistungserbringung in Infrastrukturbereichen wie dem Rundfunk. Dementsprechend lang ist die Erfahrung der USA mit der korrespondierenden Form von Regulierung. Dort gilt Regulierung als letztmögliche Antwort auf Marktverhältnisse, die ein Handeln des Staates zum Wohl der Bürger, der Konsumenten und des Funktionierens der Wettbewerbswirtschaft erzwingen. Seit dem Ende des 19. Jahrhunderts lassen sich immer wieder Phasen isolieren, in denen die Regulierungsdichte stark zu- oder abnahm. Seit Beginn der 1990er findet in den USA parallel zur Deregulierung eine ausgeprägte Re-Regulierung in solchen Bereichen statt, wo das Fehlen von Regulierung zu Marktergebnissen geführt hat, die als Marktversagen wahrgenommen werden. Tatsächlich ist der gegenwärtige Zustand gekennzeichnet durch das Nebeneinander regulatorischer, deregulatorischer und re-regulatorischen Maßnahmen.

3 Vielfalt, Konzentration und Konzentrationskontrolle

In diesem Kapitel wird die spezielle Konzentrationskontrolle für den Rundfunk – im Weiteren kurz Konzentrationskontrolle genannt – theoretisch und konzeptionell fundiert. Dazu werden zunächst die relevanten ökonomischen und polit-ökonomischen Konzepte dargestellt und diskutiert. Nach der Diskussion der wirtschaftlichen Konzentration folgt eine Auseinandersetzung mit den Begriffen der publizistischen Konzentration, der inhaltlichen Vielfalt und der Meinungsvielfalt. Im Anschluss daran werden die Leitbilder und Grundkonzepte der Konzentrationskontrolle dargestellt, um damit das theoretische und konzeptionelle Fundament für die Untersuchung der Konzentrationskontrolle zu legen.

3.1 Der Begriff der Konzentration in den Wirtschaftswissenschaften

Konzentration ist in der Ökonomie ein vergleichsweise vage definiertes Phänomen. Allgemein wird darunter eine Ballung ökonomischer Macht verstanden, gemessen beispielsweise am Umsatz oder am Marktanteil in wirtschaftlichen Einheiten. Die stärkste Ausprägung von Konzentration, bezogen auf einen Markt, ist das Monopol.

Konzentration ist grundsätzlich als Zustandsbeschreibung ein neutraler Begriff, doch die Bewertung des Phänomens ist in der Wirtschaftswissenschaft umstritten. Die Kernfrage lautet dabei: Sind Konzentration und Größe per se schlecht? Was die Größe von Unternehmen angeht, wird vor allem in der Praxis eine weitgehend einheitliche Meinung vertreten. Demnach sind schiere Größe eines Unternehmens oder das Volumen von Kooperationen allein noch nicht bedenklich; erst wenn die Firma ihre Größe ausnutzt, um durch unfaire Praktiken wie Quersubventionierung ihre Wettbewerber zu schädigen, besteht Anlass für ein Einschreiten (Vgl.: Post, Lawrence und Weber 1999: 228).

In Bezug auf Konzentration divergieren die Ansichten jedoch stark. Tendenziell wird ein hoher Konzentrationsgrad in einzelnen Märkten von der Ökonomie negativ bewertet, weil in von hohen Konzentrationsgraden geprägten Sektoren grundlegende Marktmechanismen außer Kraft gesetzt werden können (Vgl.: Post, Lawrence und Weber 1999: 228). Die Monopolkommission (zitiert nach Taenzer 1994: 125) fasst die damit verbundenen Bedenken folgendermaßen zusammen:

> „Nur wenn eine hinreichend große Anzahl unabhängig handelnder Unternehmen auf den einzelnen Märkten tätig ist, vermag der Wettbewerb seine gesamtwirtschaftlichen Antriebs- und Steuerungsfunktionen zu erfüllen, und nur bei funktionsfähigem Wettbewerb ist es vertretbar, gesamtwirtschaftlich so wichtige Entscheidungen wie diejenigen über Produktionsverfahren, Produktqualität, Produktionsmengen, Preise und Investitionen den einzelnen Unternehmen zu überlassen. Die Funktionsfähigkeit des Wettbewerbs wird durch wettbewerbsbeschränkende Verhaltensweisen und Zusammenschlüsse von Unternehmen bedroht."

Mit Konzentration können jedoch auch Effizienzvorteile verbunden sein, wenn durch die Konzentration leistungsfähige Unternehmen und effiziente Branchen entstehen (Vgl.: Kiefer 2005a: 113). Diese in den 1940er Jahren erstmals von John Maurice Clark (1940) im Konzept der *workable competition* formulierte Ansicht[29] wird seit den 1970er Jahren von Ökonomen betont. In Zeiten der Globalisierung wird diese Argumentation auf den internationalen Wettbewerb ausgedehnt: In der modernen Wirtschaft mit ihren komplexen Technologien und weltweiten Märkten können demnach nur große Firmen effizient arbeiten und überleben, da sie mehr und gezielter in Forschung und Entwicklung investieren könnten als kleine Firmen (Vgl.: Dewey 1990: 34). Das Wachstum moderner Firmen regulatorisch einzuschränken, um ein im 19. Jahrhundert entwickeltes Wettbewerbsideal zu bewahren, mache volkswirtschaftlich keinen Sinn mehr (Vgl.: Post, Lawrence und Weber: 228).

Diese beiden gegensätzlichen Positionen zu untersuchen und zu bewerten ist nicht Thema dieser Arbeit, festzuhalten ist aber, dass starke Konzentration in den Wirtschaftswissenschaften nicht per se negativ bewertet wird.

3.1.1   Formen der Konzentration im Rundfunkbereich

Bei der Betrachtung von Medienmärkten interessieren sich Ökonomen zumeist für zwei Formen von Konzentration: *Marktanteilskonzentration* und *Eigentümerkonzentration*. Marktanteilskonzentration innerhalb eines Marktes kann mit unterschiedlichen Methoden gemessen werden. Zu den am meisten genutzten Methoden gehören Konzentrationskoeffizienten[30], mit denen der Umsatz der stärksten Marktteilnehmer in Relation zu den Umsätzen des gesamten Marktes gesetzt wird (Vgl.: Albarran 1996: 47ff.). Von größerem Interesse im Kontext dieser Arbeit ist jedoch die Eigentümerkonzentration, die beschreibt, zu welchem Grad ein Sektor von einzelnen Firmen kontrolliert wird. Eigentümerkonzentration im Medienbereich wird als gesellschaftlich problematisch angesehen, wenn sie zu einem Rückgang der Meinungsvielfalt führt. Dieser Konnex wird weiter unten ausgeführt (Vgl.: Albarran 1996: 47).

In den deutschen Medienwissenschaften hat sich eine Konzentrations-Typologie durchgesetzt, die drei Formen von Konzentration unterscheidet: *Horizontale Konzentration, vertikale Konzentration* und *diagonale, bzw. konglomerate Konzentration* (Vgl.: Kiefer 2005a: 113f.). Stuiber (1998, Teil 2: 641ff.) hat diese Typologie auf den Rundfunk übertragen:

Horizontale Konzentration liegt demnach vor, wenn sich Unternehmen der gleichen Produktionsstufe zusammenschließen – beispielsweise zwei Tageszeitungen in der gleichen Stadt. Von horizontaler Konzentration im Rundfunk spricht man, wenn der intramediäre Wettbewerb eingeschränkt ist, das heißt wenn wenige Anbieter den Programm-Markt dominieren oder wenn ein oder wenige Unternehmen mehrere Programme auf sich vereinen.

Von vertikaler Konzentration spricht Kiefer (2005a), wenn sich Unternehmen aus aufeinander folgenden Produktionsstufen zusammenschließen. Ein Beispiel im Rundfunkbereich wären Medienunternehmen, die vor- und nachgelagerte Produktionsstufen kontrollieren, beispielsweise wenn ein Fernsehsender auch Programme produziert.

Diagonale Konzentration beschreibt den Zusammenschluss von Wirtschaftseinheiten, deren Märkte und Produktionstechniken nichts miteinander zu tun haben. Auf den Rundfunkbereich übertragen liegt diagonale Konzentration vor, wenn sich Rundfunkunternehmen auch auf anderen Medienmärkten unternehmerisch betätigen und dabei eine starke Marktstellung in einem dieser Märkte dazu ausnutzen können, den Wettbewerb auf einem anderen Markt zu verzerren. Ein Beispiel für diagonale Konzentration wäre der gleichzeitige Besitz einer Tageszeitung und eines lokalen Fernsehsenders. Stuiber (1998: 642) weist allerdings darauf hin, dass man im Medienbereich nur bedingt von diagonaler Konzentration sprechen kann, weil selbst unterschiedliche Medienmärkte große Gemeinsamkeiten hinsichtlich Marktteilnehmern, Produktionsweisen und der Substituierbarkeit von Produkten aufweisen. Dieser Argumentation von Stuiber ist zuzustimmen. Bezieht man zusätzlich die weiter oben getroffene Unterscheidung zwischen *Eigentümer-* und *Marktanteilskonzentration* ein, kann sie für die Nutzung des Begriffs diagonale Konzentration weiter ausdifferenziert werden. Für die Beschreibung von *Marktanteilskonzentration* eignet sich die diagonale Konzentration demnach nicht; denn wenn sich die diagonale Konzentration über Märkte erstreckt, die voneinander unabhängig sind, ist es kaum mehr gerechtfertigt, von Marktanteilskonzentration zu sprechen – es sei denn, durch das Agieren auf verschiedenen Märkten ist ein Unternehmen insgesamt so groß, dass gesamtwirtschaftlich ein hoher Konzentrationsgrad erreicht ist. Grundsätzlich scheint das Konzept der diagonalen Konzentration vor allem ein Instrument, um die Ballung ökonomischer Macht auf ein Unternehmen zu beschreiben, also die *Eigentümerkonzentration.* Für die Nutzung des Konzepts der diagonalen Konzentration in der Medienökonomie trotz der offensichtlichen Probleme sprechen zwei Gründe: Wie Kiefer (2005a: 113) selbst bemerkt, sind die Übergänge von der vertikalen zur diagonalen Konzentration fließend, beispielsweise wenn ein Fernsehsender einen Fußballclub kauft, der im weitesten Sinne als Inhalteproduzent bezeichnet werden kann. Die Kategorie der diagonalen Konzentration operationalisiert demnach die Beobachtung, dass die Aktivitäten eines Medienunternehmens in einem ansonsten artfremden Markt die Stellung des Medienunternehmens auf den angestammten Märkten beeinflussen kann. Zum anderen dient die diagonale Konzentration in den Medienwissenschaften primär als Konzept, um die publizistische Macht einer unternehmerischen Einheit zu erfassen.

Die dreigeteilte Definition von horizontaler, vertikaler und diagonaler Konzentration hat sich in der deutschen medienökonomischen Literatur etabliert (Vgl.: Heinrich 1994a: 115ff.). Bisher wurde in der Forschung nicht thematisiert, dass diese Typologie sich jedoch von gängigen Konzeptionen von Konzentration in den Wirtschaftswissenschaften unterscheidet. Tatsächlich entsprechen die Definitionen von Kiefer (2005a: 113f.) weitgehend international geläufigen Definitionen der Terme *horizontale Zusammenschlüsse* (engl.: *horizontal mergers*[31]), *vertikale Zusammenschlüsse* (engl.: *vertical mergers*[32]) und *konglomerate Zusammenschlüsse* (engl.: *conglomerate mergers*[33]) (Vgl.: Gabler 2004: 3041 und OECD 1993: 58). Allerdings handelt es sich bei Zusammenschlüssen in der Tat um Konzentrations*prozesse,* nicht jedoch um Typen von Konzentration. In den Wirtschaftswissenschaften wird Konzentration als ein Zustand betrachtet. So sind Konzentrationsmaße wie der Herfindahl-Hirschman-Index (HHI) oder Konzentrationskoeffizienten Zustands- und keine Prozessbeschreibungen. Die in der deutschen Medienökonomie verbreitete Typologie beschreibt also Konzentrationsprozesse, nicht aber unterschiedliche Formen von Konzentration.

Die dreigeteilte Konzentrationsdefinition in der deutschem Medienökonomie korrespondiert auch mit einer weiteren Unterscheidung in der deutschen und internationalen ökonomischen Literatur, in der *horizontale Integration* (engl.: *horizontal integration*) oder *vertikale Integration* (engl.: *vertical Integration*) (Vgl. etwa: Williamson 1987). Diese Kategorien beschreiben die Verflechtung von Unternehmen in größeren wirtschaftlichen Einheiten, wie sie für Medienmärkte und besonders den Rundfunkmarkt typisch sind. Damit beschreiben diese Begriffe spezifische Formen von *Eigentümerkonzentration.*

Es wäre grundsätzlich wünschenswert, dass Analysekategorien der deutschen Medienökonomie mit der allgemeinen wirtschaftswissenschaftlichen Terminologie korrespondieren; diese würde Querverbindungen fördern und die Verknüpfung von Forschungsergebnissen unterschiedlicher Teildisziplinen der Ökonomie erleichtern. So kranken viele medienwissenschaftliche Beiträge an der mangelhaften Bestimmung der Konzentration und der Verwendung des Begriffs ohne Hinweis darauf, ob er sich auf Marktanteilskonzentration oder Eigentümerkonzentration bezieht.[34]

3.1.2   Wirtschaftliche Gründe für Konzentration im Fernsehmarkt

Die Strukturen der Medienproduktion gelten per se als ungünstig für den ökonomischen Wettbewerb. Verantwortlich dafür sind die Eigenschaften der Medienmärkte: die starke Fixkostendegression, die Verbindung von Werbe- und Rezipientenmarkt und die ausgeprägten Marktzutrittsbarrieren (Vgl.: Heinrich 1994a: 125ff.).

Fixkostendegression in der Medienproduktion

Die Kostenstruktur der Medienproduktion ist gekennzeichnet durch einen besonders hohen Anteil von Fixkosten[35] an den Gesamtkosten. Die auflagen-, bzw. reichweitenabhängigen so genannten variablen Kosten sind dagegen anteilsmäßig sehr klein (Vgl.: Kiefer 2005a: 168ff). Heinrich (2001: 243) fasst die Folgen für den Zeitungsmarkt zusammen:

„Die Konsequenz eines solch hohen Fixkostenanteils ist eine wettbewerbspolitisch bedenkliche Tendenz zur Monopolisierung des jeweiligen […] Marktes, weil der Alleinanbieter die größte Fixkostendegression aufweist."

Die Fixkostendegression beschreibt das Sinken der absoluten Fixkosten pro Einheit mit jeder weiteren gedruckten Ausgabe oder jedem weiteren Rezipienten. Weil die Fixkosten einen so großen Teil der Gesamtkosten pro Ausgabe beziehungsweise pro Rezipient ausmachen, sinken auch die Kosten pro Stück mit steigender Auflage beziehungsweise pro Zuschauer/Zuhörer mit steigender Reichweite. Je größer der Marktanteil eines Produzenten, desto billiger kann er das Medienprodukt produzieren und anbieten. Die Tatsache, dass mit steigender Produktionsmenge die Kosten für jede produzierte Einheit sinken, wird als *Skaleneffekt* bezeichnet.

Beim Fernsehen ist die Stückkostendegression besonders ausgeprägt, weil jeder zusätzliche Zuschauer keine zusätzlichen Kosten verursacht – abgesehen von möglichen höheren Lizenzgebühren (Vgl.: Kiefer 2005a: 170).[36] Kritisch anzumerken ist hierbei, dass diese Aussage in dieser absoluten Form nur gilt, solange man nicht die Kosten für die Erschließung neuer Nutzer*gruppen* mit einbezieht. Denn es kann sehr kostspielig sein, *potentielle* Nutzergruppen über neue Übertragungswege wie *DVB-T*[37] oder das *IPTV*[38] zu erreichen. Das Konzept der Fixkostendegression wird durch diese Einschränkung in seiner Aussagekraft allerdings kaum beschnitten. Heinrich (1999: 37) merkt an, dass streng genommen nicht die Produktion des Gutes Fernsehen der Fixkostendegression unterliegt, sondern dessen Konsum – der beobachtete Effekt hinsichtlich der Konzentrationstendenzen bleibt jedoch der gleiche.

Die Verbindung von Rezipienten- und Werbemarkt

Ein weiteres Merkmal werbefinanzierter Medienproduktion und damit auch des werbefinanzierten Fernsehens ist der Verbund von Rezipienten- und Werbemarkt. Die Ökonomie spricht hier von *zweiseitigen Märkten* (engl.: *two-sided industries)*.[39] Medienunternehmen produzieren meist für zwei Märkte: Information und Unterhaltung für die jeweiligen Publika einerseits und Publika für Werbebotschaften für die werbetreibende Industrie andererseits. Andere zweiseitige Industrien, die ebenfalls auf zwei getrennten Märkten agieren und diese miteinander kuppeln sind beispielsweise die Kreditkartenindustrie oder die Hersteller von PC-Betriebssystemen (Vgl.: The Economist 2005b). Im werbefinanzierten Fernsehen ist die Zweiseitigkeit besonders ausgeprägt: Werbefinanzierte Sender verdienen Geld weitgehend[40] damit, Publika zu produzieren und diese Publika, beziehungsweise den Zugang zu diesen Publika, an Werbetreibende zu verkaufen (Vgl.: Mankiewicz und Swerdlow 1979: 110). An dieser Stelle greift der in der Medienökonomie vermutete Mechanismus der *Reichweiten-Einnahmen-Spirale:* Mit steigender Reichweite können Medienunternehmen ihre Werbepreise erhöhen und damit auch ihre Einnahmen und ihren Gewinn. Mit steigendem Gewinn können die Anbieter wiederum in größerem Umfang in die Programm investieren, und durch die daraus resultierende höhere Programmqualität wird die Reichweite weiter gesteigert – damit kommt die so genannte Reichweiten-Werbe-Spirale[41] in Gang (Vgl.: Heinrich 1994a: 119f.). Diese Verbindung von Rezipienten- und Werbemarkt kann hohe Konzentrationsgrade erzeugen, weil der beschriebene Mechanismus große Anbieter gegenüber Kleinen bevorteilt und so langfristig kleinere Anbieter aus dem Markt drängt (Vgl.: Heinrich 1994a: 119f.).

Evans (2002: 70) kommt allerdings in einer Untersuchung zu dem Ergebnis, dass sich zweiseitige Industrien ganz allgemein zwar erheblich von anderen Industrien unterscheiden, wettbewerbspolitisch allerdings nicht problematischer sind:

"There is no reason to believe that anticompetitive problems are more prevalent or less prevalent in two-sided industries than in other ones."

Die ausgeprägte Fixkostendegression und die Zweiseitigkeit von Rundfunkmärkten schaffen hohe *Marktzutrittsbarrieren* für potentielle Wettbewerber. Aufgrund der Fixkostendegression wird ein etablierter Anbieter immer niedrigere Stückkosten produzieren als ein neuer Wettbewerber. Neue Wettbewerber müssen deshalb über ausreichendes Kapital verfügen, um langfristig hohe Investitionen zu tätigen (Vgl.: Heinrich 1994a: 126). Marktzutrittsbarrieren entstehen außerdem dadurch, dass Zuschauer tendenziell etablierte Programme gegenüber neuen unbekannten Substituten bevorzugen. Ausschlaggebend dafür ist die Identifikation mit den bereits bekannten Programmen (Vgl.: Heinrich 1994a 33, 126). Dieses Phänomen ist besonders aus dem Zeitungsmarkt bekannt, wo es sehr unwahrscheinlich ist, dass Leser die Qualität zweier Zeitungen miteinander vergleichen. Auch deshalb gilt in der Zeitungsbranche die Weisheit, dass das durchschnittliche Zeitungsabonnement länger halte als die durchschnittliche Ehe (Vgl.: Kiefer 2005a: 97).

Heinrich überträgt dieses Phänomen auf den Fernsehmarkt. Dieses Vorgehen scheint jedoch sehr problematisch. Zum einen ist der Fernsehmarkt ist für den Zuschauer sehr viel transparenter als andere Medienmärkte: Dem zappenden Zuschauer genügen oft wenige Sekunden, um zu entscheiden, ob das Programm des gerade eingestellten Kanals gefällt oder nicht. Gedruckte Fernsehzeitschriften, Programmtrailer und *EPGs*[42] im Digitalfernsehen verschaffen dem Zuschauer zusätzlich einen vollständigen Überblick über das Angebot auf dem Fernsehmarkt zum jeweiligen Zeitpunkt. Zudem sind die Wechselkosten des individuellen Nutzers gering: Ein Knopfdruck auf die Fernbedienung genügt, um das laufende Programm zu wechseln. Auch empirische Beobachtungen sprechen dafür, dass die vorhandene Popularität einzelner Sendungen nicht in Nachfrageträgheit der Zuschauer umgesetzt wird: So können sich Fernsehserien innerhalb weniger Ausstrahlungsintervalle zu Publikumsmagneten entwickeln, und einzelne Fernsehsendungen können Reichweiten erreichen, die weit über den normalen Reichweiten eines Senders liegen. Zuschauermarktanteile von Fernsehsendern schwanken stark, und Zuschauer folgen einem beliebten Programm wie der Fußball-Bundesliga auch, wenn dieses Programm den Kanal wechselt.

Ähnlich gelagert ist das Phänomen, dass Werbetreibende den Marktführer bevorzugen. Albarran (1996: 154) beschreibt diese Erscheinung anhand des Zeitungsmarktes:

"Advertisers will tend to place more dollars in the paper that attracts the most readers, thus the „second" paper in the market will receive a disproportional lower share of advertising dollars."

Auch im werbefinanzierten Fernsehen ist dieser Effekt zu beobachten. Heinrich (1994b: 305) konnte zeigen, dass 1993 im Fall des reichweitenstärksten Privatsenders RTL der Anteil am Markt für Fernsehwerbung mehr als doppelt so groß war wie der Anteil am Zuschauermarkt.[43]

3.2 Die Folgen von Konzentration im Fernsehmarkt

Nachdem im vorangegangenen Abschnitt die Mechanismen beschrieben wurden, die Konzentration auf dem Fernsehmarkt begünstigen, werden in diesem Abschnitt die Folgen wirtschaftlicher Konzentration im Fernsehmarkt beschrieben. Das Hauptaugenmerk liegt dabei auf den Folgen der Konzentration für Vielfalt und Meinungsmacht im Fernsehmarkt. Die wirtschaftlichen Folgen hoher Konzentrationsgrade im Medienbereich sind nur von nachgelagertem öffentlichem Interesse. Die öffentlichen Wahrnehmung und die medienwissenschaftliche Diskussion fokussieren vor allem die Folgen einer Konzentration im Medienbereich für die publizistische Konzentration und die Meinungsvielfalt.

Die ökonomischen Folgen hoher Konzentrationsgrade werden in diesem Kontext vorrangig als Faktoren wahrgenommen, die den Grad der *publizistischen Konzentration*, der Ballung von Meinungsmacht, vorantreiben. Auch die Konzentrationskontrolle dient der Verhinderung starker publizistischer Konzentration und der Sicherung der Meinungsvielfalt. Allerdings werden zunächst die wirtschaftlichen Folgen der Konzentration beschrieben, weil sich die publizistischen Folgen ökonomischer Konzentration erst unter Einbeziehung der ökonomischen Folgen erschließen.

3.2.1 Wirtschaftliche Folgen von Konzentration im Fernsehmarkt

Die Konzentration im Medienbereich kann ökonomische Auswirkungen wie Preisdiktate oder hohe Marktzutrittsbarrieren haben, wie sie in der weiter oben zitierten Feststellung der Monopolkommission beschrieben werden. Auf einem so stark von Wettbewerbsineffizienzen geprägten Markt wie dem Fernsehmarkt sind hohe Konzentrationsgrade nicht nur wahrscheinlich, sondern können auch besonders folgenreich sein. Aus den Ausführungen ging bereits hervor, dass sich zu den ökonomischen Wirkungen hoher Konzentrationsgrade nur bedingt Aussagen treffen lassen, und dass eine Bewertung schwierig ist. Das gilt auch für eine enger gefasste, sektorspezifische Betrachtung der Wirkungen von Konzentration im Fernsehmarkt, die ebenfalls keine verlässlichen allgemeinen Aussagen liefern kann. Pauschale Aussagen sind jedoch je nach Form der Konzentration möglich.

Eine *Marktanteilskonzentration* auf dem Fernsehmarkt erhöht Marktzutrittsbarrieren und schwächt kleinere Wettbewerber: So verstärkt horizontale Konzentration nicht nur die oben beschriebenen rundfunkmarktspezifischen ökonomischen Mechanismen wie die Fixkostendegression und die Reichweiten/Einnahmen-Spirale, sondern auch die ökonomischen Vorteile beim Kauf von Filmen im Paket und die Kontaktkostendegression: Diese beschreibt das Phänomen, dass bei Programmen, die durch Werbung finanziert werden, die Fixkosten pro erreichtem Rezipienten mit steigender Reichweite sinken. Mit steigender Reichweite sinkt so der Tausend-Kontakte-Preis, dies führt zu einer steigenden Nachfrage der Werbetreibenden und/oder dazu, dass der Fernsehanbieter die Preise für die entsprechenden Werbeschaltungen erhöht (Vgl.: Heinrich 1999: 37). Diese Strukturen bevorteilen systematisch große Anbieter zuungunsten kleinerer Anbieter und werden mit zunehmender Unternehmensgröße und Marktkonzentration verstärkt. Marktanteilskonzentration schwächt so die Marktstellung kleinerer Wettbewerber und potentieller Wettbewerber. Außerdem greift die oben beschriebene Präferenz der Zuschauer für etablierte Inhalte, so dass Konzentration die starke Stellung eines Programmanbieters beim Publikum verstärkt und die Marktzutrittschancen für potentielle Marktteilnehmer anhebt. Zudem besteht die Möglichkeit, dass der Marktführer gegenüber seinen zahlenden Kunden, im Fernsehbereich sind das Werbetreibende und die Abonnenten von Pay-TV-Programmen, seine starke Marktposition in überhöhte Preise umsetzt (Vgl.: Mailänder 173f.).

Die *vertikale Integration* über mehrere Verwertungsstufen hinweg gibt großen Wettbewerbern die Möglichkeit, nicht-vertikal integrierte Unternehmen im Wettbewerb zu behindern, etwa indem es diesen den Zugang zu von ihm kontrollierten Ressourcen verweigert. Dieser Mechanismus erhöht die Marktzugangsbarrieren für potentielle Anbieter und behindert kleinere Anbieter im Wettbewerb und ist von besonderer Bedeutung, falls das entsprechende Unternehmen auf einer der betroffenen Ebenen den jeweiligen Markt beherrscht. In diesem Fall besteht die Gefahr, dass das Unternehmen seine marktbeherrschende Stellung auf angrenzende Verwertungsebenen ausdehnt – dies ist besonders dann wahrscheinlich, wenn das Unternehmen bereits einen so genannten *Flaschenhals* kontrolliert, eine Ressource, auf deren Nutzung die Anbieter benachbarter Marktsegmente angewiesen sind (Vgl.: Mailänder 2000: 174f.).

Die wirtschaftlichen Folgen ausgeprägter vertikaler Integration können weitgehend auf die *intermediale Eigentümerkonzentration* übertragen werden. Auch hier besteht die Möglichkeit, dass Unternehmen ihre marktbeherrschende Stellung in einem Medienmarkt auf einen anderen Medienmarkt übertragen und dass durch das Unternehmenswachstum über mehrere Märkte hinweg die Marktzutrittsbarrieren für potentielle Mitbewerber angehoben werden (Vgl.: Mailänder 2000: 175).

Wie in anderen Branchen können jedoch auch im Fernsehbereich der Konzentration positive Effekte zugeschrieben werden. Unter industriepolitischen Gesichtspunkten könnte eine Konzentration im Rundfunkbereich gesamtwirtschaftlich positiv wirken, denn nur Unternehmen mit Zugang zu entsprechend hohem Kapital wird zugetraut, die Investitionen aufzubringen, um neue Technologien wie Digitales Fernsehen, HDTV[44] oder IPTV zu nutzen und deren Einführung zu unterstützen. Ähnlich gelagert ist die Argumentation, dass nur finanziell entsprechend ausgestattete Unternehmen in der Lage seien, attraktive Senderechte international einzukaufen (Vgl.: Mailänder 2000: 175ff. und 178) oder selbst qualitativ hochwertige Filme zu produzieren.

Zusammenfassend läßt sich sagen, dass hohe Konzentrationsgrade im Fernsehbereich den Wettbewerb tendenziell hemmen; das gilt nicht nur für den Markt auf dem die hohen Konzentrationsgrade auftreten, sondern auch auf den angrenzenden Märkten. Trotzdem scheint eine Bewertung von Konzentration im Einzelfall sinnvoll.[45] Die dargestellten Gefahren für den Wettbewerb, die von hohen Konzentrationsgraden ausgehen können, haben wiederum Einfluss auf die publizistische Konzentration und damit auf die Vielfalt im Programm. Bevor jedoch die publizistische Konzentration und die Interdependenz von wirtschaftlicher und publizistischer Konzentration ausführlich betrachtet werden, wird im Folgenden der Vielfaltsbegriff problematisiert.

3.2.2   Vielfalt im Rundfunk

Der Begriff der *Vielfalt* ist, obwohl er in der medienpolitischen Debatte eine zentrale Stellung einnimmt, äußerst diffus. Eine einheitliche Definition existiert nicht einmal innerhalb einzelner Disziplinen, geschweige denn interdisziplinär. Wegen der zentralen Bedeutung des Begriffs für die Konzentrationskontrolle und für die Arbeit der mit der Konzentrationskontrolle befassten Regulierer in Deutschland und den USA wird im Folgenden ein Überblick gegeben über die unterschiedlichen Herangehensweisen an diesen Begriff. Allerdings unterliegt solch eine Darstellung im Rahmen einer internationalen Untersuchung bestimmten Restriktionen. Zunächst werden Diskurse über die Definition von Vielfalt in der Literatur weitestgehend im Kontext der jeweiligen lokalen kulturellen und politischen Verhältnisse geführt. So referenziert die deutsche Literatur zum Thema Vielfalt grundsätzlich Positionen aus Deutschland, die im Kontext des deutschen Medien- und Fernsehsystems verortet und teilweise für die US-Verhältnisse von geringer Relevanz sind. Gleiches gilt unter umgekehrten Vorzeichen für US-amerikanische Beiträge. Eine Ausnahme bilden die weiter unten dargestellten international angelegten Untersuchungen von Denis McQuail, deren große Reichweite allerdings nur durch einen äußerst hohen Abstraktionsgrad erreicht wird.

Einen Eindruck von der Vielschichtigkeit und Unschärfe des Begriffs liefert Hallenbergs (1997: 11ff.) Auflistung unterschiedliche Definitionen des Begriffs der *publizistischen Vielfalt*. Dabei unterscheidet er zunächst zwischen einer engen Auslegung des Begriffs der publizistischen Vielfalt und einer weiteren Definition. Wird der Begriff in der engen Auslegung ausschließlich auf informierende und meinungsbildende Sendungen angewandt, nimmt die publizistische Vielfalt die Bedeutung von *Meinungsvielfalt* an. Auch für den Begriff der Meinungsvielfalt existiert keine einheitliche Definition. Vielmehr wird Meinungsvielfalt in der Literatur über unterschiedliche Disziplinen hinweg[46] als eine normative Kategorie gehandhabt, die einen Idealzustand beschreibt, der kontinuierlich angestrebt werden sollte.[47] Auch das Bundesverfassungsgericht interpretierte im Vierten Rundfunkurteil die Meinungsvielfalt als Zielwert:

„Wann ‚gleichgewichtige Vielfalt' besteht oder zu erwarten ist, läßt sich nicht exakt bestimmen, weil es hierfür an eindeutigen Maßstäben fehlt; es handelt sich um einen Zielwert, der sich stets nur annäherungsweise erreichen läßt." (zitiert nach Mailänder 2000: 34)

In dieser Form eines normativen Gebots fordert die Meinungsvielfalt eine Widerspiegelung der Gesamtheit aller gesellschaftlich relevanten Meinungen im Rundfunkangebot. Eng verknüpft mit dem Konzept der Meinungsvielfalt ist das Prinzip der *Ausgewogenheit*. Dieses gebietet, die dargestellten Meinungsströme entsprechend ihres gesellschaftlichen Vorkommens wiederzuspiegeln. Auch dieses Konzept ist zweifelsohne stark problembehaftet, so stellt sich beispielsweise die Frage, was als Referenzwert für die Ausgewogenheit der Darstellung der Meinungsströme im Rundfunkgesamtprogramm dient.

Publizistische Vielfalt in einer weiteren Konzeption bezieht sich nicht ausschließlich auf Informationsangebote sondern auf das Gesamtangebot des Fernsehens, wovon Unterhaltung einen großen Teil ausmacht. Hallenberger (1997: 12) hat aus dem entsprechenden Vielfaltsdiskurs vier unterschiedliche Begriffsinterpretationen isoliert: Demnach kann Vielfalt (1) mit der Gesamtsendezeit und der Zahl der ausgestrahlten Programme, (2) mit der Zahl der Genres, aber auch (3) durch Variationen des immer gleichen Grundthemas (Musik, Nachrichten, Sport) steigen. In der anspruchsvollsten Definition steigt die Vielfalt mit der (4) Breite des Angebots: Diese Definition kann verschiedene Dimensionen annehmen, etwa nach der thematischen Breite, der Varianz der Genres, der geographischen Repräsentation oder der Spannbreite der Programmqualität.

Auch innerhalb der Kommunikationswissenschaft wurde bisher keine einheitliche Definition von Vielfalt gefunden, obwohl sich in Deutschland und den USA eine Reihe von Arbeiten mit der Vielfaltsproblematik auseinandergesetzt hat. Die US-amerikanischen Arbeiten sind dabei vor allem empirisch angelegt und versuchen häufig anhand der in Programmankündigungen der Sender auftauchenden Genres Indexwerte für die Vielfalt im Programm zu errechnen.[48] Ähnliche Untersuchungen liegen auch aus der deutschen kommunikationswissenschaftlichen Forschung vor[49], die wichtigsten Arbeiten zur publizistischen Vielfalt aus dem deutschsprachigen

Raum sind allerdings theoretischer Natur und beschäftigen sich mit der Klärung des Begriffs (Vgl.: Hallenberger 1997: 14).[50]

Denis McQuail arbeitet in seiner Analyse der Leistung von Medien in demokratischen Gesellschaften ein Konzept von Medienvielfalt heraus, das die Rolle von Massenmedien in unserer Gesellschaft reflektiert und weit über die politische Theorie hinausgeht. Demnach ist Vielfalt in den Medien heute ein Selbstzweck, ein breites Prinzip, offen für weitreichende Interpretationen und Modifikationen, dass zu ganzunterschiedlichen Zwecken instrumentalisiert wird: „[...] on behalf both of neglected minorities and of consumer choice, or against monopoly and other restrictions [...]" (142). McQuail hat dabei auch einen Strukturierungsvorschlag vorgelegt, der als Grundlage für eine internationale komparative Studie geeignet scheint. Als Grundlage für McQuails Kategorisierung dient dabei auch ein Modell von Wolfgang Hoffmann-Riem (1987 und 1992). McQuail (1992: 144ff.) leitet in seiner Meta-Struktur aus den Funktionen von Massenmedien in *pluralistischen Gesellschaften*[51] drei Grundformen der Vielfalt ab:

1. *Diversity as reflection*: Inhaltliche Vielfalt, die mit der gesellschaftlichen Vielfalt korrespondiert und diese abbildet. In dieser Betrachtungsweise wird auch der Anspruch formuliert, dass die mediale Vielfalt der gesellschaftlichen enstpechen solle - ein ähnliches Konzept wie das der Ausgewogenheit.

2. *Diversity of access*, beschreibt die Vielfalt der Möglichkeiten für die unterschiedlichen gesellschaftlichen Gruppen, sich Gehör zu verschaffen. Dazu gehört auch eine genügend große Anzahl von unabhängigen und unterschiedlichen Fernsehkanälen.

3. *Diversity of choice*: Vielfalt steigt mit der Zahl der Auswahlmöglichkeit unter mehreren Medienangeboten, die in dieser Sichtweise als Konsumgüter verstanden werden. Die Vielfalt wird demnach größer, wenn sich durch die Ausweitung von Sendezeit die Gesamtmenge an ausgestrahltem Programm vergrößert oder wenn neue Übertragungstechnologien die Zahl der empfangbaren Sender erhöhen.

Diese drei Prinzipien sind miteinander verknüpft und existieren im besten Fall parallel. Das heißt jedoch nicht, dass alle drei auch gleichzeitig auftreten müssen. So können die Zugangsmöglichkeiten für alle gegeben sein, ohne dass diese

Möglichkeiten tatsächlich zu Programmen führen, in denen sich alle gesellschaftlichen Standpunkte finden lassen. Genauso können Auswahlmöglichkeiten für Konsumenten bestehen, ohne dass die soziale Realität angemessen abgebildet wird (Vgl.: McQuail 1992: 145).

Zusammenfassend läßt sich sagen, dass sowohl die empirischen als auch die theoretischen Vielfaltsdiskurse in den Kommunikationswissenschaften mit spezifischen Unzulänglichkeiten kämpfen: Während die empirischen Arbeiten darunter leiden, dass keine konsensuellen endgültigen Definitionen von Programmtypen und Vielfalt existieren, gelten die theoretischen Ansätze unter Empirikern als ungeeignet um Indexwerte zur Vielfaltsmessung zu erstellen (Vgl.: Hallenberger 1997: 15).

3.2.3 Die Publizistische Konzentration

In Korrespondenz mit dem Vielfaltsbegriff steht das Konzept der *publizistischen Konzentration*. Publizistische Konzentration beschreibt die Ballung publizistischer Macht, beziehungsweise publizistischen Einflusses auf ein Unternehmen oder eine Person. Publizistische Konzentration läßt sich laut Kiefer (2005a: 115) nicht messen, denn dazu wären Messmethoden nötig, mit deren Hilfe die Meinungsvielfalt in der Gesellschaft bestimmt werden könnte. Diese Aussage zeigt den Konnex zwischen publizistischer Konzentration und Meinungsvielfalt auf: Beide werden als Gegensatzpaar verstanden; wo publizistische Vielfalt, bzw. Meinungsvielfalt vorhanden sind, wird keine hohe publizistische Konzentration vermutet; wo hingegen eine starke publizistische Konzentration vorherrscht, ist Meinungsvielfalt kaum zu erwarten. Ob dieser Konnex generell zutrifft, lässt sich nicht belegen, er wird jedoch empirisch oft beobachtet. Eine hohe publizistische Eigentümerkonzentration wird, wie Albarran (1996: 47) feststellt, ebenfalls als problematisch erachtet. Eine starke Ballung medialer Meinungsmacht auf Einzelne ist verbunden mit einem hohen gesellschaftlichen Beeinflussungspotential. Beide Phänomene gelten als gesellschaftlich unerwünscht; publizistische Konzentration wird deshalb in Deutschland und den USA grundsätzlich negativ bewertet.

Angesichts der Schwierigkeiten, eine konsensuelle Definition von Vielfalt zu finden, überrascht es nicht, dass auch eine Messung von publizistischer Vielfalt und publizistischer Konzentration problematisch ist – vor allem in Anbetracht der

Tatsache, dass bereits die Messung und Bewertung ökonomischer Konzentration umstritten sind. Da Instrumente zur Messung von (Meinungs-)Vielfalt und publizistischem Einfluss ebenso wenig existieren wie eine einheitliche Definition, behilft sich die Medienökonomie mit Behelfskonstrukten, die die Anzahl der voneinander unabhängigen Medienunternehmen als Anhaltspunkt für die Vielfalt in einem Markt nehmen (Vgl.: Kiefer 2005a: 115). Hallenberger (1997: 16) sieht in dieser Operationalisierung von Vielfalt vor allem einen Rückzug angesichts der mit dem Vielfaltsbegriff verbundenen Mess- und Definitionsschwierigkeiten. Als Folge habe sich die öffentliche Debatte von der tatsächlichen inhaltlichen Vielfalt hin zur Diskussion der leichter messbaren Vielfalt des Eigentums an Sendern gewendet:

> „Die aktuelle Variante des Themas heißt „Konzentration und Vielfalt", d.h. es geht primär um einen medienökonomischen Diskurs mit politischen und rechtlichen Hintergründen; würde sie „Medienangebot und Vielfalt" lauten, hätten wir es mit einem medieninhaltlichen Diskurs zu tun, was politische rechtliche und ökonomische Bezüge natürlich einschlösse."

Diese Einschätzung von Hallenberg ist sicherlich richtig. Allerdings scheint ein medieninhaltlicher Diskurs wenig realistisch. Kategorien wie Vielfalt, Relevanz und Qualität entziehen sich weitgehend objektiven Bewertungsmaßstäben, so dass Diskurse über den Inhalt der Medien bereits vorab zum Scheitern verurteilt sind. Der ökonomische Diskurs kann daher auch als praktikable Alternative interpretiert werden, die im Bezug steht zu inhaltlichen und strukturellen Zielen.

3.2.4   Interdependenz von ökonomischer Konzentration und Vielfalt

Wie die dargestellten Defizite in der Operationalisierung von publizistischem Wettbewerb und Meinungsvielfalt erwarten lassen, liegen in Deutschland und den USA keine eindeutigen empirischen Erkenntnisse über den Zusammenhang von ökonomischer Konzentration im Rundfunksektor und der Meinungsvielfalt einzelner Programme und des Gesamtprogramms vor.[52] Trotzdem wird grundsätzlich von einem Zusammenhang zwischen der ökonomischen Marktstellung eines Rundfunkunternehmens und seinem publizistischen Einfluss ausgegangen.

Eine interdisziplinäre Literaturschau (Mailänder 2000: 176ff.) offenbart trotz der weitgehenden Übereinkunft über die negative Korrelation von ökonomischer Konzentration und Meinungsvielfalt ein breites Meinungsspektrum hinsichtlich der

Interdependenz von diesen beiden Größen. Während eine hohe Markt- und Eigentümerkonzentration meist als publizistisch negativ bewertet wird, gibt es eine Reihe von Vertretern unterschiedlicher Disziplinen, die eine hohe Unternehmenskonzentration im Rundfunkmarkt auch in publizistischer Hinsicht positiv bewerten. Die Thesen der unterschiedlichen Meinungslager werden im Folgenden dargestellt und um Überlegungen aus der wohlfahrtstheoretischen Ökonomie zur Interdependenz von Konzentration und Vielfalt ergänzt.

Die Ansicht, dass ein hoher wirtschaftlicher Konzentrationsgrad im Rundfunk mit hoher Wahrscheinlichkeit publizistisch negativ wirkt, ist sicherlich die vorherrschende Meinung. Diese Betrachtung gründet auf der Annahme, dass eine Vielzahl voneinander unabhängiger Programme das Entstehen eines einseitigen Gesamtprogramms verhindern kann, so dass sich in einer Rundfunklandschaft mit vielen Akteuren die Chancen auf ein vielfältiges Gesamtprogramm erhöhen. Je größer der Kreis der Programmveranstalter, desto heterogener sei dieser zusammengesetzt und desto vielfältiger sei folglich auch das Gesamtprogramm. Mit zunehmender Konzentration sinke die Zahl der Veranstalter, dadurch verringere sich die Vielfalt im Veranstalterkreis und nehme folglich auch die Vielfalt im Gesamtprogramm ab. Außerdem wird argumentiert, dass ein Anbieter, der mehrere Programme ausstrahlt, diese inhaltlich auf eine einheitliche Meinungsrichtung bringen würde, was zur Folge hätte, dass inhaltliche Vielfalt verloren ginge. Würde ein Programmanbieter im Zuge einer Akquisition weitere Programme erwerben, bestünde die Gefahr, dass die unter seine Kontrolle gelangten Programme eingestellt würden, um interne Konkurrenz zu begrenzen. Derartige Tendenzen trügen zur inhaltlichen Verarmung des Gesamtprogramms bei. Das sei insbesondere in hoch konzentrierten Medienmärkten kritisch, in denen einzelne Medienunternehmen nicht nur ökonomische Macht auf sich vereinten, sondern durch die Kontrolle und Weitergabe von Informationen auch politische Macht: Schließlich hingen die gesellschaftlichen Diskussionen von Themen stark davon ab, wie intensiv die Medien und vor allem das Fernsehen darüber berichten. Dominante Unternehmen in hoch konzentrierten Rundfunkmärkten könnten deshalb die Wahrnehmung bestimmter Themen in der Bevölkerung beeinflussen, etwa indem bestimmte Themen in der Berichterstattung unterdrückt, andere Themen und Meinungen hingegen gefördert werden. Demnach geht diese Sichtweise von einer

Interdependenz von ökonomischem und publizistischem Wettbewerb aus, aufgrund derer eine höhere Konzentration im Rundfunkmarkt tendenziell zu einem Verlust an Meinungsvielfalt im Gesamtprogramm führt und bei starker Eigentümerkonzentration zu hohem publizistischen Einfluss einzelner Veranstalter. Dieser vorherrschenden Meinung wird in der Literatur jedoch vereinzelt widersprochen (Vgl.: Mailänder 2000: 178f.): Höher konzentrierte Rundfunkmärkte, so die Argumentation, erzeugten wahrscheinlich schneller als weniger konzentrierte Märkte, auf denen viele Anbieter miteinander konkurrieren, ein differenziertes Gesamtangebot mit qualitativ hochwertigen Inhalten. Die Vertreter dieser These führen in ihren Argumentationen unterschiedliche Begründungen für diesen vermuteten Zusammenhang an. Das wichtigste und am häufigsten vorgebrachte Argument ist, dass mit steigender Konzentration die Größe der Rundfunkunternehmen am Markt zunehme und dass größere wirtschaftliche Einheiten mit höherer Wahrscheinlichkeit Programme mit hoher Qualität produzieren als kleinere Einheiten. Die professionelle Produktion eines qualitativ hochwertigen, handwerklich gut gemachten Fernsehprogramms erfordere Finanz- und Personalmittel, die nur Rundfunkunternehmen einer bestimmten Größe bereitstellen könnten.

Eine ähnliche Argumentationslinie verweist darauf, dass bei intensivem Wettbewerb die Werbemarktanteile der einzelnen Programmanbieter kleiner seien als in einem hoch konzentrierten Markt. Bei intensiver Konkurrenz um die Rezipienten in einem solchen Markt könnte es sein, dass der einzelne Anbieter nicht genügend finanzielle Mittel erwirtschaftet, um die Produktion eines hochwertigen und vielfältigen Programms zu finanzieren. In einer solchen Marktsituation sie mit einem tendenziell verflachten und „inhaltsarmen" (Mailänder 2000: 178) Programm zu rechnen. Zumal, so ein weiteres Argument, im intensiven Wettbewerb um Zuschauer Fernsehsender eher billige und unter Umständen reichweitenstärkere Unterhaltungsprogramme senden als Informationsangebote. Diese Argumentation impliziert, dass Unterhaltungsprogramme nicht zur Vielfalt im Programm beitragen; sie geht also von einem eher eng gefassten Vielfaltsbegriff aus, der auf die Meinungsvielfalt im Informationsangebot abzielt.

Darüber hinaus wird argumentiert, dass höhere Erträge in einem konzentrierten Markt die Unabhängigkeit des Rundfunkunternehmens gegenüber Dritten stärkten, insbesondere gegenüber Werbetreibenden und professionellen Kommunikatoren wie PR-Firmen. Anders als die vorherrschende Meinung geht die oben beschriebene Sichtweise davon aus, dass die Konzentration des Fernsehmarktes bis zu einer bestimmten Grenze unterhalb der Marktbeherrschung Qualität und Vielfalt der Fernsehprogramme steigert. Ökonomische Konzentration im Rundfunksektor hat in bestimmten Grenzen dieser Sichtweise zufolge tendenziell positive publizistische Wirkungen.

Eine interessante Variante dieser Sichtweise haben Noelle-Neumann, Ronneberger und Stuiber (1976) in ihrer Betrachtung der publizistischen Leistungen von lokalen Monopolzeitungen formuliert. Demnach kann Vielfalt in privatwirtschaftlichen Organisationsformen auch ohne externen Wettbewerb existieren, beispielsweise in Lokalzeitungen, die in ihrem Verbreitungsgebiet ein Monopol halten. Empirische Befunde, die diese Sichtweise unterstreichen, liefert der im gleichen Band veröffentlichte Vergleich der publizistischen Leistungen von lokalen Monopolzeitungen und lokalen Wettbewerbszeitungen (Noelle-Neumann, Ronneberger und Stuiber 1976: 35ff. und169ff.).

Einige Autoren argumentieren, dass positive und negative publizistische Folgen von hoher beziehungsweise niedriger Konzentration nicht eindeutig zuweisbar seien. Es sei nicht sicher, dass dominierende Veranstalter in einem stark konzentrierten Markt vielfaltsarme und in Bezug auf die vertretene Meinung einheitliche Programme ausstrahlen würden. Ebenso sei möglich, dass unabhängige Veranstalter in einem wettbewerbsintensiven Markt statt unterschiedlicher Programme auch inhaltlich einheitliche Programme anböten.

„Theoretisch sei noch nicht einmal etwas gegen das TV-Monopol eines privaten Veranstalters einzuwenden, wenn dieser Veranstalter in seinen Medien ‚publizistische Konkurrenz' und damit Vielfalt gewährleiste." (Mailänder 2000: 179)

Meines Erachtens sind diese Aussagen insoweit richtig, als sie die Ambivalenz realer Sachverhalte treffend wiedergeben. Daher korrespondieren sie mit der grundsätzlichen Einzelfallbezogenheit von Regulierung, und der Arbeitsweise der Regulierer in der Konzentrationskontrolle, wie später zu zeigen sein wird. Diese Haltung kann allerdings in der Unentschlossenheit ihrer Aussage keine Grundlage für eine kohärente Rundfunkpolitik sein, sondern nur für die Regulierungsarbeit, in deren Rahmen der Regulierer einen Ausgleich zwischen der jeweiligen rundfunkpolitischen Dogmatik und den Interessen der Regulierten schaffen muss.

3.2.5   Exkurs: Der Erklärungsbeitrag der Programmwahlmodelle

Der Beitrag der Wirtschaftswissenschaften zu dieser Diskussion sind die so genannten Programmwahlmodelle (engl.: *program choice models*), in deren Rahmen (auch) Überlegungen zum Zusammenhang von ökonomischer Konzentration im Rundfunkmarkt und der Vielfalt des Gesamtprogramms angestellt werden. Medienökonomen nutzen Programmwahlmodelle, um zu erklären, welche Programmangebote in unterschiedlich strukturierten Fernsehmärkten entstehen. Um den Einfluss einzelner Strukturfaktoren wie Unternehmensformen, Finanzierungsquellen, Inhaltskontrolle und Marktstruktur auf das Programmangebot zu untersuchen, arbeiten diese Modelle mit der *Ceteris Paribus*-Methode: Dabei wird die Änderung eines oder mehrerer Einflussfaktoren simuliert, während alle übrigen Faktoren konstant gehalten werden. Im Folgenden werden wichtige Ergebnisse der Programmwahlmodelle von Steiner, Beebe und Noam dargestellt, die nicht nur in der Literatur[53] Grundlage vieler weitergehender Überlegungen sind, sondern auch im Kontext dieser Arbeit von besonderer Relevanz sind.

Die klassischen Modelle von Steiner (1952 und 1961)

Peter O. Steiner (1952) gelangt in seinem klassischen Modell des Radiomarktes zu dem Ergebnis, dass eine Monopolsituation, in der ein Unternehmen mehrere Radiosender kontrolliert, eine größere inhaltliche Vielfalt schafft als eine Situation, in der diese Sender im Wettbewerb zueinander stehen. Während der Monopolist seine Programme so ausdifferenzieren könne, dass er ein möglichst großes Publikum erreicht, würden im Wettbewerbsfall die Sender mit ähnlichen Programmen um die gleichen begehrten Zielgruppen kämpfen.

In einer späteren Modellierung für den Fernsehmarkt und unter geänderten Grundannahmen gelangte Steiner (1961) jedoch zu differenzierteren Ergebnissen.[54] Hinsichtlich der Frage, unter welchen Bedingungen sich der Rundfunk zu einer umfassenden und neutralen Informationsquelle und einem Forum öffentlicher Diskussion (Original: „Provision of an ample and unbiassed source of news and an open forum for commentary and public discussion" (Steiner 1961: 107)) entwickele, gelangte Steiner zu einem zwiespältigen Ergebnis: Auch wenn der Monopolist sich bemühe, eine umfassende, neutrale und ausgewogene Informationsquelle sein, und diese Zielsetzung auch erreiche, scheine dennoch das durch den Wettbewerb verschiedener Rundfunkanbieter entstehende Gesamtprogramm umfassender – also vielfältiger – zu sein als das des Monopolisten. Grund dafür sei, dass die große Verantwortung des gutartigen Monopolisten zu Paternalismus führe, der sich in großer Vorsicht bei der Darstellung, dem Verlust von Meinung in der Berichterstattung und geflissentlicher Unparteilichkeit manifestiere (Vgl.: Steiner 1961: 111):

> „At best, and the B.B.C. frequently achieves this best, it produces the broadcasting equivalent of a superbly balanced book. But this is not the equivalent of a balanced library (Steiner 1961: 111)."

Bezüglich der Frage, unter welchen Bedingungen das Gesamtangebot die größtmögliche Vielfalt hervorbringt, die sich den Präferenzen der Zuschauer weitgehend annähert, kommt Steiner 1961 zu einem ähnlichen Ergebnis wie in der Untersuchung von 1952:

> „Monopoly is inherently motivated to provide the complementary programming that leads to maximum variety; competitors are not so motivated and a significant restriction on choice owing to both duplication and imitation is to be expected (Steiner 1961: 117)"

Demnach kommt es im Wettbewerb bei begrenzter Kanalzahl zu einer Duplizierung erfolgreicher Programme und zu einer Beschränkung von Minderheitenprogrammen.[55]

Die Überlegungen von Beebe (1977)

Das vermutlich bekannteste Modell zur Programmwahl stammt von Jack H. Beebe, der 1977 eine spieltheoretische Untersuchung vorlegte. Beebe (1977) hatte Steiners Modell von 1952 so abgewandelt, dass einige der Steinerschen Modellannahmen realistischer formuliert waren. Tatsächlich kommt Beebe so zu differenzierteren Aussagen als Steiner: Ein Monopolist würde demnach nur dann eine größere inhaltliche Vielfalt als mehrere Wettbewerber erzeugen, wenn die Anzahl der Kanäle begrenzt sei, es also in einer Wettbewerbssituation nur sehr wenige Kanäle gäbe. Bei unbegrenzter Kanalkapazität – wenn also in einer Wettbewerbssituation viele Kanäle senden könnten – entspräche das im Wettbewerb entstandene Gesamtprogrammangebot eher den individuell unterschiedlichen Präferenzen der Zuschauer und sei insgesamt vielfältiger als verschiedene Programme eines Monopolisten.

Überträgt man dieses Modell auf die realen Verhältnisse, kommt Beebe meiner Einschätzung nach zu folgendem Ergebnis: Wenn nur wenige Frequenzen für Fernsehsender zur Verfügung stehen, so wie in den USA und in Europa in den 1950er Jahren, ist ein Monopolveranstalter wie die BBC eher in der Lage, ein vielfältiges Programm zu liefern. Sind allerdings technisch viele Kanäle möglich, was der heutigen Situation entspricht, bringt der Wettbewerb ein vielfältigeres Programm zustande als ein Monopol.

Das weiterführende Modell von Noam (1987, 1991, 1995, 1998)

Die Programmwahlmodelle von Steiner und Beebe wurden von Eli Noam stark modifiziert und erweitert. Im Kontext dieser Arbeit ist interessant, dass Noam eine ordinale Skala verschiedener Programmniveaus anlegt und so zwischen anspruchsvollen und weniger anspruchsvollen Programmen differenziert. Präferenzen hinsichtlich der Programmqualität sind in diesem Modell normalverteilt. Im Hinblick auf die Anbieterkonzentration ergibt Noams Modell folgendes Bild: Das Programm eines einzelnen (Monopol-)Anbieters schwankt um die Präferenzen des Zuschauermedians, besonders hohe Programmqualität wird nicht erreicht, besonders niedrige inhaltliche Niveaus aber ebenfalls nicht. Tritt ein zweiter Anbieter hinzu, werden beide Anbieter versuchen, sich um den Präferenzmedian herum zu positionieren und sich bemühen, dabei Überschneidungen zu vermeiden, so dass beide Anbieter unterschiedliche inhaltliche Qualitäten liefern. Mit jedem neuen Anbieter wird das Spektrum der angebotenen Programmqualitäten breiter, so lange bis auch die extremen Qualitätspräferenzen an den Rändern der Qualitätsskala abgedeckt sind. Bei ausreichend vorhandenen Sendefrequenzen und einer Vervielfachung der Programmanbieter im Zeitverlauf ist damit zu rechnen, dass ein stark ausdifferenzierter Markt mit einer Vielzahl von Programmangeboten entsteht.[56] Obwohl sich Noams Modell mit der Qualität des Gesamtprogramms beschäftigt, lassen sich meines Erachtens aus dem Modell Aussagen zu Konzentration und Vielfalt ableiten: Demnach würde eine große Zahl von Anbietern nicht nur einhergehen mit einer größeren Vielzahl von angebotenen Programmqualitäten, sondern auch mit einer größeren Vielfalt der Programminhalte.

Die Programmwahlmodelle kommen zu unterschiedlichen Ergebnissen, je nach Prämissen und Vorgehensweisen. Die Frage, ob aus einem hochkonzentrierten Monopolmarkt – der empirische Bezug sind zumeist die europäischen Fernsehmärkte bis Mitte der 1980er Jahre – oder einem Markt mit starkem Wettbewerb das Gesamtprogramm mit der höchsten Vielfalt resultiert, beantworten sie unterschiedlich. Zusammenfassend lässt sich jedoch festhalten, das die Ergebnisse der neueren Programmwahlmodelle weitgehend deckungsgleich sind: Demnach stellt sich bei unbegrenzten Kanalkapazitäten im Wettbewerb tendenziell eine höhere Vielfalt ein als im Falle eines Monopols. Die dabei angenommene unbegrenzte Kanalzahl entspricht der heutigen Situation in den Fernsehmärkten. Die älteren Modelle von Steiner kommen zu anderen Ergebnissen, namentlich dass eine Monopolsituation größere Vielfalt schafft als eine Wettbewerbssituation. Allerdings gilt dieses Ergebnis unter der Annahme von zwei oder drei verfügbaren Kanälen und Steiner betont selbst, dass diese Untersuchungen von begrenzten Kanalkapazitäten ausgehen – eine Bedingung, die in Zeiten von Digitalisierung, Datenkompression und der hohen Penetration von Mehrkanaldiensten den heutigen Fernsehmarkt nicht mehr adäquat beschreibt.

Wie hoch ist die Aussagekraft dieser Modelle im Rahmen der vorliegenden Untersuchung? Die dargestellten Modelle gehen allesamt von stark restriktiven und teilweise realitätsfernen Annahmen aus. So ignorieren in den Modellen von Steiner und Beebe die Anbieter die Produktionskosten der von ihnen angebotenen Programme, und Beebe geht nicht von einem Wettbewerb der Anbieter untereinander, sondern von einer Kooperation der Anbieter miteinander aus. Auch die den Modellen zugrunde liegenden Zuschauerpräferenzen sind konstruiert und ohne empirische Grundlage; einige Modelle gehen schlicht von einer Normalverteilung der Präferenzen aus. Zudem ist die Definition von Vielfalt in diesen Modellen beschränkt auf das, was McQuail in seiner Vielfaltstypologie *Diversity of Choice* nennt, d.h. die Auswahlmöglichkeiten des Zuschauers als Konsument des Produktes Fernsehen. Gemäß der neoklassischen wohlfahrtstheoretischen Betrachtungsweise definieren die Modelle den Grad der Vielfalt als ein Maß dafür, wie weit die differenzierten Zuschauerpräferenzen abgedeckt werden. In der ökonomischen Analyse ist diese Betrachtung der Vielfalt als marktgängiges Gut disziplinkonform, im Kontext des weiter oben dargestellten Diskurses zur Vielfalt wirkt sie jedoch eindimensional. Diese Erkenntnis könnte auch Steiner bewogen haben, in seinem Modell von 1961 zwischen dem Fernsehen als umfassende, aber gleichzeitig neutrale Informationsquelle und der Vielfalt des Gesamtpogramms zu differenzieren. Noam umgeht dieses Problem meiner Einschätzung nach elegant, indem er die Qualität der Programme betrachtet. Letztlich betrachtet er aber nur die Verteilung von nicht näher spezifizierten Qualitätspräferenzen und deren Befriedigung je nach Verteilung und Marktstrukturen und verzichtet ebenfalls auf eine Operationalisierung oder Definition der unterschiedlichen Qualitätsniveaus. Eine solche Definition ist allerdings für die ökonomische Analyse auch nicht nötig. Die restriktiven Annahmen der Modelle schränken ihre allgemeine Aussagekraft erheblich ein, und das einseitige Verständnis von Vielfalt beschneidet ihr Erklärungspotential im Rahmen der Vielfaltsdiskussion. Trotzdem haben die Programmwahlmodelle meines Erachtens zweifelsohne einen heuristischen Wert, denn sie beleuchten das das Problem der Entstehung und des Erhalts von Vielfalt im Rundfunk aus ökonomischer Sicht und liefern damit einen wichtigen Beitrag zur Diskussion.

3.3 Grundsätzliche Leitideen der Konzentrationskontrolle

Die unterschiedlichen Leitideen der Konzentrationskontrolle in den USA und in Deutschland werden in den jeweiligen Kapiteln ausführlich dargestellt und im Analyseteil der Untersuchung einander gegenübergestellt. In diesem Abschnitt werden grundsätzliche universale Leitideen der Konzentrationskontrolle vorgestellt.

Obwohl publizistischer Wettbewerb und Vielfalt, beziehungsweise Meinungsvielfalt schwer operationalisierbar sind, wird, wie oben dargestellt, in der vorherrschenden Meinung ein negativer Zusammenhang zwischen hohen Konzentrationsgraden im Rundfunksektor und der Meinungsvielfalt angenommen:

„Für die publizistischen Folgen von mangelnden [Fehler im Original] Wettbewerb kann generell festgestellt werden, dass die Vielfalt an Meinungen, Programmen und Sendeformaten wohl um so geringer sein dürfte, je weniger unabhängige Medien es gibt. Ob vertikal, horizontal oder intermedial – wo immer Konkurrenten aus dem Markt scheiden, ist zu befürchten, dass die Vielseitigkeit des Medienangebots leidet." (Beck 2005: 263)

Deshalb werden unter Gesichtspunkten publizistischer Vielfalt weder eine hohe Eigentümerkonzentration noch ein hoher Grad von Marktkonzentration als wünschenswert betrachtet.

Eine Begrenzung der Eigentümerkonzentration wird daher als ein Instrument für die Schaffung oder Erhaltung einer möglichst meinungsvielfältigen, von unterschiedlichen Standpunkten geprägten Rundfunklandschaft (Vgl.: Albarran 1996: 47). Auf dieser wahrgenommenen Interdependenz von ökonomischem und publizistischem Wettbewerb beruht die spezielle Konzentrationskontrolle für den Rundfunk, die in den USA, in Deutschland und in vielen weiteren Ländern[57] als eigenständige Regulierung für den Rundfunkbereich neben der allgemeinen Wettbewerbsaufsicht steht. Ihr Ziel ist es, die jeweils betroffenen Rundfunkmärkte auf eine möglichst breite Eigentümerbasis zu stellen, um so die Voraussetzungen für eine größtmögliche Vielfalt an Meinungen und Standpunkten im Gesamtangebot des Rundfunks zu schaffen. Diese Herangehensweise an die Sicherung von Meinungsvielfalt wird als Prinzip des Außenpluralismus bezeichnet, das im Folgenden dargestellt wird.

3.3.1 Außenpluralismus und Binnenpluralismus

Den Mechanismen zur Sicherung der Meinungsvielfalt liegen zwei unterschiedliche Grundkonzepte zugrunde. Die Grundannahmen des *außenpluralen Modells* und seines Gegenstücks, des *binnenpluralen Modells*, werden im Folgenden in Grundzügen bezogen auf den Rundfunk erläutert.

Im *außenpluralen Modell* soll Meinungsvielfalt aus einer Vielzahl von voneinander unabhängigen Programmen resultieren. Dieses Konzept beruht auf der Annahme, dass ein Gesamtprogramm dann inhaltlich vielfältig ist und umfassend das gesellschaftliche Meinungsspektrum wiedergibt, wenn jedes einzelne Programm einen Beitrag zum Gesamtprogramm leistet.

Das Gegenstück dazu ist das Konzept der Vielfalt durch *Binnenpluralismus*, nach dem der öffentlich-rechtliche Rundfunk in Deutschland organisiert ist. Der Veranstalter ist dabei verpflichtet, in seinem Gesamtprogramm die Vielfalt der bestehenden Auffassungen in einem in sich ausgewogenen Programm umfassend darzustellen. Dabei wird in Bezug auf den Veranstalter zwischen *inhaltlicher* und *organisatorischer Binnenpluralität* unterschieden. Die inhaltliche Pluralität bezieht sich auf die Ausgewogenheit und Meinungsvielfalt innerhalb des Programms. Die organisatorische Pluralität soll diese inhaltliche Vielfalt sicherstellen, indem die wesentlichen politisch, weltanschaulich und kulturell relevanten Gruppen der jeweiligen Gesellschaft, bzw. ihre Vertreter in wichtige Programmentscheidungen eingebunden werden (Vgl.: Schuster 1990: 141f., Hoffmann-Riem 1992: 93 und Mailänder 2000: 35f.).

Die Vielfalt ist im *Außenpluralismus* demnach eine Eigenschaft des Systems und das Ergebnis der in vielen verschiedenen, voneinander unabhängigen Rundfunkprogrammen repräsentierten Einzelmeinungen. Im Binnenpluralismus hingegen ist die Vielfalt durch die Organisation innerhalb des jeweiligen Mediums verortet und findet Ausdruck in dessen Gesamtprogramm. Die Konzentrationskontrolle beruht auf dem Konzept des Außenpluralismus, daher wird das Konzept des Binnenpluralismus in dieser Arbeit nur von geringer Relevanz sein.

3.4 Die Konzentrationskontrolle als Form von Sozialregulierung

Es hilft dem weiteren Verlauf der Untersuchung, zunächst vorläufig zu bestimmen, um welche Form von Regulierung es sich bei der speziellen Konzentrationskontrolle für das Fernsehen handelt. Die Regulierungstheorie unterscheidet, wie ausgeführt, zwei Typen von Regulierung:

Ökonomische Regulierung und Sozialregulierung:
Ökonomische Regulierung und Sozialregulierung korrespondieren jeweils mit spezifischen Formen von Legitimation und Regulierungsmechanismen. Daher ist es sinnvoll, im weiteren Verlauf dieser Arbeit die Natur der speziellen Konzentrationskontrolle für das Fernsehen soweit wie möglich zu bestimmen. Es gibt verschiedene Ansätze, die beiden Idealtypen von Regulierung voneinander abzugrenzen. Eine Möglichkeit der Unterscheidung, besteht darin, die Nutznießer des jeweiligen Regulierungstyps zu bestimmen – soweit dies möglich ist.[58] Die *Neue Politische Ökonomie* (engl.: *Public Choice Theory*), die politisches Verhalten, Entscheidungsprozesse und Strukturen überwiegend auf Basis der neoklassischen Wirtschaftstheorie erklärt, wird auch für die Analyse von Regulierung angewandt. In der dargestellten Matrix verbindet James Q. Wilson (1980) die bisher

besprochenen Formen von Marktversagen und die dazugehörigen Formen von Regulierung mit den Interessenstrukturen gesellschaftlicher Anspruchsgruppen.

Abbildung: Regulierung als Antwort auf die Interessen von Anspruchsgruppen.

		Kosten	
		Weit gestreut	**Eng aggregiert**
Nutzen	**Weit gestreut**	Wettbewerbspolitik	Sozialregulierung
	Eng aggregiert	Branchenregulierung	Verteilung [1]

[1]Diese Politikform ist im Kontext dieser Arbeit nicht relevant.
Erstellt nach: Wilson (1980: 364ff.).

Der Nutzen der Branchenregulierung bleibt demnach nur wenigen vorbehalten, namentlich den regulierten Wirtschaftssubjekten, während die Kosten der Branchenregulierung, etwa in Form von höheren Preisen oder Subventionen, von der gesellschaftlichen Mehrheit getragen werden. Die Sozialregulierung hingegen verteilt den Nutzen der Regulierung an eine breit gestreute Allgemeinheit und bürdet die Kosten in der Hauptsache einem schmalen Segment der Gesellschaft auf, im Allgemeinen den regulierten Unternehmen. Die Sozialregulierung ist demnach nicht im Interesse der Unternehmen, einer relativ eng begrenzten Gruppe, die ihre Sonderinteressen mit starkem Lobbyaufwand vertritt, sondern im Interesse einer diffusen Allgemeinheit, deren Interessen jedoch nicht fokussiert vertreten werden. Der Vollständigkeit halber sei noch auf das Profil der Wettbewerbspolitik verwiesen. Kosten und Nutzen dieser Politik sind nach Wilson in der Öffentlichkeit weit verteilt. Keine eng definierte gesellschaftliche Gruppe erwartet überdurchschnittliche Gewinne oder Verluste aus dieser Form von Regulierung und sie scheint im Interesse der politischen Mehrheit.

Tatsächlich läßt sich die Unterscheidung zwischen ökonomischer und sozialer Regulierung nicht immer aufrechterhalten, zumal sich Maßnahmen sozialer und ökonomischer Regulierung teilweise überschneiden, einander direkt und indirekt beeinflussen und beide Typen von Regulierung ähnliche Formen annehmen können. Im folgenden Kapitel, das sich mit der speziellen Konzentrationskontrolle für das Fernsehen und den ihr zugrunde liegenden Konzepten beschäftigt, wird der Versuch unternommen, zu bestimmen, um welche Form von Regulierung es sich bei der Konzentrationskontrolle handelt.

Die Konzentrationskontrolle

Wie passt die fernsehspezifische Konzentrationskontrolle in dieses Schema? In der Literatur findet sich keine Typologisierung der Konzentrationskontrolle, deshalb wird im Folgenden eine solche Einordnung versucht.

Bei der Konzentrationskontrolle handelt es sich zwar um einen Regulierungstyp, der für eine bestimmte Branche entwickelt wurde, aber ihr fehlen die typischen Merkmale einer Branchenregulierung; vor allem nutzt sie nicht den regulierten Wirtschaftssubjekten. Die Konzentrationskontrolle repliziert Ideen des Wettbewerbsrechts: Ziel der konzentrationsrechtlichen Vorschriften sind Schaffung und Erhalt von Vielfalt, die über das Zwischenziel des funktionierenden Wettbewerbs angestrebt werden. Auf den ersten Blick erscheint die Konzentrationskontrolle daher als Form (ökonomischer) Branchenregulierung: Sie operiert mit Marktanteilen und Eigentumsbegrenzungen, und die jeweiligen Regulierungsregime sind daraufhin angelegt, einen möglichst intensiven Wettbewerb zu fördern.

Doch das Ziel des möglichst dynamischen Wettbewerbs ist nur ein Zwischenziel. Ziel – zumindest rhetorisch vertretenes Ziel – sind vielmehr die Schaffung beziehungsweise der Erhalt von Vielfalt im Fernsehgesamtangebot und die Eindämmung hoher publizistischer Konzentration. Diese Zielsetzung markiert die Konzentrationskontrolle als eine Form von Sozialregulierung, die nicht ökonomische Ziele verfolgt, sondern ein wahrgenommenes oder antizipiertes Marktversagen ausgleichen soll, das als sozial oder politisch nicht akzeptiert gilt. Deshalb wird in der folgenden Untersuchung die spezielle Konzentrationskontrolle für den Rundfunk als eine Form von Sozialregulierung betrachtet.

3.5 Zwischenfazit

Medienmärkte gelten als anfällig für hohe Konzentrationsgrade. Verantwortlich dafür ist die Struktur der Medienproduktion, die gekennzeichnet ist durch eine ausgeprägte Fixkostendegression, eine Verbindung von Rezipienten- und Werbemarkt, die große Anbieter systematisch gegenüber kleinen bevorteilt, einer Präferenz der Werbetreibenden für das marktführende Medium und einer Neigung der Zuschauer, etablierte Programme zu konsumieren. Diese Mechanismen machen den Fernsehmarkt zu einem Markt mit hohen Zugangsbarrieren. Die öffentliche Wahrnehmung fokussiert weniger auf die vorhandenen wirtschaftlichen negativen Folgen hoher Konzentrationsgrade sondern primär auf die wahrgenommen Folgen hoher wirtschaftlicher Konzentrationsgrade im Medienbereich für die Vielfalt des Gesamtprogramms und die Meinungsvielfalt.

Der Begriff Vielfalt ist vielschichtig, und eine einheitliche Definition nicht einmal innerhalb einzelner Disziplinen, geschweige denn interdisziplinär. Angesichts der zentralen Bedeutung des Vielfaltsbegriffs für die Regulierung des Rundfunks in Deutschland und in den USA ist das Fehlen einer einheitlichen Definition bedauerlich, wenngleich meines Erachtens auch verständlich. Diese definitorischen Unzulänglichkeiten und das Fehlen von Messmethoden haben sicherlich dazu beigetragen, dass in der medienpolitischen Diskussion ebenso wie in der Rechtssetzung und -sprechung publizistische Vielfalt, inhaltliche Vielfalt und Meinungsvielfalt als anzustrebende Idealzustände interpretiert werden.

Mit dem Vielfaltsbegriff eng verknüpft ist das Konzept der publizistischen Konzentration, das die Ballung von Meinungsmacht bzw. publizistischem Einfluss, beschreibt. Grundsätzlich wird dort, wo Grade hoher publizistischer Konzentration vorherrschen, keine Meinungsvielfalt erwartet – und umgekehrt. Eindeutige empirische Erkenntnisse über den Zusammenhang von ökonomischer Konzentration im Rundfunksektor und der Meinungsvielfalt in einzelnen Programmen und dem Gesamtprogramm liegen allerdings international nicht vor. Die vorherrschende Meinung geht jedoch von einem negativen Zusammenhang zwischen hohen Konzentrationsgraden im Fernsehsektor und der Meinungsvielfalt im Programm aus. Deshalb werden unter Gesichtspunkten publizistischer Vielfalt hohe Grade von

Marktanteilskonzentration und Eigentümerkonzentration im Fernsehsektor als nicht wünschenswert erachtet.

Auf diesem Konnex von ökonomischer Konzentration und publizistischer Vielfalt basiert die spezielle Konzentrationskontrolle für das Fernsehen, die in den USA, in Deutschland und vielen weiteren Ländern als eigenständige Regulierung für den Rundfunkbereich neben der allgemeinen Wettbewerbsaufsicht steht. Die Konzentrationskontrolle verfolgt zwar auch das Ziel eines funktionierenden Wettbewerbs – das ist vor allem in den USA der Fall –, dient jedoch primär dazu, Vielfalt im Gesamtprogramm zu schaffen und zu erhalten und eine starke Ballung von Meinungsmacht auf Einzelne zu verhindern. Zu diesem Zweck soll die Konzentrationskontrolle die unterschiedlichen Formen von Konzentration auf dem Fernsehmarkt begrenzen und den jeweiligen Fernsehmarkt auf eine möglichst breite Eigentümerbasis stellen. Die spezifischen Zielsetzungen – der Erhalt von Vielfalt und die Eindämmung hoher publizistischer Konzentration – weisen die Konzentrationskontrolle als eine Form von Sozialregulierung aus, die nicht ökonomische Ziele verfolgt, sondern ein wahrgenommenes oder antizipiertes Marktversagen ausgleichen soll, das als sozial oder politisch nicht akzeptabel gilt. Im Verlauf der Untersuchung wird zu klären sein, ob sich diese Typologisierung der Konzentrationskontrolle ohne Modifikationen aufrechterhalten lässt.

Da Vielfalt weder einheitlich definiert, noch befriedigend messbar ist, nähern sich Gesetzgeber, Regulierer und Gerichte diesem Konzept über das Hilfskonstrukt der Vielfalt des Eigentums. Dabei werden die unterschiedlichen Vielfaltsbegriffe – ganz abgesehen von unterschiedlichen Konnotationen des Begriffs in den USA und in Deutschland – unterschiedlich operationalisiert. Diese Untersuchung wird daherauch danach fragen, ob und wie die unterschiedlichen Vielfaltsbegriffe die Form und die Ergebnisse der Konzentrationskontrolle in Deutschland und den USA beeinflussen.

II. Die Vereinigten Staaten

4 Das Fernsehsystem der USA

Das Fernsehsystem der USA ist das älteste der Welt, und die USA gelten als Prototyp eines privatwirtschaftlich organisierten Fernsehmarktes. Die langjährige Erfahrung mit privatwirtschaftlichem Fernsehen machen die USA im Rahmen einer systemvergleichenden Analyse zu einem Referenzpunkt für andere Fernsehsysteme: Die wirtschaftlichen Modelle und Organisationsformen des US-Rundfunks dienten in anderen Ländern als Vorbild. Fernsehgenres und Fernsehprogramme US-amerikanischer Herkunft prägen Sehgewohnheiten von Zuschauern weltweit. Und das US-Rundfunksystem verfügt über den größten Erfahrungsschatz, wenn es um die Beziehung zwischen Medienmärkten und staatlicher Überwachung geht. Darüber hinaus gilt die USA als Vergleichsmaßstab für die Regulierung des Fernsehens. Nicht nur die Begründungen der US-Fernsehregulierung, sondern auch deren Instrumente haben weltweit Nachahmer gefunden – beispielsweise in Großbritannien, Frankreich, Kanada, Australien und der Bundesrepublik Deutschland. Zudem wurden die Prozesse der Deregulierung und Re-Regulierung, die in den USA seit den frühen 1980er Jahren praktiziert werden, in Europa mit zeitlicher Verzögerung aufgegriffen und auf die europäischen Medien- und Kommunikationsmärkte übertragen.

In vielerlei Hinsicht hat die Arbeit der für das Fernsehen zuständigen Regulierungsbehörde, die *Federal Communications Commission (FCC)*, in den USA immer wieder auch die Grenzen staatlicher Kontrolle über das Fernsehen aufgezeigt. Gerade in einem System, das dezidiert die selbstregulierenden Kräfte des Wettbewerbs betont und in dem die Fernsehindustrie weitgehend von privaten Akteuren getragen ist, sind dem staatlichen Eingreifen in die Märkte und wirtschaftlichen Freiheiten der Marktakteure enge Grenzen gesetzt, selbst wenn der Staat mit seinem Eingreifen soziale Werte schützen will. So hat die FCC zwar das US-Rundfunksystem entscheidend mitgeformt, musste aber auch wiederholt Teile ihrer Kontrolle über den Fernsehmarkt abgeben und Regulierungsinitiativen zurücknehmen. Vor diesem Hintergrund überrascht es nicht, dass sich die FCC zu einer der treibenden Kräfte in der Deregulierung des Rundfunks entwickelt hat. Um das regulatorische Spannungsfeld, in dem die FCC agiert, zu verstehen, ist zunächst ein Überblick über das US-Fernsehsystem nötig. Dieses Kapitel gibt einen Überblick über die Struktur des Fernsehsystems, seine Finanzierung und eine Beschreibung der Hauptakteure in den Bereichen Programmproduktion und Programmverbreitung. Das Fernsehsystem in den USA ist auf den lokalen Markt ausgerichtet, was zur Folge hat, dass die landesweite Verbreitung von terrestrischen Programmen nur durch die Vernetzung kleinerer Sender mit begrenzter Reichweite möglich ist. Lokale, bzw. regionale Fernsehsender übernehmen Programme überregionaler Distributoren, der so genannten *Networks,* und ergänzen diese Programme um lokale und regionale Nachrichten und Informationen. Die lokale Organisation, der Programmvertrieb durch landesweite Networks, die nahezu ausschließliche Versorgung durch privatwirtschaftlich organisiertes Fernsehen und die weitgehende Staatsferne sind die charakteristischen Strukturmerkmale des US-amerikanischen Fernsehmarktes. Diese Merkmale lassen sich aus der Entwicklungsgeschichte des Fernsehens erklären.

4.1 Geschichte: Die Genese des US-Fernsehsystems

Das US-Rundfunksystem entstand in einem Spannungsfeld zwischen privatwirtschaftlicher Initiative, Wettbewerb und staatlicher Regulierung, die das Marktgeschehen nach ökonomischen und sozialen Gesichtspunkten regeln wollte.[59] Die heutige Struktur des terrestrischen Fernsehmarktes leitete sich aus den bestehenden Strukturen des US-amerikanischen Radiomarktes ab.[60]

Rundfunk in den USA begann in den 1920er Jahren als kommerzielle Unternehmung. Die erste lizenzierte öffentliche Radiostation der USA, KDKA[61] in Pittsburgh, wurde ab dem 2. November 1920 von der Elektronikfirma Westinghouse betrieben und sendete Radioprogramme, um Nachfrage für die Empfangsgeräte der Firma Westinghouse zu generieren. Die neue Technik und ihr Potential wurden von potentiellen Kommunikatoren begeistert aufgenommen, und innerhalb kurzer Zeit strahlten Kaufhäuser, Zeitungen, Kirchen, Universitäten und Elektrohändler ebenfalls eigene Sendungen aus. Bereits 19 Monate später, im Mai 1922, sendeten in den USA 200 Radiosender. Die Betreiber dachten zu diesem Zeitpunkt noch nicht daran, mit der Ausstrahlung der Programme selbst Geld zu verdienen. Werbung in einem Medium, das so weit in die Privatsphäre des heimischen Wohnzimmers vordrang wie das Radio, schien unanständig und war erst ab 1928 allgemein verbreitet und akzeptiert (Vgl.: Head u. a. 1998: 29-33).

Die ersten Jahre des kommerziell betriebenen Radios waren von weitgehender Abwesenheit staatlicher Eingriffe charakterisiert. In dem ungeregelten Markt nahmen zwischen 1920 und 1924 hunderte von Radiostationen ihren Betrieb auf. Daraus resultierten große Interferenzprobleme, eine Situation, die in der Literatur häufig als *Chaos* beschrieben wird (Vgl.: Hilliard und Keith 1992). Deshalb wurden 1927 auf Drängen von Regierung und Kongress mit dem Radio Act das gesamte drahtlose Spektrum verstaatlicht und die Federal Radio Commission (FRC) geschaffen, die alle Aspekte des Radiobetriebs kontrollieren sollte. Ihre Aufgabe war es, Frequenzen für die öffentliche Nutzung auszuweisen, Sender, Senderstandorte und Sendeleistung zu genehmigen und zu lizenzieren, sowie die Networks zu regulieren (Vgl.: Hilliard und Keith 1992: 50f.). Die FRC wurde mit dem Communications Act von 1934 in die FCC umgewandelt, die fortan die beschriebenen Aufgaben auch für das Fernsehen wahrnahm (Vgl.: Tollin, Satten und Zachem 1998: 1f.).

Das Radio entwickelte sich in dieser Zeit zum Massenmedium und formte Strukturen, die heute noch im US-Fernsehmarkt existieren. Die Telefongesellschaft *American Telephone & Telegraph* (*AT&T*) schaltete 1924 sechs[62] ihrer Stationen an der Ostküste zusammen und bildete damit das erste Network[63] - zusammengeschlossene Rundfunksender, die ein zentral zusammengestelltes Programm ausstrahlen und es durch Programme mit lokalem oder regionalem Bezug ergänzen. Diese Verknüpfung einzelner Radiostationen zu Networks, die in den folgenden Jahren von anderen Firmen imitiert wurde, verhalf dem Hörfunk in den USA zum Durchbruch als Massenmedium, da erst die durch die Zusammenschlüsse erzielten Skaleneffekte es ermöglichten, Programme von hoher Qualität und Massenattraktivität zu produzieren (Vgl.: Head u. a. 1998: 33f. und Bachem 1995: 16).

Die Entwicklung des Fernsehens

Anders als in den ersten Jahren des Radiomarktes fand die Entwicklung des Fernsehmarktes von Anfang an unter staatlicher Aufsicht statt. Die FCC vergab schon 1941 die ersten kommerziellen Fernsehlizenzen, aber erst nach dem Ende des Zweiten Weltkriegs und nachdem im Frühjahr 1947 die zukünftigen technischen Standards des neuen Mediums feststanden, begannen die Lizenznehmer, sich finanziell in vollem Umfang zu engagieren.

Dabei trugen vor allem die Radio-Networks *ABC*, *CBS* und *NBC*[64] den Ausbau des Fernsehsystems, da sie das Fernsehen vorrangig als Erweiterung des Hörfunks interpretierten. Dementsprechend wurden in der Anfangszeit des Fernsehens nicht nur die Strukturen des Radiomarktes – lokale Sender und deren Belieferung durch Networks – übernommen, sondern auch die Inhalte des Radios. Die drei Networks *ABC*, *CBS* und *NBC* sollten von 1948 bis in die 1980er Jahre die amerikanische Fernsehlandschaft dominieren. In ihren ersten Jahren sendeten die Networks das sprichwörtliche bebilderte Radio (Vgl.: Bachem 1995: 21) und sehr viel Sportberichterstattung (Vgl.: Dominick, Sherman und Copeland 1996: 55). Erst in den 1950er Jahren etablierten sich die heute üblichen Programmformen und mit ihnen das werbefinanzierte Fernsehen (Vgl.: Bachem 1995: 24ff.).

Die neue Technologie und die mit ihr verbundenen Aussichten auf lukrative Geschäfte mit dem neuen Medium führten zu einer großen Zahl von Senderneugründungen. Die hohe Zahl der Lizenzanträge für den Betrieb von Fernsehsendern stellte die FCC vor große organisatorische Probleme. Zudem war nicht sicher, wie viele neue Sender zugelassen werden konnten, ohne dass es zu Interferenzproblemen kommen würde. Ein Chaos im Äther drohte, wie in der Frühzeit des Radios (Vgl.: Wentzel 2002: 200). Die FCC kündigte deshalb an, sie werde von 1948 bis 1952 keine neuen Fernsehsender lizenzieren. Während dieses Lizenzmoratoriums, das in der Literatur auch als *Freeze* bezeichnet wird, wollte die FCC untersuchen, wie das Frequenzspektrum künftig am effizientesten organisiert werden könnte und wie die sich entwickelnde Fernsehbranche am sinnvollsten zu regulieren sei.

Von diesem Einfrieren des Status quo profitierten die etablierten Sender, die ihre Marktposition ausbauen konnten. Nutznießer waren aber auch – völlig unvorhergesehen – die Kabelfernsehnetzbetreiber. Kabelfernsehen diente damals dazu, Gemeinden ohne Fernsehempfang mit terrestrischen Fernsehprogrammen zu versorgen (Vgl.: Rowland 1998: 22). Das betraf etwa einsam gelegene Gemeinden in großen Flächenstaaten oder Städte, die in den Tälern großer Gebirge lagen. Teilweise stellten die betroffenen Gemeinden besonders leistungsfähige Großantennen an günstigen Stellen auf und leiteten die empfangenen Programme über Kabel an die Haushalte weiter. Dieses so genannte *Community Antenna Television (CATV)*[65] war das erste Kabelfernsehen. Die Infrastruktur wurde von privaten Unternehmen errichtet, die von den Kabelfernsehkunden für den Anschluss bezahlt wurden. Die Fernsehsender begrüßten zunächst das Kabelfernsehen, weil sie mit dessen Hilfe ohne zusätzliche Investitionen ein größeres Publikum erreichen konnten (Vgl.: Wentzel 2002: 201). Das galt umso mehr während des Lizenz-Moratoriums, als das Kabelfernsehen rapide wuchs: Durch die Entscheidung der FCC wurde es plötzlich profitabel, Fernsehangebote über Kabel in Gegenden zu übertragen, für die noch keine Fernsehsender lizenziert worden waren, denn auch für diese Regionen galt der Lizenzierungsstop. Kabelfernsehnetzbetreiber benötigten keine Lizenz der FCC, da es sich bei dem Kabel um Verteilungswege für bereits lizenzierte Fernsehsender handelte. Zudem ging die FCC damals davon aus, dass Kabelfernsehen, weil es keine luftgebundenen Frequenzen nutzte, nicht in den Zuständigkeitsbereich des Regulierers falle. Die Folge war ein schnelles Wachstum der Zahl der Kabelfernsehnetze und Kabelnetzbetreiber. Auch nach der Aufhebung des Moratoriums wuchs das Kabelfernsehen weiter: Zwischen 1952 und 1960 stieg die Zahl der Kabelanbieter von 70 auf über 600, und die Zahl der Haushalte, die Kabelfernsehen bezogen, stieg von 14 000 auf über 750 000. Gleichzeitig wandelte sich das Kabelfernsehen zu einer Industrie, die zunehmend auch eigene Programme zusammenstellte, für deren Empfang die Kunden zahlen mussten. Innerhalb weniger Jahre wurde aus dem technologischen Unterstützer des terrestrischen Fernsehens ein Wettbewerber. Das Lizenzmoratorium hatte einen Dualismus von terrestrisch verbreiteten Programmen und Kabelfernsehen geschaffen, der fortan prägend sein sollte für den US-Fernsehmarkt[66]. Besonders in den 1980er Jahren verbreitete sich das Kabelfernsehen explosionsartig. So stieg der Anteil der Kabelfernsehhaushalte unter allen US-amerikanischen Fernsehhaushalten von zehn Prozent im Jahr 1979 auf rund 60 Prozent zu Beginn der 1990er Jahre (Vgl.: Head u. a. 1998: 57 und 296). Heute empfangen rund 84 Prozent aller US-Haushalte ihre Fernsehprogramme über Kabel oder Satellit (Vgl.: NCTA 2006). Mit der stärkeren Verbreitung des Kabelfernsehens stieg die Zahl der Kabelfernsehsender stark an. So verwundert es wenig, dass ab den 1980er Jahren die starke Stellung der Networks auf dem US-Fernsehmarkt aufgrund der Konkurrenz durch das Kabelfernsehen erodierte. Dem Markt-Dualismus entsprach eine duale Jurisdizierung der beiden Industrien. Die Fernsehunternehmen forderten bereits früh, dass auch Kabelfernsehnetzbetreiber dem Lizenzierungszwang der FCC unterworfen sein sollten. Die Kabelbetreiber hingegen beharrten auf dem Standpunkt, keinen Rundfunk zu veranstalten, sondern eine Dienstleistung zu erbringen. Mit zunehmender Bedeutung des Kabelfernsehens sah auch die FCC Regulierungsbedarf für diese Industrie, vertrat jedoch weiterhin die Position, dass es sich beim Kabelfernsehen nicht um Rundfunk handelte, weil es keine Frequenzen nutzte. Mit den beiden *Cable Acts* von 1984 und 1992[67] wurden beide Märkte zwar rechtlich weitgehend voneinander getrennt, beide fallen jedoch unter die Aufsicht der FCC (Vgl.: Wentzel 2002: 202).

Während des Lizenzmoratoriums entwickelte die FCC die Rahmenbedingungen für die weitere Entwicklung des Fernsehmarktes, die im so genannten *Sixth Report and Order* festgelegt wurden. Mit der Veröffentlichung dieses Dokuments wurde das Moratorium aufgehoben. Für diese Arbeit sind zwei zentrale Punkte des Regelwerks von Bedeutung: Zunächst die Freigabe neuer Frequenzen im UHF-Spektrum für Fernsehsender. Vor allem die Freigabe der UHF-Frequenzen war für die weitere Entwicklung des US-Fernsehmarktes von großer Bedeutung. Traditionell werden Fernsehsender nach dem Frequenzband, in dem sie ausstrahlen, in *Very High Frequency* (*VHF*)- oder *Ultra High Frequency* (*UHF*)-Sender unterteilt, wobei letztere lange als die Stiefkinder der Fernsehindustrie galten. Dies rührt daher, dass die FCC zunächst das VHF-Spektrum für die Nutzung durch Fernsehsender auswies und UHF-Sender erst dann lizenzierte, als die VHF-Frequenzen in den jeweiligen Märkten schon vergeben waren (Vgl.: Krasnow, Longley und Terry 1982: 177). Deshalb waren in den 50er und 60er Jahren viele Fernsehgeräte nicht einmal in der Lage, UHF-Sender zu empfangen, und bis heute wird die Qualität der UHF-Signale als schlechter empfunden als die der VHF-Signale. Das Wachstum des Kabelfernsehens hat die Unterscheidung zwischen VHF- und UHF-Sender weitgehend obsolet gemacht. Rund 84 Prozent der amerikanischen Fernsehhaushalte sind heute an ein Kabelnetz oder ähnliche Mehrkanaldienste angeschlossen (Vgl.: NCTA 2006) und empfangen VHF- und UHF-Sender in vergleichbarer Qualität. Die im UHF-Spektrum ausstrahlenden Sender wandelten sich daher erst mit dem Wachstum des Kabelfernsehens zu wettbewerbsfähigen Marktteilnehmern.[68]

Mit dem Sixth Report and Order wurden außerdem im ganzen Land Kanäle für nicht-kommerzielle Fernsehsender reserviert. Die für diese Frequenzen vorgesehenen Sender sollten das Angebot des kommerziell ausgerichteten Fernsehmarktes ergänzen und vor allem Programme ausstrahlen, die als sozial wünschenswert erachtet wurden, und bei denen die FCC davon ausging, dass der kommerziell ausgerichtete Fernsehmarkt sie nicht in ausreichendem Maße bereitstellen würde. Dazu gehörten Bildungsfernsehen, Kinderprogramme und Programme für Einwanderer. Wentzel (2002: 203) bezeichnet diese Maßnahmen als die „Geburtsstunde des Public Television". Im Public Broadcasting Act von 1967 wurde die Existenz des nicht-kommerziellen Rundfunks noch einmal gesetzlich bestätigt (Vgl.: Rowland 1998: 24; Wentzel 2002: 227).

Mit dem *Sixth Report and Order* waren die Rahmenbedingungen für die weitere Entwicklung des US-Fernsehsystems abgesteckt. In den darauf folgenden Jahren und Jahrzehnten trieb vor allem die Wettbewerbsdynamik die Entwicklung auf dem Fernsehmarkt an. Erst mit den beiden *Cable Acts* von 1984 und 1992 und dem *Telecommunications Act* von 1996 fanden ähnlich fundamentale Weichenstellungen statt (Vgl.: Alger 1998: 97ff.).

4.2 Die Struktur des US-Fernsehmarktes

Die Marktstrukturen, die sich in den ersten Jahren des US-Fernsehmarktes entwickelten, haben sich bis heute erhalten. Der US-Fernsehmarkt umfasst viele Akteure und ist für Außenstehende von zunächst verwirrender Komplexität. Deshalb sollen im Folgenden die Grundstrukturen dargestellt werden.

Lokale Fernsehsender

Der Fernsehmarkt in den USA ist geprägt von einer für europäische Verhältnisse unüberschaubaren Vielzahl von Fernsehsendern und Akteuren. Die rund 1680 Fernsehsender (Vgl.: FCC 2001a) und rund 7900 Kabelnetze (Vgl.: NCTA 2006) bilden das Rückgrat der US-Fernsehwirtschaft. Die im europäischen Vergleich hohe Zahl von Sendern resultiert aus der weiter oben skizzierten Entwicklungsgeschichte des US-Rundfunksystems und dem im Sixth Report and Order festgelegten Lokalprinzip, dass ein Leitmotiv der Lizenzierungspolitik der FCC ist. Es ist seit Beginn des Fernsehzeitalters Politik der FCC, Rundfunklizenzen nur für eng begrenzte, so genannte lokale Sendegebiete zu erteilen (Vgl.: Kleber 1986: 185). Der Rundfunkmarkt der Vereinigten Staaten ist in 214 solcher lokaler Einzelmärkte (engl.: *Designated Market Areas, DMAs*) eingeteilt. Für die Definition der Rundfunkmärkte spielen Topologie, kommunale Verwaltungsgrenzen und die technische Reichweite von Sendern nur eine untergeordnete Rolle. Die Segmentierung entspricht vielmehr weitestgehend den Erfordernissen der werbetreibenden Wirtschaft, die meist gezielt geographisch differenzierte Zielgruppen ansprechen will. Die heutige Aufteilung wurde vor allem von den großen Marktforschungsinstituten vorangetrieben. (Vgl.: Head u. a. 1998: 288f.). Die Fernsehmärkte der USA variieren in Größe und Bedeutung beträchtlich. Der größte Fernsehmarkt, New York, zählt rund sieben Millionen Fernsehhaushalte, während der kleinste Fernsehmarkt in der Gegend um die Stadt Glendive in Montana nur 3900 Fernsehhaushalte umfasst. Die 25 größten Fernsehmärkte decken knapp die Hälfte der US-Bevölkerung ab (Vgl.: Nielsen Media 2001). Als Folge der lokalen Lizenzierung gibt es nur in kleinen Bundesstaaten Sender, die den gesamten Staat abdecken, und landesweite terrestrisch verbreitete Programme fehlen völlig. Als Surrogat für nationale Programme dienen die *Networks*, die ihrem rechtlichen Charakter nach keine Veranstalter sind, sondern zentrale Programmvermarkter, die Fernsehsender mit Sendungen versorgen. Sie tragen auch gegenüber der FCC keine direkte Verantwortung für ihr Programm (Vgl.: Kleber 1986: 186).

Der amerikanische Fernsehmarkt ist weitgehend kommerziell organisiert. Die Bedeutung der nicht-kommerziellen Fernsehsender ist trotz ihrer großen Zahl verschwindend gering im Vergleich zu den großen europäischen nicht-kommerziellen Anstalten. Der nicht-kommerzielle Teil des US-Rundfunks ist notorisch finanzschwach und kämpfte in den vergangenen Jahrzehnten mit nur moderatem Erfolg um das Interesse des Publikums. Nur knapp drei Prozent des gesamten Rundfunkkonsums der US-Amerikaner entfallen auf den nicht-kommerziellen Rundfunk. Als ihre wichtigsten Einnahmequellen nennen Head u. a.

(1998: 200ff.): Gelder der jeweiligen Staatsregierung (17 Prozent)[69], Spenden von Individuen (22 Prozent) und Spenden von Firmen, die oft als Sponsoren von Sendungen auftreten (15 Prozent)[70]. Die nicht-kommerziellen Fernsehsender sind überwiegend dem Network Public Broadcasting Service (PBS) angeschlossen, das Bildungs-, Kultur- und Nachrichtenprogramme für diese Sender zuliefert.[71] Ein Großteil der Sender, die dem Network PBS nicht angeschlossen sind, wird von religiösen Gruppen betrieben (Vgl.: Dominick, Sherman und Copeland 1996: 37f.). Der nicht-kommerzielle Teil der amerikanischen Rundfunklandschaft ist in dieser Arbeit nur von marginalem Interesse.

Die Networks und ihre Vertragssender

Die Eigenproduktionen lokaler Fernsehsender beschränken sich weitgehend auf Frühstücksfernsehen, Nachrichtensendungen und Sendungen mit regionalem Bezug (Vgl.: Head u. a. 1998: 153). Die ökonomische Natur der Programmproduktion spricht gegen eine Produktion von Unterhaltungssendungen und anderer aufwendiger Sendungen auf Senderebene. Die Aufgabe, aufwendig produzierte Sendungen für ein landesweites Publikum herzustellen und damit der Werbewirtschaft Zugang zu nationalen Publika zu ermöglichen, übernehmen im US-Rundfunkmarkt traditionellerweise die Networks. Die Networks versorgen die lokalen Sender mit Unterhaltungs- und Informationsprogrammen und erhalten dafür Zugang zu den Publika der angeschlossenen Fernsehsender. Indem sie diese Publika verbinden, schaffen die Networks nationale Publika, die für Werbetreibende besonders interessant sind. Als Gegenleistung für den Zugang zu der Zuschauerschaft der Vertragssender (engl.: *Affiliates*) stellen die Networks diesen Sendern ihr Programmmaterial unentgeltlich zur Verfügung und zahlen den Fernsehsendern zudem eine Ausgleichszahlung (engl.: *Compensation*) für die Sendezeit, die durch Network-Werbung belegt wird.[72] Die Vertragssender ihrerseits können eigene lokale Werbung sowohl vor den Network-Programmen als auch in dafür reservierten Unterbrecherwerbeblocks schalten (Vgl.: Ostroff 1997: 349). Die Zusammenarbeit ist vorteilhaft für beide Seiten; denn die Networks können wegen der landesweiten Verbreitung besonders hohe Schaltpreise verlangen, während die Vertragssender kostenlos attraktive Programme erhalten, für deren Ausstrahlung sogar bezahlt werden und von dem Marketing der Networks für die einzelnen

Programme profitieren. Die Attraktivität der Network-Programme schlägt sich in den Einschaltquoten und Einnahmen der Network-Sender nieder. Die Vertragssender von ABC, CBS und NBC erzielten 1995 im Schnitt einen Vorsteuergewinn von 5,6 Mio. Dollar, während unabhängige Fernsehsender im gleichen Zeitraum im Schnitt auf 4,2 Mio. Dollar kamen (Vgl.: Head u. a. 1998: 188). Der Politologe Hans J. Kleinsteuber beschreibt die Vertragssender als die „profitabelsten Unternehmen der USA überhaupt [...], die legal betrieben werden" (Koschnick 1990: 466).

Die Vertragssender binden sich in der Regel für drei Jahre an ein Network, doch grundsätzlich sind die Beziehungen sehr viel langfristiger angelegt. Partnerwechsel, die von beiden Seiten ausgehen können, kommen trotzdem regelmäßig vor. Ein Vertragssender kann Sendungen seines Networks durch lokale Berichterstattung oder Sendungen unabhängiger Produzenten ersetzen oder die Network-Sendung zu einer anderen Uhrzeit als der vom Network vorgesehenen einsetzen (Vgl.: Owen und Wildman 1992: 161ff.).

Im September 2006 verbreiteten in den USA fünf nationale englischsprachige Networks und zwei nationale spanischsprachige Networks ihre Programme.[73] Die drei traditionsreichen Networks ABC, CBS und NBC sind zusammen mit der Fox Broadcasting Company (Fox) fest am Markt etabliert. *The CW Television Network* (*CWN*) sendet seit September 2006 und ist aus der Fusion zweier anderer Networks, des Warner Brother Networks (WBN) und des United Paramount Networks (UPN) hervorgegangen. WBN und UPN hatten es trotz beachtlicher publizistischer Relevanz über zehn Jahre nicht geschafft, profitabel zu arbeiten. Alle großen Networks mit Ausnahme des spanischsprachigen Marktführers *Univision* sind heute Distributionskanäle in der Struktur integrierter Medienkonzerne.[74]

Die drei Networks ABC, CBS und NBC dominierten von den späten 40er Jahren bis in die späten 70er Jahre die amerikanische Fernsehlandschaft und prägten die Struktur des amerikanischen Fernsehens und den Massengeschmack. Die dominante Stellung der Networks begann in den 80er Jahren zu erodieren, als mit dem Vielkanal-Kabelfernsehen und der Fernbedienung zwei technische Neuerungen die Sehgewohnheiten der amerikanischen Fernsehzuschauer veränderten und eine Segmentierung des Fernsehmarktes in Gang setzten. Nach ungezählten Anläufen seit den 50er Jahren gelang es seit 1986 außerdem mehreren Medienkonzernen, die neuen Networks Fox, WBN und UPN zu gründen, die den etablierten Networks Marktanteile, besonders bei jungen Zielgruppen, abgenommen haben. Die Auswirkungen beider Faktoren lassen sich an den Marktanteilen der Networks in der Hauptsendezeit ablesen: Mitte der 80er Jahre sahen in der Hauptsendezeit 90 Prozent aller Fernsehzuschauer eines der drei Traditions-Networks. In der Fernsehsaison 1995/96 waren es nur noch 60 Prozent (Vgl.: Ostroff 1997: 348) und in der Fernsehsaison vom September 1996 bis Mai 1997 gar nur noch 49 Prozent (Vgl.: The Economist 1997). Seit der Jahrtausendwende, so (2002), verlieren die Networks jedes Jahr rund fünf Prozent ihres Publikums. In den Kabelfernsehhaushalten stieg dagegen zwischen 1985 und 1995 der Anteil der kostenlosen Kabelsender an der Gesamtsehdauer von 19 auf 43 Prozent (Vgl.: Head u. a. 1998: 298). Im Fernsehjahr 2000/2001 lag diese Sehdauer bei 36,1 Prozent (Vgl.: Levy, Ford-Levine, Livine 2002: 20). In den 90er Jahren begannen die Traditions-Networks, ihre Programm- und Marketinganstrengungen auf die wichtigsten Tageszeiten zu konzentrieren: Das Frühstücksfernsehen, die Hauptsendezeit zwischen 20 Uhr und 23 Uhr und den Spätabend nach 23 Uhr. Aus dem Tagesprogramm zwischen 10 Uhr und 16:30 Uhr haben sich die Networks weitgehend zurückgezogen und die Vertragssender füllen diese Programmstunden mit Programmen unabhängiger Produzenten. (Vgl.: Bachem 1995: 175f.). Die Konzentration auf die wichtigsten Tageszeiten scheint eine direkte Konsequenz aus dem harten Konkurrenzkampf der Traditions-Networks mit den neueren Networks und den Kabelsendern um die Aufmerksamkeit der Zuschauer zu sein.

Das Fox Network war die erste Neugründung eines Networks seit Ende der 1940er Jahre und seine Initiatoren fanden günstige Ausgangsbedingungen vor. Im Laufe der 1980er Jahre war die Zahl der unabhängigen Fernsehsender (engl.: *Independents*), die nicht mit einem der Networks verbunden waren, stark angestiegen. Mit steigender Zahl der Independents, die als potentielle Vertragssender zur Verfügung standen, stiegen die Erfolgsaussichten für ein viertes nationales Network, das der australische Unternehmer Rupert Murdoch schließlich 1986 gründete. Trotzdem brauchte Fox beinahe ein Jahrzehnt, um sich am Markt als feste Kraft zu etablieren. Vor allem durch eine unkonventionelle, beständig die Toleranz- und Geschmacksgrenzen der amerikanischen Öffentlichkeit auslotende Programmgestaltung, erlangte Fox besonders bei jungen Zuschauern schnell große

Beliebtheit. In der letzten Oktoberwoche 1996 hatte Fox erstmals höhere wöchentliche Einschaltquoten als die drei etablierten Networks (Vgl.: Head u. a. 1998: 76) und ist inzwischen als viertes Network fest etabliert. UPN und WBN begannen ihren Sendebetrieb im Januar 1995. Trotz beachtlicher publizistischer Erfolge, gerade bei jungen Zielgruppen, waren die beiden Networks nie profitabel.[75] Vor diesem Hintergrund kündigten die beiden Konzernmütter Viacom und Time Warner am 24. Januar 2006 eine Fusion der beiden Networks an (Vgl.: Carter 2006). Das neue Programm wird unter dem Namen *The CW Television Network* (*CWN*) seit dem 20. September 2006 ausgestrahlt. UPN und WBN wurden von der FCC als *Emerging Networks* – sich abzeichnendes Network – bezeichnet, weil sie nur eine begrenzte Anzahl von Programmstunden ausstrahlen, deren Umfang White (2001) mit zehn Stunden pro Woche angibt. Im Januar 2006 strahlte zum Beispiel WBN nur 13 Stunden pro Woche aus (Vgl.: New York Daily News 2006). Weil CWN ebenfalls nur an wenigen Stunden in der Woche Programme anbietet, wird es wohl ebenfalls den FCC-Status eines *sich abzeichnenden Networks* erhalten.

Zwei große landesweite Networks bedienen die spanischsprachige Bevölkerung der USA. Der Marktführer *Univision* strahlt seit 1961 spanischsprachige Programme in den USA aus (Vgl.: Bachem 1995: 49f.). *Telemundo*, das zweite spanischsprachige Network, sendet seit 1987. Beide Networks operieren in einem stark wachsenden Werbemarkt. Das steigende Interesse der Werbetreibenden an der spanischsprachigen Bevölkerung beruht auf der demographischen Entwicklung in diesem Bevölkerungssegment. Nach den Ergebnissen der US-Volkszählung aus dem Jahr 2000 machen die 33,1 Mio. Hispanics,[76] wie die Einwanderer aus Mittel- und Südamerika in den USA genannt werden, zwölf Prozent der US-Gesamtbevölkerung aus und sind damit zahlenmäßig bedeutender als die Afro-Amerikaner. Dieses Bevölkerungssegment wuchs in den 90er Jahren um 60 Prozent und übertraf damit frühere Schätzungen um drei Millionen Menschen (Vgl.: Downey 2001a). Bereits jetzt hat Univision in der Hauptsendezeit oft höhere Einschaltquoten als die großen englischsprachigen Networks (Vgl.: Grow 2006).

Unabhängige Fernsehsender
Als Folge umfangreicher Deregulierung verzeichnete der US-Fernsehmarkt in den 1980er Jahren eine hohe Zahl von Sendergründungen. Weil jedoch in den meisten

Märkten die drei bestehenden Networks bereits mit Vertragssendern vertreten waren und die Networks in jedem Markt nur mit einem Vertragssender zusammenarbeiten, konnten sich die neuen Sender keinem der Networks anschließen. Die Bedeutung dieser unabhängigen Sender[77], die ihre Programme mit Wiederholungen von zuvor bei Networks gesendeten Sendungen füllten, stieg während der 80er Jahren stark an: Waren 1967, also gut 20 Jahre nach dem Beginn der Fernsehära, nur zehn Prozent aller Fernsehsender unabhängig, stieg ihr Anteil bis 1983 auf 20 Prozent und bis 1985 auf 30 Prozent. Im Jahr 1988 sendeten nach Angaben von Bachem (1995: 44f.) 400 von 1019 kommerziellen Fernsehsendern in den USA unabhängig von den Networks. Die unabhängigen Sender, die vor allem auf den schlechter empfangbaren UHF-Frequenzen sendeten, profitierten von der zunehmenden Verbreitung des Kabelfernsehens seit Mitte der 70er Jahre. Weil in den Kabelhaushalte die unabhängigen Sender in der gleichen Bildqualität zu empfangen waren wie die im VHF-Spektrum ausstrahlenden Network-Sender, trug das Kabelfernsehen erheblich zur steigenden Popularität der unabhängigen Sender bei (Vgl.: Owen und Wildman 1992: 214f.).[78] Da sie sich primär aus lokaler und regionaler Werbung finanzieren, können sich Independents meist nur in Ballungsräumen und größeren Städten halten. Erst die stark gewachsene Zahl unabhängiger Sender machte die Entstehung der neueren Networks wie Fox, UPN, WBN und der spanischsprachigen Networks überhaupt möglich. Seit Mitte der 1990er Jahre gab es kaum noch Independents, weil die meisten ehemals unabhängigen Sender mit einem der neuen Networks verbunden waren (Vgl.: Head u. a. 1998: 160).[79] Das änderte sich durch die Fusion von UPN und WBN zum Network CWN. In Märkten, in denen beide Networks Vertragssender hatten, verlor im September 2006 jeweils ein Sender seinen Network-Partner .[80]

Fernsehsendergruppen

Wie in vielen anderen Industrien können auch Betreiber von Fernsehsendern Skalenerträge ausnutzen. Da Unternehmen, die mehrere Sender besitzen, Programme und technische Ausrüstung günstiger einkaufen und ihre Fixkosten, etwa für Berater und Anwälte, auf mehrere Sender verteilen können, ist der US-Fernsehmarkt seit den späten 50er Jahren mit Unterbrechungen von einer Konzentrationstendenz geprägt: Waren im Jahr 1956 noch 39,2 Prozent aller kommerziellen Fernsehsender im Besitz von Gruppen, so stieg diese Zahl bis zum Jahr 1976 auf 58 Prozent (Vgl.: Sterling 1979: 79ff.). In den 80er Jahren verlangsamte sich der Konsolidierungsprozess, weil viele unabhängige Sender ihren Betrieb aufnahmen, aber seit Mitte der 90er Jahre konzentriert sich die Branche wieder stärker (Vgl.: Ostroff 1997: 336). Diejenigen Fernsehsender, die sich noch im Besitz von Individuen oder kleineren Firmen befinden, senden im Allgemeinen in kleinen Städten und haben schon seit Jahrzehnten den Eigentümer nicht gewechselt. Die großen Fernsehsendergruppen gehören zu diversifizierten Medienunternehmen, die neben anderen Objekten wie Zeitungen auch Fernsehsender besitzen. Zu den größten Fernsehsendergruppen gehören außerdem die landesweiten Networks ABC, CBS, Fox und NBC, beziehungsweise deren Muttergesellschaften. Um den Grundbedarf an Publikumsreichweite zu decken, verfügen praktisch alle Networks über eigene Sender, vor allem in den sieben größten Fernsehmärkten der USA. Diese Sender im Network-Besitz[81] sind für die Networks bedeutende Umsatz- und Gewinnbringer mit Gewinnmargen von bis zu 40 Prozent (Vgl.: Bachem 1995: S. 34).[82]

Kabelfernsehen, Kabelfernsehsender und Satellitenfernsehen

Im September 2006 hatten rund 84 Prozent aller US-Fernsehhaushalte Kabel- oder Satellitenfernsehen abonniert (Vgl.: NCTA 2006). Der durchschnittlich US-Fernsehhaushalt konnte deshalb 2003 rund 100 Fernsehkanäle empfangen (Vgl.: Stipp 2004: 569f.). Die Kabelfernsehindustrie wird von wenigen großen Kabelfernsehnetzbetreibern (in den USA: *Multiple Systems Operators (MSOs)*) dominiert.[83] Kabelsysteme bieten ihren Abonnenten durchschnittlich 36 Kanäle, allerdings sind in Ballungsräumen 50 Kanäle und mehr Standard und in digitalen Kabelsystemen konnten Kunden im Jahr 2003 aus 200 bis 300 Kanälen auswählen (Vgl.: Stipp 2004: 570). Dazu gehören auch alle am jeweiligen Ort terrestrisch empfangbaren Sender, die von den Kabelnetzbetreibern in die Kabelnetze des jeweiligen Gebiets eingespeist werden müssen, wenn dies der Sender verlangt (Vgl.: Ostroff 1997: 353). Diese Vorschrift wird als *Must Carry*-Regel bezeichnet. [84]

In den USA mehrere hundert Kabelfernsehsender. Diese Sender werden nur für die Verbreitung über Kabelnetze und Satellit produziert und können terrestrisch nicht empfangen werden. Wegen der begrenzten Anzahl von Kanälen im analogen

Kabelnetz wird nicht jeder Kabelsender von jedem Kabelsystem angeboten. Die Popularität oder zu erwartende Popularität der Programme bei den Kunden ist dabei ein wichtiger Faktor. Pay TV-Sender werden von den Kabelbetreibern gerne verbreitet, weil die Betreiber an den Abonnementgebühren beteiligt werden. Der Parlamentssender *C-Span* und anspruchsvolle Sender wie *The Learning Channel* werden von fast allen Kabelunternehmen aus Gründen der Imagepflege und des Lobbying verbreitet. Die amerikanische Kabelindustrie ist von einer vertikalen Konzentration zwischen den Betreibern von Kabelsystemen und Programmbetreibern gekennzeichnet. Time Warner besitzt nicht nur eines der größten Kabelsystem des Landes, sondern auch 13 Kabelsender, darunter populäre Sender wie TNT, TBS und CBS. Den großen Kabelfernsehnetzbetreibern wird daher immer wieder vorgeworfen, konzerneigene Programme bei der Vergabe der knappen Kanalkapazitäten in den Kabelnetzen zu bevorzugen und die Sender anderer Firmen auf hinteren, weniger populären Kanälen oder gar nicht einzuspeisen (Vgl.: Ostroff 1997: 353).

Satellitenfernsehen

Die populärste Alternative zum Kabelfernsehen ist der Empfang von Fernsehprogrammen von so genannten direkteinstrahlenden Satelliten (engl.: *Direct Broadcast Satellites*, kurz: *DBS*). Diese Satelliten, deren Programme mit relativ kleinen Antennen empfangen werden können, senden gezielt für den Empfang durch private Haushalte.[85] Der direkte Satellitenfernsehempfang blieb in den USA, anders als es die topographischen Gegebenheiten des Landes nahe legen würden, lange eine Randerscheinung. Ein Grund ist die bereits beschriebene sehr frühe Verkabelung vor allem ländlicher Gebiete. Vor der Einführung der DBS-Satelliten in den 1990er Jahren waren für den Empfang von Programmen direkt vom Satelliten sehr große und teure Antennen notwendig, weil die traditionellen Fernsehsatelliten dazu genutzt wurden, lokalen Fernsehsendern und Kabelnetzen Programme zuzuführen. Für die private Nutzung war diese Technologie nicht ausgelegt. Deshalb nutzten lange Zeit vor allem Haushalte in unterversorgten ländlichen Gegenden diese Möglichkeit – in den frühen 1990ern immerhin drei Millionen Haushalte (Vgl.: Head u. a. 1998: 68f.). Die FCC lizenzierte bereits 1982 DBS-Satelliten, aber die Technologie konnte sich lange nicht etablieren.

Verantwortlich dafür waren vor allem die enorm hohen Investitionen, die für die Einführung der DBS-Technik nötig gewesen wären, und die gleichzeitige Unsicherheit hinsichtlich des Markterfolges der neuen Empfangstechnik (Vgl. Comor 1998: 60ff.). Mitte der 1990er Jahre hatte der technologische Fortschritt die Startbedingungen für DBS verbessert: Alle DBS-Dienste in den USA sendeten digital, nutzten die kanalsparende Technik der Videokompression und lieferten ihren Kunden für deren Grundgebühr weit über 100 verschiedene Fernsehkanäle. Gleichzeitig reduzierten kleine kostengünstige Empfangsausrüstungen die Kosten der Verbraucher für DBS (Vgl.: Hoffmann-Riem 1996: S.13). [86] Die 1994 gestarteten DBS-Dienste der zweiten Generation sind in den vergangenen Jahren sehr schnell gewachsen. Während Ostroff (1997: 353) im Jahr 1997 erst zwei Mio. Haushalte zählte, die einen DBS-Dienst bezogen, haben die beiden großen Anbieter heute rund 28 Mio. Abonnenten (NCTA 2006). DBS hat sich offensichtlich in den vergangenen Jahren von einer Nischentechnologie zu einem Massenmedium gewandelt, das mit den Kabelfernsehnetzen um Kunden kämpft.[87] Die größere Anzahl verfügbarer Kanäle und die bessere Bildqualität sind für viele Haushalte in Ballungsräumen, die an das Kabelfernsehen anschließbar wären, ein Grund, DBS-Dienste zu abonnieren (Vgl.: Head u. a. 1998: 68). DBS-Dienste übertragen die gleichen Kabelsender und Pay-TV-Kanäle wie die Kabelfernsehnetzbetreiber. Die Programme werden verschlüsselt ausgestrahlt, so dass nur zahlende Zuschauer die Programme sehen können.[88] Für den DBS-Bereich gilt eine abgewandelte *Must Carry-Regel*. Demnach müssen DBS-Betreiber, die sich entschließen, Kunden eines Fernsehmarktes die lokalen Fernsehsender anzubieten, jeden für diesen Markt sendenden lokalen kommerziellen und nicht-kommerziellen Sender anbieten, der die Übertragung verlangt (Vgl.: FCC 2001c).[89]

4.3 Die Finanzierung des US-Fernsehens

Fernsehanbietern in den USA ist es weitgehend freigestellt, wie sie ihren Programmbetrieb finanzieren. Seit Beginn des Fernsehbetriebs haben sich die lokalen Fernsehsender und die Networks hauptsächlich durch Fernsehwerbung und ähnliche Werbeformen wie Product Placement und das Sponsoring von Sendungen finanziert.[90] Daher wird jeder Aspekt der kommerziellen Fernsehwirtschaft den Bedürfnissen der Werbetreibenden untergeordnet. Das Geschäft von kommerziellen

Fernsehsendern besteht nicht darin, Programme auszustrahlen, sondern darin, Publika zu produzieren und Werbetreibenden den Zugang zu diesen Publika zu verkaufen. Fernsehen ist in den USA das bedeutendste Werbemedium für landesweite Werbung. Lokale Fernsehwerbung, etwa für örtliche Einzelhändler und Restaurants, sind weitaus bedeutender als in Europa und tragen durchschnittlich mehr als 50 Prozent zum Umsatz der Fernsehsender bei (Vgl.: Head u. a. 1998: 167ff.).

Die meisten Kabelsender finanzieren sich aus zwei Quellen: Durch Werbung im Programm und durch Einspeisungsentgelte der Kabelbetreiber (engl.: *Program Carriage Fee)* (Vgl.: Ostroff 1997: 353). Je nach Popularität des Senders liegt dieses Entgelt zwischen wenigen Cents und einem Dollar pro angeschlossenem Haushalt. Die Kabelnetzbetreiber erhalten dafür attraktive Inhalte und das Recht, im Programm der eingespeisten Sender lokale Werbespots zu schalten. (Vgl: Bachem 1995: 41).[91] Die Einnahmenstruktur der Kabelsender unterscheidet sich demnach grundlegend von denen der terrestrischen Fernsehsender und Networks. Grund dafür sind die niedrigen Einschaltquoten, die wegen des breiten Angebots im Kabelfernsehhaushalt selbst bei den populärsten Kabelsendern im Durchschnitt weit unter denen der Networks liegen und eine komplette Re-Finanzierung der Programme durch Werbung unwahrscheinlich machen (Vgl.: Ostroff 1997: 353 und Helm 2005). Kunden von Kabel- und Satellitenfernsehen können Dutzende von Pay-TV-Kanälen beziehen, die vor allem Filme ausstrahlen und weitgehend werbefrei sind. Der bekannteste dieser Pay-TV-Dienste (in den USA: *Premium Cable*[92]) sind *Home Box Office* (HBO) mit 18 Millionen Abonnenten und *Showtime.* Daneben offerieren Kabel- und DBS-Anbieter ihren Kunden außerdem Pay-per-View-Dienste, bei deren Nutzung der Kunde für den zeitlich befristeten Zugang zu einer einzelnen Sendungen zahlt – im Allgemeinen aktuelle Kinofilme, Sportsendungen und Erotikangebote (Vgl.: Hoffmann-Riem 1996: 14) und neuerdings auch zunehmend einzelne Folgen beliebter Fernsehserien (Vgl.: Rosenthal 2005 und Lieberman 2005).

4.4 Programmproduktion und -vertrieb

Die Vertragssender füllen rund zwei Drittel ihrer Sendezeit mit Programmen der Networks. Daneben gibt es aber auch alternative Quellen für Programmmaterial.

Vor allem die unabhängigen Sender kaufen ihre Programme auf dem freien Programmmarkt (engl.: *Syndication*), auf dem mit Film- und Fernsehrechten aller Art gehandelt wird.[93] Aber auch die Vertragssender erwerben Programme auf dem freien Markt; entweder, um die Zeiträume zu überbrücken, in denen ihr Network keine Programme anbietet, oder um Network-Programme durch erfolgversprechendere Programme zu ersetzen (Vgl.: Head u. a. 1998: 224). Auf dem freien Markt werden zwei Sorten von Programmen gehandelt: Serien, die in der Vergangenheit bereits erfolgreich über eines der Networks liefen (Vgl. Head u. a. 1998: 233) sowie Talk- und Spielshows, die speziell für den freien Programmmarkt produziert werden[94] (Vgl.: Bachem 1995: 86). Fernsehproduktion und Rechtehandel sind relativ stark konzentrierte Branchen. Bereits im Geschäftsjahr 1989/90 erwirtschafteten die acht größten Vertriebsfirmen bereits 77,4 Prozent des Gesamtumsatzes auf dem amerikanischen Markt (Vgl.: Bachem 1995: 79). Heute wird der Markt für Programmproduktion und –vertrieb von den Networks, deren Muttergesellschaften, großen Hollywoodstudios und einigen großen unabhängigen Produzenten dominiert (Vgl.: Head u. a. 1998: 225 f.)

4.5 Zwischenfazit

Das Fernsehsystem der USA ist das älteste der Welt und die USA gelten als Prototyp eines privatwirtschaftlich organisierten Fernsehmarktes. Lokale Fernsehsender mit begrenzter Reichweite bilden die Grundstruktur des Fernsehmarktes. Lokale bzw. regionale Fernsehsender übernehmen Programme überregionaler Vertreiber, der so genannten Networks, und ergänzen diese Programme um lokale und regionale Nachrichten und Informationen. Die lokale Organisation, der Programmvertrieb durch landesweite Networks, die weitgehende Staatsferne und die Grundversorgung durch privatwirtschaftlich organisiertes Fernsehen sind die charakteristischen Strukturmerkmale des US-amerikanischen Fernsehmarktes und lassen sich aus der Entwicklungsgeschichte des Fernsehens erklären. Die de facto Pionierrolle des US-Rundfunks beschränkt sich auf den kommerziellen Rundfunk; in den USA konnte sich kein öffentlicher Rundfunk entwickeln, der es an Größe und Bedeutung mit seinen europäischen Pendants aufnehmen kann. Vielmehr erfüllt der öffentliche Rundfunk nur eine supplementäre Funktion, während das kommerzielle Fernsehen als wichtigstes Einzelsegment der

US-Medienindustrie die Grundversorgung der US-Fernsehzuschauer mit Information und Unterhaltung liefert.

Die drei Networks ABC, CBS und NBC dominierten bis Mitte der 1980er Jahre den US-Fernsehmarkt und erreichten in der Hauptsendezeit 96 Prozent aller US-Fernsehzuschauer. Seitdem hat sich dieser Marktanteil beinahe halbiert und nimmt weiter ab. Für den anhaltenden Bedeutungsverlust der Networks sind neu gegründete Networks wie Fox und die Verbreitung von Kabel- und Satellitenfernsehen seit den 1980er Jahren verantwortlich. Der Dualismus von terrestrisch verbreiteten Programmen auf der einen und dem Kabelfernsehen auf der anderen Seite ist seit den 1980er Jahren prägend für den US-Fernsehmarkt. Heute werden mehr als 84 Prozent aller Haushalte von Mehrkanaldiensten wie Kabel- oder Satellitenfernsehen mit teilweise mehr als 100 verschiedene Fernsehkanälen versorgt und bis heute verschiebt sich in den Kabelhaushalten die Sehdauer zu Ungunsten der Networks hin zu den Kabelfernsehsendern.

Die networkunabhängigen lokalen Sender, deren Zahl in den 1980er Jahren stark stieg und die während dieses Jahrzehnts ihren Marktanteil verdoppelten, verschwanden meiner Ansicht nach in den vergangenen Jahren, gerade weil sie erfolgreich waren. Erst die stark gestiegene Anzahl der unabhängigen Sender mit akzeptablen Reichweiten machte die Gründung neuer Networks wie Fox möglich. Die unabhängigen Sender, die als Infrastruktur von den neueren Networks genutzt werden, ermöglichten dabei den Übergang vom 3-Network-System zum 7- bzw. 6-Network-System. Heute ist fast jeder kommerzielle Fernsehsender vertraglich mit einem der Networks verbunden. Um ein Bild aus der Chemie zu bemühen: Die unabhängigen Sender fungierten als Katalysatoren im Umwandlungsprozess vom alten Network-System zum neuen. Wie ein Katalysator, der nach der chemischen Reaktion aus dem System herausfällt, so verschwanden auch die unabhängigen Sender.

5 Die Konzentrationskontrolle für das Fernsehen in den USA

In diesem Kapitel wird die Konzentrationskontrolle für das Fernsehen in den USA dargestellt. Die Darstellung orientiert sich an der im Kapitel zur Regulierungstheorie dargestellten Dreiteilung des Regulierungsregimes in Legitimation, Form und Modi. Unter dem Aspekt Legitimation werden die Rechtfertigungen der für amerikanische Verhältnisse ausgeprägten Rundfunkregulierung dargestellt und im Anschluss daran deren Leitlinien. Der Abschnitt Form befasst sich mit der FCC, ihren Kompetenzen, Gewalten und Aufgaben sowie der Verortung der Rundfunkaufsicht im amerikanischen föderalen Gefüge. Im dritten Abschnitt, Modi, wird das im Vergleich zum deutschen Rundfunkmarkt stark ausdifferenzierte Instrumentarium der US-Konzentrationskontrolle dargestellt. Dabei wird auch auf die Entwicklung der Konzentrationskontrolle in ausgewählten Aspekten eingegangen, um anhand dieser Beschreibung die Regulierungspraxis der FCC herauszuarbeiten.

5.1 Legitimation: Rechtfertigung und Leitideen der Rundfunkregulierung

Die Regulierung der Massenmedien in den Vereinigten Staaten unterscheidet sich substantiell von der Regulierung anderer Industrien. Das *First Amendment*, der erste Zusatzartikel[95] der Verfassung, begründet die Sonderstellung der Massenmedien im Wirtschaftssystem der USA, denn hier ist die Meinungs- und Pressefreiheit festgelegt: „Congress shall make no law [...] abridging the freedom of speech, or of the press [...]"(Constitution of the United States 1987: 45). Bereits aus der

Formulierung wird deutlich, dass die Meinungs- und Pressefreiheit primär ein Abwehrrecht gegenüber dem Staat ist. Der Geltungsbereich des Zusatzartikels wurde durch die Verfassungsinterpretation ausgeweitet. Obwohl der Zusatzartikel nach dem Wortlaut nur den Kongress[96] bindet, ist heute unstrittig, dass sein Wirkungsbereich alle Institutionen der Bundesregierung und der Bundesstaaten umfasst.[97] Mithin ist nach vorherrschender Rechtssprechung alles, was der Kongress aufgrund des First Amendment unterlassen muss, auch den Einzelstaaten verboten (Vgl.: Carter, Franklin und Wright 1996: 14). Auch der Schutzbereich des Zusatzartikels wird heute weiter gefasst als im Wortlaut des Artikels. Der U.S. Supreme Court hat seit 1948 mehrfach geurteilt, dass sich der Schutz durch das First Amendment nicht auf die Presse beschränkt, sondern jedes bedeutende Medium, das der Vermittlung von Ideen und Meinung dient, umfasst, also auch das Fernsehen (Vgl.: Francois 1990: 551)..[98] Diese Interpretation ist sehr viel begrenzter als beispielsweise die Auslegung des Artikels 5 im Grundgesetz der Bundesrepublik Deutschland, wonach dem Staat die Aufgabe zugesprochen wird, die Rundfunkordnung legislativ auszugestalten (Vgl.: Rudzio 1996: 462).[99]

Trotzdem werden in den USA Radio und Fernsehen sehr viel ausgeprägter reguliert als andere Industrien und befinden sich in einem viel engeren regulatorischen Korsett als die Presse. Während beispielsweise zum Betrieb eines Rundfunksenders eine Lizenz nötig ist, wäre es nicht verfassungskonform, die Herausgabe einer Zeitung an die Vergabe einer Lizenz zu koppeln (Vgl. Francois 1990: 32ff.). Wie können das Schutzrecht des ersten Zusatzartikels einerseits sowie eine ausgeprägte Regulierung mitsamt einer hochselektiven Zugangsbeschränkung zum Fernsehmarkt durch die FCC andererseits nebeneinander bestehen? Diese Frage soll im Nachfolgenden beantwortet werden. Dazu werden im Rückgriff auf die Entwicklung der Rundfunkregulierung in den USA die Rechtfertigungsmuster für die spezielle Form der Rundfunkregulierung herausgearbeitet.

5.1.1 Frequenzknappheit als Rechtfertigung für die Regulierung

Radio begann – wie weiter oben ausführlich beschrieben – in den USA in den 1920er Jahren als kommerzielles Unternehmen und die ersten Jahre des Rundfunks waren von weitgehender Abwesenheit von staatlichen Eingriffen charakterisiert.

Geregelt war der Radiobetrieb nur durch die allgemeinen Gesetze und den *Radio Act* von 1912, dessen Vorschriften für die Nutzung von Funkfrequenzen nicht nur für den Radiobetrieb galten, sondern für den gesamten Funkverkehr. Mit dem Act, der teilweise internationale Vereinbarungen in nationales Recht transformierte, wurden Teile des Frequenzspektrums für maritime und militärische Kommunikation reserviert. Ein Grund für die Verabschiedung waren Klagen der *Navy*, der US-Marine, dass Notrufe von hoher See im Äthergemurmel privater Sender untergingen.[100] Die nicht reservierten Frequenzen konnten weiterhin von demjenigen beansprucht werden, der sie als erster nutzte; er musste seinen Sendebetrieb nur beim Department of Commerce, dem Handelsministerium, registrieren lassen (Vgl.: Huber 1997: 28f). Die Durchsetzung des Gesetzes war unproblematisch, zumal Interferenzprobleme nur selten auftraten, weil mehr als genügend Frequenzen für die wenigen Sender vorhanden waren.

Zwischen 1920 und 1924 jedoch nahmen hunderte von Radiostationen unreguliert ihren Betrieb auf und belegten die freien Frequenzen, die sie vorfanden. Daraus resultierten große Interferenzprobleme, eine Situation, die in der Literatur häufig als *Chaos* beschrieben wird (Vgl.: Hilliard und Keith 1992: 21ff.). Das Radio war der öffentlichen Aufsicht weitgehend entzogen; denn anders als das Telefon entsprach das neue Medium keiner etablierten Form der Regulierung. Am ähnlichsten war es den Zeitungen, für die im First Amendment galt: „Congress shall make no law" (Constitution of the U.S. 1987: 45). So wie die Pioniere in der amerikanischen Prärie begonnen hatten, unbesiedeltes Land zu nutzen und allein durch die Nutzung Eigentumsrechte zu erwerben, so nahmen die frühen Radiobetreiber die Frequenzen de facto in Besitz, indem sie zu senden begannen[101] (Vgl.: Huber 1997: 28).

Um die Regulierung des Radiobetriebs entbrannte Mitte der 1920er Jahre ein heftiger Streit zwischen Politikern und Gerichten: Regierung und Kongress widersetzten sich der Quasi-Privatisierung der Frequenzen und strebten eine stärkere Regulierung des Radiobetriebs an. So erklärte der Senat bereits 1925, das Radiospektrum sei „The inalienable possession of the people of the United States (Huber 1997: 28)" Und können nicht von Einzelnen in Besitz genommen werden Der Kongress verlangte schließlich 1926 von jedem Lizenznehmer, das Recht an der von ihm genutzten Frequenz an die Bundesregierung abzutreten. Gleichzeitig kündigte Präsident Calvin Coolidge an, dass für die Regulierung der Radioindustrie neue Gesetze entwickelt werden müssten. Dahinter stand nach Ansicht von Beobachtern wie dem Ökonomen Thomas Hazlett (1997: 162f.) der politische Wunsch, das neu entstehende Medium, dem großes Beeinflussungspotential zugesprochen wurde, zu kontrollieren. Die Betreiber bereits etablierter Radiosender unterstützten dieses Vorgehen; sie erhofften sich durch staatliche Regulierung eine Verfestigung ihrer starken Marktstellung (Vgl.: Huber 1997: 29). Diese Bestrebungen stießen jedoch vor allem bei den Gerichten auf Widerstand, die die gängige Praxis unterstützten. Am 8. Juli 1926 erklärte der Justizminister, der Äther gehöre jedermann. Staat und Regierung seien daher nicht legitimiert, das Frequenzspektrum zu kontrollieren und Einzelne von dessen Nutzung auszuschließen (Vgl.: Wentzel 2002: 194). Im Jahr 1927 entschied ein Bundesgericht in Illinois, dass das Handelsministerium nicht einmal das Recht habe, den Sendern Frequenz, Sendeleistung und Betriebsstunden vorzuschreiben. Secretary of Commerce Herbert Hoover[102] gab schließlich mit Zustimmung des Justizministeriums alle Versuche auf, das Radio zu regulieren. Folglich wuchsen mit jedem neuen Sender die Interferenzprobleme (Vgl. Huber 1997: 29). Vor allem ab Mitte 1926 stieg die Zahl der Senderneugründungen so stark an, dass in vielen Großstädten und Ballungsgebieten die Frequenzüberlagerungen so gravierend wurden, dass kein Rundfunkempfang mehr möglich war.

Die Radiobranche versuchte zunächst die entstehenden Probleme durch eine Form der Selbstregulierung zu lösen. Die 1923 gegründete *National Association of Broadcasters* (NAB), ein freiwilliger Zusammenschluss privater Radiobetreiber, appellierte zunächst an seine Mitglieder, wenn möglich zugunsten der Entwicklung der gesamten Radioindustrie auf den Sendebetrieb zu verzichten. Dieser erste Versuch der Selbstregulierung schlug jedoch fehl: Kein einziger Radiosender gab seinen Betrieb auf.

In dieser Situation konnte sich der Kongress schließlich durchsetzen. Am 23. Februar 1927 unterzeichnete der Präsident den novellierten Radio Act, mit dem das gesamte drahtlose Spektrum verstaatlicht wurde. Die neu geschaffene Federal Radio Commission (FRC) sollte künftig wichtige Aspekte des Radiobetriebs kontrollieren. Zu ihren Aufgaben gehörte es, Frequenzen für die öffentliche Nutzung auszuweisen, Sender sowie Senderstandorte und Sendeleistung zu genehmigen (Vgl.: Hilliard und Keith 1992: 50f.).

Der Act verpflichtete alle operierenden Senderbetreiber, ihre Lizenzen zurückzugeben. Wer unter dem neuen Gesetz weiterhin senden wollte, musste sich erneut um eine Lizenz bewerben. Wie sich die bereits etablierten Radiosender erhofft hatten, lizenzierte die FRC alle bestehenden großen Radiosender, wies im Allgemeinen den großen und einflussreichen Sendern die besten Frequenzen zu, verwies kleinere Sender auf schlechtere Frequenzen und verweigerte vielen kleineren Mitbewerbern wie etwa College-Sendern die Lizenz. Von 732 Sendern mussten 150 ihre Lizenz endgültig abgeben. (Vgl.: Hilliard und Keith 1992: 50f.).

Mit dem *Federal Communications Act* von 1934 unternahm die Regierung unter Franklin Delano Roosevelt den Versuch, für die neuen elektronischen Medien Telegraph, Telefon, Radio und das im Entstehen begriffene Fernsehen[103] einen einheitlichen Regulierungsrahmen zu schaffen.[104] Der Act schuf mit der Federal Communications Commission (FCC) eine Aufsichtsbehörde, die von Staat und Politik weitgehend unabhängig sein sollte, ähnlich der US-Zentralbank.

Nach Ansicht von Wentzel (2002: 196) entsprach diese Konstruktion

„[...] der amerikanischen Rechtsphilosophie, möglichst handlungsfähige politische Institutionen zu schaffen, gleichzeitig jedoch durch den Einbau von „checks and balances" zu verhindern, dass diese durch eine übermäßige Machtkonzentration einen unkontrollierbaren Einfluß ausüben könnten."

Tatsächlich ist die FCC mit weitgehenden legislativen, exekutiven und quasi-judikativen Vollmachten ausgestattet und verfügt damit über erhebliche Regulierungsgewalt. Sie ist qua Statut relativ stark von der Exekutive isoliert, allerdings ist diese Autonomie nicht absolut. So ernennt beispielsweise der Präsident den Vorsitzenden der Kommission und kann so Einfluss auf die grundsätzliche Ausrichtung der Kommissionspolitik nehmen.

Mit dem Act wurden nicht nur klare Rechtsstandards für die betroffenen Industrien gesetzt, er schuf auch eine Branchenregulierung, die dem damaligen politischen Zeitgeist entsprach. In der Amtszeit Roosevelts gewannen staatliche Interventionen in das Wirtschaftsleben an Akzeptanz und zum ersten Mal wurde im kleinen Umfang Regulierung mit sozialen Zielen eingeführt, was in der damaligen Zeit einem Vorzeichenwechsel in der Ordnung des US-Wirtschaftswesen gleichkam. Diese soziale Komponente spiegelt sich darin wieder, dass über die

Vergabe von Lizenzen auch anhand von Kriterien wie dem Gemeinwohl (engl.: *public interest*) entschieden werden sollte (Vgl.: Wentzel 2002: 196).

Hilliards und Keith (1992: 71) berichten, dass die Rundfunkindustrie, die den Radio Act freudig begrüßt hatte, dem Communications Act ablehnend gegenüber stand. Die inzwischen etablierten, gut verdienenden Unternehmer hatten Angst vor einer verstärkten Regulierung. Die *National Association of Broadcasters* (*NAB*) – auch heute noch das Sprachrohr der drei traditionellen Fernseh-Networks – widersprach offen der Schaffung der neuen, mit weitgehenden Vollmachten ausgestatteten FCC. Die Sender waren besonders beunruhigt angesichts der Aufgabe der Behörde, Lizenzen zu verlängern. Den Rundfunkunternehmen war unklar, nach welchen Kriterien die Behörde beurteilen würde, ob die Tätigkeit der Sender im Dienste von Public Interest, Convenience or Necessity stand, und sie befürchteten umfangreiche Auflagen.

Anders als in den ersten Jahren des Radiomarktes fand die Entwicklung des Fernsehmarktes von Anfang an unter staatlicher Aufsicht statt. Die FCC vergab schon 1941 die ersten kommerziellen Fernsehlizenzen, aber erst nach dem Ende des Zweiten Weltkriegs und nachdem im Frühjahr 1947 die zukünftigen technischen Standards des neuen Mediums feststanden, begannen die Lizenznehmer, sich finanziell in vollem Umfang zu engagieren.

Diese Verstaatlichung der Frequenzen und ihre staatliche Verwaltung wird heute in der Literatur vor allem volkswirtschaftlich gerechtfertigt, und diese Rechtfertigungen befinden sich weitgehend im Einklang mit den damaligen Begründungen für die staatlichen Eingriffe in den Rundfunkmarkt: Die gehäuften Interferenzen im Radiospektrum seien Zeichen eines klassischen Marktversagens gewesen. Wenn jeder Marktteilnehmer freien Zugang zu einer wertvollen Ressource hat, wird die Ressource im Allgemeinen verschwendet. Die Volkswirtschaftslehre bezeichnet diesen Sachverhalt als Allmende-Problem (engl.: *The Tragedy of the Commons*). Der Name des Arguments leitet sich aus der Bezeichnung für dörfliche Gemeinschaftsweiden, die Allmenden (engl.: *Commons*) ab, die ohne Nutzungsregelungen Gefahr laufen, zum Schaden aller übernutzt zu werden. Wenn die Kontrolle über ein Stück Land und der Zugang dazu nicht verbindlich geregelt sind, wird man im Allgemeinen beobachten können, dass das Grundstück seiner Werte (Feldfrüchte, Wasser, Mineralvorkommen, etc.) beraubt wird, während gleichzeitig Nutzungen, die den Wert des Landes erhöhen würden, nicht stattfinden. Es ist nicht im ökonomischen Interesse der Nutzer, Zeit und Ressourcen zu investieren, um Güter zu schützen oder zu entwickeln, die der Wohlfahrt Anderer dienen, vor allem wenn es sich dabei um *Trittbrettfahrer* (engl.: *freerider*) handelt – Marktteilnehmer, die Vorteile aus dem Handeln anderer abschöpfen, ohne zum Wohl der anderen oder dem Gemeinwohl beizutragen. Hält dieser Zustand an, wird der Nutzen, den die Wirtschaftssubjekte aus der Ressource ziehen, herabgesetzt (Vgl.: Frank 1997: 595ff.). Hazlett (1997: 159ff.) überträgt das Allmende-Problem auf das elektromagnetische Spektrum. Frei zugängliche Frequenzen liefern Trittbrettfahrern Anreize, zu reklamieren, was gerade verfügbar ist, indem sie mit dem Sendebetrieb beginnen. Im Ergebnis ruiniert die Nutzung ohne klare Zugangs- und Kontrollregeln den Wert der knappen Ressource für alle Marktteilnehmer, weil die resultierenden Interferenzen die Qualität aller Sendesignale herabsetzen. Ökonomen wie Gruber und Kleber (1997: 132ff.) sprechen deshalb beim unregulierten Frequenzspektrum auch – analog zum Allmendeproblem - von einem Allmendegut.[105]

Im Allmendeargument schafft das Rechtsinstitut Eigentum Regeln für die Nutzung der Ressource Weidefläche. Das Eigentum verhindert negative Externalitäten[106], weil der Eigentümer jene Nutzer, die den Wert seines Eigentums herabsetzen, für den entstandenen Wertverlust verantwortlich machen kann oder sie von der Nutzung seines Eigentums ausschließt - etwa indem der Besitzer der Wiese die grasenden Kühe des Nachbarn vertreibt. Diese Lösung des Allmendeproblems wird auch in der Verwaltung des Frequenzspektrums angewandt. Indem sie Lizenzen vergibt, überträgt die FCC dem Lizenznehmer für die Lizenzdauer die Eigentumsrechte an der zugewiesenen Frequenz. Der Lizenznehmer kann die zugeteilte Frequenz kontrollieren und andere von deren Nutzung ausschließen, etwa indem er gegen störende Sender vorgeht – die klassische Definition von Eigentum. Indem die FCC dem Lizenznehmer erlaubt, seine de facto Eigentumsrechte auszuüben, wird eine Verschwendung oder Übernutzung der Ressource Spektrum vermieden (Vgl.: Hazlett 1997: 159ff.).

Die grundlegende Rechtfertigung der Rundfunkregulierung in den USA ist die inhärente Knappheit der Ressource Frequenzspektrum. Die Idee der Frequenzknappheit wird seit den 80er Jahren in Frage gestellt. Nicht etwa, weil das

Spektrum gewachsen wäre,[107] sondern weil sich vergleichbare Substitute in Form von Kabelfernsehen und Video[108] etabliert haben (Vgl.: Aufderheide 1999: 25). Oder wie Huber (1997: 169) es ausdrückt: „Cable put an end to [...] scarcity [...]." Techniken wie die Digitalisierung und die Videokomprimierung erlaubten es, die Kapazitäten aller Verbreitungskanäle wie terrestrisches Fernsehen, Satellitenfernsehen und Kabelfernsehen auf bis zu mehr als hundert Kanälen pro Haushalt auszubauen, und schufen die Grundlagen für die sich entwickelnde Verbreitung von Fernsehen und fernsehähnlichen Angeboten über das Internet. Ein digitales Kabelnetze verbreitet heute mehr als 100 Fernsehkanäle, über DBS-Systeme wurden 1999 circa 240 verschiedene Programmdienste übertragen (Vgl.: FCC 1999: Abs. 29) und die Digitalisierung hat die Nutzung des Spektrums dahingehend verändert, dass mit der Einführung des digitalen terrestrischen Fernsehens (DVB-T) auf einer vormals für ein einziges Fernsehsignal genutzten Frequenz die Übertragung von sechs Programmen gleichzeitig möglich wird (Vgl.: Black und Kharif 2001). Angesichts dieser Entwicklung halten Beobachter wie Johnson (1998: 209) die Idee von Frequenzknappheit für „quaint [verschroben] and archaic" und plädieren dafür, den Rundfunk durch den Markt regulieren zu lassen.

Andere Kritiker der Rundfunkregulierung gehen einen Schritt weiter und vertreten die Ansicht, dass bei der Verwaltung des Spektrums durch die FCC ein prototypischer Fall von Regulierungsversagen vorliege. Einige Ausprägungen dieser Position, in denen sich ein sehr ausgeprägtes Vertrauen in die regulierenden Kräfte des Marktes widerspiegelt, werden im Folgenden ausführlich dargestellt, weil diese und ähnliche Ansichten die US-amerikanische Diskussion über Zweck und Sinnhaftigkeit von Regulierung durch die FCC geprägt haben. Berresford (2005: 8f.) und Krattenmaker und Powe (1994: 49ff.) etwa vertreten die Ansicht, dass die Verwaltung des Spektrums durch den Staat von Anfang an nicht legitim gewesen sei. Sie argumentieren folgendermaßen: Die inhärente Knappheit unterscheide das Spektrum nicht von anderen Ressourcen. Jede Ressource wie Arbeit oder fruchtbares Land sei insofern knapp, als erstens bei kostenlosem Zugang mehr Menschen einen Anteil an der Ressource verlangen würden, als Ressource vorhanden ist, und zweitens jede neue Einheit der Ressource wertschöpfend genutzt werden könne. Ein knappes Gut, so wie Land oder eben Spektrum, müsse auf diejenigen, die es nutzen wollten, verteilt werden. Im Allgemeinen regle der Markt, auf dem durch Angebot und Nachfrage ein Preis für eine Ressource entstünde, diese Allokation. Niemand verlange, dass eine staatliche Instanz jede knappe Ressource verwalte und verteile. Die Frage, auf die sich die Argumentation zuspitzt, lautet: Ist die Knappheit des Frequenzspektrums so spezifisch, dass deswegen ein auf diese Ressource zugeschnittener Allokationsmechanismus notwendig ist? Die Antwort der beiden Juristen: Nein. Gleichzeitig stellen sie die Begründung des Kongresses aus den 20er Jahren in Frage, nach der das Spektrum staatlich verwaltet werden müsse, um Interferenzen zu verhindern. Der Wert einer jeden Ressource sinke, wenn viele Wirtschaftssubjekte versuchten, sie gleichzeitig zu nutzen. Deshalb erkenne der Staat Eigentumsrechte an, die es dem Eigentümer erlaubten, andere von der Nutzung der Ressource auszuschließen. Auch hier bezweifeln die beiden, dass die wechselseitige Beeinträchtigung durch gleichzeitige Nutzung des Spektrums so spezifisch genug sei, um eine staatliche Verwaltung der Ressource zu rechtfertigen.

Thomas W. Hazlett (1997: 160ff.) hält die Regulierung des Spektrums durch die FCC nicht nur für illegitim, sondern sogar für kontraproduktiv. Die Allokation des Spektrums durch Marktmechanismen, urteilt er, hätte mehr technologische Innovation zur Folge gehabt. Die große Schwäche des 1927 etablierten Regulierungssystems seien die eng definierten Nutzungsrechte – ein Kernelement des Systems – die es unmöglich machten, eine für den Betrieb eines VHF-Fernsehsenders lizenzierte Frequenz beispielsweise für Mobilfunkdienste zu nutzen. Diese Inflexibilität in der Nutzung erzeuge enorme ökonomische Ineffizienzen, indem sie verhindere, dass Firmen die ihnen zugeteilten Frequenzen nutzten, um lukrativere Dienste auf den Frequenzen anzubieten oder die Frequenzen an die Anbieter lukrativerer Dienste zu verkaufen. Der damalige Vorsitzende der FCC, Reed Hundt und der Ökonom Gregory Rosston argumentierten in einem 1995 veröffentlichten Papier ähnlich:

„Current restrictions on use prevent licensees from providing services which will benefit consumers because the government has decreed (sometimes more than 50 years ago) that a specific piece of spectrum should be used to provide a narrowly defined service. We have very little idea of what technological changes will occur in the next decade, not to mention the next 50 years [...]. [...] in the digital age, innovation is far too rapid for anyone to predict accurately what the best use of the spectrum will be five years from now." (Zitiert in Hazlett 1997: 161ff.).

Weil die FCC-Bürokratie Innovationen aufhalte oder ganz verhindere und Wettbewerb beschränke, werde das Spektrum nicht effizient genutzt. Die Konsumentenwohlfahrt könne gesteigert werden, wenn man Lizenzinhabern erlauben würde, diejenigen Kommunikationsdienste anzubieten, für die Verbraucher bereit seien zu zahlen. Huber (1997: 73) zitiert eine dahingehende Berechnung der FCC aus dem Jahr 1992: Würde demnach ein UHF-Fernsehsender in Los Angeles seine Frequenz einem Mobilfunkanbieter verkaufen, der damit das dritte Mobilfunknetz in der Stadt betreiben könnte, hätte sich der volkswirtschaftliche Gewinn allein dieser einzelnen Transaktion auf eine Mrd. Dollar belaufen.[109] Die so entstehenden Regulierungskosten, so Hazlett (1997: 161ff.), würden von der FCC nicht internalisiert, sondern den Verbrauchern und der Wirtschaft aufgebürdet. Diese durch Fehlallokation entstehenden Kosten können nach Meinung von Hazlett nicht einmal als Preis für eine stabile Frequenzordnung gerechtfertigt werden, die sich auch unter Marktmechanismen bilde. In der Tat werden heute Frequenzen stärker als Ressourcen betrachtet als in den Frühzeiten des Rundfunks. So bezeichnete Nicholas Negroponte (1996: 24) es 1996 als einen historischen Unfall und eine Ressourcenverschwendung, dass Fernsehprogramme drahtlos übertragen werden und Telefonate drahtgebunden. Die sechs Megahertz-Bandbreite, die für die Übertragung eines Fernsehkanals notwendig ist, könnte für die Übertragung unzähliger Telefonate genutzt werden, so dass die angemessenere Ausgestaltung in drahtlosem Telefon und Kabelfernsehen liege.

Peter Huber (1997: 169) wirft Kongress und FCC vor, die Knappheit des Spektrums durch die Verstaatlichung der Frequenzen 1927 überhaupt erst erzeugt zu haben. Ohne die staatliche Zuteilung der Frequenzen hätten die Nutzer Anreize gehabt, die Kapazität des Spektrums durch technische Innovationen auszudehnen. Hubers Argument ist leichter verständlich, wenn man sich die technischen Eigenschaften des Spektrums vor Augen führt. Stark vereinfacht dargestellt, ist das Spektrum die Bandbreite aller Radiowellen unterschiedlicher Länge, die Menschen bis heute nutzen können.[110] Dieses Spektrum ist, ähnlich wie die Elementetafel in der Chemie nicht per se fix, sondern kann durch technologischen Fortschritt ausgedehnt werden, was tatsächlich seit Beginn der Nutzung des Frequenzspektrums geschieht. Im Gründungsjahr der FCC, 1934, lag die Kapazität des Spektrums bei 300 Megahertz (MHz) und nur zehn Jahre später war das nutzbare Spektrum bereits auf 40 Gigahertz (GHz)[111] ausgedehnt.[112] (Vgl.: Krattenmaker und Powe 1995: 49ff.).

Die vorangegangenen regulierungskritischen Argumentationen lassen sich folgendermaßen zusammenfassen: Zunächst scheint die Frequenzknappheit – die Rechtfertigungsgrundlage für die Rundfunkregulierung – nicht mehr gegeben. Selbst zu der Zeit, als sie bestand, so Krattenmaker und Powe, habe sich die Knappheit des Spektrums qualitativ nicht von der Knappheit anderer Ressourcen unterschieden, die Rundfunkregulierung sei mithin nicht legitimiert. Unabhängig von ihrer Legitimität sei sie ein prägnantes Beispiel für Regulierungsversagen, urteilt Hazlett, weil sie durch die ihr inhärente Inflexibilität die volkswirtschaftlich beste Nutzung des Frequenzspektrums verhindere und dadurch volkswirtschaftliche Schäden in Milliardenhöhe verursache. Huber schließlich wirft der FCC vor, sie selbst habe die Frequenzknappheit – mithin ihre Existenzberechtigung – geschaffen. Alle oben Zitierten sehen in der Idee einer Knappheit von Frequenzen die Grundlage einer Regulierungsbeziehung zum beiderseitigen Nutzen von Politikern und Regulierten. Die Politiker wollten Kontrolle über das Spektrum und die etablierten Senderbetreiber einen vor neuen Wettbewerbern geschützten Markt.

Seit dem Beginn der Rundfunkregulierung wurden vor allem durch den Supreme Court weitere Rechtfertigungen für die spezielle Regulierung des Rundfunks etabliert. Die wichtigste diese Begründungen ist die *These vom Beeinflussungspotential des Rundfunks* (Original: *Pervasiveness*), die sich explizit auf das Fernsehen bezieht. Obwohl diese Perspektive primär als Rechtfertigung für die inhaltliche Kontrolle des Rundfunks eingeführt wurde, wird sie im Folgenden knapp skizziert. Diese Perspektive umfasst eine Reihe einander ähnlicher Argumentationen, die eine gemeinsame Grundlage haben: Die Annahme, dass unterschiedliche Medien unterschiedliche Wirkungspotentiale haben. Eine Variante der Argumentation geht beispielsweise davon aus, dass Fernsehen und Radio anders als Presse und Zeitung invasive Medien sind, die Hörer und Zuschauer quasi gefangennehmen. Während der Leser einer Zeitung oder eines Buches sich aktiv dafür entscheiden muss, die nächste Seite oder einen Artikel zu lesen, muss der Rezipient von elektronischen Medienbotschaften das nicht. Zwar muss auch er den Fernseher einschalten und einen Kanal wählen, hat er das jedoch einmal getan, ist er

– so die Vertreter dieser These – dem Medium ausgeliefert (Vgl.: Francois 1990: 554f.) Auch der Supreme Court vertrat diese These:

„[In] a very real sense listeners and viewers constitute a ‚captive audience'. [...] As the broadcast media became more pervasive in our society, the problem has become more acute (Entscheidung CBS vs. DNC, zitiert in Berresford 2005: 20)."

Der Supreme Court formulierte 1969 die *These von der Macht des Fernsehens* (Original: *The Dangerous Power Rationale*) in der Red Lion-Entscheidung, einem Meilenstein in der US-amerikanischen Fernsehrechtsprechung. Demnach besitzen Fernsehsender große Macht über ihre Zuschauer, weil das Fernsehen die individuelle, informelle Kommunikation als Hauptquelle von Informationen ersetzt und damit auch zur Hauptquelle des nationalen Zusammenhalts wird. Die Möglichkeit des Fernsehens, so ein Richter, das Leben der Amerikaner und ihre Ansichten zu beeinflussen, sei praktisch unbegrenzt. Es sei eine große Gefahr, dass große Medieneigentümer nur ihre eigene Meinung verbreiteten und andere Meinungen nicht zu Wort kommen ließen[113] (Vgl.: Berresford 2005: 20). Damit verbunden ist die häufige Annahme, dass die Botschaften des Fernsehens auch auf der Ebene des Unterbewussten wirken, selbst wenn das Fernsehen nebenbei läuft, so dass die Fernsehzuschauer quasi hypnotisiert sind und manipuliert werden können (Vgl.: Berresford 2005: 20).[114] Andere Argumentationen konzentrieren sich auf die unterschiedlichen Wirkungen unterschiedlicher Medien auf den Rezipienten und die Gesellschaft. Medienforscher wie Marshall McLuhan oder Neil Postman sehen im Fernsehen das machtvollste Medium der Massenkommunikation. Sie betonen, wie elektronische Medien und hier wiederum vor allem das Fernsehen, unsere Umwelt, unsere Kultur, gesellschaftliche Werte und damit uns selbst verändern (Vgl.: Burkart 1998: 311). Diese neuartigen Rechtfertigungen für eine spezielle Rundfunkregulierung waren, obwohl einer empirischen Untersuchung nicht zugänglich, schnell akzeptiert.

Als Motivation für diese weiteren Begründungen sieht Berresford (2005: 18) ursprünglich Bemühungen, die Knappheitsbegründung zu stärken. Im Laufe der Zeit, mit abnehmender Bedeutung der Frequenzknappheit, begannen jedoch diese neuen supplementären Begründungen die Knappheitsbegründung zu ersetzen und gewannen an Gewicht in der Argumentation. Diese Funktion der neuen Begründungen wurde 1986 von einem Berufungsgericht in Washington am Beispiel des so genannten *Immediacy Rationale*[115] kritisiert, das die Unmittelbarkeit der aus Bild und Ton bestehenden Fernsehbotschaft betont:

> „[T]he deficiencies of the scarcity rationale as a basis for depriving broadcasting of full first amendment protection, have led some to think that it is the immediacy and the power of broadcasting that causes its differential treatment. [...] [T]he Supreme Court's articulation of the scarcity doctrine contains no hint of any immediacy rationale. The Court based its reasoning entirely on the physical scarcity of broadcasting frequencies [...]."(Berresford 2005: 24)

Die Regulierung des Rundfunks, die aus US-amerikanischer Sicht einen erheblichen Eingriff in die Meinungsfreiheit darstellt, wird seit dem Ende der 1920er Jahr mit der Knappheit der verfügbaren Frequenzen begründet. In der Anfangszeit der Rundfunkregulierung hat vermutlich tatsächlich eine Frequenzknappheit bestanden, zumindest wurde mit großer Sicherheit die zeitgenössische Situation als eine Situation der Knappheit von Übertragungskapazitäten wahrgenommen. Diese Knappheit hat mit der Verbreitung von Mehrkanaldiensten und digitalem Fernsehen in den vergangenen 20 Jahren stark an Relevanz verloren und ist heute nicht mehr gegeben. Trotzdem sehen es Teile der Politik und das oberste Gericht der USA weiterhin für notwendig an, das Fernsehen speziell zu regulieren, obwohl die ursprüngliche Begründung dafür erodierte. Die Erosion der Frequenzknappheit war in diesem Kontext umso gravierender, als in den USA nicht nur Eingriffe in das freie Unternehmertum begründet werden müssen, sondern auch in noch stärkerem Maße Eingriffe in die Meinungsfreiheit – darum handelt es sich bei vielen Vorschriften der Fernsehregulierung, besonders bei den inzwischen weitgehend abgebauten Vorschriften zur inhaltlichen Ausgewogenheit und lokalen Berichterstattung. So wurden ab Ende der 1960er Jahre neue Begründungen für die spezielle Regulierung des Fernsehens eingeführt, zunächst, um die Knappheitsbegründung zu stärken, zunehmend aber auch um sie zu ersetzen. Diese supplementären und substitutiven Begründungen beruhen vor allem auf einem wahrgenommenen Beeinflussungspotential des Fernsehens, das dem anderer Medien weit überlegen scheint. Offensichtlich bleibt die wahrgenommene Notwendigkeit der speziellen Regulierung des Fernsehens bestehen – ganz unabhängig von der Frequenzsituation. Die Frequenzknappheit der frühen Tage war also offensichtlich Anlass, aber nicht Grund für die Verstaatlichung des Spektrums, die selektive Lizenzierung und die spezielle Regulierung des Rundfunks. Vielmehr stand dahinter offenbar der Versuch, das neue Medium zu kontrollieren.

5.1.2 Die vier klassischen Leitideen der Rundfunkregulierung

Die Rundfunkregulierung der FCC wird von vier klassischen Leitbildern bestimmt. Diese sind im Folgenden detailliert dargestellt.

Das Gemeinwohl-Prinzip

Die Macht von FRC und später der FCC, Lizenzen als hochselektive Zugangsmechanismus zu erteilen, zu verlängern und zurückzuziehen, war lange Zeit nur durch einen amorphen Auftrag geleitet: Der Radio Act (Abs. 3) schrieb vor, das Handeln der FRC sollte „the public interest, convenience and necessity" dienen. Der Kongress hatte mit diesem Schlüsselprinzip von *Public Interest, Convenience, and Necessity* (*PICON*), das im Deutschen am besten mit dem Wort Gemeinwohl umschrieben werden kann, die Leitmaxime sowohl für den Betrieb von Rundfunksendern als auch für die Arbeit der FCC formuliert.[116] Während die wahrgenommene inhärente Knappheit des Gutes Frequenzspektrum die Rechtfertigung für die Regulierung des Rundfunks durch den Staat lieferte, sollte das Gemeinwohlprinzip die Grundlage für die Arbeit des Regulierers bilden. Dieses Prinzip sollte auch für die Arbeit der Regulierten dienen: Die Abgeordneten des Kongresses waren bei den Beratungen zum Radio Act von 1927 übereingekommen, die Sendelizenzen unentgeltlich zu vergeben. Doch für das Privileg, das sich im Besitz der Allgemeinheit befindliche Spektrum zu nutzen, sollten sich die Lizenznehmer dem Gemeinwohl verpflichten (Vgl.: Krattenmaker und Powe 1994: 12f.).[117]

Die Bewertungen dieses Standards in der Literatur variieren erheblich: Die Formulierung von Head u. a. (1998: 333) die von einem „highly flexible yet legally recognized standard" sprechen, und die Bewertung als „empty concept" von Krattenmaker und Powe (1994: 143) stellen wohl zwei Extreme dar. Einig sind sich die Kommentatoren, dass dieser allgemein formulierte und bis heute nicht definierte Standard eine weitreichende Vollmachtserklärung an die FCC darstellt und der Behörde durch seine geringe Spezifität den denkbar größten Entscheidungsspielraum läßt. Ein eindrucksvolles Beispiel für diesen

Entscheidungsspielraum war die Vergabe von zwei VHF-Frequenzen in Tampa, Florida. Beide Tageszeitungen der Stadt, die Tampa Tribune und die Tampa Times bewarben sich für eine der beiden Frequenzen. Für die von der Tribune angestrebte Frequenz gab es zwei weitere Mitbewerber, für die Wunschfrequenz der Times ebenfalls. Die Entscheidung über die Frequenz für die Tribune fiel zuerst. Das Verlagshaus, das nicht von Ortsansässigen kontrolliert wurde, erhielt die Frequenz zugesprochen. Die FCC begründete ihre Entscheidung damit, dass im Medienmarkt Tampa/ St. Petersburg/ Clearwater 13 Zeitungen erschienen und mithin die Vielfalt im lokalen Fernsehmarkt, anders als in anderen Fernsehmärkten, kein dringliches Anliegen sei. Dass die Times, deren Auflage knapp halb so hoch war wie die der Tribune[118], ihre beantragte Lizenz ebenfalls erhalten würde, schien nach dieser Entscheidung sicher. Zur Verblüffung aller Beobachter ging die Times vier Wochen nach der ersten Entscheidung bei ihrer Bewerbung leer aus. Die FCC begründete ihre Entscheidung damit, dass mit Hinsicht auf das Gemeinwohl, die Vielfalt im Medienmarkt Tampa gesichert sein müsste. Die FCC betonte, dass die Times die einzige am Abend erscheinende Zeitung in Tampa sei, erwähnte aber – anders als in der vorangegangenen Entscheidung – die 13 übrigen Zeitungen in dem Markt nicht (Vgl · Krattenmaker und Powe 1994: 147f.). Jede der beiden Entscheidungen könnte für sich genommen gerechtfertigt und begründet erscheinen, nebeneinander betrachtet scheinen sie jedoch unvereinbar. [119] Dieser Fall verdeutlicht, welch großen Ermessensspielraum das allgemein gehaltene Gemeinwohl-Prinzip der FCC läßt. Gerade dieser Ermessensspielraum ist vermutlich von der Legislative gewünscht und das erklärt, warum der Begriff bis heute in der Rechtssetzung populär ist.

Unter dem Einfluss von Entscheidungen wie der in Tampa, begannen Gerichte das von unzulänglicher Klarheit charakterisierte Gemeinwohl-Konzept zu konkretisieren. Dabei entwickelten sie anhand einiger Fälle das Konzept vom Rundfunkveranstalter als Treuhänder der Allgemeinheit (engl.: *Public Trustee* oder *Fiduciary*). Demnach verwaltet und bestellt der Rundfunkbetreiber als Treuhänder der Allgemeinheit die ihm für die Dauer der Lizenzperiode quasi übereigneten Frequenzen. Als Treuhänder muss er das ihm überlassene Gemeineigentum, die Frequenz, verantwortungsvoll einsetzen.[120]

Der Lizenznehmer fungiert dabei als Bevollmächtigter (engl.: *Proxy*) der Allgemeinheit und aufgrund dieses Status' darf der Staat dem Lizenznehmer Verhaltensweisen auferlegen, wie zum Beispiel die, seine Frequenz mit anderen Anbietern zu teilen, ohne dass dadurch das First Amendment verletzt würde (Vgl.: Francois 1990: 553). Wie das Gemeinwohl-Prinzip, setzt auch das Treuhänder-Prinzip implizit voraus, dass sich das Spektrum im Besitz der Allgemeinheit befindet und dass deshalb die Allgemeinheit mitentscheiden könne, wie diese wertvolle Ressource genutzt wird (Vgl.: Francois 1990: 551).

Aus dem Gemeinwohlprinzip wurden weitere konkrete Prinzipien für die Regulierungsarbeit der FCC entwickelt. Die beiden wichtigsten davon sind das Prinzip der Ortsbezogenheit (engl.: *Localism*) und das Vielfaltsideal. Eine dritte wesentliche Zielvorgabe der FCC-Arbeit ist die Aufrechterhaltung eines funktionierenden Wettbewerbs.[121]

Das Prinzip der Ortsbezogenheit

Der nach Ansicht der FCC idealtypische Fernsehsender befindet sich in lokalem Besitz und wird von einem lokalen Management betrieben. Die dadurch gewährleistete Nähe zu Verbreitungsgebiet und Publikum diene dem Gemeinwohl, da ein mit der lokalen Gemeinschaft verknüpfter Sender redaktionell auf die spezifischen (Informations-) Bedürfnisse der Zuschauer im Verbreitungsgebiet eingehen und den für sie wichtigen Themen ausreichenden Raum einräumen könne. Auf diese Weise repräsentiere und projiziere ein lokal verwurzelter Sender die entsprechende Gemeinde und Zuschauerschaft adäquater als ein zentralisiertes Network oder ein Sender, der von einem Unternehmen von außerhalb kontrolliert wird. Diese so genannte These des *Localism* war Grundlage für weitreichende Regulierungsentscheidungen der FCC. Ein Beispiel dafür ist die Öffnung des UHF-Spektrums für Fernsehsender; eine Entscheidung, hinter der die Intention stand, den Betrieb möglichst vieler lokaler Fernsehsender zu ermöglichen (Vgl.: Sterling 1979: 73). Kritiker des Lokalprinzips beurteilen das Prinzip als realitätsfremd, weil es die ökonomische Realität des Fernsehgeschäfts ignoriere. Es sei für Sender viel profitabler, die Programme eines Networks zu übernehmen als auf lokaler Ebene Programme zu produzieren (Vgl.: Sterling 1979: 73). Dadurch, so Kritiker, werde das Prinzip der Ortsbezogenheit ad absurdum geführt, da es indirekt die Stellung der Networks, die ein nationales Programm produzieren, stärke.[122]

Das Vielfaltsprinzip

Das Prinzip der Ortsbezogenheit ist eng verknüpft mit dem Vielfaltsideal, dem dritten großen Leitprinzip der FCC-Arbeit. Das Vielfaltsideal beruht ideologisch auf der Theorie vom Marktplatz der Ideen (engl.: *Marketplace of Ideas*), ein dem europäischen liberalen Denken entstammendes Konzept, dessen geistige Wurzeln bis in das 17. Jahrhundert zurückreichen. Demnach gewährleistet der ungehinderte Wettbewerb einer größtmöglichen Zahl von Ansichten und Meinungen in der Arena der öffentlichen Meinung die Entwicklung des Einzelnen zu einem mündigen Bürger, der unter den vorhandenen Ansichten die Wahrheit erkennen kann. Die Theorie hat das Verständnis der Meinungsfreiheit des ersten Zusatzartikels stark beeinflusst.

Der Theorie vom Marktplatz der Ideen liegen die Überlegungen des englischen Dichters und Essayisten John Milton zugrunde, die er erstmals in der 1644 veröffentlichten *Areopagitica*[123] formulierte. Diese Streitschrift richtete sich gegen eine Bücherzensur, die 1643 vom Britischen Parlament angeordnet wurde und ist verfasst wie eine Rede vor dem Parlament (Vgl.: Verity 1918: xv und Jebb 1918: xxiii).

„And though all the winds of doctrine were let loose to play upon the earth, so Truth be in the field, we do injuriously by licensing and prohibiting to misdoubt her strenght. Let her and Falsehood grapple; who ever knew Truth put to the worse, in a free and open encounter (Milton 1918: 58)?"

Im Wettbewerb mit der Lüge und dort, wo alle Auffassungen vorgetragen werden, so Milton, werde sich die Wahrheit letztlich durchsetzen. Die Meinungsfreiheit komme daher der Gesellschaft zugute, da die Menschen ihre Aufgaben als Bürger besser wahrnehmen könnten, wenn sie unterschiedlichen Ansichten ausgesetzt seien (Vgl.: Carter, Franklin und Wright 1996: 16f.). Zensur und die strenge Lizenzierung von Verlegern, gegen die Milton anschrieb, würden der Gesellschaft hingegen schaden. Sie könne über Jahrhunderte hinweg den Geist der Menschen und der Kultur irreparabel schädigen und sogar zerstören (Vgl.: Tielsch 1980: 58).

Aufgegriffen wurden diese Überlegungen 200 Jahre später vom englischen Philosophen und Ökonomen John Stuart Mill. Dessen Schrift *On Liberty* gilt als eine der bedeutendsten, philosophischen Grundlagen des europäischen liberalen Denkens (Vgl.: Gräfrath 1992: 9). Darin verteidigt Mill die Freiheitsrechte des Einzelnen gegenüber dem Staat, insbesondere die Meinungs- und Pressefreiheit. Die Gesellschaft, so Mill, profitiere von einem Austausch der Ideen, weil Individuen im Diskurs ihre falschen Ansichten gegen für wahr gehaltene Ansichten austauschen oder ihre für wahr gehaltenen Ansichten differenzieren könnten:

> "But the peculiar evil of silencing the expression of an opinion is, that it is robbing the human race; posterity as well as the existing generation; those who dissent from the opinion, still more than those who hold it. If the opinion is right, they are deprived of the opportunity of exchanging error for truth: if wrong, they lose, what is almost as great a benefit, the clearer perception and livelier impression of truth, produced by its collision with error (Mill 1989: 20)."

Die notwendige offene Diskussion erfordert demnach, dass alle Ansichten und Ideen geäußert würden – auch die falschen und dass dass auch diese durch die Meinungs- und Pressefreiheit geschützt würden. Mill geht dabei davon aus, dass Menschen bestimmte Meinungen nicht einfach übernehmen sollten, sondern vielmehr eigenständig aus den geäußerte Ansichten persönliche Überzeugungen bilden und in der Lage sein sollten, diese Position argumentativ zu verteidigen. Daher müssten selbst wenn die herrschende Meinung eine wahre sei, der freie Austausch von Ansichten ermöglicht werden – und sei es nur um die herrschende Ansicht zu stärken (Vgl.: Mill 1989: 37ff.). Mill geht dabei von einem idealistischen Menschenbild der Aufklärung aus, wonach Individuen beständig ihre Vernunft und ihr Urteilsvermögen schulen und so in der Lage sind, aus der Vielzahl der Ansichten in der offenen Diskussion die wahren herauszufinden. Diese Argumentation wirft natürlich Fragen auf, etwa ob dieses Menschenbild übermäßig optimistisch ist oder wodurch sich wahre Ansichten auszeichnen. Gleichwohl ist Mills Schrift ein klassisches Plädoyer für die Meinungs- und Pressefreiheit, das bis heute das moderne US-Recht beeinflusst. Die starke Betonung der Meinungsfreiheit in der US-Rechtsordnung, die beispielsweise auch unwahre Behauptungen oder verfassungsfeindliche Aussagen schützt, scheint in diesem Menschenbild des europäischen Liberalismus zu wurzeln.

Das Konzept des *Marketplace of Ideas* und die ihm zugrunde liegenden Ideen von Milton und Mills wurden im Jahre 1907 in einem Verfahren vor dem U.S. Supreme Court in das moderne US-amerikanische Recht eingeführt. Richter Oliver Wendell Holmes erklärte in einem abweichenden Sondervotum, dass die Schutzgarantie des First Amendments zunächst für alle Meinungsäußerungen gelte, seien sie wahr oder falsch:

> „[The] best truth ist he power of the thought to get itself accepted in the competition of the market, and that the truth is the only ground upon which their wishes can safely be carried out. That at any rate is the theory of our Constitution (Carter, Franklin und Wright 1996: 16)."

Kritisch anzumerken ist, dass die Idee des Marktplatzes der Ideen eher eine idealisierende Betrachtungsweise des Prozesses der öffentlichen Meinungsbildung darstellt. Um eine große Zahl von Rezipienten über Zeitungen oder den Rundfunk zu erreichen, sind hohe Investitionen nötig (Vgl.: Schuster 1990: 194), wodurch die Zahl der Marktteilnehmer auf dem Markt der Ideen sehr beschränkt ist und damit auch die Vielfalt der vertretenen Ideen.

Weil in der teleologischen Auslegung des First Amendment durch den Supreme Court und die übrigen Gerichte die Idee des Marktplatzes der Ideen vermutlich den größten Einfluss ausgeübt hat, ist das Prinzip für die Arbeit der FCC, die grundsätzlich den Inhalt des First Amendments berücksichtigen muss, von erheblicher Bedeutung. Die FCC geht davon aus, dass eine große Vielfalt im Interesse der Allgemeinheit ist: Zum einen, weil Vielfalt die dem Konzept des Marketplace of Ideas entgegenstehende Konzentration von redaktioneller und ökonomischer Macht verhindern kann, zum anderen, weil sie dem Publikum eine größere Bandbreite von Inhalten garantiert. Darum ist es eines der Hauptziele der FCC-Tätigkeit, die größtmögliche Vielfalt von Stimmen im lokalen Rundfunk zu gewährleisten. Die FCC verfolgt daher eine Politik, die versucht, die Vielfalt an Inhalten zu steigern, indem sie die Besitzverhältnisse an Fernsehsendern auf eine möglichst breite Basis stellt (Vgl.: Sterling 1979: 74). Diese Politik – die Konzentrationskontrolle – ist Thema der folgenden Teile dieses Kapitels. Zunächst wird jedoch eine weitere Leitlinie der FCC-Arbeit dargestellt, auf die sich die Konzentrationskontrolle ebenfalls bezieht: Die Unterstützung eines funktionierenden Wettbewerbs.

Das Wettbewerbsprinzip

Die Überzeugung, dass die Selbstregulierung des Marktes der Regulierung durch den Staat überlegen ist, ist in den USA weiter verbreitet als in Europa. Notwendige Voraussetzungen für ein Funktionieren dieses Konzepts sind jedoch offener Marktzugang und ein funktionierender Wettbewerb (Vgl.: Hoffmann-Riem 1996: 17). Daher ist ein Regelungsziel der FCC-Arbeit, im Rundfunksektor Wettbewerb zu erhalten und zu fördern und eine übermäßige Konzentration, die den Wettbewerb unterdrücken könnte, zu verhindern (Vgl.: Krattenmaker und Powe 1994: 78f.). Durch die Gewährleistung eines funktionierenden Wettbewerbs werde potentiellen Anbietern der Zugang zum Fernsehmarkt erleichtert. Dadurch sei eine höhere Zahl miteinander konkurrierender Programme zu erwarten – eine Situation mit zweifachem Nutzen für das Gemeinwohl: Eine Vielzahl von Programmen diene der Meinungsvielfalt, so dass ein funktionierender Wettbewerb sich auch dem Vielfaltsideal annähere. Darüber hinaus müssten sich die Sender in einer von starkem Wettbewerb gekennzeichneten Situation stärker an den Wünschen der Konsumenten orientieren als im Falle eines Monopols oder Oligopols (Vgl.: Krattenmaker und Powe 1994: S. 78f.).

5.2 Form: Die FCC als Regulierer

Mit dem 1934 verabschiedeten Communications Act wurde ein systematischer Ordnungsrahmen für den Rundfunk in den Vereinigten Staaten geschaffen und zugleich die Federal Communications Commission (FCC) als Regulierungsbehörde für den Rundfunk errichtet. Der Act vereinigte die Regulierung verschiedener Kommunikationsdienste unter dem Dach der FCC (Vgl.: Tollin, Satten und Zachem 1998: 1f.).[124]

Die FCC ist eine unabhängige Verwaltungsagentur (engl.: *independent agency)*. Bei den Verwaltungsagenturen, den so genannten *Administrative Agencies,* handelt es sich um eine dem US-Recht eigene Konstruktion (Vgl.: Schuster 1990: S. 205). Die Agenturen vereinen exekutive, legislative und judikative Elemente. Als unabhängige Regierungsagentur ist die FCC nur gegenüber dem Kongress verantwortlich, der die Finanzierung der Agentur überwacht (Vgl.: Wentzel 2002: 208ff.).

An der Spitze der FCC steht die Kommission. Der Präsident der Vereinigten Staaten schlägt den FCC-Vorsitzenden und die weiteren fünf Mitglieder der Kommission vor; der Senat muss diese Nominierungen bestätigen. FCC-Kommissare üben ihre Position hauptberuflich aus, und nur US-Bürger, die nicht wirtschaftlich an einem Kommunikationsunternehmen beteiligt sind, kommen für diese Stellung in Frage (Vgl.: Head u. a. 1998: 336). Der Vorsitzende der FCC kann während seiner Amtszeit nicht vom Präsidenten der Vereinigten Staaten abberufen werden – das gilt für alle Regulierungsbehörden (engl.: *regulatory agencies*). Der Unabhängigkeitsgrad einer Regulierungsbehörde ist also vergleichsweise größer als der einer regulären Bundesbehörde und vergleichbar mit der Autonomie der Zentralbank, der *Federal Reserve*. Präsident und Regierung können deshalb nur indirekt Einfluss auf die Politik der FCC nehmen, indem sie die Kandidaten für die Kommissarsposten und vor allem für den Posten des Vorsitzenden nominieren. Besondere Bedeutung kommt dabei dem vom Präsidenten ernannten Vorsitzenden zu, der bei der Abstimmung über wichtige Entscheidungen, bei denen oft Patt-Situationen entstehen, das Zünglein an der Waage sein kann.

Die Besetzung der Leitungsebene ist entsprechend stark politisiert: Die fünf Kommissare der FCC legen die politische Richtung der Behörde fest, wobei dem vom Präsident ausgewählten Chairman die Hauptaufgaben der Verwaltung und insbesondere die Setzung der Agenda zufällt. Die Amtszeit der Kommissare dauert fünf Jahre, nach denen sie auch wiederernannt werden können. Höchstens drei der Kommissare dürfen der gleichen Partei angehören (Vgl.: Carter, Franklin und Wright 1996: 37). Das politische Verfahren, in dessen Verlauf die Kommissare ausgewählt werden, verhindert laut Head u. a. (1998: 337), dass ausreichend qualifizierte Personen an die Spitze der FCC berufen werden. Eine Position in der FCC ist in der Hierarchie des Regierungsapparates nicht hoch angesiedelt und entsprechend unattraktiv. Der Präsident nutzt Berufungen in Regulierungsbehörden oft, um kleine politische Schulden zu begleichen (Vgl.: Rodger 2001). Folglich fehlen den Kommissaren oft die Expertise und die Einsatzbereitschaft, die der Communications Act von ihnen erwartet. Ein Großteil der Berufenen sind Juristen, während Personen mit einem fachlichen Hintergrund in Ingenieurswissenschaften, Medien oder Telekommunikation nur selten ernannt werden, weil sie nicht über den notwendigen politischen Rückhalt für eine Nominierung verfügen. Kritiker bemängeln außerdem, dass die Hoffnung der Kommissare, in den von ihnen regulierten Industrien später lukrative Stellen besetzen zu können, ein Grund für die oft enge Auslegung des Gemeinwohls ist. Nur wenige von ihnen bleiben lange genug im Amt, um ausreichendes Fachwissen zu erlangen; die ambitioniertesten und am besten qualifizierten Berufenen wechseln oft noch vor Ende ihrer Amtszeit in besser bezahlte Positionen in private Kanzleien, wo sie sich auf Kommunikationsrecht spezialisieren. In der Praxis bleiben viele Kommissare nicht die volle Amtszeit über im Amt, weil ihnen hochdotierte Stellen außerhalb der Regierung angeboten werden (Vgl.: Head u. a. 1998: 336). Die Besetzung hochrangiger Positionen in der FCC, darunter auch der Kommissarsposten, gilt grundsätzlich als stark von der Rundfunkindustrie beeinflusst (Vgl.: Kleinsteuber 1984: 46). Die hochpolitisierte und von Partikularinteressen beeinflusste Besetzung der Leitungsebene scheint allerdings dadurch ausgeglichen zu sein, dass die tägliche Regulierungsarbeit stark von Experten innerhalb des Apparats dominiert wird. Auch empirische Studien kommen zu dem Ergebnis, dass der Expertenapparat einen erheblichen Einfluss auf die Arbeit der FCC hat und die grundsätzlichen Positionen der Behörde stark beeinflusst. (Vgl.: Derthick und Quirk 1985). Die Situation ist vergleichbar mit einem Regierungswechsel, bei dem zwar die Leitungsebene eines Ministeriums ausgewechselt wird, nicht jedoch der Apparat. Die Behörde stützt sich bei ihrer Regulierungstätigkeit vor allem auf das in jahrzehntelanger Tätigkeit in ihrem Rahmen entwickelte Fachwissen der Belegschaft, die deswegen einen nicht unerheblichen Einfluss auf die tägliche Arbeit und die langfristige Politik der Behörde ausübt (Vgl.: Head u. a. 1998: 336).

Die Zuständigkeit des Bundesstaats für den Rundfunk

Die verfassungsrechtliche Grundlage für die Regulierung des Rundfunks durch eine Behörde, die auf der Ebene des Bundesstaates angesiedelt ist, bildet die so genannte *Interstate Commerce Clause*. Die *Clause* weist dem Bundesstaat und damit dem Kongress die Gesetzgebungskompetenz für den Schutz des zwischenstaatlichen Handels zu: „[Congress has the power to] regulate Commerce with foreign Nations, and among the several States and with the Indian Tribes (Constitution of The United States: Artikel 1, Abs. 8). Auf dieser Grundlage wurde der FCC im *Communicatons Act* die Regelungskompetenz für die zwischenstaatliche drahtgebundene und drahtlose Kommunikation übertragen, während die Staaten ausdrücklich die Regelungsbefugnis für die drahtgebundene und drahtlose Kommunikation innerhalb eines Staates erhielten (Vgl.: Kühn 2003: 156). Dabei wird Funkkommunikation inklusive aller Formen von Rundfunk per Definition als zwischenstaatlich angesehen, da Radiowellen über Staatsgrenzen hinweg strahlen. Draht- und Kabelkommunikation hingegen fallen nicht automatisch unter bundesstaatliche Aufsicht, weil deren Reichweite geographisch beschränkt sein kann[125] (Vgl.: Head u. a. 1998: 330).

Die Aufgaben der FCC

Die Regulierungsbereiche der FCC sind dementsprechend vielfältig, sie umfassen Radio, Fernsehen und Telefon und wurden durch neue Technologien wie Mobilfunk und Satellitenkommunikation noch erweitert. In der vorliegenden Arbeit wird nur der für den Rundfunk relevante Ausschnitt über das Arbeitsgebiet der FCC analysiert.

Die für den Rundfunkmarkt[126] relevanten Tätigkeiten können in vier Aufgabenbereiche unterteilt werden:

1. Die Lizenzierung von neuen Rundfunksendern, die Verlängerung bestehender Lizenzen und der Entzug von Lizenzen. Die Lizenzen für den Betrieb von Rundfunk- und Radiosendern werden für jeweils acht Jahre vergeben. Dies ist der wichtigste Aufgabenbereich der FCC im Bereich der Rundfunkregulierung, und ein Großteil der weiteren Regulierung entwickelt sich aus dem Lizenzierungsprozess (Vgl.: Head u. a. 1998: 338ff. und 352)

2. Die Entwicklung von technischen und ordnungspolitischen Rahmenbedingungen für die Marktteilnehmer. Dazu gehört beispielsweise die Kooperation mit Marktteilnehmern bei der Schaffung von technischen Standards für neue Technologien wie beispielsweise dem digitalen Fernsehen (Vgl.: Galperin 2004: 17) oder HDTV (Vgl.: Heuser 1992, besonders: 38ff. und 54ff.).[127]

3. Die Kontrolle von Programminhalten. Vor allem der Schutz von Kindern und Jugendlichen vor Programminhalten mit ungeeigneten Inhalten stehen im Mittelpunkt der entsprechenden Abteilungen. Bei der Regulierung von Werbung überschneiden sich die Kompetenzen von FCC und der ungleich

größeren Federal Trade Commission, so dass die FCC ihre Aufsicht auf eine ausreichende Einhaltung der Trennung von Werbung und Programm und die Überwachung der Werbung im Umfeld von Kinderprogrammen fokussiert (Vgl.: Hoffmann-Riem 1996: 20ff.). Darüber hinaus wurden von der FCC Vorschriften in Bezug auf politische Ausgewogenheit der Programme aufgestellt, deren Einhaltung überwacht wird (Vgl. z.B. Wentzel 2002: 210).

4. Die Konzentrationskontrolle für den Rundfunk. Sie dient dazu, die Vielfalt an Inhalten im Gesamtprogramm dadurch zu steigern, dass sie die Besitzverhältnisse an Fernsehsendern auf eine möglichst breite Basis stellt.

5.3 Mechanismen: Die Konzentrationskontrolle für das Fernsehen

Aus dem Konzept des Marktplatzes der Ideen erwächst auch das Leitprinzip der Konzentrationskontrolle: Die Sicherung von Vielfalt durch Regulierung. Den gedanklichen Schritt vom Konzept zum Regulierungsprinzip vollzog eine Kommission, die *Commission on Freedom of the Press*, die Mitte der 40er Jahre beurteilen sollte, ob die Pressefreiheit in den USA gewährleistet sei. Die Kommission stellte fest, dass die amerikanische Presse zwar von Einmischungen des Staates weitgehend unbehelligt bleibe, sich jedoch trotz der Durchsetzung des Antitrust-Rechts stark in den Händen weniger Einzelpersonen konzentriere (Vgl.: Commission on Freedom of the Press 1948: 41ff.). Weil der Markt aufgrund des Mangels an Informationskanälen beschränkt sei, könnten verschiedene Ansichten nicht optimal in Wettbewerb zueinander treten (Vgl.: ebd. 7 und 25f.). Der Pressemarkt brauche eine Regulierung, die in der Lage sei, die Pressefreiheit zu fördern, so wie Gütermärkte Antitrust-Regeln bräuchten, um Monopole zu verhindern (Vgl.: ebd. 79ff.). Dieser Ratschlag wurde zwar nie auf die Presse angewandt, bildete aber die Grundlage für die spezielle Konzentrationskontrolle im Rundfunk (Vgl.: Carter, Franklin und Wright 1996: 18).

5.3.1 Die Grundlagen der Konzentrationskontrolle

Die Sicherung des wirtschaftlichen und publizistischen Wettbewerbs im Rundfunkbereich durch die FCC dient vor allem der Schaffung und Sicherung von Vielfalt. Nach Ansicht der FCC stellt sich dann ein meinungsvielfältiges Programm ein, wenn eine Vielzahl von Veranstaltern am Wettbewerb teilnimmt. Diese quantitative Interpretation von Vielfalt ist besonders anschaulich in der Begründung für eine Reglung,[128] in der die FCC Vielfalt in einen quantitativen Rahmen setzt:

„We are of the view that 60 different licensees are more desirable than 50, and even that 51 are more desirable than 50. In a rapidly changing social climate, communication of ideas is vital. If a city has 60 frequencies available but they are licensed to only 50 different licensees, that number of sources for ideas is not maximized. It might be the 51st licensee that would become the communication channel [for a solution] to a severe social crisis (Zitiert in Price und Weinberg 1996: 268)."

Um der ökonomischen Konzentration und der Meinungskonzentration im Rundfunkbereich entgegenzuwirken und die Vielfalt der Programminhalte zu fördern, hat die FCC spezielle Vorschriften für die Begrenzung der Konzentration im Rundfunk entwickelt, die dort neben den allgemeinen Vorschriften des Wettbewerbsrechts Anwendung finden. Da Wettbewerb in den USA überwiegend als das am besten geeignete Modell angesehen wird, Meinungsvielfalt zu garantieren, orientieren sich diese Vorschriften ausschließlich am Modell des Außenpluralismus, wonach Meinungsvielfalt aus einer Vielzahl von voneinander unabhängigen Programmen resultiert[129] (Vgl.: Kühn 2003: 199).

Im Folgenden werden die wichtigsten konzentrationsrechtlichen Regelungen, mit denen die FCC das Ziel des funktionierenden publizistischen und ökonomischen Wettbewerbs im Rundfunkbereich verfolgt, in ihren wesentlichen Aspekten dargestellt.[130] Obwohl das Augenmerk diese Arbeit auf Entwicklungen in der Fernsehbranche und der Konzentrationskontrolle im Fernsehbereich liegt, werden auch wichtige Regelungen dargestellt, die das Radio betreffen. Zum einen, weil viele der beschriebenen Vorschriften zunächst für den Radiomarkt entwickelt und erst später auf das Fernsehen übertragen wurden, zum anderen, weil bereits die frühen Vorschriften der Konzentrationskontrolle Regeln enthielten, die den gleichzeitigen Besitz von Fernseh- und Radiosendern beschränkten.[131]

In den vergangenen 70 Jahren waren die Ziele und Instrumente der Konzentrationskontrolle einer variierenden Dynamik unterworfen. Während die ersten Jahrzehnte der Konzentrationskontrolle von einer relativen Statik der Regeln und Praktiken geprägt war, nimmt die Veränderungsdynamik seit den 1970er Jahren kontinuierlich zu. Dabei wurde eine Phase zunehmender Regulierungdichte seit den frühen 1970er Jahren seit Anfang der 1980er Jahre durch einen immer noch andauernden Abbau von konzentrationsrechtlichen Regeln abgelöst. Zudem stand ursprünglich der lokale Markt im Zentrum der Konzentrationskontrolle, aber mit strukturellen Veränderungen in der Fernsehindustrie wechselte das Hauptaugenmerk der Konzentratonskontrolle auf die nationale Ebene. Im Folgenden werden deshalb nicht nur die Vorschriften und das Instrumentarium der Konzentrationskontrolle für das Fernsehen dargestellt, sondern auch deren Entwicklung im Zeitverlauf. Diese historische Betrachtung zeigt auf, wie eine sich wandelnde Konzentrationskontrolle mit wirtschaftlichen, technologischen und gesellschaftlichen Entwicklungen korrespondiert.

Die Konzentrationskontrolle für den Rundfunk findet in dem stark differenzierten Rundfunkmarkt USA auf drei Ebenen statt, die nicht nur räumlich, sondern auch funktional voneinander abgegrenzt werden. Die nachfolgende Darstellung orientiert sich an dieser Dreiteilung und unterscheidet Regeln für den Besitz an Fernsehsendern auf lokaler Ebene, Vorschriften, die auf nationaler Ebene den Besitz an Fernsehsendern regeln, und schließlich Regeln für den Programmvertriebs, das heißt die Networks.

Unter welchen Voraussetzungen Sender oder Marktanteile einem Veranstalter zugerechnet werden, legen die detaillierten Zurechnungsregeln (engl.: *attribution rules*) der FCC fest. Ab einer Beteiligung von fünf Prozent an einem Unternehmen geht die FCC von einer relevanten Beteiligung (engl.: *cognizable Interest*) aus. Für passive Investoren wie Banken, Investmentfirmen und Versicherungen gilt erst eine Beteiligung von zwanzig Prozent als zurechenbar (Vgl.: Carter, Franklin und Wright 1996: 555). Voraussetzung dafür ist jedoch, dass der Investor tatsächlich keinen Einfluss auf das Programm genommen hat (Vgl..: Kühn 2003: 200).

5.3.2 Die Vorschriften zur lokalen Konzentration

Das FCC-Leitprinzip Ortsbezogenheit ist für die Konzentrationskontrolle von besonderer Bedeutung; denn die Bezugsgröße für die begrenzte Wettbewerbsaufsicht durch die FCC ist der lokale Markt. Daher gelten die lokalen Regelungen auch als die wichtigsten Regeln der Konzentrationskontrolle. Auf lokaler Ebene lassen sich zwei Typen von Vorschriften unterscheiden: Zum einen Vorschriften, die den mehrfachen Besitz an Fernsehsendern regeln, und zum anderen Regeln für den gleichzeitigen Besitz von Fernsehsendern und anderen Medientypen oder Verbreitungswegen.

Die Duopoly-Regeln für Radio und Fernsehen

Die älteste[132] konzentrationsrechtliche Vorschrift der FCC ist die sogenannte *Duopoly Rule*.[133] Die Vorschrift verbietet einem Unternehmen, zwei Rundfunksender des gleichen Typs – MW-Radio, UKW-Radio, VHF-Fernsehen, UHF-Fernsehen[134] - in einem Markt zu kontrollieren. Zu dieser Vorschrift wurden zunächst regelmäßig Ausnahmen zugelassen. Als jedoch in den 60er Jahren in den USA die Zahl der lokalen Tageszeitungen stark sank, unterstrich die FCC die Notwendigkeit, in lokalen Märkten Vielfalt zu erhalten, und kündigte an, keine weiteren Ausnahmegenehmigung mehr zu erteilen (Vgl.: Carter, Franklin und Wright 1996: 541).

In den 1990er Jahren wurden die Duopoly-Regeln in mehreren Teilschritten gelockert beziehungsweise ganz aufgehoben. Das galt zunächst für die Radiosender. In den Jahren 1992 und 1996 fand ein rapider Abbau konzentrationsrechtlicher Regelungen für die lokalen Radiomärkte statt. In der folgenden Tabelle ist die Entwicklung dieser Regeln zwischen 1938 und 1996 zusammengefasst.

Tabelle 4: Die Entwicklung der Duopoly Regel für Radiosender

Jahr	Maximale Anzahl Sender pro Markt	Maximalzahl von Sendern eines Typs (MW / UKW)	Maximaler Hörermarktanteil	Maximaler Anteil an Gesamtzahl aller Sender im Markt
1938	1	1	/	/
1992	3 – 4[a]	2	25 %	50 %
1996	5/6/7/8 [a]	3/4/4/5 [a]	/	50%

[a]: Die Gesamtzahl der Sender, die ein Unternehmen in einem Markt besitzen darf, steigt mit der Größe des Radiomarktes. Seit 1996 gilt: In einem Radiomarkt mit bis zu 14 kommerziellen Sendern kann ein Veranstalter fünf Radiosender betreiben, davon maximal drei in einem der beiden Wellenbereiche. Für Sendegebiet mit 15 bis 29 Sendern gelten die Obergrenzen sechs und vier, für Märkte mit 30 bis 44Sendern sieben und vier und für Metropolenmärkte mit mehr als 45 Sendern die Grenzen acht und fünf.

Daten: Carter , Franklin und Wright 1996: 541ff.

In der Tabelle fällt auf, dass bei der Konzentrationskontrolle für den lokalen Radiomarkt von 1992 bis 1996 ein Marktanteilsmodell benutzt wurde, was eine Ausnahme in der US Konzentrationskontrolle darstellt. Im lokalen Markt operiert die FCC mit der Anzahl der Sender und in der nationalen Konzentrationskontrolle wendet die FCC traditionell die technische Reichweite als Maßzahl an. Diese Marktanteilsobergrenze wurde jedoch 1996 nicht fortgeführt, so dass ein Unternehmen theoretisch in einem großen Markt die acht führenden Sender des Marktes kontrollieren kann.

Die Lockerung der Regeln im Radiobereich begründete die FCC vor allem ökonomisch: Die gestiegene Zahl von Radiosendern, habe stark fragmentierte Radiomärkte geschaffen, auf denen die Lizenznehmer starkem Wettbewerb und dadurch erheblichem ökonomischen Druck ausgesetzt seien. Für das wirtschaftliche Überleben vieler Lizenznehmer sei die verstärkte Ausnutzung von Skaleneffekten notwendig. Mit dieser Begründung vollzog die FCC einen radikalen Schritt in der Konzentrationskontrolle in lokalen Märkten. Sie schien damit von der Feststellung abzurücken, dass 51 unabhängige Stimmen in einem Markt wünschenswerter seien als 50. Sie selbst argumentierte jedoch, die Lockerung der Duopoly Regeln 1992 geschehe um der Vielfalt willen. Die Neuregelung verhindere, dass Sender, die außerhalb eines lokalen Senderverbundes nicht überlebensfähig seien, eingestellt würden (Vgl.: Carter, Franklin und Wright 1996: 542f.).

Am 5. August 1999 kündigte die FCC an, die Duopoly Rule Regel für das Fernsehen ebenfalls erheblich zu lockern. Die 1971 erlassene TV Duopoly Rule untersagte es Unternehmen, in einem Markt zwei Fernsehsender zu besitzen. Nach der Neuregelung von 1999 darf ein Unternehmen in einem Markt nun zwei Fernsehsender betreiben, wenn zwei Bedingungen erfüllt sind (Vgl.: FCC 1999: Abs. 64):

1. Einer der beiden Sender darf nicht zu den vier führenden Fernsehsendern des Marktes, gemessen am Zuschauermarktanteil, gehören.

2. Neben den beiden Sendern müssen in dem Markt acht voneinander unabhängige Fernsehsender arbeiten, wobei sowohl kommerzielle als auch nichtkommerzielle Fernsehsender berücksichtigt werden.

Die FCC hat hier eine interessante Form flexibler Regulierung entwickelt, die sich von den fixen Maßzahlen der bisherigen Vorschriften unterscheidet. Angenommen, in einem Markt arbeiten zehn Fernsehsender: Sobald ein Unternehmen zwei Fernsehsender besitzt, verfügt der Markt nach der Zählweise der FCC nur noch über neun voneinander unabhängige Fernsehsender, da zwei der zehn Sender wirtschaftlich miteinander verbunden sind. Demnach wäre es keinem Unternehmen, das bereits einen Sender in dem Markt besitzt, möglich, einen zweiten Sender in dem Markt zu erwerben. Diese Regelung macht die Zahl der Unternehmen, die zwei Sender in einem Markt besitzen können, von der Gesamtzahl der Sender im Markt und von der Anzahl bereits existierender Zwei-Sender-Kombinationen abhängig. Das hat zur Folge, dass sich die Permissivität der Vorschrift mit den Wettbewerbsverhältnissen in dem Markt verändert. Damit verbunden ist eine zweite große Neuerung: Bei der Ermittlung der Zahl der Fernsehsender in einem Markt werden kommerzielle und nicht-kommerzielle Fernsehsender gleichermaßen berücksichtigt. Dadurch werden die Regeln permissiver.

In dieser Vorschrift wird zum ersten Mal zwischen den vier meistgesehenen Sendern eines Marktes und den übrigen Sendern differenziert. Die FCC begründete dieses Konzept damit, dass die vier meistgesehenen Sender in jedem Markt im Allgemeinen eine oder mehrere eigene unabhängige Nachrichtensendungen produzieren. Durch das Verbot von Zusammenschlüssen zwischen den vier führenden Sendern werde die Vielfalt der Standpunkte (Original: *diversity of viewpoints*) in den lokalen Märkten erhalten (Vgl.: Sadler 2005: 115).

Die FCC erklärte, sie würde den Besitz von zwei Fernsehsendern außerdem in zwei weiteren Ausnahme-Konstellationen zulassen (Vgl.: Sadler 2005: 113):

1. Wenn durch einen Zusammenschluss ein gescheiterter (Original: *failed*) oder ein im Scheitern begriffener (Original: *failing*) Fernsehsender am Betrieb gehalten werde und es keinen Käufer für den Sender gebe, der noch keinen Sendern in dem Markt betrieben habe.[135]

2. Wenn der Doppelbesitz von Fernsehsendern Folge einer Senderneugründung in dem Markt sei.

Diese Ausnahmen zu den Regeln unterstreichen die Flexibilität und Pragmatik der US-Konzentrationskontrolle und das Bemühen der FCC, einen Ausgleich zwischen

Interessen der Fernsehwirtschaft und dem Vielfaltsideal zu schaffen. In beiden dargestellten Fällen würde ein starres Festhalten an den allgemeinen Regeln nicht nur wirtschaftliche Aktivität hemmen, sondern auch einen potentiellen Zugewinn an Vielfalt verhindern. Die Definition von Ausnahmetatbeständen dient in diesem Fall also dem Regulierten und dem Regulierungsziel gleichermaßen.

Local Marketing Agreements

Im Rahmen so genannter *Local Marketing Agreements* verkaufen Fernsehveranstalter einem anderen Unternehmen Sendezeit. Dabei kann es sich um Minuten, aber auch um ganze Tage handeln. Im Regelfall füllen die Käufer die Sendezeit mit eigenen Programmen und akquirieren selbst Werbung, die in diesen Programmen ausgestrahlt wird. Während diese Geschäfte meist von darauf spezialisierten Unternehmen betrieben werden, können diese Verträge auch von lizensierten Veranstaltern genutzt werden, um ihr Programm auf einem weiteren Sender auszustrahlen. Damit durch solche Vereinbarungen nicht die konzentrationsrechtlichen Regelungen umgangen werden, gelten Sender, die mehr als 15 Prozent ihrer Sendezeit einem anderen Sender verkaufen, als vom kaufenden Sender kontrolliert. Zudem verbieten FCC-Vorschriften, dass ein Sender mehr als 25 Prozent seiner Sendezeit einem anderen Sender im gleichen Markt verkauft und dass der Käufer die gekaufte Zeit nutzt, um ein Programm zeitgleich auf zwei Sendern auszustrahlen.[136]

Cross-Ownership-Regeln für den lokalen Markt

Ein wichtiger Bereich der Konzentrationskontrolle durch die FCC sind Vorschriften, die den gleichzeitigen Besitz von Medien verschiedenen Typs auf dem lokalen Markt verbieten. Diese Vorschriften werden in der Literatur als Cross Ownership Regeln bezeichnet (engl.: *Cross-Ownership Rules*) und stammen aus den 1970er Jahren.

Cross-Ownership-Regeln für den lokalen Markt: Die One-to-a-Market-Rule

Seit 1970 schrieb die so genannte *One-to-a-Market Rule*[137] vor, dass ein Unternehmen nur einen einzigen Rundfunksender in einem Markt betreiben dürfe, entweder einen Radio- oder einen Fernsehsender (Vgl.: Carter, Franklin und Wright

1996: 541f.). Zur Erinnerung: Die damals geltende Duopoly-Regelung verbot den Besitz von zwei Sendern des gleichen Typs. Die Einhaltung der One-to-a-Market-Rule wurde allerdings nach Ansicht von Sadler (2005: 106) von der FCC nicht forciert. So wurden nur neue Verbindungen verboten und bestehende Verbindungen nicht aufgelöst.

Bereits 1971 wurde diese Vorschrift modifiziert, um die Sender in den neu erschlossenen Frequenzbereichen UHF (Fernsehen) und UKW (Radio) zu stärken. Fortan verbot die *One-to-a-Market Rule* nur den gleichzeitigen Besitz von einem VHF-Fernsehsender und einem Radiosender. Dadurch sollten die Betreiber von Radiosendern ermutigt werden, ihre publizistische Kompetenz zum Aufbau von Fernsehsendern im UHF-Spektrum einzusetzen (Vgl.: Carter, Franklin und Wright 1996: 541f.). Dieser Schritt der FCC verdeutlicht, dass die FCC Regulierung immer auch genutzt hat, um die Entwicklung neuer Marktteilnehmer in den von ihr kontrollierten Märkten zu fördern. Geleitet wird dieses Vorgehen von der grundsätzlich wettbewerbsfreundlichen Philosophie der FCC, wonach intensiver Wettbewerb auf den von ihr kontrollierten Märkten den Verbrauchern dient und in diesem speziellen Fall die Vielfalt im Fernsehmarkt erhöht. Die Entscheidung zeigt jedoch auch ein grundsätzliches Dilemma der Cross-Ownership Regeln auf: Die Wettbewerbsfähigkeit und publizistische Qualität eines Fernsehangebots steigt mit der publizistischen Kompetenz der Betreiber. Die größte publizistische Kompetenz haben jedoch tendenziell die Besitzer bereits etablierter Medien – also gerade diejenigen, die mit den Cross-Ownership-Regeln am Besitz von Fernsehsendern gehindert werden sollen.

Am 5. August 1999, als auch die Duopoly-Regeln für die lokalen Märkte erheblich gelockert wurden, hob die FCC die *One-to-a-Market Rule* endgültig auf (Vgl.: Carter, Franklin und Wright 542f.).[138] Die Neuregelung von 1999 sieht vor, dass ein Unternehmen in einem Markt unter den oben aufgeführten Bedingungen bis zu zwei Fernsehsender und zusätzlich bis zu sechs Radiostationen besitzen darf. Wie bei der 1996 neu gefassten Radio Duopoly Rule ist auch in dieser Neuregelung die Zahl der erlaubten Sender gestaffelt, wobei die Bezugsgröße in diesem Fall die Zahl der *übrigen eigenständigen Medien* (Original: *independently owned media voices*) im Markt ist (Vgl.: FCC 1999: Abs. 100). Dazu zählen Radiosender, Fernsehsender, im nennenswerten Umfang verbreitete Tageszeitungen und

Kabelfernsehnetze (Vgl.: FCC 1999: Abs. 111)[139]. In Abhängigkeit von der Anzahl dieser übrigen eigenständigen Medien darf ein Unternehmen einen Fernsehsender in einem Markt besitzen und außerdem (Vgl.: Sadler 2005: 106):

1. Einen UKW oder MW-Radiosender, unabhängig von der Zahl der übrigen eigenständigen Medien.

2. Bis zu vier Radiosender, wenn daneben in dem Markt noch zehn weitere unabhängige Medien existieren.

3. Bis zu sechs Radiosender, wenn in dem Markt noch mindestens zwanzig weitere unabhängige Medien existieren.

Fernsehsender konnten neben einer dieser drei Kombinationen außerdem einen zweiten Fernsehsender besitzen, soweit die oben dargestellten neu gefassten Duopoly-Regeln, dies zuließen (Vgl.: Sadler 2005: 106).

Cross-Ownership-Regeln für den lokalen Markt: Zeitung – Rundfunk

Seit 1975 ist der gleichzeitige Besitz einer Zeitung und eines Radio- oder Fernsehsenders im gleichen Markt untersagt. Zuvor hatte die FCC in einer Untersuchung festgestellt, dass in vielen Rundfunkmärkten lokale Radio- und Fernsehsender Rundfunksender den lokalen Presseunternehmen gehörten. Anfang der 70er Jahre waren in der gesamten USA 94 Fernsehsender ökonomisch mit Zeitungen verbunden, die im Sendegebiet des jeweiligen Senders verbreitet wurden, und nach Ansicht der FCC war diese Situation ähnlich problematisch wie der gleichzeitige Besitz von zwei Fernsehsendern, den die FCC nicht zuließ (Vgl.: Carter, Franklin und Wright 1996: 543). Obwohl die FCC keinerlei Anzeichen dafür fand, dass die betroffenen Verlage ihre dominante Marktstellung missbrauchten, vertrat sie die Ansicht, dass sowohl der ökonomische Wettbewerb als auch die Vielfalt auf den lokalen Medienmärkten davon profitieren würden, wenn solche Kombinationen zukünftig nicht erlaubt seien (Vgl.: Hoffmann-Riem 1996: 30).[140] Die von der FCC 1975 erlassene Vorschrift verbietet Tageszeitungsverlegern, einen Fernseh- oder Radiosender im Verbreitungsgebiet der Zeitung zu betreiben. Die unternehmerische Trennung von Tagespresse und Rundfunk sei aus Vielfaltsgesichtspunkten nötig:

„[I]t is unrealistic to expect true diversity from a commonly owned station-newspaper combination. The divergency of their viewpoints cannot be expected to be the same as if they were antagonistically run (FCC 2001b: Abs. 2)."

Während die Vorschrift eingeführt wurde, um Zeitungsverleger davon abzuhalten, Radio- und Fernsehsender im Verbreitungsgebiet ihrer Zeitung zu erwerben, bemühen sich heute die Fernsehunternehmen um den Abbau der Vorschrift, weil sie Zeitungen in ihren Märkten aufkaufen wollen, um Synergieeffekte bei der lokalen Berichterstattung zu nutzen. Im Jahr 2000 erklärte die FCC, sie werde künftig auf Antrag Ausnahmeregelungen für große Märkte mit vielen unabhängigen Medien in Erwägung ziehen.[141] Der Kongress unterstützte dieses Vorgehen[142] (Vgl.: Sadler 2005: 106f.).

Cross-Ownership-Regeln für den lokalen Markt: Kabelfernsehen – Rundfunk

Die Kabelfernsehindustrie hatte sich mit ihren eigenen Programmangeboten seit den 1960er Jahren zu einem Wettbewerber des terrestrischen Fernsehens entwickelt und mit zunehmender Verbreitung und wachsender Bedeutung des Kabelfernsehens bezog die FCC auch die Kabelfernsehindustrie in ihre Bemühungen zur Konzentrationskontrolle ein. Deshalb verbot die FCC bereits in den 1970er Jahren den gleichzeitigen Besitz von Fernsehsendern und Kabelfernsehnetzen in einem Markt und erzwang die Auflösung aller bereits bestehenden Verbindungen dieser Art (Vgl.: Sadler 2005: 105). Dadurch sollte gewährleistet sein, dass sich die Kabelindustrie als Wettbewerber des Rundfunks entwickeln konnte. Diese Regelungen wurden vom Kongress 1984 in den *Cable Act* übernommen.[143] Am 20. Februar 2002 erklärte ein Berufungsgericht in Washington[144] diese Vorschrift im *Cable Act* von 1984 jedoch für für ungültig (Vgl.: Carter, Franklin und Wright 1996: 556).[145] Das Berufungsgericht urteilte, das Verbot, Kabelfernsehsysteme und Rundfunksender, die im gleichen Markt operieren, in einem Unternehmen zu vereinen, sei von der FCC nicht ausreichend begründet worden (Original: *„arbitrary and capricious"* [146]). Die FCC habe in dem Verfahren nicht rechtfertigen können, warum die Beibehaltung der Vorschrift notwendig sei, um den Wettbewerb zu erhalten. Die Zahl der Fernsehsender sei seit 1970 stark gestiegen. Die Vorschrift sei damit mit sofortiger Wirkung auszusetzen (Vgl.: Labaton 2002). Das Gericht erklärte, durch die Aussetzung der Vorschrift sei die Eigentümervielfalt zwar kompromittiert, „but we hardly think it could be substantial." (zitiert in Sadler 2005: 105)

5.3.3 Vorschriften zur nationalen Konzentration

Neben den Regeln auf lokaler Ebene existieren FCC-Vorschriften, die den Besitz an Fernsehsendern landesweit regeln. Während es hierbei zunächst lediglich Vorschriften im Bereich des Rundfunks gab, traten später auch Regelungen für Kabelnetzbetreiber hinzu.

Diese Regeln auf nationaler Ebene dienen vor allem dazu, die ökonomische und publizistische Macht der Networks zu beschränken. Allerdings kann die FCC die Networks nicht direkt regulieren, denn m Bereich der elektronischen Medien ist die physikalische Nutzung einer Frequenz die Voraussetzung für eine bundesstaatliche Regulierung der betreffenden Körperschaft. Deshalb sind die lokal lizenzierten Fernsehsender als Lizenzträger der Kontrolle durch die FCC unterworfen. Die Networks hingegen, die primären Gestalter der Inhalte der Fernsehprogramme, sind in ihrer Tätigkeit als Programmproduzenten und -vertreiber nicht lizenziert und keiner direkten Regulierungskontrolle unterworfen (Vgl.: Ostroff 1997: 347). Allerdings üben die FCC und andere Behörden über die Vertragssender der Networks indirekt Regulierungsgewalt über die Networks aus. Entsprechende Vorschriften schreiben dementsprechend nicht vor, was einem Network untersagt ist, sondern formulieren an Stelle dessen: „No licensee may affiliate with a network that...." (Ostroff 1997: 347)[147]

Regeln für den Besitz von Radio- und Fernsehsendern auf nationaler Ebene

Mit den so genannten *Multiple Ownership Rules* begrenzt die FCC die Gesamtzahl der Radio- und Fernsehsender, die ein Unternehmen landesweit besitzen darf. Die erste Vorschrift dieser Art wurde in den 40er Jahren aufgestellt und sollte verhindern, dass die US-Fernsehindustrie von wenigen mächtigen Interessengruppen kontrolliert werden konnte. Später sollten die Vorschriften vor allem die Konzentration wirtschaftlicher und inhaltlicher Macht auf die Networks, die in den wichtigsten Märkten eigene Fernsehsender betreiben, verhindern – man kann also bei diesen Regeln im Fernsehbereich durchaus von einer Lex Network sprechen. Die Vorschriften stärken zudem die Stellung der Vertragssender gegenüber den Networks, indem sie verhindern, dass die Networks alle Märkte durch eigene Fernsehsender versorgen.

Bis 1944 durfte ein Veranstalter landesweit drei Fernsehsender besitzen, danach wurde dieses Limit auf fünf erhöht. Im Jahr 1953 erließ die FCC die 7-7-7-Vorschrift, nach der ein Unternehmen landesweit nicht mehr als sieben UKW-, MW- und Fernsehsender besitzen durfte (Vgl.: Sadler 2005: 104).[148] Anfang der 1980er Jahre verfolgte die Regierung unter Ronald Reagan eine Deregulierungspolitik und ließ die Multiple Ownership Rules auf ihren Nutzen für das Gemeinwohl hin prüfen. Die entsprechende Untersuchung der FCC ergab, dass zwischen den Vorschriften und den damit verfolgten Zielen funktionierender Wettbewerb und Meinungsvielfalt kein kausaler Zusammenhang bestünde (Vgl.: Kühn 2003: 209). Daraufhin wurden 1984 die Obergrenzen der Multiple Ownership Rules in einer neuen 12-12-12-Regelung ausgeweitet (Vgl.: Carter, Franklin und Wright 1996: 563). Nachdem Kongressabgeordnete gegen die Lockerung der Vorschriften Protest eingelegt hatten (Vgl.: Kühn 2003: 210), führte die FCC zusätzlich zu der Obergrenze von zwölf Fernsehsendern eine zweite Obergrenze ein: Demnach durfte ein Unternehmen mit seinen Fernsehsendern maximal 25 Prozent der US-Fernsehhaushalte technisch erreichen. Die FCC setzte diese zusätzliche Grenze, weil die Anzahl der Sender als alleiniges Maß die unterschiedlichen Größen der amerikanischen Fernsehmärkte ignoriert hätte.[149] Eine rein numerische Obergrenze von 12 Fernsehsendern hätte es einem Fernsehunternehmen erlaubt, seine Zuschauerreichweite durch Zukäufe in den größten Fernsehmärkten erheblich zu vergrößern. Diese Form von Marktrestrukturierung wollte die FCC jedoch nach eigenem Bekunden vermeiden. Bei der Berechnung der technischen Reichweite unterschied die FCC zwischen UHF- und VHF-Sendern. Dem Betreiber eines UHF-Senders wurden die Fernsehhaushalte in dem betreffenden Markt nur zu 50 Prozent angerechnet.[150] Diese Diskontierung sollte die strukturelle Benachteiligung der UHF-Sender gegenüber den VHF-Sendern ausgleichen (Vgl.: Carter, Franklin und Wright 1996: 563f).

Die FCC änderte 1992 die 12-12-12-Regel in eine 18-18-12-Regel, so dass es einem Unternehmen künftig erlaubt war, landesweit jeweils 18 MW- und UKW-Sender zu besitzen (Vgl.: Sadler 2005: 105), und nur zwei Jahre später wurden die

Grenzen erneut ausgeweitet, zu einer 20-20-12-Regel (Vgl.: Carter, Franklin und Wright 1996: 555f.). Die FCC begründete diese Änderungen mit dem verstärkten Wettbewerb in den elektronischen Medien und der schlechten finanziellen Verfassung der Radioindustrie. Nach Ansicht der FCC würden die gelockerten Konzentrationsbeschränkungen größeren Radiounternehmen erlauben, kleinere Radiosender zu übernehmen, so dass deren Programme nicht eingestellt werden müssten. Die FCC führte außerdem an, dass die Maximalgrenzen angehoben werden müssten, weil auch die Zahl der Radiosender kontinuierlich wachse (Vgl.: Sadler 2005: 105).

Im Rahmen des *Telecommunications Act* von 1996 forderte der Kongress die FCC auf, die Vorschrift weitgehend aufzugeben. Die FCC strich daraufhin die Beschränkungen für den Besitz von Radiosendern ersatzlos[151] und ersetzte die numerische Beschränkung für den Besitz von Fernsehsendern durch eine neue Reichweitenobergrenze, nach der ein Unternehmen mit seinen Fernsehsendern landesweit nicht mehr als 35 Prozent aller Fernsehhaushalte technisch erreichen durfte. Die Begrenzungen für die lokalen Märkte blieben jedoch bestehen (Vgl.: FCC 1996a: Abs. 2 und FCC 1996b: Abs. 3). Im Jahr 2001 klagten der Medienkonzern Viacom und die Networks Fox und NBC gegen die landesweite 35-Prozent-Grenze.[152] Ein Bundesberufungsgericht urteilte am 19. Februar 2002, dass die FCC die Vorschrift nicht ausreichend begründet habe (Original: *arbitrary and capricious*). Das Gericht stellte außerdem fest:

„[...] the commission has adduced [anführen] not a single valid reason to believe the [...] rule is necessary in the public interest, either to safeguard competition or to enhance diversity" (Labaton 2002).

Der daraufhin von der FCC im Jahr 2003 vorgelegte Neuentwurf der Regeln war Bestandteil einer großen Reform der Konzentrationskontrolle, die weiter unten beschrieben wird. Aber auch dieser Neuentwurf wurde von einem Gericht erneut zurückgewiesen (Vgl.: Sadler 2005: 114 und 117). Im September 2006 liefen die Anhörungen zu einer Neuregelung der Multiple Ownership Rules; neue Regeln werden erst für 2007 erwartet. In der folgenden Tabelle ist die beschriebene Entwicklung der Multiple Ownership Rules seit 1944 dargestellt.

Tabelle 5: Entwicklung der Multiple Ownership Regeln

	Radio		Fernsehen	
	Maximale Anzahl von Sendern		Obergrenze in Prozent	
Jahr	MW-Sender	UKW-Sender	TV-Sender	Technisch erreichte US-TV-Haushalte[a]
1944	/	/	3	/
1953	7	7	7	/
1984	12	12	12	25[c]
1994	20	20	12	25
1996	/	/	/	35
2003[b]	/	/	/	45

a) Mit 50prozentiger Diskontierung der technischen Reichweite der UHF-Sender.

b) Diese Zeile reflektiert die Erwartungen von Beobachtern, die nach einem Gerichtsurteil von 2002 eine ersatzlose Streichung der 35-Prozent-Obergrenze erwarten.

c) Die Regeln wurden erst nachträglich um die 25-Prozent-Obergrenze ergänzt.

Daten: Carter, Franklin und Wright (1996): 562ff. und Labaton (2002).

5.3.4 Die Dual Network Rule

Die Dual Network Rule[153] schreibt vor, dass ein Unternehmen landesweit nur ein Network kontrollieren darf.[154] Die erste Anpassung der Vorschrift erfolgte Mitte der 1990er Jahre, als der Kongress die FCC im Telecommunications Act anwies, die Vorschrift an die herrschenden Verhältnisse im Fernsehmarkt anzupassen. Die Neuregelung der FCC (1996b: Abs. 6) war zweigeteilt: Ein erster Teil verbot einem Unternehmen mehr als eines der vier großen Networks, ABC, CBS, NBC und Fox, zu besitzen. Der zweite Teil untersagte Unternehmen, eines der großen Networks und gleichzeitig eines der beiden kleineren Network-ähnlichen Unternehmen (Original: *Emerging Networks*) UPN und WBN zu besitzen. Hintergrund der Zweiteilung war, dass die FCC die beiden Unternehmen aufgrund ihres geringen Programmausstoßes von wenigen Stunden pro Woche 1996 noch nicht als Networks betrachtete. Am 19. April 2001 strich die FCC (2001a: Abs. 1) diesen zweiten Teil der Vorschrift ersatzlos. Der Entscheidung vorangegangen war die Übernahme von CBS durch den Medienkonzern Viacom, zu dem das Network UPN gehörte. Die Dual Network Rule hätte Viacom in der neuen Konstellation dazu gezwungen, UPN oder CBS zu verkaufen. Da UPN erklärte, ohne die finanzielle Unterstützung der Muttergesellschaft Viacom in finanzielle Schwierigkeiten zu geraten, entschied die FCC nach eingehender Prüfung, den betreffenden Teil der Vorschrift auszusetzen.[155] Die FCC verwies in ihrem Statement (FCC 2001a Abs. 10ff. und Abs. 31ff.) auf die erodierte Marktstellung der Networks auf dem amerikanischen Fernsehmarkt, begründete die Streichung der Vorschrift aber hauptsächlich mit dem Erhalt von Vielfalt im Fernsehmarkt. Dadurch werde Vielfalt auf nationaler Ebene erhalten, weil ein Zusammenschluss von etabliertem und sich entwickelndem Network letzterem erlaube, seinen Betrieb auf ein stabileres finanzielles Fundament zu stellen und so seine Programme für Minderheiten weiter auszustrahlen.[156] Das gelte vor allem für UPN, dessen Programme primär auf von anderen Networks nur unzureichend bediente ethnische Minderheiten abzielten.[157] Der Sendebetrieb von UPN sei, so die FCC, ohne eine Streichung der Vorschrift nicht garantiert. Die Verluste des Senders beliefen sich nach Angaben der FCC (2001a: Abs. 32) auf 150 Millionen Dollar jährlich. Die FCC (2001a: Abs. 34f.) verwies auch auf den Schneeballeffekt, den eine Einstellung von UPN hätte, indem dadurch den angeschlossenen Sendern die wirtschaftliche Existenzgrundlage entzogen wäre. Dadurch würde potentiell die Vielfalt auf der lokalen Ebene eingeschränkt. Tatsächlich galt es schon damals als sicher, dass von den Networks UPN und WBN nur eines mittelfristig finanziell überlebensfähig sei (Vgl.: laut Downey 2001 (b)).[158]

Nationale Cross-Ownership Regeln: Networks und Kabelfernsehnetze

Der *Cable Act* von 1984 verbot ursprünglich den gleichzeitigen Besitz von nationalen Networks und lokalen Kabelfernsehnetzen. Mit dem re-regulatorisch ausgerichteten Cable Act von 1992 wurde die FCC beauftragt, die Vorschriften zu lockern. Seitdem dürfen Networks Kabelfernsehsysteme besitzen, wenn zwei Bedingungen erfüllt sind: Sie dürfen mit ihren Kabelnetzen technisch nicht mehr als 10 Prozent aller an das Kabelfernsehen anschließbaren Haushalte in den USA erreichen und dürfen in keinem Fernsehmarkt des Landes mehr als 50 Prozent aller an das Kabelfernsehen anschließbaren Haushalte erreichen (Vgl.: Carter, Franklin und Wright 1996: 557).[159] Der Telecommunications Act von 1996, mit dem der Kongress möglichst viele Marktbarrieren im Telekommunikationsmarkt beseitigen wollte, verpflichtete die FCC dazu, diese Regel vollständig abzuschaffen und durch eine Vorschrift zu ersetzen, die nur noch die Diskriminierung von network-unabhängigen Sendern durch network-eigene Kabelfernsehnetze verbietet (Vgl.: Carter, Franklin und Wright 1996: 557).[160] Die Maßzahl der technischen Erreichbarkeit wurde vermutlich ursprünglich für diese Regel gewählt, weil es sich bei Kabelfernsehnetzen um natürliche Monopole handelt: Es macht wirtschaftlich keinen Sinn, zwei Kabelnetze parallel zu verlegen, deshalb ist von wenigen Ausnahmen abgesehen jeder US-Haushalt nur an das Kabelfernsehnetz einer Firma anschließbar.

Eine spezielle Konzentrationskontrolle für Kabelfernsehsender gibt es übrigens in den USA nicht. Den Networks war auch niemals untersagt, Kabelfernsehsender zu besitzen. So besitzen alle Networks bzw. deren Konzernmütter in teilweise sehr großem Umfang eigene Kabelfernsehsender (Vgl.: News Corporation 2005: 23ff. und 47ff.; The Walt Disney Corporation 2005: 42ff.).

Die Financial Interest and Syndication Rules

Die wichtigste Regelung der FCC, um die Kontrolle der Networks über Produktion und Vertrieb von Programminhalten abzuschwächen, waren lange Zeit die sogenannten *Financial Interest and Syndication Rules* (FinSyn Rules), die es den Networks verboten, mit Programmrechten zu handeln.

Der Programmrechtehandel ist für die US-Produzenten von Fernsehserien der lukrativste Teil der Verwertungskette und damit für deren Kalkulation äußerst wichtig. Ohne eine mehrfche Verwertung der meist aufwendig produzierten Serien ist die Produktion oft finanziell nicht lohnend (Vgl.: Head u. a. 1998: 217).[161] Zwar läuft nur ein Bruchteil aller produzierten Fernsehserien länger als ein Jahr, doch gelten zwei Jahre als minimale Laufzeit, um über genügend Serienfolgen für den nachgelagerten US-Programmhandel zu verfügen (Vgl.: Head u. a. 1998: 233).[162] Noch weniger Serien sind so populär, dass sich der Handel mit den nachgelagerten Ausstrahlungsrechten in den USA lohnt. Die Produktion von Fernsehserien ist deshalb finanziell betrachtet sehr riskant, da die Produzenten für ihre Kalkulation auf den nachgelagerten Rechtehandel angewiesen sind, es aber nur sehr wenige Fernsehserien schaffen, in diesem Markt berücksichtigt zu werden.

Vor 1970 kauften die Networks bereits in der Anfangsphase von Projekten, in denen die jeweiligen Produktionsprojekte noch hochspekulativ waren, Verwertungsrechte, die über die Erstausstrahlung der gekauften Serienfolgen hinausgingen, beispielsweise auch für den Programmrechtehandel. Die Produzenten der Serien konnten auf diese Weise ihr Risiko auf die Networks übertragen. Wenn eine Serie bei den Fernsehzuschauern durchfiel, hatten die Networks für Rechte bezahlt, die nichts wert waren; stellte sich eine Serie als Erfolg heraus, konnten die Networks die nachgelagerten Senderechte an Kabelsender, an unabhängige Sender sowie international verkaufen (Vgl.: Fisher 1985: 265). Dieses Geschäftsmodell war für die Networks lohnend: 1969 überstiegen ihre Erlöse aus dem Programmhandel erstmals ihre Werbeeinnahmen (Vgl.: Bachem 1995: 80). Gleichzeitig dominierten die Networks den Programmmarkt, da sie weitgehend die einzigen Auftraggeber für Fernsehprogramme waren. Als Folge gab es keinen freien Programmmarkt, auf dem die unabhängigen Sender Produktionen einkaufen konnten, vielmehr mussten sie alte Produktionen der Networks als Wiederholungen senden. Und die Produzenten erfolgreicher Serien beklagten sich, dass die Networks ihre dominante Marktstellung ausnutzten, um ihnen, den Produzenten, die lukrativen Rechte abzuzwingen (Vgl.: Fisher 1985: 265)[163].

Die FCC erließ die FinSyn Rules ab 1970[164] weitgehend als Antwort auf die Klagen der Produzenten. Die Vorschriften verbieten es den Networks, im Inland mit Programmrechten zu handeln und sich an Unternehmen des Rechtehandels zu beteiligen. Weil es für die auf diese Weise vom lukrativen Programmrechtehandel ausgeschlossenen Networks jedoch keinen Sinn mehr machte, teuere Unterhaltungsprogramme selbst zu produzieren, bedeutete das Verbot des Programmhandels auch das Ende der Programmproduktion durch die Networks (Vgl.: Carter, Franklin und Wright 1996: 597). Das entsprach der Intention der FCC, die mit den Vorschriften die dominante Stellung der Networks auf dem Markt der Programmproduktion und -distribution einschränken wollte, um unabhängige Produzenten zu stärken.

Die *FinSyn Rules* erwiesen sich jedoch als kontraproduktiv. Sie machten die Produktion von Fernsehprogrammen zu einem riskanteren Geschäft, weil vor allem die kleinen und innovativen Produzenten ihr Geschäftsrisiko nicht mehr auf die Networks übertragen konnten. Die Vorschriften schützten so vor allem die großen Produzenten, die das erhöhte Geschäftsrisiko tragen konnten, so dass risikoaverse kleinere Produzenten gezwungen waren, mit stärkeren Wettbewerbern zusammenzugehen. Damit schufen die Vorschriften entgegen ihrer Zielsetzung eine stärkere Konzentration in der Produktionsindustrie (Vgl.: Fisher 1985: 267f.). So sank die Zahl der Produzenten von Hauptabendprogrammen zwischen 1970 und 1992 um 40 Prozent. Der Anteil der acht größten Produzenten für Hauptabendprogramme den deren Gesamtvolumen stieg im gleichen Zeitraum von 50 auf 70 Prozent (Vgl.: Carter, Franklin und Wright 1996: 597ff.). Die Vorschriften schienen gegen ihr erklärtes Ziel zu arbeiten.[165]

Die FCC gestand zwar ein, dass die *FinSyn Rules* ihren Zweck nicht erfüllten, erklärte jedoch, dass die Vorschriften weiterhin gerechtfertigt seien, weil die Gefahr bestünde, dass die Networks ihr Distributionsmonopol in ein Produktionsmonopol umwandeln würden.[166] Erst im Jahr 1990 erklärte die FCC die FinSyn Rules für überholt (Original: *stale*) und kündigte eine grundlegende Überarbeitung des Regelwerks an (Vgl.: Carter, Franklin und Wright 1996: 596). Hintergrund waren Proteste der drei etablierten Networks, die auf eine vollständige Aufhebung der Vorschriften drängten und dabei darauf verwiesen, dass sowohl die Kabelsender als auch das vierte relativ junge Network Fox erfolgreich mit Programmrechten handeln durfte.[167] Die Networks verwiesen darauf, dass die durch die FinSyn Rules stark konzentrierte Produktionsbranche, namentlich Hollywoodstudios wie MGM und Columbia, zunehmend unter ausländischen Einfluss gerate. Die FinSyn Rules, aufgrund derer es für die Networks wirtschaftlich keinen Sinn machte, sich mit einem der großen Filmstudios zusammenzuschließen, seien für diesen Ausverkauf Hollywoods mitverantwortlich, so die Networks. Die FCC schien auf diese Argumente einzugehen (Vgl.: Bachem 1995: 81f.).

Die von der FCC 1990 vorgelegte überarbeitete Fassung der FinSyn Rules wurde aus unterschiedlichen Gründen von allen betroffenen Industrien angefochten. Ein Berufungsgericht in Washington urteile 1992, die Neuregelung sei nicht ausreichend begründet (Original: *arbitrary and capricious*) und gelangte zu einem vernichtenden Urteil über die Begründung der FinSyn Rules und deren zugrunde liegenden Annahmen. Die Befürchtung der FCC, dass die Networks ihre dominante Vertriebsposition nutzen würden, um Programmproduktion und -vertrieb unter ihre Kontrolle zu bringen und so die Independents von Programmlieferungen abzuschneiden, sei unrealistisch gewesen. Wenn die Networks nach dem Erwerb der nachgelagerten Programmrechte bewusst darauf verzichteten, diese Ausstrahlungsrechte an unabhängige Sender weiterzuverkaufen, würden sie für den Mehrpreis, der gegenüber den reinen Erstausstrahlungsrechten entstehe, keine Gegenleistung erhalten – von der langfristigen Chance abgesehen, die ohnehin schwachen Wettbewerber weiter zu schwächen. Dies mache für die Networks betriebswirtschaftlich keinen Sinn, und verstoße außerdem gegen geltendes Antitrust-Recht (Vgl.: Carter, Franklin und Wright 1996: 596). Das Urteil des Gerichts ließ der FCC wenig Handlungsspielraum: Sie erließ zwar übergangsweise eine Neuregelung, die sich von der alten kaum unterschied, hob aber die FinSyn Rules 1995 endgültig auf (Vgl.: Carter, Franklin und Wright 1996: 608). Die Abschaffung der FinSyn Rules entsprach auch den Strukturen des Fernsehmarktes, die sich durch neue Networks, unabhängige Sender und das Kabelfernsehen seit 1965 stark verändert hatte. Aufgrund ihrer gesunkenen Marktanteile hatte jedes der drei Traditions-Networks 1992 nur einen Anteil von sieben Prozent am Gesamtvolumen der gehandelten Fernsehprogramme – rund ein Drittel des Anteils von 1970 (Vgl.: Carter, Franklin und Wright 1996: 599).

Sofort nach der Aufhebung der FinSyn Rules begannen die Networks wieder mit der Programmproduktion, und bereits in der nächsten Fernsehsaison war CBS der drittgrößte Produzent von Programmen für die Hauptsendezeit (Vgl.: Bachem 1995: 83). Heute wird der Markt für Programmproduktion und –vertrieb von den Networks, deren Muttergesellschaften, großen Hollywoodstudios und einigen großen unabhängigen Produzenten dominiert (Vgl.: Head u. a. 1998: 225f.).

Die Prime Time Access Rule

Nachdem die FCC die Networks Anfang der 1970er Jahre mit den FinSyn Rules aus der Programmindustrie ausgeschlossen hatte, erließ die Kommission 1971 die Prime Time Access Rule (PTAR).[168] Die Vorschrift schreibt vor, dass die angeschlossenen Sender eines Networks in der Hauptsendezeit, der *Prime Time*, zwischen 19 und 23

Uhr eine Stunde ihres Sendeschemas mit Programmen eines Network-unabhängigen Produzenten oder mit selbstproduzierten Programmen füllen müssen. Mit dieser Regelung verfolgte die FCC zwei Ziele: Die PTAR sollte in erster Linie eine ausgeprägtere und vielfältigere Lokalberichterstattung fördern und außerdem Network-unabhängige Produzenten dadurch stärken, dass man ihnen mit der PTAR die Möglichkeiten gab, Programme für die Hauptsendezeit zu produzieren (Vgl.: Bachem 1995: 81).[169] Die Erwartungen an die Vorschrift wurden allerdings nicht vollständig erfüllt; denn die angeschlossenen Sender füllten vorrangig die quotenschwache erste Stunde der Hauptsendezeit und sendeten auf diesen Programmplätzen statt Lokalberichterstattung vor allem billige Programme wie Spielshows und Talkshows. Tatsächlich hatte die Vorschrift das Volumen der Produktionen erhöht, die ausschließlich für den Network-unabhängigen Programmrechtehandel hergestellt wurden, allerdings nach Einschätzung von Head u. a. (1998: 220f.) nicht deren Qualität. Selbst die FCC gestand 1980 ein, dass die Vielfalt der Programme in der PTAR-Stunde enttäuschend sei, verwies allerdings auf einen – unerwarteten – strukturellen Erfolg der PTAR: Die Vertragssender in den fünfzig größten Märkten durften nach der Vorschrift in der PTAR-Stunde keine Wiederholungen von Network-Erstausstrahlungen zeigen, die sie auf dem freien Programmmarkt gekauft hatten. Weil die angeschlossenen Sender in diesen Märkten als Käufer für die Programme wegfielen, konnten weniger finanzstarke unabhängige Sender dieses attraktive Programm-Material erwerben und ihre Position in den betreffenden Märkten stärken (Vgl.: Head u. a. 1998: 80). Anfang der 1990er Jahre drängten die Networks die FCC, die PTAR aufzuheben, und verwiesen darauf, dass die Networks ihre dominante Stellung auf dem US-Fernsehmarkt seit den 1970er Jahren verloren hätten. Die FCC schloss sich dieser Argumentation an: Aufgrund der stark gestiegenen Zahl von unabhängigen Sendern und dem Erfolg von Kabel- und Satellitenfernsehen sei die Zahl der Käufer und Verkäufer auf dem Programmmarkt seit Anfang der 1970er Jahre erheblich gestiegen. Dadurch sei der Marktzutritt selbst für kleinere Firmen sehr einfach, weswegen die PTAR nicht länger nötig sei, um die Entwicklung network-unabhängiger Produzenten zu unterstützen (Vgl.: FCC 1995: Abs. 32ff.). Im Juli 1995 strich die FCC die PTAR ersatzlos.

5.4 Die gescheiterte Reform der Konzentrationskontrolle von 2003

Unter der Bush-Regierung strebte der neue FCC-Vorsitzende Michael Powell[170] eine starke Liberalisierung der Konzentrationskontrolle an. Am 3. Juni 2003 stellte die FCC ein umfassendes Reformpaket vor, das eine weitreichende Lockerung der Vorschriften zur Konzentrationskontrolle vorsah. Der Plan der Kommission stieß in der Öffentlichkeit, im Kongress und bei Verbraucherschützern auf großen Widerstand und wurde schließlich von einem Gericht weitgehend gestoppt und an die FCC zur Überarbeitung zurück verwiesen (Vgl.: Sadler 2005: 114ff.). Im Folgenden werden die wichtigsten Neuerungen, die in der Reform vorgesehen waren, dargestellt, da sie einen Eindruck davon vermitteln, in welche Richtung sich die Konzentrationskontrolle in den USA künftig entwickeln wird.

Neue nationale Multiple Ownership Rules

Nach der neuen Vorschrift hätte ein Unternehmen mit seinen Fernsehsendern nicht mehr als 45 Prozent aller US-Haushalte technisch erreichen dürfen. Zuvor galt eine Beschränkung von 35 Prozent, über die jedoch ein Bundesberufungsgericht geurteilt hatte, sie sei nicht ausreichend begründet. Die FCC verteidigte die 45-Prozent-Grenze damit, dass sie anders als die 35-Prozent-Grenze einen angemessenen Ausgleich zwischen dem Prinzip der Ortsbezogenheit und dem Wunsch nach qualitativ hochwertigem werbefinanzierten, d.h. für die Zuschauer kostenlosem, Fernsehen schaffte: Die alte Regelung „did not strike the right balance of promoting localism and promoting free over-the-air-television" (Federal Communications Commission, 2003, June 2, zitiert in: Sadler 2005: 114).

Die neue Obergrenze würde nach Ansicht der FCC zu keiner ausgeprägten Konsolidierung im Fernsehmarkt führen. Zur Begründung führte die FCC an, dass im März 2003 in den USA 1340 kommerzielle Fernsehsender betrieben wurden. Die größte Fernsehsendergruppe Viacom besaß davon jedoch nur 39 Sender (2,9%). Fox kontrollierte 37 Sender (2,8%), NBC besaß 29 Sender (2,2%) und ABC kontrollierte 10 Sender (0,8%) (Vgl.: Sadler 2005: 114). Diese Begründungen sind in dreifacher Hinsicht unzureichend. Die Ausführungen der FCC stehen – obwohl faktisch vermutlich korrekt – in einem bestenfalls konstruierten Zusammenhang mit der Regellockerung. In der gerechtfertigten Vorschrift wird die technische Reichweite von Fernsehsendern eines Unternehmens geregelt und nicht die Zahl der

Fernsehsender, die ein Unternehmen besitzen kann. Der Unterschied ist offensichtlich: Obwohl Viacom nur 2,9 Prozent aller Fernsehsender der USA besitzt, erreicht es mit diesen Sendern jedoch mehr als 35 Prozent aller US-Fernsehhaushalte. Auch die Prognose, dass die Regeländerung nicht zu einer Konsolidierung führen werde, scheint auf den ersten Blick verfehlt. Wie oben beschrieben, handelt es sich bei den Multiple Ownership Rules um Vorschriften, die vor allem die ökonomische und publizistische Macht der Networks begrenzen und vertikale Konzentration unterbinden sollen. Wie oben ausgeführt ist der Betrieb von Fernsehsendern in großen Märkten ein weitaus lukrativeres Geschäft als die eigentliche Network-Tätigkeit. Die Networks beziehungsweise deren Konzernmütter haben die geltende 35-Prozent-Grenze bereits erreicht und würden daher selbstverständlich eine Ausweitung der Obergrenze dazu nutzen, in wichtigen Märkten Fernsehsender zu akquirieren. Zudem liefert die FCC keine Begründung dafür, warum die neue Reichweitenobergrenze bei 45 Prozent liegen sollte.

Neue Vorschriften zur lokalen Konzentration

Die von der FCC im Jahr 1964 erlassene Duopoly-Vorschrift verbot bis 1999 Unternehmen, im gleichen Markt mehrere Fernsehsender zu besitzen. Im Jahr 1999 lockerte die FCC jedoch die Vorschrift und erlaubte fortan Unternehmen den Besitz von zwei Fernsehsendern in einem Markt. Voraussetzung dafür war die Erfüllung bestimmter Mindestanforderungen hinsichtlich der Größe des Fernsehmarktes und der Anzahl der übrigen Fernsehsender in dem Markt, so dass die Erlaubnis nur für wenige sehr große Märkte relevant war. Mit dem Reformpaket vom Juni 2003 lockerte die FCC die Vorschrift so weit, dass künftig nur noch in den kleinsten Fernsehmärkten der Besitz von zwei Fernsehsendern verboten sein würde. In Märkten mit fünf oder mehr Fernsehsendern sollte ein Unternehmen zwei Sehsender besitzen dürfen, wenn beide nicht zu den vier meistgesehenen Sendern des Marktes gehörten. In Märkten mit 18 oder mehr Fernsehsendern hätten Unternehmen künftig drei Fernsehsender besitzen dürfen, solange höchstens einer der Sender zu den vier meistgesehenen Sendern des Marktes gehörte (Vgl.: Sadler 2005: 114f.).[171]

Die neue Cross-Media-Vorschrift

Mit einer einzigen neuen Vorschrift wollte die FCC die Cross-Ownership-Vorschriften für Radio-Fernsehen-Kombinationen und für Rundfunk-Zeitung-Kombinationen ersetzen (Vgl.: Sadler 2005: 115):

1. In Märkten mit bis zu drei Fernsehsendern sollte künftig kein gleichzeitiger Besitz von Fernsehen, Radio und Zeitung erlaubt sein.[172]

2. In Märkten mit vier bis acht Fernsehsendern würde jedem Unternehmen eine der folgenden Kombinationen erlaubt sein:

    a. Eine Tageszeitung, ein Fernsehsender und bis zu 50 Prozent der Radiosender, die ein Unternehmen nach den neu gefassten Duopoly-Vorschriften für das Radio von 1996 maximal besitzen darf.[173]

    b. Eine Tageszeitung und die nach den Duopoly-Vorschriften maximal erlaubte Anzahl von Radiosendern.

    c. Zwei Fernsehsender gemäß der im vorangegangenen Abschnitt beschriebenen Vorschrift und die maximal erlaubte Anzahl von Radiosendern.

3. In Märkten mit neun oder mehr Fernsehsendern würden Fernseh-Radio-Kombinationen und Rundfunk-Zeitung-Kombinationen zukünftig uneingeschränkt möglich sein.

Die dreigeteilte Cross-Media-Vorschrift ist Teil eines so genanten Vielfalts-Index (Original: *diversity index*), mit dem die FCC künftig die Vielfalt von Standpunkten (Original: *diversity of viewpoints*) in lokalen Medienmärkten sichern will. Dabei bezeichnet der Begriff Vielfaltsindex weniger eine konkrete Messgröße als vielmehr eine Neujustierung der Ziele der Konzentrationskontrolle für die lokalen Medienmärkte. Das Augenmerk solle sich dabei aus Sicht der FCC auf die Anzahl der unabhängigen Informationskanäle (Original: *independent media outlets*) für Nachrichten und Informationen in einem Markt richten. An diesem Konzept sei auch die Dreiteilung der Cross-Media-Vorschrift ausgerichtet. So sei die Zahl der Informationskanäle in den kleinsten Märkten mit drei oder weniger Fernsehsendern bereits stark limitiert. Cross-mediale Verflechtungen in diesen Märkten seien nach Ansicht der FCC nicht wünschenswert „[they] would harm viewpoint diversity" (Sadler 2005: 116). Hingegen verfügten Medienmärkte mit mehr als neun Fernsehsendern über eine ausreichende Anzahl von Informationskanälen, so dass die alten Cross-Ownership-Vorschriften nicht mehr notwendig seien. Die neuen Vorschriften, so FCC-Chairman Michael Powell, reflektierten die sich verändernde Medienlandschaft (Vgl.: Sadler 2005: 115f.).

Die weitgehenden Entwürfe der FCC zur Neuregelung der Konzentrationskontrolle wurden im Repräsentantenhaus, im Senat und in der Öffentlichkeit stark kritisiert. Auch die beiden demokratischen FCC-Kommissare kritisierten die Neuregelung in ungewohnt scharfer Weise als zu weitgehend und warfen der republikanischen Mehrheit innerhalb der FCC vor, dem Leitmodell des gesellschaftlichen Dialogs, auf dem die amerikanische Gesellschaft und ihre demokratischen Institutionen beruhten, den Rücken zu kehren (Vgl.: Baker und Kübler 2004: 84). Im Juni 2004 verwies ein Bundesberufungsgericht die Vorschriften zurück an die FCC zur Überarbeitung: Die numerischen Obergrenzen der Vorschriften seien nicht ausreichend begründet (Vgl.: Sadler 2005: 117).

5.5 Zu den Maßzahlen der Konzentration

Seit Beginn der Konzentrationskontrolle für den US-Rundfunk in den späten 1930er Jahren hat die FCC eine ganze Reihe unterschiedlicher Konzentrationsmaße genutzt, um den Konzentrationsgrad in einem Fernsehmarkt zu bestimmen und um Konzentrationstendenzen in der Rundfunkindustrie zu beschränken. In den ersten Jahrzehnten war die Konzentrationskontrolle von einer starken Rigidität und Uniformität geprägt. Für alle Märkte, unabhängig von ihrer Größe, galten die gleichen Vorschriften und Begrenzungen. Seit Mitte der 1990er Jahre wurden die Regeln der Konzentrationskontrolle zunehmend adaptiver, zielbezogener und selektiv permissiver: Die FCC macht zunehmend die Anzahl der Rundfunksender, die ein Unternehmen besitzen darf, von dem Ausmaß der bestehenden quantitativen Fernsehvielfalt oder sogar der bestehenden Medienvielfalt in dem Markt abhängig. Für Märkte mit einer großen Zahl von Fernsehsendern und anderen Medianangeboten sind die Regeln dementsprechend großzügiger als in kleineren Märkten. Seit 1992 hat die FCC zu diesem Zweck mehrere Maßzahlen entwickelt:

Die Zahl der Sender gleichen Typs - Radio oder Fernsehen - in einem Markt: Diese Messgröße wurde angewandt in den Duopoly-Vorschriften für das Radio von 1992 und 1996 sowie in den Duopoly-Regeln für das Fernsehen von 1999.

- Die Zahl der Fernsehsender in einem Markt: Das Maß galt in dem Entwurf einer Cross-Media-Vorschrift für Radio-Fernsehen-Zeitungen von 2003.

- Die Zahl der übrigen wirtschaftlich unabhängigen Informationskanäle (Original: *independently owned media voices*) in einem Markt: Diese Größe wurde in den Cross-Ownership-Vorschriften für Fernsehen und Radio von 1999 genutzt.

- Marktanteile: Der Radiomarktanteil eines Unternehmens wurde nur zwischen 1992 und 1996 in den Radio-Duopoly-Regeln genutzt.

- Die Zugehörigkeit der beteiligten Fernsehsender zu den vier meistgesehenen Sendern des jeweiligen Fernsehmarktes. Die Regel folgt der Beobachtung, dass meist nur die vier größten Fernsehsender eines Marktes eigene Nachrichtensendungen produzieren.

Darüber hinaus kündigte die FCC seit Mitte der 1990er Jahre wiederholt an, in den sehr großen Märkten, die über äußerst vielschichtige Medienmärkte verfügen, einige der konzentrationsrechtlichen Regeln auf entsprechenden Antrag sehr großzügig auszulegen.

Auf der anderen Seite ist die FCC dazu übergegangen, in den kleinsten Märkten, die nur über wenige Fernsehsender und andere Medienangebote verfügen, Ausnahmeregelungen zu den bestehenden Regeln zuzulassen. Diese Ausnahmeregeln greifen vor allem dann, wenn dadurch die Einstellung eines Senders verhindert oder ein bereits eingestellter Sender wieder reaktiviert wird.

Der Wandel seit Mitte der 1980er Jahre hin zu einem adaptiveren Regulierungsmodus wird verständlich vor dem Hintergrund, dass sich die FCC zunehmend für ihre Regeln auch vor den Gerichten rechtfertigen muss: Seit Ende der 1990er Jahre urteilen die Gerichte zunehmend kritisch über die Konzentrationsmaße der FCC. Sie bemängeln vor allem, dass die numerischen und prozentualen Obergrenzen der einzelnen Regeln häufig nicht gut begründet seien und dadurch willkürlich gesetzt scheinen. Dabei erscheinen die konzentrationsrechtlichen Regelungen der FCC als eine sehr differenzierte Form von Regulierung. Das gilt besonders bei der Betrachtung der Vielzahl der Konzentrationsmaße. Ein Grund für das ausdifferenzierte Instrumentarium ist sicherlich die Verortung der Konzentrationskontrolle der FCC auf drei Ebenen: auf der Ebene des lokalen Marktes, auf der Ebene des nationalen Marktes und auf der Ebene des Programmvertriebs, d.h. auf der Ebene der Networks. Darüber hinaus müssen die konzentrationsrechtlichen Regelungen auf der Ebene der lokalen Märkte stark unterschiedliche Marktsituationen regeln. So verfügt der kleinste Fernsehmarkt der USA in Glendive, Montana nur über rund 3900 Haushalte und der größte Fernsehmarkt New York über mehr als 7,3 Millionen Haushalte.

In der Vergangenheit hat die FCC die Etablierung neuer Übertragungstechnologien vorangetrieben, von deren breiten Adaption sie sich eine Zunahme der Vielfalt in den Fernsehmärkten versprach. Vielfach hat die FCC auch gezielt Ausnahmen zu bestehenden konzentrationsrechtliche Regelungen erlassen, um die Etablierung neuer Technologien voranzutreiben, etwa im Fall der UHF-Fernsehsender oder des UKW-Radios. Die konzentrationsrechtlichen Regeln zu diesen Zwecken zu modifizieren scheint dabei durchaus sachgerecht, schließlich sind die Herstellung und der Erhalt von Vielfalt Ziele der konzentrationsrechtlichen Regelungen. Ein Beispiel für eine solche Nutzung ist die Diskontierung von UHF-Sendern, deren Marktanteil bei der Berechnung der Multiple-Ownership-Regeln auf nationaler Ebene nur hälftig angerechnet wird.[174] Grundsätzlich ist in einigen Bereichen der Fernsehregulierung die Tendenz erkennbar, Sachverhalte nur dann zu regulieren, wenn die Marktkräfte Ergebnisse herbeiführen, die sozial unbefriedigend sind. Ein Beispiel dafür ist die Kabelfernsehindustrie, die 1992 mit dem Cable Act verstärkt reguliert wurde. Nachdem sich das DBS-Satellitenfernsehen zwischen 1992 und 1996 – auch mit Hilfe der FCC – zu einem starken Wettbewerber des zuvor monopolistischen Kabelfernsehens entwickelt hatte, deregulierte der Kongress 1996 die Kabelbranche wieder.

5.6 Das allgemeine Wettbewerbsrecht und der Rundfunk

In den USA unterliegt das Eigentum am privaten Rundfunk dem allgemeinen Wettbewerbsrecht und der speziellen Konzentrationskontrolle für den Rundfunk. Die Zielsetzungen der speziellen Konzentrationskontrolle für den Rundfunk unterscheiden sich dabei erheblich von den allgemeinen Wettbewerbsregeln, dem Antitrust-Recht. Während mit letzterem das Ziel eines funktionierenden Wettbewerbs verfolgt wird, wurde die spezielle Konzentrationskontrolle für den Rundfunk entwickelt, um der Ballung von Meinungsmacht vorzubeugen sowie

Vielfalt zu schaffen und zu erhalten. Rundfunkunternehmen sind demnach hinsichtlich Konzentration und Zusammenschlüssen zweifach reguliert.

Für die Wettbewerbsregulierung sind das Justizministerium (Original: Department of Justice) und die Federal Trade Commission (FTC) zuständig, wobei das Justizministerium Verstöße gegen das Wettbewerbsrecht verfolgt, während die FTC präventiv arbeitet und versucht, wettbewerbsfeindliches Verhalten zu unterbinden (Vgl.: Muris and Clarkson 1981: 13ff. und Weaver 1980: 123ff.). Aber auch die FCC berücksichtigt die im Sherman Act von 1890 festgehaltenen Kartellrechtsprinzipien, wenn sie darüber entscheidet, ob das Handeln von Rundfunkunternehmen dem Gemeinwohl dient. Dieses Vorgehen ist gedeckt durch ein Urteil des Supreme Court von 1945, in dem das Gericht entschied, dass die Anwendung von Antitrust-Regeln auf Medienbetriebe nicht das First Amendment verletze. Eine grundsätzliche Frage in diesem Kontext war, ob die FCC-Entscheidung in einem Fall weitere Handlungen anderer Behörden von vornherein ausschlösse. Diese Frage entschied der Supreme Court 1959 zugunsten der Antitrust-Behörden175. Demnach beziehe die FCC zwar Antitrust-Erwägungen in ihre Entscheidungen mit ein, aber nur um entscheiden zu können, ob dem PICON-Prinzip Rechnung getragen werde. Die FCC untersuche jedoch nicht in vollem Umfang, welche Auswirkungen unternehmerisches Handeln auf das Funktionieren des Wettbewerbs habe (Vgl.: Carter, Franklin und Wright 1996: 591f.). Daher präjudiziert die FCC durch ihre Regeln keine Entscheidungen der FTC oder des Justizministeriums (Vgl.: Kahn 1984: 145). In der Vergangenheit kam es so zu Doppelungen bei der Regulierung des gleichen Sachverhalts; etwa bezüglich des Vertriebs von Fernsehprogrammen, als Anfang der 1970er Jahre das Justizministerium die Networks zusätzlich zu den von der FCC erlassenen FinSyn-Regeln dazu verpflichtete, sich nicht im Programmhandel zu engagieren. Nachdem die FCC bereits die FinSyn Rules erlassen hatte, untersuchte auch das Justizministerium Anfang der 70er Jahre die dominante Stellung der Networks auf dem Programmmarkt. Weil dasMinisterium befürchtete, dass die Networks ihr Verbreitungsmonopol in ein Produktionsmonopol umwandeln würden, mussten sich alle Networks zusätzlich zu den FinSyn Rules dazu verpflichten, sich nicht im Programmhandel zu engagieren (Vgl.: Carter, Franklin und Wright 1996: 592f.).

Die FCC und die Gerichte in den USA sind allerdings zunehmend unwillig, neben dem allgemeinen Wettbewerbsrecht die speziellen konzentrationsrechtlichen Regelungen für den Rundfunk zu akzeptieren. Jahrzehntelang wurden die speziellen Eigentümerregeln für den Rundfunk und vor allem für das Fernsehen mit der speziellen Natur des Mediums und seiner gesellschaftlichen Bedeutung begründet. Doch in den vergangenen Jahren haben Gerichte und Regulierer sich dieser Argumentation zunehmend verschlossen. Der letzte FCC-Vorsitzende Michael Powell hatte während seiner Amtszeit mehrfach die Notwendigkeit für Medienkonzentrationsregeln, die über die allgemeinen Wettbewerbsregeln hinausgehen, in Frage gestellt (Vgl.: Labaton 2002). Dafür sind eine industriepolitische Zielsetzung, wie die angestrebte Bildung großer integrierter Medienkonzerne verantwortlich (Vgl · Labaton 2001), aber auch die zunehmende Betrachtung des Fernsehens als Wirtschaftsgut, die sich in den vergangenen Jahren bei vielen Juristen, Politikern und Fernsehmachern durchgesetzt zu haben scheint. Ein Beispiel verdeutlicht das: Im Jahr 1993 entschied die FCC, dass terrestrisch ausgestrahlte Teleshopping-Sender176 dem Interesse der Allgemeinheit dienen und daher unter die Must-Carry-Regeln fallen, die Kabelnetzbetreibern im terrestrischen Verbreitungsgebiet vorschreibt, die Sender unentgeltlich zu verbreiten (Vgl.: Hoffmann-Riem 1996: 45). Für Beobachter wie Head u. a. (1998: 249) ist der „nonstop commercialism" der Teleshopping-Sender ein radikaler Bruch mit der Rundfunktradition und die zitierte Entscheidung der FCC stellt einen ähnlichen qualitativen Sprung in der rechtlichen Konzeption von Rundfunk dar. Nach diesem neuen Rundfunkbegriff der FCC ist die Existenz von Rundfunk nicht länger legitimiert durch seine journalistischen Leistungen, sondern vielmehr durch sein Potential, wirtschaftliche Zielsetzungen zu erfüllen. Der Rundfunk ist damit von seiner Public Trustee-Rolle entbunden und ihm ist die Pflicht genommen, als demokratisches Forum für die Bildung der öffentlichen Meinung zu dienen (Vgl.: Hoffmann-Riem 1996: 46). Unterstützt wird diese Wahrnehmung durch die zunehmende Boulevardisierung und Trivialisierung der Informationssendungen der Networks, deren Nachrichtensendungen und Magazine traditionell die journalistischen Aushängeschilder des amerikanischen Fernsehens waren (Vgl.: Kreye 2002: 177). Dieser Wahrnehmungswandel hinsichtlich der gesellschaftlichen Bedeutung des Fernsehens war nicht nur mitverantwortlich für den starken Abbau der speziellen Eigentümerbeschränkungen im Rundfunkbereich seit dem Anfang der 1990er Jahre. Er bildet auch eine Basis für die sich durchsetzende Ansicht, dass das allgemeine Wettbewerbsrecht zur Regulierung der Rundfunkbranche unter Wettbewerbsgesichtspunkten genügt und daher die speziellen Konzentrationsregelungen für den Rundfunk ersetzen kann. Tatsächlich findet bereits jetzt der Ersatz der speziellen Konzentrationskontrolle für das Fernsehen durch das allgemeine Wettbewerbsrecht statt. Mit der Marginalisierung der speziellen Konzentrationskontrolle für das Fernsehen seit Anfang der 1990er Jahre gewann das allgemeine Wettbewerbsrecht automatisch an Bedeutung für die Regulierung des Rundfunks. So wird die Fernsehbranche bereits in vielen Wettbewerbsaspekten nur durch allgemeines Antitrust-Recht geregelt.178

5.7 Die Konzentrationskontrolle für das Kabelfernsehen

Wie bereits angemerkt, ist die Regulierung des Kabelfernsehens in den USA von der Rundfunkregulierung weitgehend getrennt. Trotzdem soll dieser Abschnitt einen Eindruck von der speziellen konzentrationsrechtlichen Problematik in diesem wichtigen Bereich der Fernsehwirtschaft vermitteln, denn obwohl regulatorisch getrennt, beeinflussen Entwicklungen im Bereich des Kabelfernsehens die Entwicklung des Rundfunks und umgekehrt.

Die Regulierung des Kabelfernsehens und die damit verfolgten Ziele unterscheiden sich teilweise fundamental von den Zielen und Prozeduren im Rundfunkbereich. Die Betreiber von Kabelfernsehnetzen werden nicht lizenziert, sondern erhalten eine Konzession (engl.: *franchise*) zum Betrieb eines Kabelfernsehnetzes. Die Konzessionen werden von kommunalen Behörden oder Behörden der Bundesstaaten vergeben, weil die Kabelnetze entlang Straßen und anderer öffentlicher Wege verlegt sind, die im Gegensatz zu den bundesstaatlich verwalteten Frequenzen kommunaler Verwaltung unterstellt sind (Vgl.: Hoffmann-Riem 1996: 46f.). Während das Kabelfernsehen ursprünglich hauptsächlich auf der Ebene der Bundesstaaten oder der Kommunen geregelt wurde, findet heute auch eine sehr ausgeprägte Regulierung auf Bundesebene statt – durchaus auch eine Folge der gewachsenen Bedeutung des Mediums (Vgl.: Head u. a. 1998: 330). Die bundesstaatlichen Gesetze zum Kabelfernsehen enthalten beispielsweise Vorschriften zu Abonnentengebühren, Eigentümerstrukturen, Programminhalten,

Kundendienst und technischen Standards. Die entsprechenden Gesetze, die 1984, 1992 und 1996 erlassen wurden, ergänzen den Communications Act von 1934. Die bundesstaatliche Regulierung des Kabelfernsehens folgte in den zurückliegenden vier Jahrzehnten wechselnden Konzepten und oszillierte dabei zwischen gar keiner Regulierung und sehr detaillierter Regulierung (Vgl.: Hoffmann-Riem 1996: 46f.).

Im Cable Act von 1984 erhielt die FCC zwar die Erlaubnis, konzentrationsrechtliche Vorschriften für Kabelfernsehnetze zu erlassen, doch verzichtete sie in den folgenden Jahren darauf. Mit dem Cable Act von 1992 wurde die FCC dazu verpflichtet, solche konzentrationsrechtlichen Vorschriften zu erlassen. Hintergrund war die ausgeprägte horizontale und vertikale Integration in der Kabelfernsehbranche, die zunehmend wettbewerbsbeschränkend wirkte (Vgl.: Head u. a. 1998: 377). Empirisch waren die negativen Effekte auf den Wettbewerb durchaus feststellbar, das galt besonders für die Folgen der vertikalen Konzentration. So ergab eine ökonometrische Auswertung empirischer Daten aus dem Jahr 1989 durch Waterman und Weiss (1997: 101f.), dass große Kabelfernsehnetzbetreiber dazu tendierten, die mit ihnen wirtschaftlich verbundenen Kabelfernsehsender bei der Verbreitung gegenüber anderen Diensten zu bevorzugen. Diese Unternehmen verbreiteten eigene Kabelfernsehsender signifikant öfter als statistisch zu erwarten gewesen wäre. Zudem vermarkteten sie Pay-TV-Sender, an denen sie Anteile besaßen, mit größerem Aufwand als andere Pay-TV-Angebote.[179] Mitte der 90er Jahre waren 52 von 78 Kabelfernsehdiensten wirtschaftlich mit einem oder mehreren Kabelfernsehnetzbetreiber verbunden (Waterman und Weiss 1997: 22f.). Eine Vorschrift, mit deren Hilfe die wettbewerbsverzerrenden Auswirkungen dieser vertikalen Konzentration abgeschwächt werden sollten, schreibt vor, dass in einem Kabelsystem mit mehr als 75 Kanälen nur 40 Prozent der Kanäle mit Sendern oder Diensten belegt sein dürfen, an denen der Kabelsystembetreiber finanziell beteiligt ist. Eine weitere Vorschrift verpflichtet Kabelfernsehsender, vor allem diejenigen, die von Kabelfernsehnetzbetreibern kontrolliert wurden,[180] ihre Programme den Betreibern von direkteinstrahlenden Fernsehsatelliten zu den gleichen Konditionen wie den Kabelnetzbetreibern zur Verfügung stellen (Vgl.: Carter, Franklin und Wright 1996: 630f.), um es den Satellitenanbietern zu ermöglichen, sich als Alternative zum Kabelfernsehen zu etablieren (Vgl.: Head u. a. 1998: 348).

Reichweitenbeschränkungen

Der Kongress forderte die FCC im Cable Act von 1992 weiterhin auf, Obergrenzen für die Anzahl von Abonnenten zu schaffen, die ein Kabelnetzbetreiber landesweit erreichen darf, um auf diese Weise die horizontale Konzentration in der Kabelfernsehindustrie zu beschränken. Nach der Vorschrift, die von der Kommission daraufhin erlassen wurde, darf ein Kabelnetzbetreiber mit seinen Netzen maximal 30 Prozent aller an ein Kabelfernsehsystem anschließbaren Haushalte der USA technisch erreichen (Vgl.: Carter, Franklin und Wright 1996: 566). Diese Regelung zur Begrenzung der nationalen Konzentration auf horizontaler Ebene ähnelt den nationalen Multiple-Ownership-Regeln für den Besitz an Fernsehsendern. Nicht die tatsächliche Zahl von Kunden wird als Maßzahl herangezogen, sondern die Zahl der technisch erreichbaren Haushalte, das heißt derjenigen Haushalte, vor deren Haustür die Kabel der jeweiligen Firma liegen. Diese Maßzahl korrespondiert mit der ökonomischen Struktur des Kabelfernsehens: Der Aufbau und die Aufrüstung von Kabelsystemen erfordern erhebliche Investitionen, weswegen die meisten Wohngebiete der USA nur von einem einzigen Kabelsystem bedient werden, entweder weil die entsprechende Kommune exklusive Konzessionen vergibt, oder weil Wettbewerber zwei parallel verlaufende Netze nicht profitabel verlegen und vermarkten können (Vgl. Primosch 1998: 114). Deshalb hat die Kabelindustrie lange vor 1992 die Charakteristiken eines natürlichen Monopols angenommen, unter dem US-Haushalte nur Kunden eines einzigen Mehrkanaldienstes werden können. Damals war das DBS-Satellitenfernsehen noch keine konkurrenzfähige Technologie, heute können die meisten US-Fernsehhaushalte zwischen einem Kabelanbieter und zwei Satellitenanbietern wählen, deren Angebote sich nur marginal unterscheiden.

Auf diese veränderte Situation verwies die FCC im Oktober 1999, als sie die Konzentrationsvorschriften für die Kabelfernsehindustrie grundlegend neu ordnete. Bis dato durften die großen Kabelfernsehunternehmen mit ihren Netzen maximal 30 Prozent aller Kabelfernsehabonnenten auf sich vereinen. Die neue Vorschrift schrieb vor, dass kein Unternehmen landesweit mehr als 30 Prozent Marktanteil bei allen Abonnenten von Mehrkanaldiensten (Original: *Mulitchannel video program distributors*) erreichen durfte. Zu diesen Diensten gehörten das Kabelfernsehen, DBS-Dienste und ähnliche Dienste mit geringerer wirtschaftlicher Relevanz auf nationaler Ebene. Nach Angaben der FCC nutzten 2001 etwa 22 Millionen Haushalte DBS-Systeme und fast 73 Millionen Haushalte Kabelfernsehen (Vgl.: Sadler 2005: 117). Die Unternehmen AT&T und Time Warner prozessierten gegen diese neue Regelung und ein bundesstaatliches Berufungsgericht urteilte, dass die Obergrenze bei 30 Prozent nicht ausreichend begründet sei. Eine Obergrenze von 60 Prozent, so das Gericht, scheine sinnvoller und verwies die Vorschrift zurück an die FCC (Vgl.: Sadler 2005: 117).

5.7.1 Network Exklusivity Rules und Syndication Exclusivity Rules

Die *Network und Syndication Exclusivity Rules* (früher: Non-Duplication Rules) sollen einen Ausgleich zwischen den Interessen von lokalen Fernsehsendern und Kabelnetzbetreibern schaffen, indem sie lokalen Fernsehsendern, die ein Network oder ein Syndication-Programm ausstrahlen, Exklusivität garantieren. Die Vorschrift regelt den Fall, dass ein lokaler Fernsehsender und ein Fernsehsender von außerhalb des Ortes, der in das lokale Fernsehnetz eingespeist wird, das gleiche (Network-)Programm ausstrahlen. Der lokale Fernsehsender kann in diesem Fall vom Kabelfernsehnetzbetreiber verlangen, das die örtlichen Kabelfernsehkunden nur das Programm des lokalen Senders sehen. Die Netzbetreiber können dann das Programm des örtlichen Senders für die Dauer der Sendung auch auf dem Kabelkanal des außerörtlichen Senders ausstrahlen oder diesen Kanal während der Sendung ausblenden. Damit wird die Exklusivbindung von Network und lokalem Sender in jedem Markt geschützt (Vgl.: Carter, Franklin und Wright 1996: 619ff.).

Die DBS-Dienste sind weniger streng reguliert als das terrestrische Fernsehen und das Kabelfernsehen. Im Kontext der Konzentrationskontrolle ist nur ein Vorschriftenbündel relevant. Dabei handelt es sich um die im vorangegangenen Abschnitt dargestellten Exklusivitätsvorschriften für das Kabelfernsehen, die in leicht abgeänderter Form auch für DBS-Systeme gelten (Vgl.: Sadler 2005: 94).

5.8 Zwischenfazit

Die amerikanische Verfassung schützt die Meinungs- und Pressefreiheit von Individuen insbesondere vor Eingriffen des Staates und ist damit ein klassisches Abwehrrecht. Trotz des Schutzes durch das First Amendment wird die Rundfunkindustrie der Vereinigten Staaten stärker reguliert als andere Industrien und befindet sich in einem weitaus engeren Regelkorsett als die Presse. Die besonders ausgeprägte Regulierung des Rundfunks wird seit den 1920er Jahren mit der inhärenten Knappheit der Ressource Frequenzspektrum gerechtfertigt.

Hinter der Verstaatlichung des Spektrums in den 1920er Jahren und der damit verbundenen Schaffung einer speziellen Regulierung für das Radio stand auch der politische Wunsch, das neu aufkommende Medium Radio mit seinem hohen Beeinflussungspotential kontrollieren zu können. Mit dem Aufkommen von Mehrkanaldiensten erodierten die Frequenzknappheit und mit ihr die ursprüngliche Begründung für die ausgeprägte Regulierung des Fernsehens. So wurden bereits Ende der 1960er Jahre neue Begründungen für die spezielle Fernsehregulierung eingeführt. Diese zunächst supplementären und später substitutiven Begründungen beruhen vor allem auf einem wahrgenommenen Beeinflussungspotential des Fernsehens, das dem anderer Medien weit überlegen scheint.

Die branchenübergreifende Aufsichtsbehörde FCC reguliert neben dem Rundfunk jede andere Form von technischer Kommunikation, mit der Grenzen von Bundesstaaten überschritten werden, beispielsweise Telefondienste oder Mobilfunk. Die Tätigkeit der FCC im Rundfunkbereich wird von vier Prinzipien geleitet: Das umfassendste der Prinzipien ist der Standard von *Public Interest, Convenience and Necessity*, das in dieser Arbeit mit Gemeinwohl-Prinzip übersetzt wird und an dem die Tätigkeit von Lizenznehmern wie die der FCC gleichermaßen gemessen wird. Der sehr unspezifische Standard lässt der FCC großen Ermessensspielraum in ihrem Handeln. Nach dem zweiten wichtigen Prinzip der Ortsbezogenheit, das mitverantwortlich ist für die lokale Organisation des US-Fernsehmarktes, ist die entscheidende Bezugsgröße für die Aufsicht durch die FCC der lokale Markt und nicht der einzelne Medienbetrieb. Die dritte Leitidee der US-Rundfunkregulierung ist das Ideal des funktionierenden Wettbewerbs. Die FCC leitet daraus die Aufgaben ab, im Rundfunksektor Wettbewerb zu erhalten, zu fördern und eine wettbewerbsschwächende Konzentration zu verhindern.

Wichtig im Kontext dieser Arbeit ist die vierte Leitidee vom Ideal größtmöglicher Vielfalt. Nach diesem im englischen Liberalismus fußenden Konzept, das Anfang des 20. Jahrhunderts in das US-Rechtssystem eingeführt wurde, sind freie und von Vielfalt geprägte Medien ein notwendiges Element des demokratischen Prozesses. Sie bilden ein Forum, in dem eine Vielzahl von Stimmen und Meinungen vertreten werden, durch welche politische Meinung geformt und die Allgemeinheit informiert wird. In diesem Kontext verfolgt die FCC mit der Konzentrationskontrolle für den Rundfunk das Ziel, die Vielfalt an Inhalten dadurch zu steigern, dass sie die Besitzverhältnisse an Fernsehsendern auf eine möglichst breite Basis stellt.

Diese Konzentrationskontrolle findet auf zwei Ebenen statt: Auf der Ebene der lokalen Fernsehmärkte und auf der nationalen Ebene, auf der vor allem die ökonomische und publizistische Macht der Networks begrenzt werden soll.

Seit den 1990er Jahren steht zunehmend der nationale Markt im Fokus der Konzentrationskontrolle. Da die Regulierung des Rundfunks mit Nutzung des Frequenzspektrums verknüpft ist, die Networks als Programmlieferanten jedoch das Spektrum nicht nutzen, waren gerade die Unternehmen, mit dem größten Einfluss auf die Programminhalte des US-Fernsehmarktes, der direkten Regulierung der FCC entzogen. Da die FCC keine Regulierungskompetenz über die Networks hat, reguliert sie diese indirekt, indem sie es Fernsehsendern untersagt, Verträge mit Networks zu schließen, die bestimmte Verhaltensweisen praktizieren.

Betrachtet man die Entwicklung der Konzentrationskontrolle in den vergangenen 70 Jahren, kann man feststellen, dass Phasen zunehmender und abnehmender Regulierungsdichte grundsätzlich synchron zur generellen Wirtschaftsphilosophie der jeweiligen Zeit verliefen. In den 1980er Jahren wurden die bis dahin aufgebauten konzentrationsrechtlichen Regeln zum ersten Mal in nennenswertem Umfang aufgehoben und zwischen 1995 und Anfang 2002 wurden die konzentrationsrechtlichen Vorschriften für den US-Fernsehmarkt auf nationaler Ebene annähernd vollständig und auf lokaler Ebene in großem Umfang abgebaut. Mit hoher Wahrscheinlichkeit werden in den kommenden Jahren die konzentrationsrechtlichen Regelungen für das Fernsehen weitgehend liberalisiert und die verbleibenden Regeln neu formuliert.

Beim Erlassen neuer Regeln läßt die FCC im Allgemeinen den Status quo unangetastet, und erlaubt so wirtschaftliche Konstellationen, die den neu erlassenen Regeln widersprechen. Anders ausgedrückt: Die tatsächliche Konzentration ist höher, als es bei einer Betrachtung der Regeln den Anschein hat.

In den ersten Jahrzehnten des US-Fernsehens war die Konzentrationskontrolle von einer starken Rigidität und Uniformität geprägt. Für alle Märkte, unabhängig von ihrer Größe, galten die gleichen Vorschriften und Begrenzungen. Seit Mitte der

1990er Jahre wurden die Regeln der Konzentrationskontrolle zunehmend adaptiver, zielbezogener und selektiv permissiver: Für Märkte mit einer großen Zahl von Fernsehsendern und anderen Medianangeboten sind die Regeln dementsprechend großzügiger als in kleineren Märkten.

Auf der anderen Seite ist die FCC dazu übergegangen, in den kleinsten Märkten, die nur über wenige Fernsehsender und andere Medienangebote verfügen, Ausnahmeregelungen zu den bestehenden Regeln zuzulassen. Diese Ausnahmeregeln greifen vor allem dann, wenn dadurch die Einstellung eines Senders verhindert oder ein bereits eingestellter Sender wieder reaktiviert wird.

Der Wandel seit Mitte der 1980er Jahre hin zu einem adaptiveren Regulierungsmodus wird verständlich vor dem Hintergrund, dass sich die FCC zunehmend für ihre Regeln auch vor den Gerichten rechtfertigen muss: Seit Ende der 1990er Jahre urteilen die Gerichte zunehmend kritisch über die Konzentrationsmaße der FCC. Sie bemängeln vor allem, dass die numerischen und prozentualen Obergrenzen der einzelnen Regeln häufig nicht gut begründet seien und dadurch willkürlich gesetzt scheinen. Dabei erscheinen die konzentrationsrechtlichen Regelungen der FCC als eine sehr differenzierte Form von Regulierung. Das gilt besonders bei der Betrachtung der Vielzahl der Konzentrationsmaße. Ein Grund für das ausdifferenzierte Instrumentarium ist sicherlich die Verortung der Konzentrationskontrolle der FCC auf drei Ebenen: auf der Ebene des lokalen Marktes, auf der Ebene des nationalen Marktes und auf der Ebene des Programmvertriebs, d.h. auf der Ebene der Networks. Darüber hinaus müssen die konzentrationsrechtlichen Regelungen auf der Ebene der lokalen Märkte stark unterschiedliche Marktsituationen regeln. So verfügt der kleinste Fernsehmarkt der USA in Glendive, Montana nur über rund 3900 Haushalte und der größte Fernsehmarkt New York über mehr als 7,3 Millionen Haushalte.

Zudem verschiebt sich der Fokus der Konzentrationskontrolle zunehmend vom lokalen Markt hin zur nationalen Ebene. Dazu beigetragen hat mir hoher Wahrscheinlichkeit die ausgepägte Konsolidierung der Radiobranche, in deren Verlauf sich nationale Radiounternehmen, die mehr als 1000 Radiosender betreiben, gebildet hatten, nachdem 1996 alle Konzentrationsbeschränkungen für den Radiomarkt in den USA weggefallen waren

III Deutschland

6 Die Entwicklung des Fernsehens in Deutschland

In diesem Kapitel werden analog zur Beschreibung des US-Fernsehens die Entwicklung des Fernsehsystems in Deutschland seit dem Ersten Weltkrieg skizziert und das Duale Fernsehsystem in seinen Grundzügen beschrieben. Im darauf folgenden Kapitel werden Entwicklung und Struktur der Konzentrationskontrolle für das Fernsehen in Deutschland dargestellt. Die Darstellung des deutschen Fernsehsystems fällt knapper aus als die des US-amerikanischen: Das US-Fernsehsystem ist für deutsche Leser fremdartig und weist in vielen Aspekten nur begrenzt Ähnlichkeiten mit dem deutschen Fernsehsystem auf – deshalb die ausführlichere Darstellung. Hinsichtlich des deutschen Fernsehsystems kann hingegen bei deutschen Lesern dieser Untersuchung ein Grundverständnis vorausgesetzt werden – daher im Folgenden die knappere Form. Für die nachfolgende Diskussion der Konzentrationskontrolle und der weiteren Argumentation ist jedoch das Verständnis der grundlegenden Mechanismen und Strukturen der beiden Systeme Voraussetzung.

Seit Mitte der 1980er Jahre hat sich in Deutschland das so genannte Duale Rundfunksystem etabliert. Dieser Begriff hat sich als Beschreibung des herrschenden Mischsystems durchgesetzt, in dem öffentlich-rechtlicher Rundfunk und privat-kommerzieller Rundfunk nebeneinander agieren. Das System ist dadurch charakterisiert, dass die beiden Teilbereiche des Rundfunks rechtlich aufeinander bezogen sind – teilweise substitutiv, teilweise komplementär. Auch die tatsächliche Ausformung des Marktes rechtfertigt die Betonung des dem Fernsehsystem innewohnenden Dualismus. Beide Teile stehen sich ungefähr gleichgewichtig gegenüber, beispielsweise in Bezug auf die Zuschauermarktanteile, den gesellschaftlichen Einfluss und die Finanzstärke. Diese spezifische Situation des Fernsehens ist auch ein Produkt der deutschen Geschichte des 20. Jahrhunderts. Bedingt durch die historische Entwicklung hat der Rundfunk in Deutschland mehrere Strukturbrüche und Systemwechsel erfahren – ganz im Gegensatz zum Rundfunksystem der USA. Diese Diskontinuitäten und ihre Folgen werden im Folgenden dargestellt.

6.1 Die Anfänge: Der private Rundfunk wird verstaatlicht

Die Umstände für die Schaffung eines Rundfunksystems waren Anfang der 1920er Jahre äußerst schwierig: Nach dem Ersten Weltkrieg lag die deutsche Wirtschaft am Boden, sowohl Territorium als auch Bevölkerung waren stark reduziert und das Land kämpfte mit einer Hyperinflation und politischen Umbrüchen. Trotzdem experimentierten Firmen, Individuen und der Staat mit der drahtlosen Übertragungstechnik: Experimentelle Überragungen von Konzerten und Opern fanden seit dem Dezember 1920 statt.

Rundfunk für eine breite Öffentlichkeit begann am 29. Oktober 1923 mit der Übertragung eines Konzerts aus Berlin.[181] Zu den ersten Rundfunkveranstaltern gehörten auch Schallplattenfirmen und Geräteproduzenten, die von dem neuen Medium nicht nur durch den Verkauf von Werbezeiten profitieren wollten, sondern auch durch den stärkeren Verkauf von Schallplatten und Radioempfängern (Vgl.: Stuiber 1998, Teil1: 141). Nachdem die Regierung die hohen jährlichen Steuern auf Radioempfänger im März 1924 erheblich reduziert hatte, wuchs die Zahl der Empfänger rasant: von weniger als 10 000 registrierten Geräten im April 1924 auf beinahe 550 000 Empfänger am Ende des gleichen Jahres (Vgl.: Browne 1999: 220f.). Entsprechend rasch expandierte der Rundfunk auch auf der Anbieterseite: In Deutschland entstanden verschiedene regionale und lokale Rundfunkgesellschaften, die weitgehend privatwirtschaftlich finanziert und betrieben wurden[182] (Vgl.: Stuiber 1998: 144ff.). Die Infrastruktur für den Rundfunk entstand jedoch in öffentlicher Trägerschaft: Die Deutsche Reichspost baute ein Sendernetz auf, das aus dem allgemeinen Steueraufkommen und der Rundfunkgebühr, einer jährlichen Steuer auf Rundfunkempfänger, finanziert wurde.[183] Die Bereitstellung der technischen Infrastruktur für den Rundfunk wurde in Deutschland als originär öffentliche Aufgabe betrachtet; privat finanzierte Bemühungen, die in den USA die Regel waren, blieben in Deutschland aus (Vgl.: Wentzel 2002: 137).

Mit zunehmender Popularität des Rundfunks – bis 1925 stieg die Zahl der Rundfunkempfänger auf 1,2 Millionen und bis 1930 auf 3,7 Millionen (Vgl.: Bardt 2003: 7) – erkannte die Politik das Beeinflussungspotential des neuen Mediums und strebte eine staatliche Kontrolle nicht nur über die technische Infrastruktur, sondern auch über die Inhalte an. Mit den Rundfunkreformen von 1926 zwang der Staat die privatwirtschaftlichen Anbieter, jeweils 51 Prozent ihrer Stimmrechtsanteile an die neu gegründete *Reichs-Rundfunk-Gesellschaft* abzutreten, die mehrheitlich von der Deutschen Reichspost kontrolliert wurde. Dadurch erhielt der Staat auf einen Schlag die Stimmrechtsmehrheit und damit die Kontrolle über alle deutschen Rundfunkveranstalter (Vgl.: Wentzel 2002: 138). Das Gesellschaftskonzept war vom Innenminister vorgeschlagen worden, der ein so potentes Kommunikationsmedium ungern in privaten Händen sah. Die privaten Radiobetreiber akzeptierten das Modell einer von der Reichspost kontrollierten Reichs-Rundfunk-Gesellschaft, schließlich erhielten sie von der Reichspost einen Anteil an der Rundfunkgebühr, der den Großteil ihrer Gesamtumsätze ausmachte (Vgl.: Browne 1999: 221). In einer zweiten Rundfunkreform wurden 1932 die Eigentümer der Rundfunkveranstalter gezwungen, ihre verbliebenen Anteile komplett an die Reichs-Rundfunkgesellschaft abzutreten. Der Rundfunk in Deutschland war damit neun Jahre, nachdem er in privater Initiative begonnen hatte, komplett unter staatlicher Kontrolle (Vgl.: Stuiber 1998, Teil1: 156f.).

Parallel zur Gesellschafterkontrolle baute der Staat auch seine inhaltliche Kontrolle über den Rundfunk aus. Mit der Programmreform von 1926 wurde in jeder der Rundfunkgesellschaften eine zweigeteilte Programmaufsicht eingerichtet – *Kulturbeiräte*, die alle Radioprogramme daraufhin kontrollieren sollten, ob sie den gesellschaftlichen kulturellen Interessen dienten, und als zweites Organ ein in der Regel dreiköpfiger *Überwachungsausschuss*, der die politische Neutralität der Veranstalter gewährleisten sollte (Vgl.: Stuiber 1998, Teil1: 155 und Browne 1999: 221f.). Mit der Radioreform von 1932 wurde der Rundfunk völlig verstaatlicht: Alle privaten Anteilseigner mussten ihre Anteile den Ländern übergeben. Gleichzeitig wurde die inhaltliche Kontrolle stärker zentralisiert – fortan war der neu eingesetzte

Radiokommissar im Innenministerium für die Überwachung der Informationssendungen zuständig (Vgl.: Stuiber 1998, Teil 1: 158f.).[184]

Die Bemühungen des Staates, den Rundfunk zu vereinnahmen, stieß auch in der deutschen Gesellschaft auf wenig Widerstand – es gab keine Gruppe, die sich den Herrschaftsansprüchen des Staates in diesem Sektor widersetzen konnte oder wollte; auch die geschwächten Länder protestierten nur schwach gegen die Zentralisierung des Rundfunks (Vgl.: Wentzel 2002: 137). Die Politik ihrerseits trieb die Vereinnahmung des Rundfunks nicht nur voran, weil sie das Potential des Mediums zur Einflussnahme auf die Bevölkerung erkannte. Sie schien es darüber hinaus als Aufgabe des Staates anzusehen, geeignete Rundfunkinhalte zu fördern und ungeeignete aus dem Medium fernzuhalten. Privaten, gewinnorientierten Unternehmen wurde für das neue Medium keine Gestaltungskompetenz zugetraut. Es schien die Vorstellung vorzuherrschen,

> „[…] dass die Veranstaltung von Rundfunk am besten in den Händen des Staates aufgehoben sei. Dabei wurden noch nicht einmal konkrete Marktversagensvermutungen vorgetragen, wie sie heute zur Rechtfertigung des öffentlich-rechtlichen Rundfunks angeführt werden; auf schlechte Erfahrungen mit privatem Rundfunk konnte man ohnehin nicht verweisen. Vielmehr war es einfach allgemeine Überzeugung, daß dieses neue und unbekannte Betätigungsfeld sowohl technisch als auch inhaltlich nur vom Staat als „Träger des Gemeinwohls" bearbeitet werden könne. In dieser Auffassung zeigt sich die gleiche marktskeptische Grundhaltung, wie sie von den Vertretern aller Parteien während der Weimarer Republik vorgetragen wurde." (Wentzel 2002: 138)

6.2 Der Rundfunk in der Zeit des Nationalsozialismus

Nach der Machtergreifung durch die Nationalsozialisten im Sommer 1933 wurde der Rundfunk, der zuvor strikt auf Neutralität bedacht war, vollständig in die Dienste der politischen Propaganda gestellt. Die vorangegangene Zentralisierung und Verstaatlichung der Kontrolle über den Rundfunk machten es dem NS-Regime einfacher, den Rundfunk zu vereinnahmen:

Die rundfunkpolitischen Kompetenzen der Länder wurden 1933 aufgehoben und alle Rundfunksender wurden organisatorisch gleichgeschaltet und zentralisiert. Gleichzeitig wurden die Sender personell auf Parteilinie gebracht: Direktoren und Intendanten der bestehenden Rundfunksender und -gesellschaften wurden entlassen, ebenso jüdische, sozialdemokratische und kommunistische Mitarbeiter in

Redaktion, Technik und Verwaltung bis hin auf die untersten Ebenen (Vgl.: Diller 1980: 108ff. und 121ff.; Stuiber 1998, Teil 1: 164f.). Viele dieser Kündigungen gingen auf Denunziationen zurück (Vgl.: Diller 1980: 122). Die Inhalte wurden zensiert und das Reichsministerium für Volksaufklärung und Propaganda unter Joseph Goebbels erließ Richtlinien zur Programmgestaltung, die alle Programmgenres betrafen (Vgl.: Wentzel 2002: 139). Regionale Programme wurden zugunsten eines Einheitsprogramms aus Berlin marginalisiert und verschwanden ab 1940 ganz. Als undeutsch empfundene Stile wie Swing und Jazz wurden aus dem Musikprogramm verbannt (Vgl.: Wentzel 2002: 139) und der Wortanteil in den Programmen wurde erhöht, vor allem durch Sendungen, die sich mit dem Nationalsozialismus befassten. Mit zunehmender Verfestigung der nationalsozialistischen Herrschaft und besonders mit dem Beginn des Zweiten Weltkriegs degenerierte der Hörfunk so stark zum Propagandamedium, dass schließlich starke Hörerproteste eine teilweise Entpolitisierung des Programms erzwangen (Vgl.: Stuiber 1998, Teil 1: 172 und Browne 1999: 223ff.).

Neben der inhaltlichen Einflussnahme trieb das NS-Regime den Ausbau der technischen Infrastruktur voran, um einen möglichst großen Teil der Bevölkerung mit ihrer Propaganda zu erreichen: Es ließ neue Rundfunkstudios und -sender bauen und den so genannten *Volksempfänger* entwickeln. Der Empfänger für die Haushalte, die sich zuvor kein Radiogerät leisten konnten, war günstig, hoch subventioniert und so konstruiert, dass er nur ein oder zwei Frequenzen empfangen konnte, auf denen deutsche Sender ausstrahlten. Der Empfang ausländischer Sender war deshalb für die Volksempfänger-Hausalte unmöglich und wurde zudem mit Beginn des Zweiten Weltkriegs unter Strafe gestellt (Vgl.: Stuiber 1998, Teil 1: 170f.). Die Nationalsozialisten begannen 1935 auf experimenteller Basis den ersten regelmäßigen Fernsehdienst der Welt,[185] der vor allem für den Empfang in öffentlichen so genannten *Fernsehstuben* produziert wurde (Vgl.: Diller 1980: 184ff.). Allerdings maß das Regime dem Fernsehen zunächst keine große propagandistische Bedeutung zu. Wentzel (2002: 140) mutmaßt, dass die Machthaber zwar die große manipulative Macht des bewegten Bildes erkannten, das Medium Fernsehen aber wegen seiner noch schlechten Bild- und Tonqualität zu diesem Zweck für ungeeignet hielten. Sie zogen für Propagandazwecke die Wochenschauen vor, die in Kinos vor dem Hauptfilm gezeigt wurden. So verbreitete sich im Dritten Reich der Rundfunkempfang stark, weil der Rundfunk vom NS-Regime als hocheffizientes Propagandainstrument wahrgenommen wurde. Gleichzeitig wandelte sich der Rundfunk zu einem reinen Staatsrundfunk, der in den Dienst einer einzigen Partei gestellt wurde und aus dem Pluralismus, Vielfalt und regionale Differenzierungen verschwanden.

6.3 Die Entstehung des öffentlich-rechtlichen Rundfunks

Nach der bedingungslosen Kapitulation des Deutschen Reiches am 8. Mai 1945 wurden die verbliebenen Radiosender der Reichs-Rundfunk-Gesellschaft von den Alliierten beschlagnahmt und soweit möglich als Sender der Militärregierungen für die jeweiligen Sektoren weiterbetrieben (Vgl.: Wentzel 2002: 140).

Sehr bald wurden jedoch erhebliche Differenzen in den Konzeptionen der Alliierten für die wirtschaftliche und politische Gestaltung Nachkriegsdeutschlands im Allgemeinen und für die Organisation des Rundfunks im Besonderen offensichtlich, die bereits nach kurzer Zeit unüberbrückbar erschienen. Während die westlichen Besatzungsmächte auch infrastrukturell enger kooperierten, entfernten sie sich zusehends von der Sowjetzone (Vgl.: Browne 2002: 226f.). Doch auch unter den westlichen Alliierten gab es divergierende Vorstellungen hinsichtlich der Ausgestaltung der zukünftigen deutschen Rundfunkordnung – teilweise analog zu unterschiedlichen Vorstellungen in der jeweiligen Gesellschafts- und Wirtschaftspolitik. So vertraten die USA einen marktorientierten Standpunkt und plädierten zunächst für ein privatwirtschaftlich organisiertes System nach heimischem Muster. Den etatistischen und zentralistischen Gegenpol dazu bildeten die Franzosen, die einer Wettbewerbsordnung im Rundfunk ablehnend gegenüber standen. Die damalige britische Labor-Regierung, die sehr durch die Ideen des Keynesianismus geprägt war, nahm eine Mittelposition ein und plädierte für einen öffentlichen Rundfunk nach Vorbild der auch international hoch angesehenen BBC (Vgl.: Wentzel 2002: 140f.). Die Amerikaner näherten sich in der Frage der rechtlichen Konstruktion relativ bald der Position der anderen Alliierten an. Darstellungen, wonach dafür die schwache institutionelle und finanzielle Basis für privaten Rundfunk in Deutschland ausschlaggebend gewesen sei, widerspricht Wentzel (2002: 141), „[d]enn in den Printmedien vollzog sich parallel hierzu eine privatwirtschaftliche Entwicklung." Ausschlaggebend sei der Wunsch der

Amerikaner gewesen, den Rundfunk mit seinem manipulativen Potential für die Entnazifizierung, Umerziehung und Demokratisierung zu nutzen. Um den Rundfunk zu kontrollieren und Einfluss auf die Inhalte zu nehmen demnach den Alliierten eine öffentlich-rechtliche Organisation geeigneter erschienen. Diese zweite These scheint im beschriebenen Kontext die plausiblere Erklärung, zumal während des Anfang der 1950er Jahre einsetzenden Wirtschaftswunders deutlich wurde, dass deutsche Firmen und Investoren auch nach dem Krieg noch über erhebliches Investitionskapital verfügten.

In allen Zonen wurde der Rundfunk vom Postdienst getrennt, in den westlichen Besatzungszonen vor allem aus der Furcht, dass der Staat über den Postdienst wieder Einfluss auf den Rundfunk nehmen könnte. Außerdem wurde in den Westsektoren die Aufsicht über den Rundfunk den zukünftigen Bundesländern zugesprochen (Vgl.: Browne 1999: 227). Das Konzept eines staatlich geförderten, öffentlich finanzierten, aber gleichzeitig staatsfreien Rundfunks war Politikern, Fernsehschaffenden und dem Publikum zunächst fremd und deshalb zunächst nicht akzeptiert (Vgl.: Bausch 1975: 19). Besonders die Freiheit des Rundfunks von Staatseinfluss widersprach der geltenden Konzeption von Rundfunk:

> „American style ideas on freedom of broadcasting without government interference could hardly be found in any [German bureaucrats]. As a matter of fact, they were hard to comprehend for any lawyer who had been raised in the tradition of German public law." (Hofmann 1992: 526, zitiert in Browne 1999: 227)

Hinsichtlich der geographischen Struktur verfolgten die Alliierten zunächst unterschiedliche Strategien – ebenfalls in Analogie zu ihren heimischen Rundfunksystemen. So gab es in der britischen und der französischen Zone jeweils einen großen zentralen Sender (Hamburg und Baden-Baden), während in der amerikanischen Zone jede große Stadt (München, Stuttgart, Frankfurt, Bremen) einen eigenen Sender bekam. Als sich 1949 die Bundesrepublik formierte, entstand so eine kombinierte Rundfunkstruktur, die sich nicht nur durch geographische Inkohärenzen, sondern auch durch ökonomisch wenig tragfähige Strukturen auszeichnete (Vgl.: Browne 1999: 228).[186] Der Rundfunk in der sowjetischen Besatzungszone und späteren DDR entwickelte sich getrennt vom Rundfunk in den westlichen Besatzungszonen; diese Entwicklung wird weiter unten in einem eigenen Abschnitt beschrieben.

Bereits im Jahr nach der Staatsgründung schlossen sich die selbständigen regionalen Sender in der *Arbeitsgemeinschaft der öffentlich-rechtlichen Rundfunkanstalten in der Bundesrepublik Deutschland* (ARD) organisatorisch zusammen: Ziel war es, das Gesamtsystem durch den Austausch von Programmen zu stärken, einen Finanzausgleich innerhalb der ARD zu schaffen, und kleinere Anstalten wie Radio Bremen zu unterstützen[187] (Vgl.: Browne 1999: 280f.).

Am 25. Dezember 1952 begann in Deutschland zunächst regional begrenzt auf das Gebiet des damaligen NWDR die Ausstrahlung von regelmäßigen Fernsehprogrammen für ein breites Publikum, 1954 wurde erstmals ein landesweites Gemeinschaftsprogramm der ARD gesendet (Vgl.: Stuiber 1998, Teil 1: 215f.). Das ARD-Programm wird bis heute mit Programmen gefüllt, die von den Landesanstalten geliefert und um zentral produzierte Inhalte wie die *Tagesschau* ergänzt werden. Das neue Medium verbreitete sich rasant. Ereichte das Fernsehen 1954 nur 300.000 Menschen, so stieg die Zahl erreichbarer Zuschauer bis 1959 auf sechs Millionen und bis 1964 sogar auf über zehn Millionen. Anfang der Siebziger Jahre besaß fast jeder westdeutsche Haushalt einen Fernsehapparat; das Fernsehen war zu einem Massenmedium geworden. Mit zunehmender Zahl von Zuschauern wuchs die wirtschaftliche und politische Bedeutung der öffentlich-rechtlichen Fernsehsender. Zwischen 1950 und 1961 besaß die ARD ein Rundfunkmonopol und übte in diesem Zeitraum großen Einfluss auf die öffentliche Meinung und die politische Willensbildung aus (Vgl.: Wentzel 2002: 142ff.).

Das Adenauer-Fernsehen – Der Griff der Politik nach dem Fernsehen

Die CDU-geführte Bundesregierung unter Konrad Adenauer versuchte seit 1951 mehrfach, das Monopol der ARD im Fernsehbereich durch die Zulassung eines zweiten bundesweiten Fernsehsenders zu öffnen. Dahinter stand die Überzeugung, dass einige der bestehenden öffentlich-rechtlichen Anstalten sozialdemokratisch kontrolliert seien. Aus diesem Grund strebten Teile der CDU und Adenauer die Schaffung eines werbefinanzierten Programms als Gegengewicht zur Meinungsmacht der ARD-Sender an. Ein entsprechender Gesetzesentwurf der Bundesregierung von 1959, der die Gründung einer Deutschland-Fernsehen GmbH vorsah, scheiterte allerdings im Bundesrat (Vgl.: Montag 1978: 94f.).[188] Daraufhin arbeiteten Adenauer und andere Mitglieder der CDU mit deutschen Geschäftsleuten einen Plan aus, einen zweiten nationalen Fernsehsender ohne Bundesgesetzgebung zu etablieren. Eine entsprechende Firma, die *Deutschland Fernsehen GmbH,* wurde 1960 gegründet und der Sendebetrieb sollte 1961 beginnen. Die Bundesländer, in deren Kompetenz der Rundfunk fiel, klagten daraufhin vor dem Bundesverfassungsgericht, das 1961 im so genannten *Ersten Fernsehurteil* das Vorgehen der Bundesregierung für verfassungswidrig erklärte: Der Bund habe nicht das Recht, Rundfunk zu betreiben, da diese Kompetenz vom Grundgesetz den Ländern zugeschrieben sei (Vgl.: Montag 1978: 95 und Browne 2002: 230).

Das ZDF wird gegründet

Der politische Streit um die Schaffung eines zweiten Fernsehsenders und vor allem die daran anknüpfende öffentliche Diskussion hatten eines deutlich gemacht: In der Öffentlichkeit bestand großes Interesse an einem zweiten Fernsehprogramm. Als Reaktion darauf wurde das *Zweite Deutsche Fernsehen* (ZDF) geschaffen – als ungewöhnlicher Kompromiss: Zwar unterzeichneten alle Länder den Gründungsvertrag, so dass das ZDF zwar technisch eine Veranstaltung der Länder wurde, tatsächlich jedoch stark zentralisiert war, mit Verwaltung und Hauptstudios in Mainz und Wiesbaden und kleineren Produktionsanlagen in Städten des ganzen Landes. Anders als das ARD-Programm ist das ZDF-Programm auch kein Ergebnis der Kollaboration einzelner Landessender (Vgl.: Browne 1999: 230 und 233f.). Im Fernsehbereich bildeten damit ARD und ZDF ein gebühren- und werbefinanzierte Duopole auf dem Zuschauer- und Werbemarkt – eine Struktur, die bis Mitte der 1980er Jahre Bestand haben sollte.

Ab 1964 begannen die Länderanstalten sukzessive mit der zusätzlichen Ausstrahlung von Fernsehprogrammen mit begrenzter regionaler Verbreitung, die vor allem regionale Informationen und Bildungsfernsehen sendeten - die so genannten Dritten Programme (Vgl.: Stuiber 1998, Teil 1: 228f.).[189] Die Länderanstalten strahlten außerdem weiterhin in ihrem jeweiligen Sendegebiet Radioprogramme aus, wobei sich deren Zahl von Anstalt zu Anstalt unterschied.

6.4 Das Duale System formiert sich

Erst zu Beginn der 1970er Jahre wurde in Westdeutschland wieder über die Einführung privatwirtschaftlich organisierten Rundfunks debattiert. Diese

Diskussionen gewannen bis Mitte der 1980er Jahre an Intensität, führten schließlich Mitte der 1980er Jahre zur Zulassung der ersten privaten Fernseh- und Radiosender in Deutschland und gipfelten 1987 in der rechtlichen Festschreibung einer dualen Rundfunkordnung aus öffentlich-rechtlichen und privaten Sendern.

Eine Reihe von Faktoren führte schließlich zur Zulassung von privatem Rundfunk in Deutschland. Die technologische Entwicklung schuf die Möglichkeiten für neue Programme: Seit Ende der 60er Jahre hatten Breitbandkabel und Satellitenfernsehen in den USA und in Japan als Ergänzung zur terrestrischen Verbreitung von Fernsehprogrammen die Frequenzknappheit wenn nicht aufgehoben, so doch relativiert und eine Vermehrung der Programmangebote gefördert (Vgl.: Kühn 2003: 13). Die Widerstände gegen privatwirtschaftlich betriebene Programme und gegen das Kabelfernsehen waren jedoch groß. Die SPD war strikt gegen einen Ausbau des Kabelfernsehens, während die CDU grundsätzlich industriefreundlicher war. Die neue CDU-Regierung unter Helmut Kohl begann nach den Wahlen von 1983 mit dem Ausbau der Kabelnetze in Deutschland (Vgl.: Browne 1999: 237). Die vorläufige Beschränkung des Kabelfernsehens auf Testnetze, die so genannten *Kabelpilotprojekte*, die 1984 zunächst in Ludwigshafen und später auch in Berlin, Dortmund und München mit geringen Zuschauerzahlen, Begleitforschung und eigens produzierten Programmen eingerichtet wurden, war eine Konzession an die entschiedenen Gegner des Privatfernsehens und der Verkabelung (Vgl.: Hiegemann 1992: 55f.). Eine politische Mehrheit für die sofortige Einführung privaten Rundfunks wäre damals nach Einschätzung von Wentzel (2002: 13) nicht vorhanden gewesen. Doch bereits 1985 begann unter Postminister Christian Schwarz-Schilling die Verkabelung der gesamten Bundesrepublik und innerhalb von nur drei Jahren lag bei 40 Prozent aller deutschen Haushalte das Kabel vor der Haustür (Vgl.: Browne 2002: 238).

Gleichzeitig erhöhte sich auch von außen der Druck auf Deutschland, privaten Rundfunk zuzulassen: Kommerzielles Fernsehen sendete bereits im benachbarten Ausland, und ausländische Unternehmen planten, Programme für deutsche Zuschauer nach Deutschland auszustrahlen. In den frühen 1980ern konkretisierten sich Pläne Luxemburgs, die ihm zugeteilten Satellitenkapazitäten zu nutzen, um kommerzielle Sender in deutscher Sprache nach Deutschland auszustrahlen (Vgl.: Browne 1999: 238).[190] Die luxemburgische *Compagnie Luxembourgeoise de*

Télédiffusion[191] begann im Februar 1984, das deutschsprachige Fernsehprogramms *RTL Plus*[192] mit hoher Sendestärke auszustrahlen, das in vielen Teilen Deutschlands terrestrisch empfangbar war. In anderen europäischen Ländern waren ähnliche privatwirtschaftlich betriebene Sender mit großen Reichweiten geplant. Wentzel (2002: 144) spricht in diesem Zusammenhang von einem „Wettbewerb der Rundfunksysteme": Unternehmen konnten sich die permissiveren Rundfunkordnungen europäischer Nachbarn nutzbar machen, um die rein öffentlich-rechtlich verfasste Rundfunkordnung Deutschlands in eine de facto gemischte zu überführen – die Politik geriet dadurch unter Zugzwang.

Auch von innen wurde Druck ausgeübt. Die potentiellen Betreiber von privatem Fernsehen, vor allem Verlage und Werbetreibende, für die zu wenig Werbezeit auf den öffentlich-rechtlichen Sendern zur Verfügung stand, drängten auf die Möglichkeiten für neue Kanäle. Westdeutsche Verlage entwickelten schließlich 1985 für das Kabelpilotprojekt Ludwigshafen-Mannheim das Fernsehprogramm *SAT.1*, dass über Satelliten zu den Kabelkopfstationen gesendet wurde, so aber auch von Privathaushalten mit großen Satellitenantennen empfangen werden konnte. Damit schufen die Betreiber von SAT.1 bereits vor der bundesweiten Zulassung von Privatfernsehen vollendete Tatsachen (Vgl.: Browne 2002: 238).

Die Forderungen der Verleger stießen bei CDU-Politikern, die ihre Positionen im öffentlich-rechtlichen Rundfunk nur unzureichend vertreten sahen, auf offene Ohren.[193] Das als politisch neutral intendierte öffentlich-rechtliche Rundfunksystem war seit den 1950er Jahren sukzessive einem hochpolitisierten System gewichen, das geprägt war von politischem Proporz: Nicht nur die internen Aufsichtsorgane wurden zunehmend durch die Parteizugehörigkeit oder politischen Verbindungen ihrer jeweiligen Mitglieder geprägt (Vgl.: Stuiber 1998b: 842ff.). Die Räte übertrugen das Konzept des Proporz – der proportionalen Repräsentation der Parteien in den Gremien – auch auf die Personalpolitik der Sender[194], so dass Parteizugehörigkeit oder das Verhältnis zu einer Partei zunehmend Kriterien für die Auswahl von Mitarbeitern im administrativen Bereich wurden. Der Einfluss der Politik führte zu einem teilweise hochgradig politisierten und entlang parteipolitischer Linien gespaltenen Gesamtprogramm (Vgl.: Browne 2002: 232, 236). Diese Politisierung des öffentlichen Rundfunks war allerdings kein rein deutsches Phänomen, sondern war auch in den meisten anderen europäischen

Rundfunksystemen zu beobachten – bis heute oft sehr viel stärker ausgeprägt als im deutschen System (Vgl.: Noam 1991: 4 und Economist 2005a).[195]

Die zunehmende Unzufriedenheit mit dem öffentlich-rechtlichen Rundfunkmonopol fiel zusammen mit einer ordnungspolitischen Neuorientierung in einzelnen Bundesländern, in deren Gesetzgebungskompetenz der Rundfunk fiel. Es schien politisch nicht mehr vermittelbar, dass andere europäische Länder und die USA privatwirtschaftlichen Rundfunk zuließen, die Bundesrepublik aber auf einem rein öffentlich-rechtlichen System beharrte. Die Debatte zwischen Befürwortern und Gegnern eines gemischten Rundfunksystems verlief weitgehend entlang bestehender parteipolitischer und gesellschaftlicher Demarkationslinien. [196]

Und schließlich hatte auch das Bundesverfassungsgericht in seinem so genannten FRAG-Urteil[197] von 1981, in dem es privatwirtschaftlich betriebenen Rundfunk für nicht grundsätzlich verfassungswidrig erklärte, rechtliche Grundlagen für die Einrichtung von privatem Rundfunk geschaffen (Vgl.: Kühn 2003: 14).[198]

Einzelne CDU-regierte Bundesländer beschlossen schließlich, die Zulassung privaten Rundfunks nicht von den Ergebnissen der immer noch laufenden Kabelpilotprojekte abhängig zu machen, und verabschiedeten seit 1984 Landesmediengesetze für privaten Rundfunk. Die anderen Bundesländer folgten sukzessive, so dass bis 1989 alle Bundesländer Landesmediengesetze verabschiedet hatten, die den privaten Rundfunk zuließen (Vgl.: Kühn 2003: 14f.). Der *Staatsvertrag zur Neuordnung des Rundfunkwesen*, in dem die Länder Aspekte der Rundfunkordnung und -zulassung koordinierten, und das so genannte *Niedersachsenurteil* des Bundesverfassungsgerichts vom November 1986, in dem das Gericht das grundlegende Verhältnis von öffentlich-rechtlichem und privatem Rundfunk skizziert hatte, wurden zur Grundlage des *Dualen Systems* aus öffentlich-rechtlichem und privatwirtschaftlichem Rundfunk. Der vom Bundesverfassungsgericht geprägte Begriff Duales System steht dabei nicht einfach für ein gemischtes System, sondern für ein Rundfunksystem, in dem öffentlich-rechtliche und private Anbieter in ihrer Arbeit und Existenz aufeinander bezogen sind. Im so genannten *Rundfunkgebührenurteil* vom 22. Februar 1994 unterstrich das Bundesverfassungsgericht, dass privater Rundfunk nur dann zulässig sei, wenn der Fortbestand des öffentlich-rechtlichen Rundfunks als Träger des

Allgemeinwohls garantiert sei (Vgl.: Wentzel 2002: 147).[199] Auf die Argumentation des Bundesverfassungsgerichts geht das folgende Kapitel ausführlich ein.

6.5 Die Konsolidierung des Dualen Systems

Die Einführung des Privatfernsehens führte zu einer grundlegenden Neustrukturierung der deutschen Fernsehlandschaft. Die beiden großen Anbieter RTL Plus und Sat.1 expandierten mit dem Wachstum des Kabelfernsehens und Anfang der 1990er Jahre begannen Bundesländer die terrestrische Ausstrahlung der Programme zu autorisieren. Mit diesen zusätzlichen Frequenzen erreichten die Programme wesentlich größere Reichweiten als allein über die Kabelfernsehnetze. Diese zusätzliche terrestrische Verbreitung trug entscheidend zur schnellen ökonomischen und gesellschaftlichen Etablierung des Privatfernsehens bei, weil die neuen Privatsender dadurch innerhalb kurzer Zeit von praktisch allen Haushalten in den großen Städten und Ballungsgebieten empfangen werden konnten. Die Art der Frequenzvergabe verlangsamte allerdings auch die Ausdifferenzierung des Privatfernsehens: Zunächst erhielten vor allem Sat1 und RTL Plus die entsprechenden Frequenzen, so dass die übrigen Privatsender ihr Programm lange Zeit nur über Kabelnetze und Satelliten verbreiten konnten und deshalb weitaus geringere technische Reichweiten erzielten als die beiden größten kommerziellen Anbieter (Vgl.: Beck 2005: 178f.). Zusätzliche Frequenzen, die sukzessive freigeschaltet wurden, und die rasche Verbreitung des Kabelfernsehens glichen diesen Wettbewerbsvorteil im Laufe der 1990er Jahre jedoch aus. Dazu trug auch das starke Wachstum des luxemburgischen DBS-Systems Astra bei, das allen Privatsendern half, mehr Zuschauer zu erreichen (Vgl.: Browne 1999: 242). Die privaten Vollprogramme wurden vom Publikum schnell angenommen. Bis Ende 1992 erreichten die privaten und die öffentlich-rechtlichen Anbieter in allen Fernsehhaushalten gleichwertige Reichweiten und in den Kabelhaushalten übertrafen die Reichweiten der privatkommerziellen Programme jene der öffentlich-rechtlichen. Zu diesem Zeitpunkt war in Deutschland tatsächlich ein Duales System etabliert, in dem private und öffentlich-rechtliche Sender einander gleichwertig gegenüberstanden (Vgl.: Browne 241f.). Besonders bei Zuschauern unter 50 Jahren halten Privatsender seit Mitte der 1990er Jahre unumstritten die Markführerschaft. Die Werbeindustrie schien nur auf die Privatsender gewartet zu haben: Innerhalb weniger Jahre konnten die privaten Sender praktisch die gesamten Ausgaben für Fernsehwerbung in Deutschland auf sich vereinen[200] (Vgl.: Wentzel 2002: 146).

In den 1990ern war die deutsche Rundfunklandschaft von einer enormen Wachstumsdynamik geprägt: Die Zahl der empfangbaren Programme verfünffachte sich zwischen 1986 und 1998 von 22 auf 103 Programme, allein die Zahl der bundesweit verbreiteten privatwirtschaftlichen Programme stieg von 3 Programmen auf 23 Programme. Die solchermaßen wachstumsverwöhnte Privatfernsehindustrie erlebte nach der Jahrtausendwende ihre erste große Strukturkrise: Die Umsätze der werbefinanzierten Sender sanken in den Jahren nach der Börsenbaisse von 2001 und die Kirch-Gruppe, die sich zudem mit ihren ambitionierten Digital-Pay-TV-Plänen übernommen hatte, meldete 2002 Insolvenz an (Vgl.: Kiefer 2004: 14).

6.6 Der Rundfunk in der DDR

In der sowjetischen Besatzungszone wurde der Rundfunk nach dem sowjetischen Vorbild organisiert. Hauptaufgabe des Rundfunks war es, den Aufbau eines sozialistischen Staates propagandistisch zu begleiten.

> „Die Massenkommunikationsmittel der Arbeiterklasse verbreiten auf der Grundlage der Prinzipien der Parteilichkeit, Wissenschaftlichkeit und Massenverbundenheit die marxistisch-leninistische Weltanschauung in vielfältigen Formen." (Berger u. a. 1978: 475 zitiert in Stuiber 1998, Teil 1: 244)

Der Rundfunk der DDR war bis zur Wiedervereinigung 1990 als Staatsrundfunk im Dienste der SED organisiert. Bis 1968 war der gesamte Rundfunk dem *Komitee für Rundfunk und Fernsehen beim Ministerrat der DDR* und danach getrennten Komitees für jedes der beiden Medien unterstellt. Die Komitees galten als zentrale Staatsorgane, ihre Leiter berichteten direkt dem Kabinett. Seit 1952 wurde in der DDR Fernsehen ausgestrahlt. Der *Deutsche Fernsehfunk* (DFF) sendete zunächst auf einem Fernsehkanal, später auf zweien, wobei praktisch alle Inhalte zentral in Ostberlin produziert wurden (Vgl.: Mikos 1992: 105ff.). Im Juli 1990 kündigte der im Februar des gleichen Jahres geschaffene Medienkontrollrat an, dass innerhalb der kommenden Monate das Rundfunksystem analog zum westdeutschen organisiert werden würde, bei dem jedes Bundesland eine eigene Anstalt haben werde (Vgl.: Mikos 1992: 114). Der Lauf der Geschichte machte diese Ankündigung bald obsolet. Nach der Wiedervereinigung am 3. Oktober 1990 konnten ARD und ZDF gemeinsam die Regierung dazu bringen, ihnen ab Dezember 1990 die Frequenzen zu überlassen, auf denen der DFF sendete (Vgl.: Mikos: 116).[201] Mitte 1991 wurde der Rundfunk in den neuen Bundesländern umstrukturiert; aus ökonomischen Gründen entschieden sich Sachsen, Sachsen-Anhalt und Thüringen, die gemeinsame Anstalt *Mitteldeutscher Rundfunk* (MDR) mit Sitz in Leipzig zu betreiben, Mecklenburg-Vorpommern trat dem NDR bei und so blieb der Ostdeutsche Rundfunk Brandenburg (ORB) zunächst die einzige Anstalt eines einzelnen Landes in Ostdeutschland (Vgl.: Streul 1999: 809.)

6.7 Die Struktur des deutschen Rundfunkmarktes

Der deutsche Fernsehmarkt, soviel wurde aus den vorangegangenen Ausführungen bereits deutlich, ist grundsätzlich anders strukturiert als der US-amerikanische. Die folgende Beschreibung bezieht sich auf die Grundzüge des Marktes, denn der Markt ist einer hohen Dynamik unterworfen. Besonders die angegebenen Größen und Zahlen können angesichts der Dynamik auf dem Fernsehmarkt nur der Orientierung dienen.Im Folgenden liegt der Fokus auf den bundesweit verbreiteten Programmen: Sie vereinen mehr als 98 Prozent der Marktanteile auf sich, zudem ist die Konzentrationskontrolle für das Fernsehen weitgehend auf die bundesweite Verbreitung ausgerichtet.

Wieviele Programme mit bundesweiter Verbreitung in Deutschland ausgestrahlt werden, läßt sich nur für die öffentlich-rechtlichen Anstalten definitiv formulieren: Sie produzieren insgesamt 13 bundesweit analog verbreitete Programme.[202] Die Zahl der von den privaten Fernsehanbietern produzierten Programme ändert sich gegenwärtig beinahe monatlich, zudem unterscheiden sich die verfügbaren Daten stark. Nach der Zählung des Hans-Bredow-Instituts für Medienforschung (2005: 5) vom September 2005 wurden in Deutschland von privaten Anbietern 73 bundesweite frei empfangbare (kurz: *Free-TV*) und Pay-TV-Kanäle ausgestrahlt, darunter fallen in dieser Zählweise auch Kanäle für Teleshopping.[203] Die *Kommission zur Ermittlung der Konzentration im Medienbereich* (KEK), deren Sendegenehmigung jedes bundesweit verbreitete Programm benötigt, listete im Juli 2006 auf ihren Internetseiten folgende Angaben zu bundesweit verbreiteten Programmen: Sie zählte insgesamt 152 bundesweit verbreitete Fernsehprogramme: 132 in Deutschland zugelassene Free- und Pay-TV-Programme, 9 Programme, die im Ausland lizenziert sind, aber in Deutschland ausgestrahlt werden, und 11 so genannte Mediendienste, wie Shopping- und Wettkanäle. Trotz der erheblichen Differenz von 108 Prozent in der Anzahl der gezählten Programme werden aus den Datensammlungen zwei Sachverhalte deutlich: Der Fernsehmarkt in Deutschland ist ein sehr dynamischer und Fernsehzuschauer können je nach genutzter Empfangstechnik unter einer großen Zahl von Programmen auswählen.

Im Jahr 2004 nutzten 57 Prozent der Haushalte Kabelfernsehen, 37 Prozent Satellitenfernsehen und nur noch sechs Prozent empfingen Fernsehprogramme ausschließlich über Haus- und Zimmerantennen. Durch die hohe Verbreitung von Mehrkanaldiensten empfing der durchschnittliche Fernsehhaushalt im Jahr 2005 rund 46 Programme (Vgl.: ARD 2005: 381).

6.8 Reichweiten

Die Vielzahl der Programme sollte nicht darüber hinwegtäuschen, dass wenige landesweite Programme die Mehrheit der Zuschauer auf sich vereinen. Die fünf reichweitenstärksten Programme erzielten 2005 einen gemeinsamen Zuschauermarktanteil von 57,8 Prozent: Das Erste, das ZDF, RTL, Sat1 und Pro7. Addiert man die Reichweiten der Dritten Programme und die vier nächstgrößeren Privatsender (Kabel 1, RTL 2, Vox, Super RTL) ein, erreichen diese Sender zusammen einen Zuschauermarktanteil von 86,4 Prozent. Die Marktanteile der vier reichweitenstärksten Programme liegen etwa gleichauf. So vereinten in den vergangenen Jahren Das Erste, ZDF, die ehemaligen Dritten und RTL jeweils ca. 13 bis 14 Prozent der Zuschauer auf sich.[204] Im Moment erzielen alle öffentlich-rechtlichen Programme einen jährlichen Zuschauermarktanteil von rund 50 Prozent. Allerdings verschieben sich die Zuschauermarktanteile zwischen öffentlich-rechtlichen und privaten Programmen kontinuierlich zugunsten der Privaten, sicherlich auch, weil die Zahl der privaten Sender rapide steigt (Vgl.: KEK 2006b).

6.9 Konzentration

Ein genauer Blick auf die ökonomischen Verflechtungen der deutschen Fernsehprogramme offenbart, dass trotz der inzwischen großen Zahl von Programmen der Privatfernsehsektor in Deutschland weitgehend als Duopol bezeichnet werden kann. Dieser Zustand ist seit vielen Jahren charakteristisch für den deutschen Fernsehmarkt auf dem sich seit Mitte der 1980er Jahre ein Duopol aus der von der Bertelsmann AG kontrollierten *RTL Group* und der Senderfamilie der *Kirch-Gruppe* gebildet hatte.

Die heutige Situation auf dem Privatfernsehmarkt ist das Resultat einer Entwicklung, die Bourgeois (1999: 437ff.) in drei Stufen einteilt: Aufbaujahre, Privatfernsehboom und Konzentrationsphase. Während der Gründerjahre des Privatfernsehens von 1984 bis 1989 entstanden die wichtigsten privaten Fernsehprogramme: RTL, Sat.1, ProSieben und außerdem VOX, das Deutsche Sportfernsehen (DSF)(damals noch Tele 5 und der Pay-TV-Kanal Premiere.

Darauf folgte eine Phase starken Wachstums, die bis Mitte der 1990er Jahre anhielt und während der sich die heutige duopolistische Struktur entwickelte. Zwei einschneidende Ereignisse waren die Grundlage für diesen Privatfernseh-Boom: Zur Internationalen Funkausstellung 1989 wurde der erste ASTRA-Satellit gestartet, dessen Programme von privaten Haushalten mit kleinen kostengünstigen Satellitenschüsseln empfangen werden konnten. Ein weiteres Ereignis erhöhte die Akzeptanz des Satelliten-Direktempfangs dramatisch: Die Wende in der DDR. Mit den ASTRA-Anlagen konnten DDR-Bürger schnell mehr westdeutsche Programme empfangen, daher stieg der Absatz der Anlagen rapide. Für die Privatsender brachten die Öffnung der DDR und spätere Währungsunion eine unerwartete Markterweiterung, zumal sie in Ostdeutschland weit höhere Einschaltquoten erzielten als in Westdeutschland. In dieser Zeit befand sich die deutsche Medienbranche in einer geradezu euphorischen Aufbruchstimmung: Beteiligungen wurden erworben und verschoben, Medienkonzerne diversifizierten ihre Angebote und auch ausländische Investoren wurden von dem stark gewachsenen deutschen Markt angezogen.[205] In dieser Phase gründeten vor allem *Bertelsmann* und das durch Kooperationen verbundene Duo *Kirch Gruppe* und *Axel Springer*, die bereits an Privatfernsehkanälen beteiligt waren, mit wechselnden Partnern eine ganze Reihe weiterer neue Programme. Die wechselnden Partner waren nötig, weil die damals geltenden Regeln der Konzentrationskontrolle (s.u.) damals nur Fernsehsender mit mindestens drei Anteilseignern vorsah. In dieser Zeit entstanden vor allem Programme zur Zweitverwertung – etwa Kabel 1 und RTL 2. Zudem entstanden in dieser Zeit die ersten Spartenfernsehkanäle wie *n-tv* für Nachrichten und *Viva* für Musikvideos. Gleichzeitig begannen die beiden Sendergruppierungen

RTL/Bertelsmann/CLT und SAT.1/Kirch/Springer auch die Märkte für den Programmhandel zu dominieren. Auch darin sieht Bourgeois (1999: 441) einen Grund dafür, dass sich seitdem kein weiteres von diesen Gruppierungen unabhängiges Vollprogramm in Deutschland entwickeln konnte.

Ab Mitte der 1990er Jahre stieg der wirtschaftliche Druck auf europäische Medienkonzerne, zum einen durch das Zusammenwachsen der europäischen Märkte, die bevorstehende Liberalisierung der europäischen Telekommunikationsmärkte sowie durch die sich abzeichnende Konvergenz von Medien, Telekommunikation und Computer. Die Medienunternehmen suchten angesichts der Umbrüche in ihrem Wettbewerbsumfeld das Heil in der Größe: In diesen Jahren entstanden die Unternehmen, die heute unter den Namen *RTL Group* und *ProSiebenSat.1 Media AG* firmieren. Möglich wurde das durch eine Änderung der fernsehspezifischen Konzentrationskontrolle, durch die der bisherige Zwang zur Konsortienbildung aufgehoben wurde. In der Folge dieser Regeländerungen wurden viele Beteiligungsportfolios neu strukturiert, wodurch auf einmal deutlich wurde, wie hoch bereits vor der Regeländerung, die durch Überkreuzbeteiligungen und Strohmänner verdeckte Konzentration gewesen war. Zur Jahrtausendwende hatte sich die duopolistische Struktur aus der RTL-Gruppe und Kirch-Gruppe auf dem deutschen Privatfernsehmarkt verfestigt (Bourgeois 1999: 441f.).

Im Frühjahr 2002 meldete die Kirch-Gruppe Insolvenz an, doch auf dem Markt für frei empfangbares Fernsehen hatte der anschließende Kollaps der Holding kaum Auswirkungen. Nach der Insolvenz der vertikal tief integrierten Kirch-Gruppe, die neben Fernsehsendern vor allem den Filmrechtehandel und die Filmproduktion umfasste, blieben die Sender aus der Konkursmasse weitgehend in einer wirtschaftlichen Einheit verbunden, der *ProSiebenSat.1 Media AG* (P7S1). Daher konkurrieren auf dem Zuschauer- und Werbemarkt weiterhin zwei dominierende Anbieter, die sich auf beiden Märkten weitgehend gleichgewichtig gegenüberstehen: Die Sender der RTL Group und der ProSiebenSat.1 Media AG teilten im Mai 2006 den auf das Privatfernsehen entfallenden Zuschauermarktanteil zu weitgehend gleichen Anteilen unter sich auf. Die übrigen Anbieter auf dem deutschen Fernsehmarkt vereinen gerade mal zehn Prozent der gesamten Zuschauermarktanteile auf sich. Allerdings nimmt mit der Vervielfachung der Programmangebote, zunehmender Verspartung und steigender Ausdifferenzierung der Formate der Anteil der übrigen Programmveranstalter zu Lasten der beiden großen Gruppen zu. So verdoppelte sich der kumulierter Zuschauermarktanteil der kleineren Anbieter zwischen 1996 und 2006 von fünf Prozent auf zehn Prozent, während der kumulierte Anteil der beiden großen Sendergruppen von 55 Prozent auf 47 Prozent fiel (Vgl.: KEK 2006a). Diese Entwicklung wurde bisher in der Literatur noch nicht thematisiert.

Trotzdem veränderte die Insolvenz der zentralen Holding der Kirch-Gruppe im Frühjahr 2002 die Verflechtungssituation auf dem deutschen Fernsehmarkt nachhaltig. Die Holding kontrollierte zuvor nicht nur die Free-TV-Sender der P7S1 Media AG, sondern auch die einzige Pay-TV-Plattform Premiere und dominierte durch ihre tiefe vertikale Integration den deutschen Handel mit Film- und Fernsehrechten. Bei der Trennung von Free-TV, Pay-TV und anderen Aktivitäten in separate Gesellschaften und deren anschließendem Verkauf reduzieren sich daher nicht nur die horizontalen und vertikalen Verflechtungen zwischen den Unternehmen der ehemaligen Holding: Wegen der erheblichen Größe der beteiligten Unternehmen war auch auf dem gesamten Fernsehmarkt eine erhebliche Abnahme der horizontalen und vertikalen Verflechtungen wahrnehmbar. Die Kommission zur Ermittlung der Konzentration im Medienbereich (KEK) sieht damit verbunden das Heranwachsen eines dritten Veranstalters von relevanter Größe neben den beiden marktdominierenden Gruppen. Die beiden Konzerne Tele München Gruppe und EM.TV waren 2004 so stark gesellschaftsrechtlich miteinander verflochten, dass die KEK jeder der beiden Firmen alle gemeinsam veranstalteten Programme zurechnet: Tele 5, RTL II und DSF. Die Programme der von der KEK so genannten „dritten Kraft im deutschen Fernsehen" erreichen jedoch mit einem Zuschauermarktanteil von 4,9 Prozent weit weniger Zuschauer als die der beiden großen Privatfernsehgruppen (Vgl.: Kiefer 2004: 15).

6.10 Finanzierung

Das deutsche Fernsehsystem finanziert sich aus drei großen Quellen: aus der Rundfunkgebühr, aus Werbung bzw. Sponsoring sowie aus Abonnementgebühren für Pay-TV-Kanäle. Die Bedeutung des Programmhandels wächst, machte aber 1999 nur ein bis zwei Prozent der jährlichen Umsätze aus.

Im Jahr 2004 betrugen die gesamten Teilnehmergebühren rund 6,8 Milliarden Euro (Vgl.: ARD 2005: 336). Die Radio- und die Fernsehgebühren der Haushalte fließen der jeweiligen Rundfunkanstalt des Landes zu; wirtschaftlich schwache Sender mit geringer Gebührenbasis werden von den anderen Anstalten unterstützt, dabei spricht man vom *ARD- Finanzausgleich* in Analogie zum Länderfinanzausgleich. Das ZDF erhält rund 36 Prozent der Fernsehgebühren und die Landesmedienanstalten werden mit zwei Prozent der Grund- und Fernsehgebühren finanziert (Vgl.: Beck 2005: 227ff.). Die Höhe der Gebühren wird in einem hochpolitisierten Modus festgesetzt, in den die Länderparlamente und eine Regulierungsagentur, die *Kommission zur Ermittlung des Finanzbedarfs der Rundfunkanstalten (KEF)* eingebunden sind (Vgl.: Browne 1999: 244 und Beck 2005: 229ff.) Der Status quo des gebührenfinanzierten öffentlich-rechtlichen Fernsehens wird regelmäßig – zumindest verbal – in Frage gestellt, auch weil seitens der EU, die Fernsehen weitgehend aus einem ökonomischen Blickwinkel als Industrie betrachtet, die Gebührenausstattung des Fernsehens als verdeckte Subvention und Verzerrung des Wettbewerbs interpretiert wird

Fernsehwerbung war bereits vor dem Aufkommen des privaten Fernsehens eine bedeutende Einnahmequelle für das deutsche Fernsehen. In den 1980er Jahren bestanden rund zwanzig Prozent der Einnahmen der ARD-Anstalten aus Radio- und Fernsehwerbung, rund 40 Prozent der Einnahmen des ZDF kamen aus Fernsehwerbung. Mit dem Aufkommen des privaten Fernsehens explodierten die Ausgaben für Fernsehwerbung; sie wuchsen von 0,7 Milliarden Euro im Jahr 1985 auf 4,5 Milliarden im Jahr 2001; im gleichen Zeitraum wuchs der Anteil der Fernsehwerbung an den gesamten Werbeausgaben von acht auf 21 Prozent. Von dem Boom profitieren nur die Privatsender, auf die im Jahr 2001 rund 19 Prozent der Gesamtwerbeausgaben entfielen (Vgl.: Kiefer 2004: 14). Angesichts des Angebots der Privatsender an Werbeplätzen, neuen Werbeformen und der Möglichkeit, auch in der Hauptsendezeit nach 20 Uhr Werbung zu schalten, sank die Bedeutung der öffentlich-rechtlichen Sender als Werbeträger: Ihr Anteil an den Netto-Umsätzen des deutschen Werbefernsehens lag 2002 bei nur noch sieben Prozent. Gleichzeitig sank die Bedeutung der Fernsehwerbung für die Finanzierung der öffentlich-rechtlichen Programme (Vgl.: Beck 2005: 243).

Auf der Einnahmeseite zeichnen sich indes Grenzen des werbefinanzierten Wachstums der Privatfernsehindustrie ab. Die Bruttowerbeausgaben sanken 2001 um 5,2 Prozent und 2002 erneut um 4,2 Prozent. Gleichzeitig verschlechterte sich das Brutto-Netto-Verhältnis bei den Werbeumsätzen, das heißt der Unterschied zwischen den offiziell berechneten Werbepreisen und den tatsächlich eingenommenen Werbegeldern nach der Gewährung von Rabatten, Freispots und weiteren Vergünstigungen der Sender für die Werbekunden. Die RTL-Group nahm 2002 nur 56 Prozent der berechneten Bruttowerbepreise ein (1999: 63 Prozent, die ProSiebenSat.1 Media AG 54 Prozent (1999: 59 Prozent) (Vgl.: Kiefer 2004: 15).

Angesichts der Konjunkturanfälligkeit der Werbeeinnahmen und begrenzter Wachstumspotentiale der Fernschwerbung suchen die Fernsehunternehmen nach neuen Erlösquellen, die unabhängig von der Werbekonjunktur sind. Dazu gehören Teleshopping, Merchandising oder die Finanzierung über Zuschaueranrufe. Der Anteil der neuen Erlösquellen war im Jahr 2004 nach Ansicht von Kiefer (2004: 17) noch marginal, wobei sie dem Merchandising das größte Erlöspotential zutraut. Das gilt zumindest für die großen etablierten Fernsehprogramme. Eine zunehmende Zahl von Fernsehsendern finanziert sich jedoch ausschließlich oder weitestgehend aus anderen Erlösquellen als der Fernschwerbung. Die prominentesten Beispiele sind der Sender *Neun Live*, der sich fast ausschließlich über Zuschaueranrufe finanziert sowie die acht Einkaufskanäle (Vgl.: KEK 2005b), die im Programm präsentierte Waren an ihre Zuschauer verkaufen.[206] Die Zahl der Programme mit ähnlichen Geschäftsmodellen steigt, weil vor allem neue preiswert für das Digitalfernsehen produzierte Kanäle wie *Traumpartner TV* (RTL Group), *Zuckerwürfel TV* oder *JobTV24* (Vgl.: Herkel 2006), die Re-Finanzierung ihrer Angebote ausschließlich über Entgelte von Zuschauern anstreben – etwa über gebührenpflichtige Telefonnummern und SMS-Dienste oder Bestellungen von im Programm präsentierten Produkten. Sowenig die kommerziell ausgerichteten Programme der Privatsender Mitte der 1980er Jahre den bis dato sorgsam nach Zielgruppen und Proporz austarierten, alle Zielgruppen berücksichtigenden öffentlich-rechtlichen Programmen[207] ähnelten, so wenig ähnlich sind die neuen digitalen Programmangebote dem werbefinanzierten Privatfernsehen. Weil die Zahl derartiger Angebote erst in jüngster Zeit stark steigt, wurden sie bisher von der kommunikationswisschenschaftlichen Forschung nur ausschnittsweise betrachtet, etwa am Beispiel der seit länger etablierten Einkaufskanäle. Gründe für die Zunahme dieser Geschäftsmodelle sind die Vervielfachung der Übertragungskapazitäten und die Verbilligung von Programmproduktion und Signalübertragung – beides Folgen der Digitalisierung. Mit diesen Geschäftsmodellen können Programme auch bei nicht mehr messbaren Zuschauermarktanteilen finanziert werden, vorausgesetzt die wenigen Zuschauer bestellen oder rufen an. Ob es sich bei diesen Programmen überhaupt um Fernsehen handelt, ist umstritten. Der Gesetzgeber beispielsweise bezeichnet Angebote wie Teleshopping als *Mediendienste* und nicht als Fernsehen und regelt sie in einer eigenen Gesetzesmaterie(Vgl.: Beck 2005: 294ff.).[208]

Im Frühjahr 2006 wurden Pläne der deutschen Privatsender bekannt, künftig vom Zuschauer Entgelte für den Empfang ihrer Programme über Kabel und Satellit und möglicherweise auch über DVB-T zu verlangen. Gegen die Verschlüsselung der DVB-T-Signale protestierten allerdings die Landesmedienanstalten und drohten damit, künftig Veranstalter zu verpflichten, reichweitenstarke Programme wie RTL unverschlüsselt auszustrahlen (Vgl.: Bähr, Fleschner, Hofmeir 2006, Siepmann 2006 und Tieschky, Jakobs 2006).

Klassisches Pay-TV hingegen konnte sich bisher in Deutschland nur begrenzt durchsetzen.[209] Ein vielgenannter Grund für den mangelnden Erfolg des Pay-TV auf dem deutschen Markt ist das große Angebot an auch im internationalen Vergleich qualitativ hochwertigen Free-TV-Programmen (Vgl.: Kiefer 2004: 18). Marktführer im Pay-TV-Bereich ist die Plattform *Premiere*. Im Ende 2003 hatte Premiere rund 2,7 Millionen Abonnenten, das Unternehmen geht von einer Million weiterer Zuschauer aus, die das Programm „schwarz" sehen (Vgl.: Kiefer 2004: 16).

6.11 Zwischenfazit

Der Rundfunk in Deutschland entwickelte sich nicht gleichmäßig, vielmehr ist seine Entwicklung, die maßgeblich von der Politik beeinflusst wurde, durch mehrere Strukturbrüche gekennzeichnet. Die elektronischen Medien in Deutschland wurden mehrfach substanziell neu strukturiert. Im zeitlichen Ablauf lassen sich sechs Punkte ausmachen, an denen sich das System fundamental wandelte. Verantwortlich waren dafür meist innere Entwicklungen, zumeist politischer Natur, aber auch Einflüsse von außen haben diese Dynamiken vorangetrieben.

Hörfunk wurde in Deutschland seit dem Herbst 1932 zunächst privatwirtschaftlich entwickelt und betrieben, dann jedoch binnen weniger Jahre unter staatliche Aufsicht gestellt. Der Rechtsform nach waren die Rundfunkveranstalter zwar weiterhin private Gesellschaften, tatsächlich standen sie jedoch unter starkem Einfluss der Deutschen Reichspost. Dass der Rundfunk in der Weimarer Republik als eine Form staatlicher Verwaltung organisiert war, half den Nationalsozialisten, den Rundfunk zu verstaatlichen, zu politisieren und als Propagandainstrument zu nutzen. Nach dem Zweiten Weltkrieg strebten die Alliierten in den Westzonen ein vom Staat unabhängiges Rundfunksystem an, in dem sich die gesellschaftliche Vielfalt widerspiegeln sollte, und etablierten einen rein öffentlich-rechtlichen Rundfunk, der an dem britischen BBC-Vorbild eines überparteilichen, dem Gemeinwohl verpflichteten Rundfunks orientiert war. In der sowjetischen Besatzungszone wurde dagegen ein Staatsrundfunk aufgebaut, der im Dienste der Einheitspartei stand und vor allem Propagandazwecken diente. Dem vorerst letzten großen Strukturbruch, der Zulassung von rein privatwirtschaftlich organisiertem Rundfunk Mitte der 1980er Jahre, gingen jahrzehntelange heftige medienpolitische Auseinandersetzungen voraus. Eine Reihe von Faktoren führte schließlich zur Zulassung von Privatfunk. Kabel- und Satellitenfernsehen, werden in der Literatur oft als Treiber der Entwicklung dargestellt, tatsächlich waren sie weder Voraussetzung noch treibende Kräfte des Systemwandels. Dies wird auch daran deutlich, dass gerade die Zuteilung traditioneller terrestrischer Frequenzen zum schnellen Wachstum des Privatfernsehens beitrug. Vorangetrieben wurde der private Rundfunk vielmehr von potentiellen Rundfunkveranstaltern, vom Willen der Politik, ein Gegengewicht zum parteipolitisch geprägten öffentlich-rechtlichen Rundfunk aufzubauen, und schließlich von einer ordnungspolitischen Neuorientierung in einzelnen Bundesländern.[210] Zusätzlich beschleunigt wurde der institutionelle Wandel durch die sich abzeichnende Rundfunkpolitik der EG und der Globalisierung in Form von nach Deutschland einstrahlenden Auslandssendern.

Von Mitte der 1980er Jahre bis Anfang der 1990er Jahre konstituierte sich so in Deutschland das bis heute bestehende gemischte Rundfunksystem mit öffentlich rechtlichen und privatkommerziellen Veranstaltern – das so genannte Duale Rundfunksystem. Dieses spezifische System ist dadurch gekennzeichnet, dass die beiden Teilbereiche des Rundfunks rechtlich aufeinander bezogen sind – teilweise substitutiv, teilweise komplementär. Name und rechtliche Ausgestaltung des Dualen Systems wurden maßgeblich durch die Spruchpraxis des Bundesverfassungsgerichts geprägt, nach der das Vorhandensein des öffentlich-rechtlichen Rundfunks als Träger des Gemeinwohls Voraussetzung ist für die Zulässigkeit privatwirtschaftlich organisierten Rundfunks. Der öffentlich-rechtliche und der private Rundfunk, insbesondere dessen Zulassung und Kontrolle, werden in besonderen Rundfunk- bzw. Mediengesetzen auf der Ebene der Bundesländer geregelt, die Träger der Rundfunkhoheit sind. Im Rundfunkstaatsvertrag koordinieren die Länder wichtige Einzelaspekte der Rundfunkordnung und -aufsicht, wie die Sicherung der Meinungsvielfalt. Auch die tatsächliche Ausformung des Marktes rechtfertigt die Betonung des dem Fernsehsystem innewohnenden Dualismus. Die Organisationsformen öffentlich-rechtlich und privat stehen sich weitgehend gleichgewichtig gegenüber, beispielsweise in Bezug auf die kumulierten Zuschauermarktanteile, den gesellschaftlichen Einfluss und die Finanzstärke. In Ostdeutschland behielt der Staatsrundfunk bis 1990 sein Monopol, und nach der Wende wurde das Duale Rundfunksystem auf die neuen Bundesländer übertragen.

Der deutsche Privatfernsehmarkt weist seit dem Ende der 1980er Jahre Züge eines Duopols auf, das von den sehr starken Marktanteils-[211] und Eigentümerkonzentrationen auf zwei Unternehmen, die RTL Group und die ProSiebenSat.1 Media AG geprägt ist. Die Position dieses Duopols auf dem Zuschauermarkt wurde in den vergangenen Jahren schwächer. Ein Grund ist die Digitalisierung der Verbreitungswege und die damit einhergehende Programmvermehrung. Mit der Vervielfachung der Programmangebote und der steigenden Ausdifferenzierung der Formate verdoppelte sich der kumulierte Zuschauermarktanteil der übrigen Programmveranstalter zwischen 1996 und 2006. Ein weiterer Grund ist der Kollaps der vertikal tief integrierten Kirch-Gruppe im Jahr 2002 und die Aufspaltung von Free-Tv, Pay-TV und Filmhandel in getrennte Unternehmen. Infolge dieser Aufspaltung trat mit der Unternehmensgruppierung Telemünchen/EM.TV eine dritte Kraft von relevanter Größe auf den Fernsehmarkt, die jedoch mit ihren Spartenkanälen nicht die Reichweiten der beiden dominierenden Unternehmen erreicht.

Der öffentlich-rechtliche Rundfunk wurde seit Gründung über Gebühren der Fernsehhaushalte und ab Mitte der 1950er Jahre auch über Werbung finanziert, zeitweise betrug der Anteil der Werbung an den Einnahmen bis zu 30 Prozent. Seit dem Aufkommen der werbefinanzierten Privatsender sank trotz wachsender Werbeausgaben die Bedeutung der Werbeeinnahmen für die öffentlich-rechtlichen Budgets. Seit einigen Jahren ist die Finanzierung des privaten Rundfunks im Wandel begriffen. Angesichts der starken Konjunkturanfälligkeit der Werbeausgaben planen die beiden großen Sendergruppen, künftig vom Zuschauer Entgelte für den Empfang ihrer Programme über Kabel und Satellit und möglicherweise auch über DVB-T zu verlangen. Die großen Kabelnetzbetreiber vertreiben verstärkt auf eigenen Digitalplattformen Pay-TV-Programmbouquets aus ausländischen und Special Interest-Sendern. Alternative Einnahmequellen wie Teleshopping, Merchandising oder die Finanzierung über Zuschaueranrufe gewinnen zunehmend an Bedeutung im Free-TV und sind für einige kleinere Sender bereits jetzt eine der Haupterlösquellen oder gar die zentrale Erlösquelle. Sowenig die kommerziell ausgerichteten Programme der Privatsender Mitte der 1980er Jahre den bis dato sorgsam nach Zielgruppen und Proporz austarierten, öffentlich-rechtlichen Programmen[212] ähnelten, sowenig gleichen die neuen zwischen Mediendienst und Rundfunk angesiedelten Programmangebote dem traditionellen werbefinanzierten Privatfernsehen in Deutschland.

Die vorangehende Betrachtung hat aufgezeigt, dass die Entwicklung des deutschen Rundfunksystems zu allen Zeiten maßgeblich durch die Politik beeinflusst wurde. In der Weimarer Republik, im Dritten Reich, unter alliierter Besatzung, im Sozialismus und unter unionsgeführten Bundesregierungen: Immer wieder griff die Politik in die Organisation des Rundfunk ein, um die Entwicklung des Mediums mit seiner hohen Suggestivkraft zu steuern. Das öffentlich-rechtliche Fernsehen ist bis heute auch im internationalen Vergleich ein hoch politisiertes System. Die technologische Entwicklung war ein weiterer wichtiger Faktor – ohne Kabel- und Satellitenfernsehen hätte sich das Privatfernsehen nicht binnen fünf Jahren zu einem potenten Wettbewerber des öffentlich-rechtlichen Systems entwickeln können, doch wichtige Weichenstellungen wurden von der Politik getroffen.

7 Die Konzentrationskontrolle für das Fernsehen in Deutschland

Die deutsche Fernsehordnung erfuhr Mitte der 1980er Jahre eine strukturelle Neuausrichtung. Mit der Liberalisierung des Fernsehmarktes und der Zulassung privatwirtschaftlich betriebener Fernsehprogramme wurde das seit den 1950er Jahren bestehende öffentlich-rechtliche Monopol gebrochen. In diesem Prozess wurde – wie in anderen europäischen Ländern auch – das traditionelle öffentlich-rechtliche Rundfunksystem durch eine weitaus komplexere Medienstruktur ersetzt, in der sich auch die Komplexität der jeweiligen Gesellschaft widerspiegelte. Der sich entwickelnde private Fernsehmarkt machte auch eine neue Organisation der Aufsicht nötig; denn das in den 1950er Jahren etablierte System der binnenpluralistischen internen Aufsicht durch die Rundfunkräte schien nur im öffentlich-rechtlichen Rundfunk praktikabel. Eine der zentralen Funktionen des neuen Regulierungsregimes für den privaten Rundfunk würden Maßnahmen zur Sicherung der Vielfalt im privaten Rundfunk sein, vor allem die spezielle Konzentrationskontrolle für den Rundfunk. Das Bundesverfassungsgericht, das in der Geschichte der Bundesrepublik regelmäßig angerufen wurde, um grundlegende Dispute im Hinblick auf die Rundfunkordnung zu klären, spielte auch bei der Entwicklung des Regulierungsregimes für den privaten Rundfunk eine entscheidende Rolle. Daher beruht nicht nur die Rundfunkordnung des Dualen Systems – überspitzt formuliert – weitgehend auf der Rechtsprechung des Bundesverfassungsgerichts, sondern auch bei der Ausgestaltung des Regulierungsregimes für den privatwirtschaftlichen Rundfunk und bei der

Konzentrationskontrolle orientierte sich der Gesetzgeber an den Vorgaben des Gerichts. Die Verfassungsinterpretation des Bundesverfassungsgerichts als Grundlage der Konzentrationskontrolle wird daher im Folgenden genauer dargestellt. In der untenstehenden Tabelle sind die einzelnen Rundfunkurteile mit ihren Kernaussagen chronologisch aufgelistet. Neben Datum und Name des Urteils finden sich dort auch die wichtigsten rundfunkpolitischen Leitideen des jeweiligen Urteils und in kursiver Schrift eine knappe Zusammenfassung ihrer rundfunkpolitischen Bedeutung. Im weiteren Text werden die Urteile nicht in chronologischer Reihenfolge abgehandelt, sondern systematisch analysiert, um die Argumentationslinie des Gerichtes, die teilweise über mehrere Urteile hinweg modifiziert und ergänzt wurde, kohärent darzustellen. Dazu werden aus der Gesamtheit der Urteile die Begründungen und die Leitlinien der Vielfalt sichernden Konzentrationskontrolle abgeleitet. Technische Details der Konzentrationskontrolle werden der Lesefreundlichkeit wegen in den entsprechenden Fußnoten abgehandelt, die dadurch in diesem Kapitel auf einigen Seiten sehr umfangreich sind.

Abbildung: Die Rundfunkentscheidungen des Bundesverfassungsgerichts

28.02.1961 **1. Rundfunkentscheidung :Deutschland-Fernsehen GmbH-Urteil**

Rundfunk ist Ländersache und binnenpluralistisch auszugestalten. Die Sondersituation des Rundfunks (Frequenzknappheit und hoher Investitionsbedarf) wird formuliert.

Der öffentlich-rechtliche staatsferne Rundfunk wird gesichert. Privater Rundfunk ist aber prinzipiell möglich.

27.07.1971 **2. Rundfunkentscheidung: Umsatzsteuer-Urteil**

Der öffentlich-rechtliche Rundfunk erfüllt eine öffentliche Aufgabe und ist als Grundrechtsträger von der Mehrwertsteuer befreit.

Dieses Urteil ist ohne besondere rundfunkpolitische Bedeutung

16.06.1981   **3. Rundfunkentscheidung: FRAG-Urteil**

Private Rundfunksender sind möglich, weil Binnenpluralität und externe Vielfalt gleichwertig sind.

Das Urteil nannte zum ersten Mal konkrete Voraussetzungen und Anforderungen für die Zulassung privaten Rundfunks.

04.11.1986   **4. Rundfunkentscheidung: Niedersachsen-Urteil**

Voraussetzung für Privatfernsehen ist die Grundversorgung durch die öffentlich-rechtlichen Sender

In dem Urteil wird das Duale System entworfen, in dem öffentlich-rechtlicher und privater Rundfunk aufeinander bezogen sind.

24.03.1987   **5. Rundfunkentscheidung: Baden-Württemberg-Beschluß**

Der Grundversorgungsauftrag wird präzisiert auf Information, Bildung, Unterhaltung, Kultur, Kunst und Beratung.

Das Gericht stellt klar, dass Grundversorgung nicht Mindestversorgung bedeutet.

05.02.1991   **6. Rundfunkentscheidung: NRW-Urteil**

Die Bestands- und Entwicklungsgarantie des öffentlich-rechtlichen Rundfunks wird formuliert. Anforderungen hinsichtlich der Zusammensetzung und Funktion der Kontrollgremien (Räte in den öffentlichr-rechtlichen Rundfunkanstalten und den Landesmedienanstalten) werden erstmals formuliert.

Der zukünftige Bewegungsspielraum des öffentlich-rechtlichen Rundfunks wird ausgeweitet.

06.10.1992   **7. Rundfunkentscheidung: Hessen3-Beschluß**

Der öffentlich-rechtliche Rundfunk ist primär aus Gebühren zu finanzieren.

22.04.1994   **8. Rundfunkentscheidung: Rundfunkgebühren-Urteil**

Der öffentlich-rechtliche Rundfunk hat Anspruch auf ausreichende Gebühreneinnahmen. Die Gebührenhöhe muss staatsunabhängig festgesetzt werden.

Das Gericht betont die Staatsferne des öffentlich-rechtlichen Rundfunks.

22.03.1995   **9. Rundfunkentscheidung: EG-Fernsehrichtlinie**

Gegenüber der EU agiert der Bund in Rundfunksachen als Sachverwalter der Länder.

Nach Stuiber 1998a: 424ff., Schwarz 1999: 1ff. und Mailänder 2000: 401).

7.1 Die Rundfunkfreiheit des Grundgesetzes: Abwehrrecht und dienende Freiheit

Anders als die amerikanische Verfassung, die vor der Verbreitung des Rundfunks geschaffen wurde, ist im deutschen Grundgesetz neben der allgemeinen Meinungsfreiheit eine Rundfunkfreiheit explizit enthalten. Artikel fünf des Grundgesetzes listet fünf Grundrechte auf, die zusammengenommen als Grundrechte der Meinungsfreiheit oder so genannte Kommunikationsrechte verstanden werden. Darin findet sich auch der Satz:

„Die Pressefreiheit und die Freiheit der Berichterstattung durch Rundfunk und Film werden gewährleistet." (Grundgesetz in der Fassung von 2002: Art. 5 Abs. 1)

Gerade die explizite Erwähnung des Rundfunks im Grundgesetz hat in der Folge zu Auseinandersetzungen um die Definition des Rundfunkbegriffs und die Reichweite der Rundfunkfreiheit geführt. Das Aufkommen neuer Medien und Verbreitungswege hat diese Diskussion in jüngster Zeit erneut belebt. Im Mittelpunkt stand und steht dabei die Frage, welche Dienste als Rundfunk gelten sollten und welche nicht. Auch das ist ein Grund dafür, dass die deutsche Rundfunkordnung im europäischen Vergleich sehr stark durch die Rechtsprechung des Verfassungsgerichts geprägt ist, das durch seine Urteile den Rahmen der deutschen Rundfunkordnung abgesteckt hat (Vgl.: Kühn 2003: 31f.).

Das Bundesverfassungsgericht hat bei der Interpretation der Rundfunkfreiheit den Begriff „Rundfunk" bewusst nicht abschließend definiert. Es stellte zwar fest, dass der Rundfunk „Hörrundfunk und Fernsehrundfunk" umfasse, erklärte aber auch, dass der Rundfunk-Begriff im Kontext des Verfassungsartikels dynamisch zu verstehen sei und gegenüber der Entwicklung der Medienordnung und dem Aufkommen neuer Produktionsformen, Dienste und Verbreitungswege offen sein müsse (Vgl.: Kühn 2003: 32). Im Rundfunkstaatsvertrag zwischen den Ländern wurde Rundfunk genauer definiert:

> „Rundfunk ist die für die Allgemeinheit bestimmte Veranstaltung und Verbreitung von Darbietungen aller Art in Wort, in Ton und in Bild unter Benutzung elektromagnetischer Schwingungen ohne Verbindungsleitung oder längs oder mittels eines Leiters. Der Begriff schließt Darbietungen ein, die verschlüsselt verbreitet werden oder gegen besonderes Entgelt empfangbar sind" (Vgl.: RStV in der Fassung von 2006: §2, Abs. 1).

Nach dieser Definition gilt die Rundfunkfreiheit, anders als in den USA, nicht nur für terrestrisch verbreitete Programme, sondern auch für Kabelfernsehen und Kabelhörfunk (Vgl.: Kühn 2003: 32). Die Rundfunkfreiheit ist nicht auf Nachrichten und nicht auf politische Inhalte beschränkt, sondern schützt die Programme in ihrer Gesamtheit. Das Bundesverfassungsgericht vertritt die Ansicht, dass der Rundfunk nicht nur durch Nachrichten und politische Kommentare zur öffentlichen Meinungsbildung beiträgt, sondern auch durch unterhaltende Sendeformen (Vgl.: Kühn 2003: 32).

Vor dem Hintergrund der Digitalisierung der Telekommunikation und der Konvergenz der Übertragungswege und Endgeräte ist nicht nur diese Bestimmung des Rundfunkbegriffs problematisch, sondern auch seine Verknüpfung mit Regulierungszielen. Denn mit neuen Modi und Kombinationen von Inhalteproduktion und Verbreitung verlieren althergebrachte Grenzen an Trennschärfe (Vgl.: Kühn 2003: 32). Jarren (1999: 152) fasst die Konsequenzen prägnant zusammen: „Das Problem ist: um neue Phänomene operabel zu machen, müssen sie alten Begriffen zugeordnet werden. Die Rundfunkregulierung in Europa setzt an den traditionellen Erscheinungsbildern von Medien an. Medien und auch sozialer Mediengebrauch wandeln sich jedoch."

Im Allgemeinen dienen die Grundrechte des Grundgesetzes als Abwehrrechte des Einzelnen gegenüber dem Staat. Die so genannten Kommunikationsgrundrechte beinhalten jedoch einen spezifischen Dualismus, der diese Grundrechten eine Sonderstellung im Gefüge der Grundrechte verleiht: Die in Artikel 5 verbrieften Rechte dienen nach Ansicht von Verfassungsgericht und Literatur nämlich nicht nur der freien Selbstentfaltung, sondern auch dem Bestand und der Entwicklung einer freiheitlichen Demokratie, denn sie schützen nach Ansicht des Bundesverfassungsgerichts den Prozess der freien allgemeinen und individuellen Willensbildung (Vgl.: Schellenberg 1997: 186f.):

> „Freie Meinungsbildung vollzieht sich in einem Prozeß der Kommunikation. Sie setzt auf der einen Seite die Freiheit voraus, Meinungen zu äußern und zu verbreiten, auf der anderen Seite die Freiheit, geäußerte Meinungen zur Kenntnis zu nehmen, sich zu informieren. Indem Art. 5 Abs. 1 GG Meinungsäußerungs-, Meinungsverbreitungs- und Informationsfreiheit als Menschenrechte gewährleistet, sucht er zugleich diesen Prozeß verfassungsrechtlich zu schützen." (5. Rundfunkentscheidung (Baden-Württemberg-Beschluß))

Die freie, allgemeine und individuelle Meinungs- und Willensbildung ist nach Ansicht des Bundesverfassungsgerichts Kernelement der freiheitlichen demokratischen Grundordnung. Die für die Entfaltung der Persönlichkeit und das Funktionieren der demokratischen Ordnung notwendige freie Bildung der öffentlichen Meinung findet nach Ansicht des Gerichts vor allem in der öffentlichen freien Kommunikation statt, in der verschiedene Meinungen zusammentreffen.[213] Die freie und umfassende Meinungsbildung ist demnach Kernelement einer freiheitlichen demokratischen Staatsordnung (Vgl.: Kühn 2003: 34) und nach Ansicht des Bundesverfassungsgerichts spielen die Medien die hauptsächliche Rolle in diesem Prozess der Willensbildung. Die Medien fassen im Idealfall die bestehenden Meinungen in der Gesellschaft zusammen und ermöglichen es jedem, auch dem Staat, sich über die bestehenden Meinungen in der Gesellschaft zu informieren. Gleichzeitig verbreiten die Medien auch eigene Meinungen. Im Prozess der Meinungsbildung seien die Medien – das gilt für Rundfunk und Presse – gleichermaßen Medium und Faktor (Vgl.: Schellenberg 1997: 30).

Bei der Herleitung der Funktion der Medien aus der Verfassung legt das Bundesverfassungsgericht einen einheitlichen Maßstab an Presse und Rundfunk an. In der Auslegung der Rundfunkfreiheit entfernt sich das Bundesverfassungsgericht jedoch von dieser gemeinsamen Basis: Wegen der Gleichzeitigkeit von Übertragung und Rezeption, seiner Breitenwirkung und seiner Suggestivkraft habe der Rundfunk eine besonders starke publizistische Wirkung und ein hohes Potential zur Meinungsbildung, aber auch zur Meinungsmanipulation. Dadurch habe der Rundfunk eine besondere Stellung unter den Medien und eine herausragende Bedeutung für die Meinungsbildung (Vgl.: 1. Rundfunkentscheidung (Deutschland-Fernsehen GmbH-Urteil)). Die durch die Rundfunkfreiheit garantierte Selbstverwirklichung des Rundfunkveranstalters sei deshalb nachrangig gegenüber der Funktion des Rundfunks als Medium der freien Meinungs- und Willensbildung:

„Im Unterschied zu anderen Freiheitsrechten des Grundgesetzes handelt es sich bei der Rundfunkfreiheit [...] nicht um ein Grundrecht, das seinem Träger zum Zweck der Persönlichkeitsentfaltung oder Interessensverfolgung eingeräumt ist. Die Rundfunkfreiheit ist vielmehr eine dienende Freiheit. Sei dient der freien individuellen und öffentlichen Meinungsbildung." (7. Rundfunkentscheidung (HR 3-Beschluß))

Das Gericht interpretiert damit die Rundfunkfreiheit nicht als ausschließliches Abwehrrecht des Einzelnen, sondern vorrangig in einer institutionellen Interpretation als *dienende Freiheit*, die es dem Rundfunk ermöglicht, seine Funktion in der öffentlichen Meinungs- und Willensbildung zu erfüllen (Vgl.: Kühn 2003: 34).

Ausgestaltung der Rundfunkordnung als Aufgabe des Gesetzgebers

Die Rundfunkfreiheit wird darüber hinaus vom Bundesverfassungsgericht sozialstaatlich interpretiert. Demnach sei es Aufgabe des Gesetzgebers, eine positive Ordnung zu schaffen, die einen offenen Meinungsmarkt sicherstellt, der es dem Bürger wiederum ermöglicht, seine Grundrechte in Anspruch zu nehmen. Auch hier stellt das Bundesverfassungsgericht an die Rundfunkordnung andere Ansprüche als an die Organisation der Presse und begründet dies mit den ökonomischen Eigenheiten des Rundfunkmarktes, die von dem Gericht und inzwischen auch von der Literatur als *Sondersituation des Rundfunks* bezeichnet werden:

„Der Unterschied zwischen Presse und Rundfunk besteht aber darin, dass innerhalb des deutschen Pressewesens eine relativ große Zahl von selbständigen und miteinander konkurrierenden Presseerzeugnissen existiert, während im Bereich des Rundfunks sowohl aus technischen Gründen als auch mit Rücksicht auf den außerordentlich großen finanziellen Aufwand für die Veranstaltung von Rundfunkdarbietungen die Zahl der Träger solcher Veranstaltungen verhältnismäßig klein bleiben muß. Diese Sondersituation erfordert besondere

Vorkehrungen zur Verwirklichung und Aufrechterhaltung der in Art. 5 GG gewährleisteten Freiheit des Rundfunks." (1. Rundfunkentscheidung (Deutschland-Fernsehen GmbH-Urteil))

Den Rundfunk dem freien Spiel der Kräfte – und besonders der freien Kräfte des Marktes – zu überlassen erfüllt nach Ansicht des Gerichts nicht den Verfassungsauftrag, weil dieses nicht in der Lage sei, die Ballung und den Missbrauch von (Markt-)Macht im Rundfunksektor zu verhindern (Vgl.: Hoffmann-Riem 1996: 119). Das liege an der beschriebenen Sondersituation des Rundfunks, geprägt durch Frequenzknappheit, hohe Investitionen, die für den Betrieb eines Senders nötig sind, und das Fehlen gewachsener Strukturen im Rundfunkbereich (Vgl.: Mailänder 2000: 42). Deshalb könne der Gesetzgeber die Verfassung verletzen, wenn er gesetzgeberisches Handeln im Rundfunkbereich unterlasse und so seinen sozialstaatlichen Verpflichtungen nicht nachkomme (Vgl.: Kühn 2003: 35). Explizit fordert das Bundesverfassungsgericht vom Gesetzgeber, eine positive Ordnung zu schaffen, die gewährleistet, dass ein vielseitiges und umfassendes Gesamtangebot zur Verfügung steht. In der Literatur (Vgl.: Bardt 2002: 12f.) setzt sich zunehmend die Meinung durch, dass mit zunehmender Digitalisierung und damit einhergehender Vermehrung der Übertragungskapazitäten bei gleichzeitigem Sinken der Zugangskosten die Sondersituation des Rundfunks erodiert. Das Bundesverfassungsgericht geht jedoch weiterhin von einer Sondersituation des Rundfunks aus (Vgl.: Mailänder 2000: 43). Da das Gericht in seiner Spruchpraxis die Zulässigkeit des privaten Rundfunks von der Existenz des öffentlich-rechtlichen Rundfunks abhängig macht, für letzteren eine Bestands- und Fortentwicklungsgarantie abgibt und so die Position des öffentlich-rechtlichen Rundfunks in einem Markt stärkt, der sich durch Marktkräfte und neue Technologien verändert wird das Gericht in der Literatur auch als Verbündeter des öffentlich-rechtlichen Rundfunks betrachtet (Vgl.: Müller 2002: 123ff.).

7.2 Pluralismus und der Meinungsvielfalt in der Rundfunkordnung – die Vorgaben des Bundesverfassungsgerichts

Von Beginn der Dualen Rundfunkordnung an spielten Regeln zur Konzentrationskontrolle eine wichtige Rolle, auch angesichts der außergewöhnlich ausgeprägten Eigentümerkonzentration der deutschen Verlagsbranche. Axel Springer, Burda, Bauer und Bertelsmann waren nicht nur große Unternehmen, sondern auch, wie von Verlagsunternehmen zu erwarten, von den Ideen und politischen Überzeugungen ihrer Gründer beziehungsweise deren Erben geprägt. Von Bedeutung für die weitere Entwicklung von Konzentrationskontrolle und Konzentration war die Marktstellung des Filmhändlers Leo Kirch, der bereits seit den 1960er Jahren in Filmrechte investierte und den deutschen Programmhandel dominierte.

Auch die Regeln der Konzentrationskontrolle für das Fernsehen wurden vom Bundesverfassungsgericht in Grundzügen präjudiziert. Obwohl das Bundesverfassungsgericht in der Vergangenheit immer wieder betonte, dass die Ausgestaltung der positiven Rundfunkordnung Aufgabe des Gesetzgebers sei, die er frei interpretieren könne, hat das Gericht bei der Beurteilung konkreter Gesetze jedoch den Rahmen der Rundfunkordnung vorgegeben: Dazu gehört beispielsweise die *Bestands- und Entwicklungsgarantie* für den öffentlich-rechtlichen Rundfunk[214] und die Interdependenz von öffentlich-rechtlichen und privaten Veranstaltern im Rahmen des vom Bundesverfassungsgericht weitgehend präjudizierten Dualen Systems. Das gilt aber auch für die Sicherung des Pluralismus in der Rundfunkordnung, beispielsweise durch eine spezifische Konzentrationskontrolle für den privaten Rundfunk. Die höchstrichterlichen Vorgaben für die Sicherung des Pluralismus sind dabei im Vergleich mit den USA äußerst dicht.

Im Grundgesetz wird die Meinungsvielfalt nicht erwähnt, gleichwohl wird sie in den Gesetzestexten zum Rundfunk als Ziel formuliert. Weil die Medien Träger und Faktoren der Meinungs- und Willensbildung sind, verlangt das Bundesverfassungsgericht, dass sie die Vielfalt der in der Gesellschaft existierenden Meinungen und Meinungsströmungen widerspiegeln. Andernfalls werde der Prozess der politischen Willensbildung verzerrt, weil die Bürger sich nicht umfassend informieren könnten (Vgl.: Schellenberg 1997: 187).

Die Bedeutung des Rundfunks für die freie Meinungs- und Willensbildung macht nach Ansicht des Gerichts eine positive Ordnung nötig, die garantieren soll, dass sich die Vielfalt der in der Gesellschaft bestehenden Meinungen in größtmöglicher Breite und Vollständigkeit im Rundfunk widerspiegelt, so dass eine möglichst vollständige Information möglich wird (Vgl.: Hoffmann-Riem 1996: 119). Der Gesetzgeber soll deshalb sicherstellen, dass

„[...] die Vielfalt der bestehenden Meinungen im Rundfunk in möglichster Breite und Vollständigkeit Ausdruck findet und dass auf diese Weise umfassende Information geboten wird." (5. Rundfunkentscheidung (Baden-Württemberg-Beschluß))

Im Rahmen des Dualen Systems hat das Bundesverfassungsgericht die dauerhafte Festschreibung der Bestands- und Entwicklungsgarantie für den öffentlich-rechtlichen Rundfunk an die Erfüllung der Grundversorgung durch die öffentlich-rechtlichen Veranstalter geknüpft. Darunter versteht das Gericht neben der flächendeckenden Versorgung der Bevölkerung mit Rundfunk auch die Erfüllung des so genannten klassischen Rundfunkauftrages: Der öffentlich-rechtliche Rundfunk müsse umfassend informieren, dabei alle wesentlichen Meinungen und Strömungen berücksichtigen und in seinen Programmen der Vielfalt von Regionen, Sparten und Themen Raum geben.[215] An dieser Stelle greift die spezifische Interdependenz von öffentlich-rechtlichem und privatem Rundfunk im Dualen System. Erfüllt der öffentlich-rechtliche Rundfunk den *Grundversorgungsauftrag,* so sieht es das Bundesverfassungsgericht als zulässig an, dem privaten Sektor niedrigere Anforderungen hinsichtlich des Vielfaltsstandards aufzuerlegen. Unter bestimmten Umständen sei der Gesetzgeber sogar dazu verpflichtet[216]; denn der wirtschaftliche Betrieb der Programme dürfe den privatwirtschaftlich organisierten Veranstaltern nicht unmöglich gemacht werden. Da sich die werbefinanzierten Veranstalter am Massengeschmack ausrichten müssten, sei es ihnen nicht zuzumuten, ein Programm zu senden, das ähnlich vielfältig sei wie das der öffentlich-rechtlichen Veranstalter. Ein verpflichtender, abgesenkter Grundstandard an Vielfalt sei daher ausreichend. Der so genannte *Grundstandard gleichgewichtiger Vielfalt* verlangt nicht, dass alle relevanten gesellschaftlichen Gruppen tatsächlich mit ihren Aussagen im Programm vorkommen, sondern es genügt, dass alle gesellschaftlichen Gruppen potentiell Zugang zum Rundfunk haben. Dieser Grundstandard befreit die privaten Anbieter davon, das gesamte Spektrum an inhaltlicher Vielfalt und Spartenvielfalt zu berücksichtigen, verlangt aber, dass von der Gesamtheit der kommerziellen Programme das gesamte Meinungsspektrum wiedergegeben wird (Vgl.: Schellenberg 1997: 34).

Diese Argumentation des Bundesverfassungsgericht stärkt nicht nur den öffentlich-rechtlichen Rundfunk, sondern ist, wie Niepalla (1990: 93) ausführt, auch für den privaten Rundfunk vorteilhaft: Weil die öffentlich-rechtlichen Programme ein pluralistisches ausgewogenes Programm bereitstellt, sind die privaten Programme von dieser Gemeinwohlaufgabe weitgehend entbunden und können so ihre kommerziellen Ziele verfolgen, ohne dass sie dabei Vielfaltsaspekte berücksichtigen müssten:

„Solange der „Grundstandard gleichgewichtiger Vielfalt" gewahrt ist, ist es daher sogar zulässig, Nachrichtensendungen, politische Kommentare und Sendungen über politische und gesellschaftliche Probleme auf ein Minimum zu reduzieren oder wegzulassen. [...] Demnach steht es dem privaten Rundfunk nach der Verfassung jetzt frei, sich allein auf massenattraktive Programmangebote zu konzentrieren, also insbesondere auf Unterhaltungssendungen." (Niepalla 1999: 93)

Dieser Verfassungsinterpretation sei aber nicht genüge getan, wenn neben einem pluralistischen öffentlich-rechtlichen Rundfunk ein vielfaltsarmer privater Sektor bestehe. Deshalb dürfe der Gesetzgeber den privaten Rundfunk nicht dem freien Markt überlassen, sondern sei verpflichtet, ein staatsfrei organisiertes Zulassungssystem für den Rundfunk einzurichten.[217] Zur Sicherung des Pluralismus hält das Bundesverfassungsgericht drei Modelle für zulässig (Vgl.: Schellenberg 1997: 35): Das **außenpluralistische Modell**: Dabei wird Meinungsvielfalt durch ein System miteinander konkurrierender Veranstalter hergestellt. Zulässig sei dieses Modell jedoch nur mit mindestens vier Anbietern in einem Verbreitungsgebiet. Im **binnenpluralistischen Modell** erhält ein Kontrollgremium aus Vertretern gesellschaftlich relevanter Gruppen wirksamen Einfluss auf das Programm.[218] Das **binnenpluralistische Modell auf Gesellschafterebene** sieht vor, dass durch die gesellschaftsrechtliche Struktur des Veranstalterunternehmens sichergestellt sein soll, dass keiner der Gesellschafter vorherrschenden Einfluss auf das Programm nimmt. Voraussetzung für die verfassungsrechtliche Zulässigkeit der ersten (Außenpluralismus) oder der dritten Organisationsform (Binnenpluralismus auf Gesellschafterebene) ist nach Ansicht des Gerichts jedoch eine wirksame Konzentrationskontrolle, die in der Lage ist, eine vorherrschende Meinungsmacht im kommerziellen Rundfunk zu verhindern. Die Einrichtung einer derartigen Rundfunk-spezifischen Konzentrationskontrolle ist nach Ansicht des Gerichts Aufgabe des Gesetzgebers (Vgl.: Schellenberg 1997: 36).[219]

Dabei hat das Bundesverfassungsgericht dem Gesetzgeber nicht nur die Einrichtung der Konzentrationskontrolle aufgetragen, sondern auch Vorgaben hinsichtlich deren Ausgestaltung gemacht: Instrumente des Wirtschaftsrechts seien für die Konzentrationskontrolle grundsätzlich geeignet, allerdings müsse der Gesetzgeber spezielle Regeln gegen die Möglichkeit der Bildung vorherrschender Meinungsmacht festlegen. Dabei müssten nicht nur direkte Beteiligungen erfasst werden, sondern auch indirekte Einflussmöglichkeiten. Ebenso müsse die intermediäre Konzentration, besonders die Zusammenfassung von Presse- und Rundfunkunternehmen in einem Unternehmen erfasst werden. Dabei spricht sich das Gericht nicht für einen grundsätzlichen Ausschluss der Presse vom Rundfunk aus – dafür gebe es laut Gericht keine verfassungsrechtliche Veranlassung - weist aber darauf hin, dass die Kombination von Rundfunk und Presse in einer Hand zu einer Ballung von Meinungsmacht führen könne, der unbedingt vorzubeugen sei (Vgl.: Schellenberg 1997: 36f.):

Eine außenpluralistische Sicherung der Meinungsvielfalt durch private Rundfunkanbieter ist in Deutschland durchaus denkbar. Voraussetzung dafür wäre jedoch, dass die Vielfaltsanforderungen für die privaten Sender gesteigert werden, um so dem Anspruch des Grundgesetzes gerecht zu werden. Selbst die Finanzierung des privatwirtschaftlichen Rundfunks müsste nach Ansicht des Bundesverfassungsgerichts auf eine breitere Basis gestellt werden, um die Abhängigkeit der privaten Sender von einer einzigen Finanzierungsform – der Fernsehwerbung - zu reduzieren und um so mögliche Einflusspotentiale zu minimieren (Vgl.: Radeck 1994: 281).

7.3 Form: Die Organisation der Konzentrationskontrolle

Die Regelungskompetenz für den Rundfunk ist Teil der Kulturhoheit, die bei den Ländern angesiedelt ist. Diese Regelungskompetenz wird aus der Kulturhoheit der Länder abgeleitet. Die Länder haben Gesetze zur Einrichtung und zum Betrieb der staatsfrei konzipierten öffentlich-rechtlichen Rundfunkanstalten erlassen und den privaten Rundfunk in Landesmediengesetze geregelt. Da auch bundesweit verbreitete Fernsehprogramme und Radiosender nur in einem Land zugelassen sein müssen, war eine Harmonisierung der Regeln für den Rundfunk notwendig. Dazu schlossen die Länder 1991 den ersten Rundfunkstaatsvertrag (Vgl.: Kühn 2003: 43f.). Der Staatsvertrag liegt mittlerweile in der zehnten Fassung vor, die am 1. März 2007 in Kraft tritt, sofern alle Länderparlamente den Gesetzestext ratifizieren.

Die Landesmedienanstalten

Die Zulassung privater Rundfunkveranstalter und deren Kontrolle ist in allen Bundesländern Aufgabe der *Landesmedienanstalten* (*LMAs*), die zu diesem Zweck eingerichtet wurden.[220] Aus der Auswahl und Zulassung der privaten Rundfunkveranstalter, der Kerntätigkeit der Anstalten, erwachsen ihre weiteren Aufgaben: Dies sind im Fernsehbereich vor allem die Vielfaltssicherung und die inhaltliche Kontrolle, bei der die Programme auf die Einhaltung der Programmgrundsätze hin überprüft werden. Weil die Landesmedienanstalten durch Vorgaben Einfluss auf die Programmgestaltung von Rundfunkveranstaltern nehmen können, im Grundgesetz jedoch die Staatsfreiheit des Rundfunks verankert ist, ist die staatliche Aufsicht über die LMAs eng begrenzt. Im Besonderen sind die Anstalten nicht weisungsgebunden (Vgl.: Kühn 2003: 61ff.). Weil die Staatsferne des Rundfunks im Grundgesetz verankert ist, imitieren die LMAs vielmehr in Aufbau, Finanzierung und Arbeitweise die öffentlich-rechtlichen Rundfunkanstalten: Sie sind auf Länderebene angeordnet, werden aus den Rundfunkgebühren finanziert und haben die gleiche rechtliche Form: wie die Rundfunkanstalten sind sie *selbständige Anstalten des öffentlichen Rechts* und damit abgesehen von der Rechtsaufsicht staatlicher Aufsicht und Einflussnahme entzogen (Vgl.: Müller 2002: 145). Dieser Status der LMAs ist erstaunlich, weil es sich bei ihnen nicht um Rundfunkveranstalter handelt, sondern um Regulierungsbehörden. Andere deutsche Regulierer sind Teil der Exekutiven, die Bundesnetzagentur beispielsweise ist eine obere Bundesbehörde und untersteht dem Bundeswirtschaftsministerium (Vgl. Bundesnetzagentur 2006). Gerichte und Juristen befanden es jedoch für nötig, die Strukturprinzipien der Rundfunkanstalten auf die Regulierer des privaten Rundfunks zu übertragen (Vgl.: Müller 2002: 145f.). Das galt besonders für die Aufsichtsräte der Rundfunkanstalten, die in der Organisationsstruktur der LMAs imitiert wurden: Die LMAs besitzen pluralistisch besetzte Legislativorgane, die so genannten Medienräte, die über grundsätzliche Fragestellungen entscheiden, und Exekutivorgane in Form eines Direktors oder eines Direktoriums, das im Sinne des Rates die Alltagsgeschäfte führt (Vgl.: Müller 2002: 146).

Die Medienräte sollen – in Analogie zu den Aufsichtsgremien der öffentlich-rechtlichen Anstalten – binnenplural organisiert sein, so dass sich die gesellschaftliche Vielfalt in diesen Gremien widerspiegelt. Die Länder besetzten die Medienräte daher nach den gleichen Prinzipien wie die Rundfunkräte der öffentlich-rechtlichen Rundfunkanstalten mit Vertretern gesellschaftlich relevanter Gruppen und ihrer Verbände – oft sogar in identischer Zusammensetzung (Vgl.: Stuiber 1998b: 806ff.; Kühn 2003: 68f.).[221] Dieses so genannte *pluralistische Modell* oder *Versammlungsmodell* zielt darauf ab, die Vielfalt und Ausgewogenheit des privatwirtschaftlichen Gesamtprogramms dadurch zu garantieren, dass sich im zentralen Organ der Landesmedienanstalt die gesellschaftliche Vielfalt widerspiegelt. Staatlicher und einseitiger privater Einfluss auf das Gesamtprogramm soll damit verhindert und Programmvielfalt hergestellt werden (Vgl.: Dörr 1996: 624). Bei der Zulassung von Programmen kommt den Medienräten als zentralen Zulassungsorganen wesentliche Bedeutung zu; die Räte nehmen allerdings keinen direkten Einfluss auf die Programmgestaltung der Privatsender, sondern kontrollieren nur nachträglich die Programme der Sender auf Pflichtverstöße (Vgl.: Kühn 2003: 68f.).

In der Praxis gibt es erheblich Bedenken an der Effektivität dieses Rätesystems. Im Zentrum der Kritik steht die Dominanz des Direktoriums der Landesmedienanstalten, das durch verschiedene strukturelle und prozedurale Umstände gegenüber den Räten gestärkt ist. Während der Posten des LMA-Direktors ein gut dotierter hauptberuflicher Amtsposten ist, kommen die Medienräte nur gelegentlich zusammen, um über eine Tagesordnung zu beraten, die vom Direktorium und der Verwaltung der LMAs aufgesetzt wird. Daher sind die Ratsmitglieder im Allgemeinen mit den verhandelten Themen nicht vertraut (Vgl.: Müller 2002: 146) und abhängig von der Unterstützung durch wissenschaftliche Mitarbeiter der LMA, die sich gegenüber der Geschäftsführung der LMAs verantworten müssen (Vgl.: Hoffmann-Riem 1996: 126). Zudem handelt es sich bei den Verbandsvertretern nur in Ausnahmefällen um ausgewiesene Rundfunkexperten. Eine solche Expertise ist für die delegierenden Verbände nur eines von vielen Entsendekriterien, obwohl die professionelle Expertise entscheidend ist für die Möglichkeit, Einfluss in dem Gremium zu nehmen. Die stark jurisdizierte deutsche Rundfunkordnung macht es vor allem Nicht-Juristen unter den Ratsmitgliedern schwer, in den Ratssitzungen Einfluss zu nehmen[222] (Vgl.: Hoffmann-Riem 1996: 126). Die Verbandsvertreter in den Medienräten gelten wegen ihrer inadäquaten Qualifikation und der geringen Frequenz ihrer Sitzungen als weitgehend ungeeignet, eine effiziente Rundfunkaufsicht zu garantieren. In der alltäglichen Arbeit der LMAs werden deshalb die Entscheidungen von der Geschäftsführung der LMAs getroffen und die Rundfunkräte dienen primär als Akklamationsorgan, dem die Aufgabe zufällt, den Regulierungsentscheidungen der jeweiligen LMA gesellschaftliche Legitimation zu verleihen und durch die Inklusion wichtiger Verbände medienpolitische Entscheidungen gegenüber Kritik zu immunisieren (Vgl.: Müller 2002: 146 und Kühn 2004: 243).

Zudem gelten die LMAs trotz ihres Status' als stark politisierte Gremien, wenngleich in weniger starkem Maß als die öffentlich-rechtlichen Rundfunkanstalten. Die Direktoren der LMAs werden von der jeweiligen Landesregierung nominiert und vom jeweiligen Landesparlament gewählt; und auch bei der Besetzung anderer Leitungsposten wird darauf geachtet, dass sie mit Repräsentanten der jeweiligen Regierungspartei(en) besetzt werden. Man kann also von einer politischen Besetzung dieser Stellen sprechen, umso mehr als die Direktoren und Direktoriumsmitglieder der LMAs meist ehemalige oder sogar gegenwärtige Berater von Ministerpräsidenten oder Länderregierungen sind. Viele LMA-Direktoren waren zuvor innerhalb der jeweiligen Landesregierung für die Themen Medienrecht oder Medienpolitik zuständig und viele der ersten Direktoren hatten sogar das jeweilige Landesmedienrecht mitverfasst (Vgl.: Müller 2002: 146f. und Hoffmann-Riem 1996: 148f.).[223] Auch die unter Pluralismusgesichtspunkten zusammengesetzten Räte der LMAs sind insoweit politisch beeinflusst, als die darin vertretenen entsendeberechtigten Verbände in den jeweiligen Landesmediengesetzen festgelegt werden. Die Parteiaffinitäten vieler dieser Verbände sind bekannt, daher sind die Entsenderegeln in den Landesmediengesetzen oft intensiv verhandelte und sorgsam austarierte politische Kompromisse (Vgl.: Müller 2002: 147). Gleichwohl gelten die LMA-Räte als weniger stark politisiert als die Exekutive der LMAs. Zwar haben sich in einigen Medienräten politische Cliquen und spezifische Abstimmungsverhalten entlang Parteigrenzen gebildet, doch gilt das nicht für alle LMAs; bei wichtigen

Entscheidungen werden oft pragmatische Mehrheiten über Parteiaffinitäten hinweg gebildet. Ein Grund für die vergleichsweise schwache Politisierung der Räte und ein ausgesprochenes Desinteresse der politischen Parteien, Einfluss auf die Arbeit der Räte zu nehmen, ist vermutlich der geringe Einfluss, den die Räte nehmen können (Hoffmann-Riem 1996: 148f.).

Die KEK und die KDLM

Für die Ermittlung und Überwachung der Konzentration im Rundfunksektor wurde mit dem Dritten Rundfunkänderungsstaatsvertrag von 1997 die unabhängige *Kommission zur Ermittlung der Konzentration im Medienbereich (KEK)* eingerichtet. Ihre Aufgabe ist es, die Meinungsvielfalt in bundesweiten Fernsehprogrammen zu sichern und vorherrschende Meinungsmacht von Fernsehveranstaltern bundesweit und für alle Landesmedienanstalten verbindlich festzustellen (Vgl.: RStV in der Fassung von 2006: §35). Struktur und Arbeitsweise der KEK werden weiter unten ausführlich erläutert.

Gleichzeitig wurde ein weiteres zentrales Koordinierungsgremium der Landesmedienanstalten geschaffen: die Konferenz der Direktoren der Landesmedienanstalten (KDLM). Nach Ansicht von Beobachtern wie Kühn konnte das Gremium, in dem die Direktoren der Landesmedienanstalten sitzen, bestehende Abstimmungsschwierigkeiten zwischen den Ländern beseitigen. Auch im Bereich der Vielfaltssicherung erfüllt die KDLM Koordinierungsaufgaben. So kann sie auf Antrag einer Landesmedienanstalt Entscheidung der KEK überstimmen, wenn zwei Drittel der in der KDLM vertretenen Landesmedienanstalten sich gegen eine Entscheidung der KEK aussprechen (Vgl.: Kühn 2003: 61).

7.4 Regeln der bundesweiten Konzentrationskontrolle

Es entspricht der Natur des Regulierungsobjekts, dass die Konzentrationskontrolle für den Rundfunk ebenso wie die gesamte Mediengesetzgebung äußerst dynamisch ist. Die deutschen Bundesländer entwickelten zum ersten Mal im *Staatsvertrag zur Neuordnung des Rundfunkwesens* vom 3. April 1987 ein Regelungskonzept für die duale Rundfunkordnung. Seit 1991 ist die rundfunkspezifische Konzentrationskontrolle auf nationaler Ebene im *Rundfunkstaatsvertrag (RStV)* beziehungsweise seinen Änderungsverträgen geregelt. Die   im

Rundfunkstaatsvertrag sowie in den *Landesmediengesetzen* festgehaltenen Regelungsziele der Konzentrationskontrolle orientieren sich nicht nur inhaltlich stark an den Vorgaben des Bundesverfassungsgerichts, sondern beziehen sich auch explizit auf diese Vorgaben (Vgl.: RStV-Begründung 1991: 196). Demnach setzt sich die Konzentrationskontrolle für den Rundfunk zum Ziel:

„ein möglichst hohes Maß gleichgewichtiger Vielfalt im privaten Rundfunk zu erreichen und zu sichern, Tendenzen zur Konzentration so frühzeitig und so wirksam wie möglich entgegenzutreten und der Entstehung vorherrschender Meinungsmacht im Rundfunk entgegenzuwirken."

Die Organisation der Konzentrationskontrolle und ihre Regelungen wurden seit 1987 mehrfach geändert – teilweise inkremental, teilweise tief greifend. Die bedeutendste Änderung fand mit dem Dritten Rundfunkänderungsstaatsvertrag von 1997 statt, auf dessen Grundlage die KEK ihre Arbeit aufnahm. Die wichtigen Strukturwechsel der Konzentrationskontrolle werden im Folgenden genauer dargestellt. Dazu wird die rundfunkspezifische Konzentrationskontrolle auf nationaler Ebene in zwei Phasen eingeteilt.

Phase I: Konzentrationskontrolle durch Beteiligungsgrenzen (1992 – 1996)

Die Vorschriften der Konzentrationskontrolle im ersten Rundfunkstaatsvertrag von 1987 kombinierten in drei Grundregeln außenplurale und binnenplurale Elemente auf komplexe Weise.

1. Grundsätzlich durfte ein Unternehmen bundesweit nur eine begrenzte Zahl von Fernsehprogrammen ausstrahlen. Die beiden weiteren Regeln spezifizierten diese Vorgabe:

2. Ein Unternehmen, dass an einem Vollprogramm oder einem Spartenkanal mit Schwerpunkt Information beteiligt war, durfte maximal 49,9 Prozent der Anteile an diesem Programm halten (binnenplurales Element).

3. Die Anzahl der Fernsehprogramme, die ein Unternehmen bundesweit verbreiten durfte, war abhängig von der Höhe der bestehenden Beteiligungen. Unternehmen, die einen Anteil von 25 Prozent oder mehr an einem Fernsehvollprogramm kontrollierten, durften sich nur an zwei weiteren Fernsehsendern beteiligen und dort mit jeweils weniger als 25 Prozent.

Ergänzt wurden die drei Grundregeln durch weitere Regeln; dadurch entstand nach Ansicht von Beobachtern wie Mailänder (2000: 292)

„ein schwer zu durchdringendes Geflecht von Zurechnungs- und Verfahrensregeln, deren gemeinsames Ziel darin bestand, die Meinungsvielfalt durch die Vielfalt des Eigentums unter den Anbietern von Fernsehprogrammen zu sichern."

Unter welchen Voraussetzungen Programmbeteiligungen einem Veranstalter zugerechnet werden, wurde in Anlehnung an das Aktienrecht definiert. Damit sollte sichergestellt sein, dass auch Kontrolle jenseits von Kapitalbeteiligungen wie personelle Verflechtungen oder langfristige Liefer- und Kreditbeziehungen erfasst wurden. Bundesweit sendende Fernsehprogramme wurden von der Landesmedienanstalt zugelassen, in deren Bundesland der Sender seinen Unternehmenssitz hatte. Die Sendelizenzen wurden nach den Regeln des Rundfunkstaatsvertrags und des jeweiligen Landesmediengesetzes vergeben. Regeln zur Verhinderung von intermediärer oder diagonaler Konzentration waren im Rundfunkstaatsvertrag nicht vorgesehen (Vgl.: Mailänder 2000: 291f.).[224]

Dieses Konzept der Konzentrationskontrolle mit Hilfe von Beteiligungsgrenzen erwies sich bald als nicht tragfähig und wurde stark kritisiert: Unter dem Einfluss der bestehenden Regelungen entwickelte sich ein oligopolistisch strukturierter Fernsehmarkt mit hohen Graden von Marktanteils- und Eigentümerkonzentration. Aber auch die betroffenen Unternehmen kritisierten das Modell der Konzentrationskontrolle, wenngleich aus anderen Gründen als die Befürworter einer strengeren Konzentrationskontrolle – sie beklagten sich, dass die Vorschriften ihnen die Schaffung weiterer Kanäle verwehre. Alle Interessensgruppen kritisierten das Regelwerk unisono als praxisfremd und unzureichend (Vgl.: Mailänder 2000: 292ff.). Vor allem die Vorschriften im Rundfunkstaatsvertrag, die eine Bildung von Anbietergemeinschaften erzwangen, wurden kritisiert. Die Verflechtungen von Medienunternehmen und die oligopolistische Marktstruktur auf dem deutschen Fernsehmarkt waren nach überwiegender Einschätzung das Resultat der Vorschriften im Rundfunkstaatsvertrag, die eine Bildung von Anbietergemeinschaften erzwangen (Vgl.: Mailänder 2000: 292f.). Als Folge der Regelung hätten sich die wenigen Unternehmen, die an der Veranstaltung kommerzieller Rundfunkprogramme interessiert gewesen seien, in wechselnden Konstellationen an unterschiedlichen Sendern beteiligt. Dadurch sei die

Verflechtung in der Medienbranche verstärkt worden. Die Landesmedienanstalten beklagten die Tendenz einzelner Unternehmen, Strohmänner und Schachtelbeteiligungen einzusetzen, um die Beteiligungsgrenzen zu umgehen und so Kontrolle über einzelne Programme zu erhalten (Vgl.: Schellenberg 1997: 205). Die Kritik am Beteiligungsmodell war teilweise fundamental; selbst die Grundannahmen des Konzepts wurden als praxisfremd kritisiert. Beispielsweise hält Schellenberg die dem Modell zugrunde liegende Annahme für unrealistisch, dass Obergrenzen für die Beteiligung an einem Programm die Vielfalt der im Programm vorkommenden Meinungen und Meinungsrichtungen erhöhen könne. Selbst wenn die Eigentümer unterschiedliche politische und kulturelle Ansichten verträten, sei doch die Beteiligung aller Unternehmen an dem Sender dadurch motiviert, mit der Beteiligung maximalen Gewinn zu erzielen. Daher sei es praxisfremd zu erwarten,

„dass politische Fragen zu einzelnen Tagesthemen im Programm aufgrund unterschiedlicher Ansichten in der Gesellschafterzusammensetzung kontrovers behandelt werden [...]." (Schellenberg 1997: 209)

Ähnlich weltfremd sei auch die Vorstellung, dass sich in der breiten Gesellschafterbasis, die mit der binnenpluralistischen Komponente der Konzentrationsregeln erzwungen werde, verschiedene gesellschaftliche Gruppen widerspiegelten. Die Beteiligung an kommerziellen Rundfunkunternehmen sei eine Domäne von Unternehmen mit Gewinnerzielungsabsichten. Das zeige sich auch daran, dass Kirchen, Parteien, Gewerkschaften oder andere Verbände nur vereinzelt Anteile an Rundfunkunternehmen hielten (Vgl.: Schellenberg 1997: 209).

Weiterhin wurde an den Regelungen bemängelt, dass der tatsächliche publizistische Einfluss eines Fernsehprogramms von den Regeln nicht berücksichtigt wurde, da alle Beteiligungen an Programmen unabhängig von Einschaltquoten und Marktanteilen des Programms gleich bewertet wurden. Zudem fehlten wie oben beschrieben Regelungen, die der intermediären Verflechtung etwa zwischen Presse- und Rundfunkunternehmen vorbeugen sollten (Vgl.: Mailänder 2000: 293).

In der Praxis ermöglichten die Vorschriften eine Zulassungspraxis der Bundesländer, die stark von Standortinteressen geleitet war, und in deren Rahmen für die Ansiedlung von Rundfunkunternehmen eine stärkere Konzentration im Rundfunksektor in Kauf genommen wurde (Vgl.: Mailänder 2000: 293)

Grundsätzlich kritisierten alle Akteure am Medienmarkt die wenig zielführende Kontrolle durch die Landesmedienanstalten und die mangelnde Abstimmung zwischen den einzelnen Anstalten (Vgl.: Schellenberg 1997: 41). So war nur die Landesmedienanstalt am Hauptsitz des Senders für die Zulassung und Aufsicht über den Sender zuständig. Rundfunkveranstalter, die sich um eine Zulassung bewarben, konnten sich bei der Wahl des Unternehmenssitzes nach der Zulassungspolitik und Aufsichtspraxis der zuständigen Landesmedienanstalt richten. In diesem System konnten die Veranstalter die einzelnen Behörden gegeneinander ausspielen. Die Anstalten trafen teilweise sehr laxe Regulierungsentscheidungen, weil ihre Arbeit auch von standortpolitischen Interessen getrieben war. Gleichzeitig konnten sich aber die Länder nicht auf die Bildung einer einheitlichen Aufsichtsbehörde für das bundesweite Fernsehen einigen (Vgl.: Kühn 2003: 60).

Von Seiten der Fernsehindustrie war der zentrale Vorwurf an die konzentrationsrechtlichen Regelungen, dass das Beteiligungsmodell die deutschen Medienunternehmen am weiteren Wachstum hindere. Die beiden großen Veranstalter, Kirch und Bertelsmann, hatten ihre Beteiligungsmöglichkeiten bereits erschöpft und teilweise mit Hilfe von Schachtelbeteiligungen und Strohmännern über das erlaubte Maß hinaus ausgedehnt. Seit Anfang der 1990er begannen ausländische Medienunternehmen wie *Time Warner*, *Disney* und die *News Corporation* sich auf dem deutschen Rundfunkmarkt zu engagieren. Es wurde die Forderung erhoben, man dürfe den deutschen Rundfunkmarkt nicht den ausländischen Unternehmen überlassen und gleichzeitig die internationale Wettbewerbsfähigkeit der deutschen Medienunternehmen aufs Spiel setzen, indem man sie auf ihrem Heimatmarkt am Wachsen hindere. Dabei ging man in der Diskussion davon aus, dass nationale Programmträger für die nationale Meinungsbildung stärker relevant seien als ausländische Programmträger (Vgl.: Mailänder 2000: 294).

Zu der Kritik an Effizienz und Praxisnähe der Regeln kam ein weitgehender Konsens darüber, dass die Regelungen zur Konzentrationskontrolle nicht mehr zeitgemäß seien. Man ging davon aus, dass sich mit fortschreitender Digitalisierung die zur Verfügung stehenden Verbreitungskapazitäten vervielfachen würden, so dass Anbieter in Zukunft dazu übergehen würden, statt einzelner Programmkanäle Programmbündel, so genannte Programmbouquets, zu verbreiten.[225] Die bisherige

Regelung, nach der ein Veranstalter bundesweit nur zwei Programme verbreiten durfte, schien dieser sich abzeichnenden Entwicklung nicht angemessen und hätte sie vermutlich verhindert (Vgl.: Schellenberg 1997: 40f.).

Phase II: Konzentrationskontrolle über Zuschaueranteile (seit 1997)

Mit dem Dritten Rundfunkänderungsstaatsvertrag wurde ab 1997 die Konzentrationskontrolle für das bundesweit verbreitete Privatfernsehen völlig neu konzipiert. Das *Beteiligungsmodell* des ersten Rundfunkänderungsstaatsvertrags wurde durch das so genannte *Zuschaueranteilsmodell* ersetzt. Seitdem gelten nicht mehr die Anzahl der veranstalteten Programme und die Höhe der Beteiligung an den Programmveranstaltern als Indikator für Eigentümerkonzentration, sondern der Jahresanteil am Zuschauermarkt. Zentrales Konzentrationsmaß in der Konzentrationskontrolle ist der Zuschauermarktanteil:

> „Erreichen die einem Unternehmen zurechenbaren Programme im Durchschnitt eines Jahres einen Zuschaueranteil von 30 v.H., so wird vermutet, daß vorherrschende Meinungsmacht gegeben ist." (RStV in der Fassung von 2006: §26, Abs. 2)

Ein Unternehmen darf bis zum Erreichen dieser Höchstgrenze unbegrenzt viele Programme kontrollieren und veranstalten, hinsichtlich der Höhe der Beteiligungen an diesen Programmen sehen die Regelungen keine Beschränkungen vor (Vgl.: RStV in der Fassung von 2006: §26, Abs. 1). Ob ein Zuschaueranteil von 30 Prozent vorliegt, wird in zwei Schritten ermittelt: Zunächst werden die Zuschaueranteile jedes einzelnen Fernsehprogramms festgestellt, dann werden die ermittelten Zuschaueranteile den an diesem Sender beteiligten Unternehmen zugerechnet.[226] Dabei werden die Zuschaueranteile eines Senders einem Unternehmen ab einer Mindestbeteiligung von 25 Prozent voll zugerechnet - unabhängig von der tatsächlichen Höhe der Beteiligung.[227] Beteiligungen unter der 25-Prozent-Grenze werden bei der Berechnung des Zuschaueranteils nicht berücksichtigt (Vgl.: RStV in der Fassung von 2006: §28). Daran anschließend wird geprüft, ob das Unternehmen mit den ihm zurechenbaren Programmen die 30-Prozent-Hürde erreicht. Dem Wortlaut der Vorschrift nach wird beim Erreichen der Schwelle zunächst eine vorherrschende Meinungsmacht vermutet. Das betroffene Unternehmen kann diese Vermutung jedoch widerlegen, beispielsweise durch den Nachweis von binnenpluralen Sicherungsmechanismen.[228]

Daneben enthielt der Rundfunkstaatsvertrag erstmals eine Regel, mit der die intermediale Konzentration erfasst wurde: Eine vorherrschende Meinungsmacht wird danach ebenfalls vermutet, wenn ein Unternehmen im Fernsehbereich den Zuschaueranteil von 30 Prozent geringfügig unterschreitet,

„sofern das Unternehmen auf einem medienrelevanten verwandten Markt eine marktbeherrschende Stellung hat oder eine Gesamtbeurteilung seiner Aktivitäten im Fernsehen und auf medienrelevanten verwandten Märkten ergibt, dass der dadurch erzielte Meinungseinfluss dem eines Unternehmens mit einem Zuschaueranteil von 30 von Hundert im Fernsehen entspricht (RStV in der Fassung von 1995: § 26, Abs. 2).

Diese Regel mit Cross-Ownership-Elementen war zuvor sehr viel unspezifischer gehalten. Nach einer älteren Regelung galt sie nur bei „einer geringfügigen Unterschreitung des Zuschaueranteils [von 30 Prozent] (RStV in der Fassung von 2001: § 26, Abs. 2). Die Einbeziehung der so genannten *verwandten Märkte*[229] basiert auf der Vermutung, dass ein Veranstalter durch Aktivitäten in anderen Medienmärkten seine Meinungsmacht verstärken kann.

Zuständig für die Ermittlung und Überwachung der Konzentration im Rundfunksektor ist die unabhängige *Kommission zur Ermittlung der Konzentration im Medienbereich (KEK)*, die vorherrschende Meinungsmacht von Fernsehveranstaltern bundesweit und verbindlich für alle Landesmedienanstalten feststellt. Die Kommission wurde mit dem Dritten Rundfunkänderungsstaatsvertrag von 1997 geschaffen. In der KEK sitzen sechs Sachverständige des Rundfunks und des Wirtschaftsrechts, die von den Ministerpräsidenten der Länder einstimmig für fünf Jahre ernannte werden, und die nicht weisungsgebunden sind (Vgl.: RStV in der Fassung von 2006: §35). Obwohl weiterhin formal die einzelnen LMAs für die Sicherung der Meinungsvielfalt zuständig sind, trifft seit 1997 tatsächlich die KEK die endgültige Entscheidung in den jeweiligen Fällen: Bei der Zulassung eines neuen Fernsehsenders muss die betreffende Landesmedienanstalt, die grundsätzlich für die Prüfung und Zulassung eines Programms auch unter Aspekten der Vielfaltsicherung zuständig ist, eine Entscheidung der KEK darüber einholen, ob die Zulassung unter Vielfaltgesichtspunkten möglich ist. Die Entscheidung der KEK ist für die betreffende Anstalt grundsätzlich bindend (Vgl.: Mailänder 2000: 298).[230] Hat die KEK das Erreichen einer vorherrschenden Meinungsmacht festgestellt, dann sind die Landesmedienanstalten verpflichtet, zusätzliche Programme, die dem betreffenden Anbieter zugerechnet werden können, nicht zuzulassen und für Neuerwerbungen des Anbieters keine Unbedenklichkeitsbestätigungen zu erteilen (Vgl.: RStV in der Fassung von 2006: §26, Abs. 3). Stellt die KEK eine vorherrschende Meinungsmacht fest, versucht sie, sich mit dem betroffenen Unternehmen auf eine oder mehrere Maßnahmen zu einigen, um die vorherrschende Meinungsmacht abzuschwächen. Die Regelungen sehen folgende Maßnahmen vor: Die Aufgabe von Senderbeteiligungen, die Reduzierung der Stellung auf verwandten Märkten, die Einräumung von Sendezeiten für Dritte oder die Errichtung eines Programmbeirates.[231] Kommt keine Einigung zustande, läßt die KEK durch die zuständige LMA die Zulassung von so vielen Programmen des Unternehmens widerrufen, bis keine vorherrschende Meinungsmacht mehr vorliegt (Vgl.: RStV in der Fassung von 2006: §26, Abs.4). Die Regelungen der Konzentrationskontrolle gelten nur für das kommerzielle Fernsehen[232] und unterscheiden weder nach dem Verbreitungsmedium (terrestrisch, Kabel, Satellit) noch nach der Finanzierungsform (Vgl.: Mailänder 2000: 294f.). Die Regeln gelten bundesweit[233] einheitlich und erlauben weder strengere noch laxere Regeln auf der Ebene der Landesmediengesetze (Vgl.: RStV in der Fassung von 2006: §39).[234]

Vor allem die fehlende Koordination der Landesmedienanstalten untereinander und das Ausspielen der Anstalten gegeneinander durch die Fernsehveranstalter waren ausschlaggebend für die Einrichtung der KEK. Als Gremium für eine koordinierte Kontrolltätigkeit der Landesmedienanstalten sollte die KEK Auseinandersetzungen zwischen einzelnen Landesmedienanstalten, wie sie in der Vergangenheit vorgekommen waren, verhindern (Vgl.: Mailänder 2000: 296f.).[235] Außerdem sollten dadurch standortpolitisch motivierte Lizenzierungsentscheidungen mit konzentrationsförderndem Charakter, wie sie seit der Verabschiedung des ersten Rundfunkstaatsvertrags zu beobachten waren, künftig verhindert werden. Rechtlich betrachtet wird die KEK im konkreten Entscheidungsfall ein Organ derjenigen Landesmedienanstalt, die über eine Zulassung entscheiden muss. Wegen dieser fallbezogenen Tätigkeit für unterschiedliche LMAs, wurde das rechtlich selbständige Organ KEK auch als „Wanderniere" bezeichnet (Vgl.: Dörr 1996: 623). Vermutlich wurde diese rechtliche Struktur gewählt, um das zentralistische Organ KEK in eine Rundfunkordnung zu integrieren, die grundsätzlich die Verantwortung für den

Rundfunk den Ländern zuschreibt. Hervorzuheben ist, dass die KEK nicht nach dem *pluralistischen Modell* (auch: *Versammlungsmodell*) besetzt ist, dass bei den Aufsichtsgremien der öffentlich-rechtlichen Rundfunkanstalten und fast allen LMAs zum Einsatz kommt, sondern nach dem so genannten *Ratsmodell*, bei dem auf eine gesellschaftliche Repräsentation verzichtet wird und ein kleineres berufenes Gremium entscheidet. Mit der Etablierung des sechsköpfigen Expertengremiums KEK und der Übertragung der Konzentrationskontrolle auf dieses Gremium wurde gleichzeitig ein Schritt von der stark politisierten Konzentrationskontrolle durch die Landesmedienanstalten hin zu einer Regulierung durch Experten vollzogen.

Obwohl die Schaffung der zentralisierten und mit Experten besetzten KEK in der Literatur grundsätzlich als positive Entwicklung bewertet wurde, (Vgl.: Stock 1997: 66ff.) wird jedoch teilweise angezweifelt, ob mit der KEK die Effektivität der Konzentrationskontrolle erhöht wurde. Müller verweist darauf, dass sich mit der Einrichtung der KEK die den Landesmedienanstalten zur Verfügung stehende Sachkompetenz kaum erhöht habe: Die *Gemeinsame Stelle für Vielfaltssicherung*, eine 1993 geschaffene länderübergreifende Arbeitsgruppe der LMAs, habe bereits über gleichwertige Sach- und Fachkenntnisse verfügt. Zudem sei auch die Zusammensetzung der KEK potentiell problematisch. Einige der Kommissionsmitglieder arbeiten als Anwälte, Berater oder Gutachter für die gleichen Fernsehveranstalter, die sie im Rahmen ihres KEK-Mandats kontrollieren sollen. Interessenskonflikte scheinen hier möglich (Vgl.: Müller 2002: 152).

Der Wechsel vom Beteiligungsmodell zum Zuschaueranteilsmodell und die Schaffung der KEK werden in der Literatur sehr positiv bewertet, vor allem weil die Zielgröße Zuschaueranteil ein besserer Indikator für vorherrschende Meinungsmacht sei als die zuvor betrachteten Beteiligungen (Vgl.: Mailänder 2000: 305). Zudem scheint das neue Konzentrationsmodell die konzentrationsrechtlichen Voraussetzungen für die Schaffung neuartiger Formen der Programmvermarktung zu beinhalten. Ein Beispiel dafür sind Programmbouquets im digitalen Fernsehen, die nach dem alten Modell praktisch ausgeschlossen gewesen wären (Vgl.: Holznagel und Grünwald 2001: 105). In dieser Hinsicht kommt das neue Modell der Konzentrationskontrolle den Forderungen der Fernsehindustrie entgegen.

Während die Grundstruktur der Konzentrationskontrolle nach 1997 als weitgehend gelungen gilt, wurde die Ausgestaltung des neuen Zuschaueranteilsmodells im Detail stark kritisiert. Das gilt vor allem für die Festlegung der Zuschaueranteilsobergrenze von 30 Prozent. Diese Grenze ist nach Ansicht von Mailänder (2000: 305) „unerreichbar hoch gelegt". Der Zuschaueranteil der öffentlich-rechtlichen Sender wird nämlich bei der Berechnung berücksichtigt. Ende 1996 vereinten die öffentlichen-rechtlichen Sender 40 Prozent der Zuschaueranteile auf sich, heute sind es 50 Prozent. Die Obergrenze von 30 Prozent entspricht also de facto der Erlaubnis, den deutschen Privatfernsehmarkt unter zwei Unternehmensgruppen aufzuteilen, ein Zustand der Ende 1996 bereits bestand (Vgl.: Dürr 1996: 626). Denn ein Zuschaueranteil von 30 Prozent ist auf dem hochkonzentrierten deutschen Fernsehmarkt praktisch nicht erreichbar. So rechnet Röper vor, dass bei Anwendung der neuen Berechnungsregeln die inzwischen nicht mehr existierende Kirch-Gruppe Ende 1996 einen Marktanteil von 15,4 Prozent gehabt hätte, wenn die Zurechnung nur nach dem Kapitalanteil erfolgt wäre. Selbst wenn diejenigen Sender einbezogen würden, bei denen Röper und viele andere Beobachter von einem vergleichbaren Einfluss ausgingen, nämlich Pro Sieben und Kabel 1, würde sich der Zuschauermarktanteil auf 27,9 Prozent addieren – und damit immer noch unter der Obergrenze liegen. Auch die inzwischen in der RTL Group aufgegangene CLT-Ufa, die erst mit dem Inkrafttreten der neuen Regeln in ihrer fusionierten Form entstand, wäre bei der Zurechnung nach Kapitalanteil Ende 1996 auf einen Zuschauermarktanteil von 20,3 Prozent gekommen, und selbst unter Berücksichtigung von vergleichbarem Einfluss auf 24,7 Prozent – ebenfalls erheblich unter der Obergrenze (Vgl.: Röper 1996: 612ff.).[236]

Zudem liegt die Erfassungsschwelle für Unternehmensbeteiligungen mit 25 Prozent so hoch, dass das viele Beteiligungen an Fernsehprogrammen großen Medienkonzernen nicht zugerechnet werden konnten. Die Landesmedienanstalten hatten zunächst eine Grenze von 5 Prozent vorgeschlagen und 10 Prozent als die absolute Schmerzgrenze definiert (Dörr 1998: 54). Röper (1996: 611) berichtet, dass ursprünglich bei den Verhandlungspartnern Konsens darüber bestanden habe, die Schwelle auf 10 Prozent zu setzen. Erst Mitte 1996 sei die Schwelle während der Verhandlungen auf 25 Prozent angehoben worden. Die 25-Prozent-Schwelle hat zusammen mit der Nicht-Berücksichtigung mehrfacher Beteiligungen erhebliche Konsequenzen für die Zurechnung von Beteiligungen. So wäre nach der Anwendung der Regeln der Springer-Konzern, der als Anteilseigner von Sat.1 und DSF de facto einen erheblichen Einfluss auf dem deutschen Fernsehmarkt ausübte, nach den neuen Regeln auf dem deutschen Fernsehmarkt irrelevant gewesen – nach den neuen Regeln hätten dem Konzern keine Marktanteile zugerechnet werden müssen (Vgl.: Röper 1996: 611ff.).[237] Holznagel und Grünwald (2001: 104) kommen deshalb in ihrem europäischen Vergleich der medienspezifischen Konzentrationskontrolle zu dem Schluss, dass „[Deutschland] wohl über die schwächsten Regelungen auf diesem Gebiet in Europa überhaupt verfügt."

Die permissive Ausgestaltung der Neuregelung der Konzentrationskontrolle hatte vorrangig einen industriepolitischen Hintergrund. So hatten Politiker die Neuregelungen mit Verweisen auf die Wettbewerbsfähigkeit der deutschen Medienindustrie begründet. Bezeichnend ist die Beobachtung, dass die Medienindustrie diese Linie der Politik selbst vorangetrieben hat. Horst Röper (1996: 610) beschreibt den Fall des Fernsehkonzerns CLT-Ufa. Im ersten Halbjahr 1996 bereiteten der luxemburgische Fernsehkonzern CLT und die Bertelsmann-Fernsehtochter UFA ihre Fusion vor – eine Fusion, die überhaupt nur unter der im Laufe des Jahres 1996 diskutierten Neuregelung möglich gewesen wäre; denn beide Unternehmen zusammengenommen waren maßgeblich an RTL, RTL 2, Super RTL und Premiere beteiligt. Die beiden Unternehmen fusionierten tatsächlich zum 1. Januar 1997 mit Inkrafttreten der neuen Regeln. Röper (1996: 610) interpretiert die Simultanität von Staatsvertragsverhandlungen und Fusionsvorbereitungen so, dass die beiden Medienkonzerne die Ministerpräsidenten vor vollendete Tatsachen gestellt und eine ihnen genehme Gesetzgebung erzwungen hätten:

> „Mit der im ersten Halbjahr 1996 auf den Weg gebrachten Fusion haben die beiden Konzerne mitten in den Verhandlungen über den Staatsvertrag die Politik animiert, den bis dahin erreichten Zwischenstand so zu modifizieren, daß die Unternehmenswünsche umgesetzt werden können."

Diese Sichtweise ist spekulativ. Dass die beiden Konzerne die Ministerpräsidenten vor vollendete Tatsachen gestellt haben, scheint in diesem Zusammenhang ein falscher Schluss: Eine Fusion dieser Größenordnung ist anmeldepflichtig und hätte noch vor ihrem Vollzug verboten werden können.

Allerdings kann davon ausgegangen werden, dass die beiden beteiligten Konzerne auf eine großzügige Regelung zu ihren Gunsten drängten, und dass sie möglicherweise sehr früh Signale bekamen, wie die neuen Obergrenzen ausfallen würden.

Die Zementierung des Status quo durch die neuen Regelungen wurde vermutlich auch dadurch bestimmt, dass die bestehende Konzentration im Fernsehsektor strengere Regeln gar nicht möglich gemacht hätte. Entflechtungen bestehender unternehmerischer Verbindungen standen zu keiner Zeit zur Debatte. Der damalige RTL-Geschäftsführer Helmut Thoma hat diese Restriktion politischen Handelns treffend charakterisiert: „Rühreier lassen sich nicht mehr entrühren" (Vgl.: Dörr 1996: 626). Dörr resümiert denn auch, dass die neuen Vorschriften zur Meinungsvielfalt nur verhindern können, dass der gesamte private Fernsehmarkt nicht von einem Anbieter dominiert wird – ein Zustand, der im landesweiten Privatfernsehen in Italien Ende 1996 bereits eingetreten war. Dieser Ansatz ähnelt dem Erlass des *Energiewirtschaftsgesetzes* von 1935, in dem ebenfalls die vor 1933 durch die privaten Versorger etablierten Marktstrukturen festgeschrieben wurden (Vgl.: Müller 2002: 152)[238].

Der strukturell sinnvolle Wechsel vom Beteiligungsmodell zum Zuschaueranteilsmodell wird durch die großzügige Ausgestaltung der Obergrenzen und Zurechnungsvorschriften ad absurdum geführt. Offensichtlich war die Ausgestaltung des Zuschaueranteilsmodells nicht vom Ideal der Konzentrationskontrolle geleitet, sondern von industriepolitischen Erwägungen und dem Versuch, die bestehenden Beteiligungsverhältnisse am deutschen Fernsehmarkt zu akkomodieren. Der dritte Rundfunkänderungsstaatsvertrag führt ein zukunftsweisendes Modell der Konzentrationskontrolle ein, das allerdings so ausgestaltet ist, dass es im Kontext des damaligen Privatfernsehmarktes weitgehend sinnlos war. Der Regimewechsel in der Konzentrationskontrolle stellt damit vor allem eine erhebliche Deregulierung des deutschen Privatfernsehmarktes hinsichtlich der Vielfaltssicherung dar.

Auch die erstmals eingeführten Regeln zur intermediären Konzentration, die in Ermangelung eines griffigen deutschen Begriffs auch in der deutschsprachigen Literatur *Cross Ownership-Regeln* genannt werden, stellten keine Begrenzung da. Sie griffen nämlich erst marginal unterhalb der praktisch nicht zu erreichenden 30-

Prozent-Obergrenze. Auch hier geht die Literatur davon aus, dass industriepolitische Erwägungen zu den wenig konsequenten Regelungen geführt hätten (Vgl.: Mailänder 2000: 305) und dass der politische Wille gefehlt habe, konsequente Cross Ownership-Regeln einzuführen (Vgl.: Röper 1996: 618). Die Cross Ownership-Regel wurde mit dem sechsten Rundfunkänderungsstaatsvertrag, der im Juli 2002 in Kraft trat, umformuliert. Seitdem gilt, dass eine vorherrschende Meinungsmacht nicht nur beim Erreichen der Zuschaueranteilsobergrenze von 30 Prozent vermutet wird, sondern auch, wenn ein Unternehmen im Fernsehbereich einen Zuschaueranteil von 25 Prozent erreicht,

> „sofern das Unternehmen auf einem medienrelevanten verwandten Markt eine marktbeherrschende Stellung hat oder eine Gesamtbeurteilung seiner Aktivitäten im Fernsehen und auf medienrelevanten verwandten Märkten ergibt, dass der dadurch erzielte Meinungseinfluss dem eines Unternehmens mit einem Zuschaueranteil von 30 von Hundert im Fernsehen entspricht (RStV in der Fassung von 2006: §26, Abs. 2).

Zuvor war diese Cross-Ownership-Regel wie oben dargestellt sehr viel unspezifischer gehalten und griff nur bei „einer geringfügigen Unterschreitung des Zuschaueranteils [von 30 Prozent]." (RStV in der Fassung von 1995, bzw. 2001: § 26, Abs. 2) Allerdings stellt diese Umformulierung der Regelung in der Praxis keine Verschärfung dar. Bei der Berechnung des Zuschaueranteil wird der Zuschaueranteil nämlich um zwei Prozent gekürzt, wenn das meistgesehene Programm des betroffenen Veranstalters regionale Fensterprogramme ausstrahlt, und wird um weitere drei Prozent gekürzt, wenn der betroffene Veranstalter Dritten Sendezeit eingeräumt. Dadurch greift diese Cross Ownership-Regel erst bei einem tatsächlichen Zuschauermarktanteil von 30 Prozent, denn SAT.1 und RTL, die Hauptprogramme der beiden großen Fernsehkonzerne ,strahlen bereits Programmfenster aus und Sendezeit für Dritte müssen die Veranstalter ja bereits, wie oben dargestellt, ab einem Zuschauermarktanteil von 20 Prozent bereitstellen. Die Erfassungsgrenze der Cross Ownership-Regelung bleibt also auch nach dieser Umformulierung unerreichbar. Die Gründe für diese Umformulierung sind unklar, in der Literatur fand sie keinen Niederschlag, vermutlich auch, weil sie in der Praxis keine Konsequenzen hat.

7.5 Exkurs: Weitere Mittel der Vielfaltsicherung

Grundsätzlich zweifelt der Gesetzgeber daran, dass allein durch den Wettbewerb auf dem Medienmarkt Meinungsvielfalt in den Programmen entsteht. Er geht davon aus, dass der werbefinanzierte Rundfunk systemimmanent möglichst massenattraktive Programme anbieten muss, wodurch die Qualität des Programms abnimmt und die Interessen kleiner gesellschaftlicher Gruppen nicht mehr bedient werden. Alle Landesmediengesetze und der Rundfunkstaatsvertrag verpflichten deshalb die Veranstalter von privatem Rundfunk, die Vielfalt der Meinungen im Wesentlichen zum Ausdruck zu bringen und den wichtigsten politischen, weltanschaulichen und gesellschaftlichen Gruppen sowie Minderheiten Platz im Vollprogramm einzuräumen – das ist der im vorangegangenen Kapitel erwähnte *Grundstandard gleichgewichtiger Vielfalt,* dem die privaten Vollprogramme genügen müssen. Außerdem sollen private Vollprogramme Aufgaben der Bildung, Beratung, Unterhaltung, Kultur und umfassenden Information erfüllen und vor allem mit der Informationsfunktion zur individuellen und öffentlichen Willensbildung beitragen (Vgl.: RStV in der Fassung von 2006: §25, Abs. 1 und Kühn 2003: 89f.).[239] Darüber hinaus hat der Gesetzgebern neben die Regeln der Konzentrationskontrolle, die auf bundesweit verbreitete Fernsehprogramme angewendet werden, weitere Regelungen gestellt, die der präventiven Vielfaltssicherung und damit der Sicherung der freien Meinungs- und Willensbildung dienen sollen. Diese Instrumente werden im Weiteren knapp dargestellt:

- **Fensterprogramme**[240]: In den beiden reichweitenstärksten bundesweit verbreiteten privaten Vollprogrammen müssen für jedes Bundesland Regionalfensterprogramme mit regionalem Inhalt gesendet werden (RStV in der Fassung von 2006: §25, Abs. 4). Bei Sat 1 und RTL – auf diese beiden Programme ist dieser Passus des RStV zugeschnitten – beträgt die Dauer der Fensterprogramme jeweils täglich 30 Minuten (Vgl.: Kühn 2003: 94).

- **Sendezeiten für unabhängige Dritte**: Veranstalter eines Vollprogramms oder eines Spartenprogramms mit Schwerpunkt Information, die mit dem betreffenden Programm einen durchschnittlichen Zuschauermarktanteil von zehn Prozent erreichen, oder mit allen Programmen zusammen zwanzig Prozent der Zuschauer,[241] müssen anderen unabhängigen Veranstaltern einen (sehr begrenzten) Teil der Sendezeit für so genannte Fensterprogramme einräumen. Die regionalen Fensterprogramme werden im Allgemeinen auf die Sendezeit für Dritte angerechnet (Vgl.: RStV in der Fassung von 2006: §26, Abs. 5 und §31).[242]

- **Erhöhte Anforderungen**: Wenn eine außenpluralistische Vielfalt nicht gegeben ist[243], muss jedes einzelne Programm inhaltlich ausgewogen sein. Einige Landesmediengesetze schreiben in einem solchen Fall zusätzlich binnenstrukturelle Pluralismusinstrumente wie Programmbeiräte vor (Vgl.: Kühn 2003: 91).

- **Programmgrundsätze**: Diese Regeln gelten für öffentlich-rechtliche und private Veranstalter gleichermaßen und verpflichten beispielsweise dazu, die Würde des Menschen einzuhalten. Relevant für die Meinungsvielfalt ist die Forderung, dass ein Programm nicht einseitig eine Partei, Interessensgruppe oder Weltanschauung unterstützen darf. Außerdem soll über kontroverse Themen neutral und fair berichtet werden (Vgl.: Kühn 2003: 92f.).

- **Sendezeit für Parteien und Glaubensgemeinschaften**: Die Landesmediengesetze und der Rundfunkstaatsvertrag (in der Fassung von 2006: §42) verpflichten private Rundfunkveranstalter, der katholischen und den evangelischen Kirchen, den jüdischen Gemeinschaften sowie Parteien und Vereinigungen kostenpflichtig Sendezeit zur Verfügung zu stellen (Vgl.: Kühn 2003: 96f.).[244]

Die 1997 als vielfaltssicherndes Instrument eingeführte Verpflichtung zur Ausstrahlung von Fensterprogrammen war zum damaligen Zeitpunkt sehr umstritten und wurde – erwartungsgemäß – vor allem von den betroffenen Privatsendern kritisiert (Vgl.: Dörr 1996: 627). Um auszuschließen, dass die Programme der Drittanbieter so wenig zum Hauptprogramm passen, dass der Zuschauer vom Hauptprogramm entfremdet wird, haben die Veranstalter bei der Auswahl der Drittanbieter ein ausgeprägtes Mitspracherecht. In der Praxis setzen die Hauptprogrammveranstalter so vor allem Drittanbieter durch, mit denen sie ohnehin Beziehungen pflegen – ob auf diese Weise die Vielfalt im Programm in der erwarteten Weise gesteigert wird, ist fraglich.

7.6 Regelungen für lokalen, regionalen und landesweiten Rundfunk

In den Landesmediengesetzen sind Regeln zur Konzentrationsbekämpfung für lokale, regionale und landesweite Fernseh- und Radioprogramme festgehalten. Diese Regelungen beschränken in der Regel die Zahl der Programme, die ein Unternehmen in einem bestimmten Verbreitungsgebiet betreiben darf, auf zwei Vollprogramme. Auf lokaler Ebene gilt das Problem der intermediären Konzentration als besonders virulent, weil in vielen Städten und Landkreisen die ansässigen Zeitungsunternehmen mit ihren gedruckten Medienprodukten bereits eine Monopolstellung haben. Diejenigen Länder, die kommerziellen lokalen oder regionalen Rundfunk zulassen, begrenzen deshalb in ihren Landesmediengesetzen die Beteiligung von Presseunternehmen an landesweiten Rundfunkprogrammen (Vgl · Kühn 2003: 86).

7.7 Der private Rundfunk und das Wettbewerbsrecht

Auch in Deutschland unterliegt der private Rundfunk hinsichtlich dem Eigentum und der Konzentration nicht nur der speziellen Konzentrationskontrolle für den Rundfunk, sondern auch dem allgemeinen Wettbewerbsrecht. Während der Rundfunk Hoheit der Lander ist, liegt die Zuständigkeit für Kartell- und Wettbewerbsfragen beim Bund. Fragen wirtschaftlicher Verflechtung betreffen zwar auch die Sicherung der Meinungsvielfalt, doch greifen die Kompetenzen des Bundes nicht in die Rundfunkhoheit der Länder ein. Denn die beiden Instrumentarien verfolgen unterschiedliche Ziele: Das Kartell- und Wettbewerbsrecht bekämpft Marktbeherrschung und ökonomische Konzentration, um deren ökonomische Folgen zu verhindern. Die spezielle Konzentrationskontrolle für den Rundfunk hingegen will inhaltliche Vielfalt schaffen und erhalten und wendet sich gegen publizistische Konzentration, aus der eine Ballung von Meinungsmacht entstehen kann (Vgl.: Kühn 2004: 44f.). Das Kartellrecht wird in Deutschland vom *Bundskartellamt* (*BKartA*) ausgeübt, das wirtschaftsfremde Aspekte wie Pluralismus oder Meinungsmacht nicht berücksichtigt (Vgl.: Müller 2002: 151). Vom Kartellrecht wird nur externes Wachstum durch Übernahmen und Zusammenschlüsse erfasst; internes Wachstum bleibt unberücksichtigt. Das Kartellamt wird nur tätig, wenn die kombinierten Umsätze der am Zusammenschluss beteiligten Unternehmen weltweit 500 Millionen Euro, beziehungsweise im Inland 25 Millionen Euro überschreiten; diese Erfassungsgrenzen gelten auch für Presse und Rundfunk. Anders als das US-Kartellrecht sieht das deutsche Kartellrecht keine nachträglichen Korrekturen wettbewerbshemmender Marktstrukturen wie etwa Entflechtungen vor. Das Bundeskartellamt kann Zusammenschlüsse untersagen, wenn das entstehende Unternehmen dadurch in betroffenen Märkten eine marktbeherrschende Stellung erlangt, die bei einem Marktanteil von mindestens einem Drittel vermutet wird. Die räumlich relevanten Märkte im Medienbereich sind der lokale, der regionale und der überregionale Markt, im Fernsehbereich wird außerdem zwischen dem Zuschauer-, dem Werbe- und dem Programmbeschaffungsmarkt unterschieden. Inwieweit andere Medienmärkte, etwa Online, Radio und Print, in eine Untersuchung des Fernsehmarktes einbezogen werden können, ist nicht allgemeingültig festgelegt und hängt davon ab, inwieweit der Verbraucher die Güter der jeweiligen Märke für austauschbar hält um einen bestimmten Bedarf damit zu decken (Vgl.: Kühn 2004: 77f.) Die spezielle Konzentrationskontrolle für den Rundfunk erscheint in mehrfacher Hinsicht strenger als das allgemeine Wettbewerbsrecht. So kennt das deutsche Kartellrecht, anders als das US-Wettbewerbsrecht, keine Entflechtungen zur nachträglichen Korrektur von wettbewerbshemmenden Marktstrukturen, während in der speziellen Konzentrationskontrolle für den Rundfunk solche Entflechtungsmaßnahmen vorgesehen sind. Darüber greift das Kartellrecht nur bei Zusammenschlüssen, während die KEK auch bei internem Wachstum tätig werden kann.

Die Tatsache, dass die Eigentumsverhältnisse bei Zusammenschlüssen im Rundfunksektor der Bewertung durch zwei Behörden unterliegen, ist eine potentielle Quelle von Dysfunktionalitäten und Irritationen. Schwerwiegende negative Auswirkungen wie gegenseitige Blockaden der Institutionen scheinen jedoch ausgeschlossen. Weil KEK und Bundeskartellamt unterschiedliche Zielsetzungen verfolgen, ist dieses Problem nicht so stark ausgeprägt wie beispielsweise im Verhältnis von Bundeskartellamt und Bundesnetzagentur, die nicht nur identische Sachverhalte regeln, sondern auch vergleichbare ökonomische Ziele anstreben.[245] Eine Kooperation zwischen KEK und Bundeskartellamt, wie sie beispielsweise im Telekommunikationssektor zwischen Bundesnetzagentur und dem Amt vorgeschrieben ist, scheint im Fernsehbereich nicht nötig, weil beide

Gremien unterschiedliche Zielsetzungen verfolgen. So kann es selbst bei unterschiedlichen Bewertungen eines Zusammenschlusses nicht zu einer Patt-Situation kommen, weil beide Institutionen ihre Bewertungen auf unterschiedlichen Grundlagen vornehmen. Das erzeugt im Prozess sicherlich Irritationen und einen gewissen Grad von Dysfunktionalität, aber grundsätzlich können beide Gremien getrennt und unabhängig voneinander arbeiten.

Exkurs: Die geplante Übernahme von ProSiebenSat.1 durch Axel Springer

Zur Jahreswende 2005/2006 geriet die KEK erstmals ins Blickfeld der Medien und der Öffentlichkeit, als sie über die Zulässigkeit einer Übernahme in der Medienindustrie entscheiden musste und dabei zum ersten Mal eine *vorherrschende Meinungsmacht* diagnostizierte.

Am 5. August 2005 verkündete die Axel Springer AG, das Fernsehunternehmen ProSiebenSat.1 Media AG übernehmen zu wollen; man habe sich darauf mit dem Besitzer, einer Gruppe von Finanzinvestoren geeinigt. Die geplante Übernahme erregte im In- und Ausland Aufsehen, vor allem angesichts der publizistischen Macht, die sich durch einen solchen Zusammenschluss ergeben würde: Der größte Zeitungskonzern des Landes wollte sich mit einem der beiden großen Fernsehkonzerne verschmelzen. Bereits mit seinen Zeitungen erreichte Springer jeden Tag mehr als 20 Prozent der deutschen Zeitungsleser, dazu wären die Fernsehkanäle Sat.1, Pro Sieben, Kabel 1, N 24 und Neun Live gekommen (Vgl.: Hamann 2005)

Im November 2005 untersagte die KEK die Übernahme mit der Begründung, dass durch den Zusammenschluss eine vorherrschende Meinungsmacht entstünde. Zu diesem Schluss gelangte die KEK durch den Einbezug der „verwandten Märkte", zu denen sie im Fall von Springer Tageszeitungen, Programmzeitschriften, Hörfunk und Online-Medien zählte (Vgl.: Hamann 2006). Damit hatte die KEK zum ersten Mal zehn Jahre nach ihrer Gründung eine vorherrschende Meinungsmacht festgestellt.

In den darauffolgenden Monaten verhandelten die KEK und die Axel Springer AG um eine Lösung, dabei wurden öffentlich verschiedene Kompromisse diskutiert: Unter anderem bot Springer an, seine Programmzeitschriften zu verkaufen und die KEK schlug die Einrichtung eines pluralistisch besetzten Fernsehbeirats mit inhaltlichen und wirtschaftlichen Kompetenzen als Kontrollgremium für einen der beiden großen Sender der Gruppe vor (Vgl.: Die Zeit online 2005). Diese Kompromisse schlugen fehl und am 10. Januar 2006 gab die KEK bekannt, sie werde einer Übernahme nur dann als medienkonzentrationsrechtlich unbedenklich bestätigen können, wenn Springer sich nach der Übernahme entweder von der Zeitung *Bild* oder von einem der großen Sender Sat.1 oder Pro Sieben trennen würde.

Auch das Bundeskartellamt, das wegen der hohen Umsätze der beteiligten Unternehmen den geplanten Zusammenschluss prüfte, teilte zwischen November 2005 und Mitte Januar 2006 mehrfach in Zwischenbescheiden mit, dass man den Zusammenschluss vermutlich verbieten werde, um ihn dann am 24. Januar 2006 endgültig zu untersagen. Am 1. Februar 2006 erklärte die Axel Springer AG, dass sie von den Übernahmeplänen abstand nehme Die Reaktion der Landesmedienanstalten auf die Arbeit der KEK fiel äußerst kritisch aus. Die Landesmedienanstalten Rheinland-Pfalz und Bayern kündigten am 26. Januar an, eine Abstimmung in der KDLM zu beantragen, um dort die KEK-Entscheidung aufheben zu lassen (Vgl.: Hamann 2006).

Diese Ereignisse werden im Rahmen dieser Untersuchung dargestellt, da hier die KEK zum ersten Mal in ihrer Geschichte tatsächlich eine Übernahme untersagte und sich daraus grundsätzliche Überlegungen zur Konzentrationskontrolle in Deutschland ableiten lassen. Zunächst wird deutlich, dass die KEK die effiziente Durchsetzung der Regeln des Rundfunkstaatsvertrags garantieren kann – der geplante Zusammenschluss kam nicht zustande. Die Effektivität der KEK in diesem Fall beruht sicherlich auch darauf, dass das Expertengremium weitgehend unabhängig von politischen Eigeninteressen entscheiden kann. Der Protest der Landesmedienanstalten von Rheinland-Pfalz und Bayern nach der KEK-Entscheidung machte erneut deutlich, dass Länderregierungen in ihrer Rundfunkpolitik politische Eigeninteressen und Standortinteressen über eine effektive Konzentrationskontrolle stellen. Denn wenn die Cross-Ownership-Regel in den Rundfunkstaatsvertrag aufgenommen wurde, um eine Übernahme zu verhindern, dann diese geplante.

Der KEK-Vorschlag, einen Programmbeirat einzurichten wurde von Unternehmen, Politikern und Verbänden als nicht praktikabel und realitätsfern abgelehnt (Vgl.: Hamann 2006). Das macht deutlich, dass mit dem Programmbeirat im Rundfunkstaatsvertrag eine Handlungsoption geschaffen wurde, die den Realitäten eines privatwirtschaftlichen Fernsehmarktes zuwiderläuft.

Der Fall zeigt auch, dass KEK und Bundeskartellamt unproblematischgleichzeitig einen Fall bearbeiten können, wenn beide zum gleichen Ergebnis kommen. Allerdings trat bei dieser Übernahme nicht der – interessantere - Fall ein, dass beide Gremien zu divergierenden Ergebnissen kamen.

7.8 Die deutsche Konzentrationskontrolle und das EU-Recht

Als Mitgliedsland der Europäischen Union (EU) ist Deutschland Teil einer supranationalen Gemeinschaft, deren Recht in vielen Bereichen Vorrang vor nationalem Recht beansprucht. Die nationale Gesetzgebung der Mitgliedsstaaten beruht inzwischen zu einem Großteil, in einigen Teilbereichen beinahe vollständig, auf Vorgaben des Gemeinschaftsrechts. Rundfunk gehört zu den Bereichen der nationalen Rechtsordnungen, die viele Mitgliedstaaten weitgehend vom Einfluss der EU fernhalten wollen. Trotzdem gibt es auf der Ebene der EU Bestrebungen, Teilbereiche der nationalen Rundfunkordnung zu regeln. So strebt die EU im Bereich der Konzentrationskontrolle – auch gegen den Widerstand einzelner Mitglieder - supranationale Regelungen an. Im Folgenden wird deshalb die Regelungskompetenz der EU für den Rundfunkbereich diskutiert und die Aktivitäten der EU in der Konzentrationskontrolle für den Rundfunk dargestellt.

Inwieweit die EU für den Rundfunk zuständig ist und für welche Teilgebiete des Rundfunkrechts sie eine Regelungskompetenz hat, wird in der Literatur kontrovers diskutiert (Vgl.: Krausnick 2005: 213ff.). Der jeweilige Standpunkt hängt davon ab, ob privatwirtschaftlich organisierter Rundfunk primär als wirtschaftliche Betätigung betrachtet wird oder ob er als kulturelle Angelegenheit gilt. Der Europäische Gerichtshof, dem die Interpretation des EU-Rechts obliegt, vertritt seit Mitte der 1970er Jahre die Auffassung, dass es sich beim Fernsehen um eine Dienstleistung handelt. Da die Herstellung eines Binnenmarktes auch für den Dienstleistungsbereich gilt, hat die EU im Rundfunkbereich eine Regelungskompetenz, insoweit diese dazu dient, die Regeln der Mitgliedsstaaten zu harmonisieren.[246] Dass Rundfunk Elemente einer Dienstleistung hat, wird in der Literatur nicht bestritten, doch fraglich ist, ob die EU deswegen jede Frage regeln darf, die den Rundfunk betrifft. Die Sicherung publizistischer Vielfalt gilt in der Literatur weitgehend als kulturelle Komponente der Rundfunkregelung und liegt damit außerhalb der EU-Kompetenz (Vgl.: Mailänder 2000: 96). Daran ändert auch die im 1993 in Kraft getretenen *Vertrag von Maastricht* festgelegte kulturelle Regelungskompetenz der EU nichts, denn sie ist stark begrenzt: Auf die Förderung von Kultur und auf den Erlass rechtlich unverbindlicher Empfehlungen (Vgl.: Mailänder 2000: 97f.).[247] Zudem weist der Europäische Gerichtshof darauf hin, dass die Erhaltung des Pluralismus und die Bewahrung des kulturellen Erbes einer Nation zu den zwingenden Erfordernissen einer öffentlichen Ordnung gehören, und dass damit nationale Sonderregelungen zulässig sind. Die damalige EG-Kommission stellte 1992 selbst fest:

> „Das einzige Ziel der Aufrechterhaltung des Medienpluralismus an sich stellt weder ein Gemeinschaftsziel dar, noch gehört dies zu den im EWG-Vertrag oder dem Vertrag über die Europäische Union vorgesehenen Befugnissen der Gemeinschaft." (EU-Kommission 1992: Grünbuch „Pluralismus", S. 57, zitiert in Mailänder 2000: 326)

Dennoch beansprucht die EU die Regelungskompetenz für die Konzentrationskontrolle, weil die entsprechenden nationalen Regeln nach EU-Ansicht das Funktionieren des Binnenmarktes beeinflussen. Die Konzentrationskontrolle nutzt nämlich wettbewerbsrechtliche Instrumente und greift damit in die Unternehmerfreiheit ein. Dies kann bei großen Unterschieden zwischen den vielfaltssichernden Vorschriften einzelner Mitgliedsstaaten problematisch werden. Die Verschiedenheit der Regelungssysteme könnte per se den Binnenmarkt behindern und so mit Zielen der EU konfligieren. Das gilt vor allem dann, wenn unterschiedlich restriktive Regime die internationale Konkurrenzfähigkeit international operierender Medienunternehmen beeinflussen (Vgl.: Mailänder 2000: 321). Die EU hat die Kompetenz, die Funktionsfähigkeit des Binnenmarktes sicherzustellen, indem sie große Unterschiede in nationalen Rechtsordnungen, die den Binnenmarkt behindern durch die Angleichung der Rechtsordnungen abbaut (Vgl.: Krausnick 2005: 217f.). Auf dieser Grundlage unternahm die EU-Kommission in den 1990er Jahren einen Vorstoß, die Medienkonzentrationsvorschriften in den Mitgliedsstaaten in einer Richtlinie zu vereinheitlichen. Die Initiative für diese Bemühungen ging vom Europäischen Parlament aus, das in zwei Entschließungen 1990 und 1992 die Kommission aufforderte, gemeinschaftsrechtliche Regeln für die Konzentrationskontrolle im Medienbereich zu erlassen. Als erste Reaktion darauf legte die Kommission im Dezember 1992 mit dem *Grünbuch Pluralismus* eine groß angelegte Untersuchung der Konzentration in den Medienindustrien der Mitgliedsstaaten und der nationalen konzentrationsbekämpfenden Maßnahmen vor. Die Reaktionen auf das Grünbuch waren gespalten: So plädierten der *Wirtschafts- und Sozialausschuss* und das *Europäische Parlament* (letzteres erwartungsgemäß) für eine medienspezifische Konzentrationskontrolle auf europäischer Ebene. Die Mehrzahl der Mitgliedsstaaten, darunter auch die Bundesrepublik, sprach sich jedoch gegen Regeln zur Vielfaltssicherung auf europäischer Ebene aus. Trotzdem veröffentlichte die für den Binnenmarkt zuständige Generaldirektion der Kommission im März 1997 einen Entwurf für eine Medienkonzentrationsrichtlinie. Die *Richtlinie des Europäischen Parlaments und des Rates über das Eigentum an den Medien im Binnenmarkt* sieht Regelungen für den Besitz von Fernsehen, Rundfunk und Tageszeitungen vor, wobei die Regeln für den Fernsehsektor den seit Anfang 1997 in Deutschland angewandten Regeln des Zuschauerbeteiligungsmodells ähneln. Der Richtlinienentwurf fand jedoch auch nach mehrmaliger Überarbeitung weder in der Kommission noch in wichtigsten Mitgliedsstaaten die nötige Zustimmung, um in Kraft zu treten. Im September 1997 wurde der Entwurf für eine Medienkonzentrationsrichtlinie deshalb ad acta gelegt (Vgl.: Mailänder 2000: 324ff.).[248]

7.9 Zwischenfazit

Die wesentlichen Grundstrukturen der Dualen Rundfunkordnung wurden durch die Verfassungsinterpretation des Bundesverfassungsgerichts präjudiziert; dies gilt auch für die spezielle Konzentrationskontrolle für den Rundfunk. Die in Artikel 5 GG verankerte Rundfunkfreiheit interpretiert das Gericht primär als eine institutionelle Freiheit, die es dem Rundfunk ermöglicht, seine Funktion in der öffentlichen Meinungs- und Willensbildung zu erfüllen, und die den Prozess der öffentlichen Kommunikation in der freiheitlichen Demokratie schützt. Vom Gesetzgeber verlangt das Gericht eine Konzentrationskontrolle, die der Entstehung vorherrschender Meinungsmacht vorbeugen soll.

Die Regelungskompetenz für den Rundfunk liegt bei den Ländern als Trägern der Kulturhoheit. Sei haben den privaten Rundfunk in Landesmediengesetzen geregelt und Landesmedienanstalten zu dessen Zulassung, Überwachung und Kontrolle geschaffen. Mit dem Rundfunkstaatsvertrag wurden die Landesmediengesetze für bundesweit verbreitete Programme harmonisiert. Die Bestimmungen der bundesweiten Konzentrationskontrolle für das Fernsehen sind im Rundfunkstaatsvertrag festgehalten. Das von 1991 bis Anfang 1997 eingesetzte so genannte Beteiligungsmodell sah eine komplizierte Verzahnung von außenpluralistischen und binnenpluralistischen Konzepten vor und erwies sich als weitgehend wirkungslos. In dem seit 1997 eingesetzten so genannten Zuschauermarktanteilsmodell ist die Anzahl der von einer Person oder einem Unternehmen veranstalteten Programme grundsätzlich nicht beschränkt. Die einzige Obergrenze bildet der Marktanteil unter den Zuschauern, der mit der Gesamtzahl der Programme erreicht wird. Für die Ermittlung und Überwachung der Konzentration im Mediensektor ist seit 1997 die Kommission zur Ermittlung der Konzentration im Medienbereich (KEK) zuständig, deren einzige Aufgabe die Sicherung der Meinungsvielfalt in bundesweit verbreiteten Fernsehprogrammen ist.

Dieser strukturell sinnvolle Wechsel vom Beteiligungsmodell zum Zuschaueranteilsmodell wird durch die großzügige Ausgestaltung der Obergrenzen und Zurechnungsvorschriften ad absurdum geführt. Offensichtlich war die Ausgestaltung des Zuschaueranteilsmodells nicht vom Ideal der Konzentrationskontrolle geleitet, sondern von industriepolitischen Erwägungen, mangelndem politischen Willen und dem Versuch bestimmt, die bestehenden Beteiligungsverhältnisse am deutschen Fernsehmarkt in dem Gesetzeswerk zu berücksichtigen und Entflechtungen zu vermeiden. Den Anspruch der Vielfaltssicherung löst der Vertrag so nicht ein, und der Regimewechsel in der Konzentrationskontrolle stellt damit vor allem eine erhebliche konzentrationsrechtliche Deregulierung des deutschen Privatfernsehmarktes dar. Aus einem stark konzentrierten, von starken Verflechtungen geprägten Fernsehmarkt entwickelte sich so nach der beinahe vollständigen Deregulierung der Konzentrationskontrolle ab 1997 ein Fernsehmarkt mit höherer Transparenz, der nichtsdestotrotz höher konzentriert war als zuvor. Allerdings weisen andere große europäische Fernsehmärkte wegen der ungleich geringeren Verbreitung von Kabel- und Satellitenfernsehen noch weitaus höhere Konzentrationen auf.

Entscheidend für die Entwicklung des von komplexer Verflechtung geprägten deutschen Fernsehmarktes vor 1997 war die Inkongruenz von Rundfunkregulierung auf Landesebene und der bundesweiten Verbreitung von Rundfunk. Diese strukturelle Inkongruenz ist auch hervorstechendes Merkmal der deutschen Rundfunkregulierung und wurzelt darin, dass die Ordnung des privaten Rundfunks viele Elemente der öffentlich-rechtlichen Rundfunkordnung imitiert. Mit der Etablierung der KEK fand jedoch nicht nur eine Überführung der Konzentrationskontrolle von den einzelnen Ländern auf eine zentralisierte gemeinsame Einrichtung statt. Damit verbunden war auch eine Abkehr weg von der stark politisierten Konzentrationskontrolle durch die Landesmedienanstalten hin zu einer De-facto-Regulierung durch Experten Im größeren Kontext der Rundfunkregulierung war die Übertragung der Konzentrationskontrolle auf die KEK ein Element eines voranschreitenden Kompetenzabbaus der Landesmedienanstalten. Diese sind de facto inzwischen auf die Zulassung der Sender und die Kontrolle der Fernsehwerbung beschränkt: Die Konzentrationskontrolle findet im Wesentlichen durch die KEK statt und der Jugendschutz wurde an die Selbstregulierung der Fernsehwirtschaft delegiert. Die faktische Übertragung der Konzentrationskontrolle auf die KEK kann auch als Eingeständnis der LMAs interpretiert werden, dass die länderbezogene Aufsicht über den Rundfunk einem vor allem bundesweit ausgerichteten System nicht gerecht wird.

IV Vergleich beider Länder

8 Deutschland und die USA im Vergleich

Im dritten Abschnitt dieser Untersuchung werden die speziellen Konzentrationskontrollen für den Rundfunk in Deutschland und den USA unter ausgewählten Gesichtspunkten miteinander verglichen. Als Grundlage dafür werden zunächst die beiden Rundfunksysteme einander in wesentlichen Aspekten gegenübergestellt. Dabei sollen vor allem grundsätzliche Gemeinsamkeiten und Unterschiede zwischen beiden Systemen erarbeitet werden, um so den Forschungsstand diesbezüglich zu ergänzen. Im Anschluss werden die speziellen Konzentrationskontrollen für das Fernsehen in beiden Ländern verglichen; strukturiert wird der Vergleich durch die Betrachtung von Legitimation, Form und Mechanismen dieser speziellen Form der Regulierung.

8.1 Die Fernsehsysteme

Die Entwicklungsgeschichten des deutschen und des amerikanischen Rundfunksystems sind von sehr unterschiedlichen Mustern geprägt, deren Verlauf nicht nur strukturelle Aspekte der Fernsehsysteme, sondern auch die Regulierung des Fernsehens und die Ausgestaltung der Konzentrationskontrolle bis heute beeinflussen. Zunächst entwickelte sich der Rundfunk in den USA stärker mit größerer Kontinuität als in Deutschland: Während sich in den USA der Rundfunk und später das Fernsehen in weitgehend privatwirtschaftlicher Organisation und Initiative gleichmäßig und konstant entwickelten, ist die Entwicklungsgeschichte des deutschen Rundfunk- und Fernsehsystems durch mehrere tiefe Strukturbrüche gekennzeichnet – analog zur Gesamtentwicklung von Staat, Wirtschaft und Gesellschaft im 20. Jahrhundert. Zunächst in privatwirtschaftlichen Strukturen etabliert, geriet der Rundfunk in der Weimarer Republik unter staatliche Kontrolle und wurde wie eine öffentliche Verwaltung geführt. Unter der Unrechtsdiktatur des Nationalsozialismus wurde der Rundfunk gänzlich verstaatlicht und zum

Propagandainstrument gemacht. Nach dem Ende des Zweiten Weltkriegs wurde von den Alliierten ein politisch neutraler öffentlich-rechtlicher Rundfunk mit hohen inhaltlichen Standards hinsichtlich Qualität und Vielfalt eingesetzt - auch als Instrument der Demokratisierung. Den letzten großen Strukturbruch stellte die Einführung des privaten Rundfunks Mitte der 1980er Jahre dar, mit dem das öffentlich-rechtliche Radio- und Fernsehmonopol in das so genannte duale System überführt wurde, ein Mischsystem mit öffentlich-rechtlichen und privatwirtschaftlichen Anbietern.

Grundsätzlich war die Entwicklung von Rundfunk und Fernsehen in Deutschland zu allen Zeiten weitgehend von der Politik determiniert. Berechtigung und Kompetenz des Staates, die Rundfunkentwicklung zu steuern, waren unbestritten, mehr noch: auch die direkte Zuständigkeit für den Rundfunk wurde bis nach dem Zweiten Weltkrieg weitgehend dem Staat zugesprochen. So war nach der Schaffung des politisch neutralen öffentlich-rechtlichen Rundfunks durch die Alliierten die dezidierte politische Unabhängigkeit des Rundfunks für Zuschauer, Journalisten und Politiker ein neu- und fremdartiges Konzept (Vgl.: Bausch 1975: 19). Dies mag ein Grund dafür sein, dass sich der deutsche öffentlich-rechtliche Rundfunk bald ähnlich wie seine Pendants in anderen europäischen Ländern stark politisierte. Selbst die Einführung des Privatfernsehens und der damit verbundene Systemwandel wurden von der damaligen Bundesregierung aus politischen Gründen initiiert und vorangetrieben, und die Strukturen des Dualen Systems wurden weitgehend durch die Rechtsprechung des Bundesverfassungsgerichts präjudiziert. Diese weitgehend politisch determinierte Strukturgebung des deutschen Rundfunks über beinahe hundert Jahre kontrastiert stark mit der weitgehend staatsfernen Entwicklung des Rundfunksystems der USA. In den USA entstanden Radio und Fernsehen in privater und weitgehend kommerzieller Initiative und die Strukturen des US-Rundfunkmarktes entwickelten sich weitgehend als Folge von Marktprozessen. Es wäre allerdings vereinfacht, zu sagen, dass US-Fernsehsystem habe sich völlig frei von staatlicher Lenkung entwickelt. Wichtige Strukturmerkmale des US-Fernsehens wurden von der Politik vorgegeben, beispielsweise das Lokalprinzip, das wirtschaftlichen Prinzipien widerspricht, oder das öffentliche Fernsehen. Solche staatlichen Eingriffe in Form von Regulierung fanden und finden jedoch vor allem statt, um wahrgenommenes Marktversagen im

Nachhinein zu korrigieren; die Entwicklung des jeweiligen Mediums wurde durch die Gesetzgebung nicht vorweggenommen. Radio und Fernsehen behielten in den USA zu allen Zeiten eine dezidierte Staatsferne. Bevölkerung und Rechtsprechung haben in der Vergangenheit Versuche staatlicher Einflussnahme regelmäßig als unberechtigten Eingriff in die unternehmerische Freiheit zurückwiesen. Eine Ursache für die aufgezeigten Unterschiede zwischen Deutschland und den USA sind unterschiedliche politische und kulturelle Traditionen sowie unterschiedliche Konzeptionen des Verhältnisses von Staat und Gesellschaft bzw. von Staat und Markt. Das US-Fernsehsystem ist auch Ausdruck einer liberalen Interpretation der Rundfunkfreiheit durch den Gesetzgeber und die Gerichte, die das freie Unternehmertum und die freie Meinungsäußerung betont: Das First Amendment, in dem die Meinungsfreiheit verbrieft ist, gilt bisweilen als Kern der US-Verfassung. Im Fernsehsystem manifestiert sich diese ausgeprägte Wertschätzung der Meinungsfreiheit in einer dezidierten Staatsferne aller Rundfunkangebote. Die ebenfalls im Liberalismus wurzelnde Betonung des freien Unternehmertums hat für das Mediensystem der USA die gleiche zentrale Bedeutung wie für das gesamte Wirtschaftsleben. So herrscht über Parteigrenzen hinweg Konsens darüber, dass im weitgehend von privatwirtschaftlicher Initiative getragenen Fernsehsystem die gleichen ökonomischen Prinzipien Anwendung finden wie in anderen Branchen. In Deutschland hingegen wurde und wird die Rundfunkfreiheit sozialstaatlich interpretiert, also im Sinne einer Fürsorgepflicht des Staates. Diese Interpretation findet ihre Analogie in einer grundsätzlich ausgeprägten Befürwortung von staatlichem Engagement im Wirtschaftsleben. In der Folge wurde, wie oben beschrieben, institutioneller Wandel im Fernsehsystem immer von der Politik vorangetrieben – das Handeln der Politik war sogar Voraussetzung für Änderungen der Strukturen im Fernsehmarkt.

Die Fernsehmärkte Deutschlands und der USA sind geprägt von zwei ähnlichen, wenngleich nicht identischen Dualismen, die in der Literatur bislang nicht klar voneinander abgegrenzt wurden: In den USA wird grundsätzlich unterschieden zwischen kommerziellen Sendern und nicht-kommerziellen Sendern. In Deutschland hingegen wird primär zwischen öffentlich-rechtlichem Fernsehen und privatem (das heißt: nicht öffentlich-rechtlichem) Fernsehen unterschieden wobei die Mehrzahl der nicht-kommerziellen Sender Teil des öffentlichen Fernsehens (*public television*) sind. Das private Fernsehen in Deutschland ist zwar de facto kommerziell organisiert, theoretisch könnte privates Fernsehen in Deutschland aber auch ohne Gewinnorientierung betrieben werden.

Beide Rundfunksysteme haben gemein, dass sie Mischsysteme mit privaten und öffentlichen Anbietern sind. Trotzdem unterscheiden sich beide Systeme stark hinsichtlich der Stellung der beiden Organisationsformen auf dem jeweiligen Fernsehmarkt. Das so genannte duale System in Deutschland ist dadurch charakterisiert, dass die beiden Organisationsformen rechtlich aufeinander bezogen sind – teilweise substitutiv, teilweise komplementär. Auch in der tatsächlichen Ausprägung ist der Markt durch den Dualismus der beiden Anbieterformen geprägt, die sich in Bezug auf kumulierte Zuschauermarktanteile, gesellschaftlichen Einfluss und Finanzstärke weitgehend gleichgewichtig gegenüberstehen. Im weitgehend marktwirtschaftlich determinierten Rundfunksystem der US gibt es zwar ebenfalls einen so genannten öffentlichen Rundfunk (engl.: *public broadcasting*), dessen Organisation mit dem Begriff des öffentlich-rechtlichen Rundfunks allerdings nur unzureichend wiedergegeben wird: zwar wird er teilweise aus Steuergeldern finanziert, ist jedoch privatwirtschaftlich organisiert. Der öffentliche Rundfunk der USA kann es hinsichtlich Budget, Programmumfang, Zuschauermarktanteilen und gesellschaftlicher Bedeutung nicht mit dem deutschen Pendant aufnehmen. Auch die Stellung des öffentlichen Fernsehens in den USA vis-á-vis des privatwirtschaftlichen Fernsehens ist nicht durch eine relative Gleichwertigkeit wie in Deutschland gekennzeichnet. Vielmehr entsprechen die geringen Zuschauermarktanteile des öffentlichen Systems und das im Vergleich mit den Umsätzen der kommerziellen Fernsehindustrie kleine Gesamtbudget der Komplementärfunktion des öffentlichen Rundfunks in den USA. Der öffentliche Rundfunk erfüllt nur eine komplementäre Funktion, während das kommerzielle Fernsehen als wichtigstes Einzelsegment der US-Medienindustrie die Basisversorgung der US-Fernsehzuschauer mit Information und Unterhaltung bereitstellt. Diese Situation steht den Strukturmerkmalen des dualen Systems in Deutschland diametral gegenüber. Das Bundesverfassungsgericht hat die Zulässigkeit privater Programmangebote von der Existenz öffentlich-rechtlicher Programmanbieter abhängig gemacht, die als Träger des Gemeinwohls die Versorgung der Bevölkerung mit qualitativ hochwertigen und durch Vielfalt charakterisierten Programmen sicherstellen. Das Gericht spricht in dieser sozialstaatlichen Interpretation der Rundfunkfreiheit von der *Grundversorgung*. Die Komplementärfunktion kommt demnach in Deutschland dem Privatfernsehen zu.

In Deutschland und den USA wird demzufolge ein und derselbe Sachverhalt aus zwei unterschiedlichen Perspektiven betrachtet: In beiden Ländern basieren die rechtlichen Grundlagen des öffentlichen bzw. öffentlich-rechtlichen Fernsehens auf der Annahme, dass Programme, die als sozial wünschenswert erachtet werden, vom kommerziell ausgerichteten Fernsehmarkt nicht in ausreichendem Maße bereitgestellt werden. Diese Untersuchung vertritt die These, dass für die Zuweisung der Aufgaben Basisversorgung und Komplementärfunktion an die beiden Organisationssysteme in den beiden Ländern neben der ordnungspolitischen Überzeugung auch die Macht des Faktischen verantwortlich war: In den USA gab es Anfang der 1950er Jahre bereits einen jungen, aber funktionierenden privatwirtschaftlich organisierten Fernsehmarkt. Die Einführung des Fernsehens mit öffentlichem Auftrag Ende der 1950er Jahre unterstreicht die Ergänzungsfunktion dieses Segments. In Deutschland waren bei der Einführung des Privatfernsehens die zehn Anstalten des öffentlich-rechtlichen Rundfunks bereits fest etabliert und hätten sich wohl auch nicht in eine Komplementärfunktion abdrängen lassen.

Charakteristisch für den US-amerikanischen Fernsehmarkt ist die lokale Organisation des Fernsehmarktes, dessen Grundstruktur lokale Fernsehsender mit begrenzter Reichweite bilden. Diese Struktur resultiert aus der Lizenzierungspolitik der Federal Communications Commission (FCC), die Fernsehsenderlizenzen nur für eng begrenzte so genannte lokale Sendegebiete erteilt. Daher gibt es nur in kleinen Bundesstaaten Sender, die den gesamten Staat abdecken, und nationale terrestrisch verbreitete Programme fehlen völlig. Als Surrogat für national verbreitete Programme dienen die *Networks*, die dem rechtlichen Charakter nach keine Programmveranstalter sind, sondern zentrale Programmvermarkter, die Fernsehsender mit Sendungen versorgen. In der Tat sind die lokalen Fernsehsender auf zwei Funktionen beschränkt: Inhaltlich sind sie Lieferanten für Nachrichten und Informationen mit lokalem Bezug, infrastrukturell verbreiten sie die Programme der Networks im Land.

Diese dezentrale Organisation des Fernsehens wurde von den amerikanischen Besatzern auf die Konzeption des deutschen öffentlich-rechtlichen Rundfunks übertragen, wenn auch nur in der begrenzten Form der Landesrundfunkanstalten. Zuvor hatten die staatlichen Stellen, die den Rundfunk in Deutschland kontrollierten, Wert auf einen einheitlichen deutschen Rundfunk gelegt; die Dezentralisierung und unabhängige Entwicklung der regionalen Rundfunkgesellschaften galten als nicht wünschenswert.

Die lokale Strukturierung des Rundfunkmarktes in den USA beziehungsweise die regionale Strukturierung in Deutschland korrespondieren jedoch nicht mit den ökonomischen Prinzipien, von denen die Fernsehindustrie geleitet wird. Die ökonomische Natur der Programmproduktion spricht gegen eine Produktion von Unterhaltungssendungen und anderer aufwendiger Sendungen auf lokaler Ebene. Die von der Politik auf eine lokale, beziehungsweise regionale Struktur festgelegten Fernsehsysteme in den USA und Deutschland haben diesen strukturellen Widerspruch auf ähnliche Weise überbrückt. In den USA übernehmen die Networks die Aufgabe, aufwendig produzierte Sendungen für ein landesweites Publikum herzustellen und der Werbewirtschaft Zugang zu nationalen Publika zu ermöglichen. Das Ergebnis ist eine traditionelle Arbeitsteilung auf dem US-Fernsehmarkt: Der lokale Fernsehsender ist für US-Fernsehzuschauer die wichtigste Quelle für Informationen und Nachrichten mit lokalem Bezug; die Networks sind hingegen die Unternehmen mit dem größten Einfluss auf die Programminhalte des US-Fernsehens – gleichermaßen für Information und Unterhaltung.

In Deutschland bildeten sich im öffentlich-rechtlichen System, das auf eine dezentrale Struktur festgelegt war, sehr bald de facto zentral produzierte Einzelprogramme für die bundesweite Verbreitung heraus. Das ZDF wurde bereits als zentralisierte Organisation konzipiert und ist nur auf dem Papier eine gemeinsame Veranstaltung der Länder. Das Programm von *Das Erste*, dem Gemeinschaftsprogramm der ARD, wird zentral aus Programmteilen zusammengestellt, die von den Länderanstalten geliefert werden; damit kann meines Erachtens *Das Erste* als eine inverse Variante des US-amerikanischen Network-Systems verstanden werden. Alle publizistisch und ökonomisch relevanten privaten Fernsehveranstalter werden zur Maximierung des potentiellen Publikums bundesweit verbreitet und zielen auf ein bundesweites Publikum ab.

Anders als in Deutschland ist das lokale Fernsehen in den USA ein hochprofitables Geschäft. Die lokalen Fernsehsender gehören zu den profitabelsten

Unternehmen der USA, das gilt auch für Sender in den großen stark umkämpften Fernsehmärkten wie New York, in denen die Haushalte unter Dutzenden lokaler Fernsehsender und unzähligen, über Mehrkanaldienste verbreiteten Programmen wählen können. Der Erfolg auf dem Zuschauer- und Werbemarkt hängt auch nicht von der Verbindung mit einem Network ab – in einigen Märkten gehören unabhängige Sender zu den erfolgreichsten Anbietern, vor allem dank umfangreicher Nachrichten, Information und Sport mit lokalem und regionalem Bezug.[249] Der ökonomische Erfolg der Lokalsender steht in starkem Kontrast zur Ertragslage der US-Networks, die in Relation zu ihrer tatsächlichen Größe äußerst geringe Gewinne erzielen.[250] Eine Voraussetzung für diesen wirtschaftlichen Erfolg ist ein sehr ausgeprägtes Interesse bei den Fernsehzuschauern nach Informationen aus der Gemeinde oder der Region.

Im deutschen Fernsehen findet Berichterstattung hingegen weitgehend auf Ebene des Bundes statt. Eine Ausnahme bilden die öffentlich-rechtlichen Länderprogramme, die früheren Dritten Programme, die in geographischer Reichweite und Publikumsreichweite den großen US-Lokalsendern ähneln und ähnlich wie diese mit Erfolg einen Schwerpunkt auf regionale Information legen. Die meisten privatwirtschaftlich organisierten Fernsehprogramme, die sich an ein Publikum auf der lokalen, regionalen oder landesweiten Ebene wenden, kämpfen jedoch mit wirtschaftlichen Problemen, obwohl das Phänomen des großen Interesses an Informationen aus der Gemeinde und Region in Deutschland von Lokalzeitungen und lokalen Radiosendern bekannt ist. Private lokale Fernsehangebote werden jedoch nur zögerlich angenommen – Medien werden oft habituell genutzt, und wenn das Fernsehen bisher nicht für lokale Information genutzt wurde, fällt es den Zuschauern vermutlich schwer, neue Mediennutzungsmuster zu formen.

8.2 Die Legitimation der Konzentrationskontrolle im Vergleich

Der Rundfunk war zu allen Zeiten – das zeigen die vorangegangenen Ausführungen – ein Bereich sozialer Interaktion und unternehmerischer Initiative, der im Verhältnis zwischen Staat und Gesellschaft eine Sonderstellung einnahm. Rundfunk kann primär als Wirtschaftsgut betrachtet werden, als eine Dienstleistung, die von privaten Unternehmen erbracht wird. Gleichzeitig ist der Rundfunk jedoch ein Massenmedium, dessen Reichweite und Wirkung diejenigen anderer Medien, insbesondere der Printmedien, weit übertreffen. Angesichts der daraus resultierenden gesellschaftlichen Bedeutung des Rundfunks und der potentiellen Gefahren, die von einem derart großen Beeinflussungspotential ausgehen, herrschte in den USA und in Deutschland ein politischer Konsens, den privatwirtschaftlichen Rundfunk zwar als Wirtschaftsgut einzustufen, ihn aber gleichzeitig als einen Sektor zu betrachten, für den andere Regeln gelten müssen als für die übrigen Bereiche der Wirtschaft.

Die spezielle Konzentrationskontrolle für den Rundfunk veranschaulicht diese besondere Behandlung des Rundfunks in hervorragender Weise: Sie stellt in Deutschland wie in den USA eine Verschärfung der allgemeinen Konzentrationskontrolle dar und setzt auf dieser allgemeinen Konzentrationskontrolle als weitere Regelungsebene auf. Die Ideen zum Zusammenhang von Vielfalt und ökonomischer Konzentration, auf denen die spezielle Konzentrationskontrolle fußt, wurden bereits im theoretischen Teil zur Konzentrationskontrolle beschrieben. Dieser Abschnitt fokussiert deshalb auf die Begründungen für die spezielle Regulierung des Rundfunks – und damit auch die Existenz einer spezialisierten Konzentrationskontrolle für den Rundfunk. Dabei wird auch untersucht werden, ob möglicherweise Gründe für die Regulierung des Rundfunks vorlagen, die sich nicht in den Begründungen der Regulierung, der so genannte *Regulierungsrhetorik*, niederschlagen. Ein weiterer Schwerpunkt der Ausführungen wird der Vergleich der unterschiedlichen Operationialisierungen von Vielfalt in der Konzentrationskontrolle der beiden Länder und die damit verbundene Frage sein, welchen politischen und ideenkulturellen Hintergrund diese spezifischen Operationalisierungen haben.

8.2.1 Die Grundlagen der Konzentrationskontrolle in beiden Ländern

In Deutschland wie in den USA werden der Rundfunk und besonders das Fernsehen wesentlich dichter reguliert als die Presse – eine Feststellung, die grundsätzlich für alle westlichen Industrienationen gilt.[251] Zeitungen und Zeitschriften müssen sich nicht um eine Zulassung bewerben, und die Aufsicht durch ein Aufsichtsorgan für das Zeitungswesen scheint undenkbar. Selbst unter den Medien halten der Rundfunk und hier besonders das Fernsehen offensichtlich eine Sonderstellung.

Die Möglichkeiten, den Rundfunk zu regulieren, werden maßgeblich durch die vorherrschenden gesellschaftlichen Ansichten zur Bedeutung von Meinungsfreiheit beeinflusst. In den USA und in Deutschland werden die Meinungsfreiheit und die Freiheit der Medien als Grundrecht gleichermaßen geschätzt. Gemeinsam ist beiden Ländern auch, dass der Meinungsfreiheit nicht um ihrer selbst willen, sondern vielmehr aufgrund ihrer konstitutiven Bedeutung für die politischen und gesellschaftlichen Ordnungen beider Länder große Bedeutung eingeräumt wird.[252] In erster Linie gelten die Kommunikationsfreiheiten in dieser Betrachtungsweise als eine Voraussetzung für den Bestand und die Entwicklung der jeweiligen demokratischen Ordnung, vor allem durch die Information der Gesellschaft, den Austausch von Ideen, das Schaffen gemeinsamer Werte und die Kontrolle von Machtausübung (Vgl.: Hoffmann-Riem 1996: 268). In dieser Sichtweise erfüllen die Massenmedien und besonders der Rundfunk in beiden Gesellschaften eine gesellschaftliche Funktion und die Arbeit der Massenmedien bekommt eine ausgeprägte politische und soziokulturelle Dimension. Daher hat in beiden Ländern die Staatsferne des Rundfunks große Bedeutung.

Interessant im Kontext dieser Arbeit sind die unterschiedlichen Interpretationen der Meinungsfreiheit in Deutschland und den USA. Das relevante Grundrecht ist in den beiden Verfassungen unterschiedlich angelegt. Das Grundgesetz erwähnt explizit das Grundrecht der Rundfunkfreiheit als eine Variante der Meinungsfreiheit. Damit unterscheidet sich die deutsche Verfassungsgrundlage für die Arbeit des Rundfunks von der amerikanischen. Im ersten Zusatzartikel der US-Verfassung ist die Meinungsfreiheit abstrakt formuliert und wird in der Rechtsfortentwicklung des *Case Law* liberal auf neue Technologien angewandt. Ungleich erheblicher für die Ausgestaltung der Konzentrationskontrolle sind die Unterschiede in der Wertschätzung und Interpretation der so genannten Kommunikationsfreiheiten.

Das Bundesverfassungsgericht und der *Supreme Court* sehen gleichermaßen die so genannten Kommunikationsfreiheiten als unabdingbaren Bestandteil der jeweiligen demokratischen Ordnung. Beiden Gerichten gilt die Freiheit der Meinungsäußerung als konstitutiv für die jeweilige politische und gesellschaftliche Ordnung. Einschränkungen dieser Grundrechte sind in beiden Rechtsordnungen nur in seltenen Fällen erlaubt, wenn höherrangige Rechtsgüter wie die persönliche Ehre durch die Ausübung der Meinungsfreiheit verletzt werden; allerdings besteht in Deutschland eher die Bereitschaft, zwischen der Meinungsfreiheit und anderen Rechtsgütern abzuwägen.

In der weitergehenden Interpretation unterscheiden sich jedoch die beiden Rechtsordnungen. In den USA wird die Meinungsfreiheit liberal ausgelegt und primär als Abwehrrecht des Individuums gegenüber dem Staat verstanden. Die im liberalen Denken wurzelnde hohe Wertschätzung von Meinungsfreiheit und freiem Unternehmertum setzen Eingriffen des Staates in den Rundfunkmarkt enge Grenzen. Grundsätzlich betont die amerikanische Verfassungsauslegung den Antagonismus von staatlichem Eingriff und individueller Freiheit. Diese Interpretation der Meinungsfreiheit ist eine betont freiheitlich-individualistische und korrespondiert mit dem dominanten Wertesystem. Meinungs- und Unternehmerfreiheit markieren in den USA die Grenzen der Regulierung.

In Deutschland wird die Rundfunkfreiheit vom Bundesverfassungsgericht sozialstaatlich im Sinne eines stärker gemeinschaftlichen Menschenbildes interpretiert. Diese Sichtweise betont die gesellschaftliche Verantwortung des Rundfunks. Vor diesem Hintergrund sieht das Bundesverfassungsgericht die Rundfunkfreiheit als eine dienende Freiheit und leitet daraus die Aufgabe des Staates ab, eine positive Rundfunkordnung zu schaffen. Diese und damit auch die Rundfunkregulierung und die spezielle Konzentrationskontrolle für den Rundfunk sind dieser Interpretation nach Ausflüsse der Rundfunkfreiheit, ja, sie werden von der Rundfunkfreiheit gefordert. Die hohe gesellschaftliche Bedeutung des Rundfunks gibt in den USA dem Gesetzgeber die Möglichkeit, die gesellschaftliche Aufgabe des Rundfunks durch staatliche Intervention zu sichern, der deutsche Gesetzgeber hingegen ist sogar dazu verpflichtet. Er darf den Rundfunk keinesfalls dem freien Spiel der Kräfte überlassen. Diese Sichtweise korrespondiert mit der grundsätzlichen Betrachtung der Kommunikationsfreiheiten durch das Bundesverfassungsgericht, wonach es durchaus gerechtfertigt ist, zugunsten anderer Rechtsgüter wie dem Schutz der Persönlichkeit und dem Schutz der freiheitlich-demokratischen Grundordnung in die Kommunikationsfreiheiten einzugreifen – in weitaus stärkerem Maße, als es in den USA möglich wäre (Vgl.: Schuster 1990: 261f.). Es ist anzunehmen, dass die unterschiedlichen Schlüsse, die in den USA und in Deutschland aus der in beiden Ländern gleichermaßen wahrgenommenen gesellschaftlichen Bedeutung des Rundfunks gezogen werden, aus unterschiedlichen spezifischen historischen Erfahrungen und aus den unterschiedlichen Einstellungen zum Verhältnis von Staat und Gesellschaft resultieren.

Trotz der divergierenden Interpretationen der Meinungsfreiheit haben sich in beiden Ländern – und in vielen Ländern der Welt – einander ähnliche, spezielle Regulierungsregime für den Rundfunk gebildet. Diese Regulierung des Rundfunks muss jedoch – wie jede Regulierung – begründet werden. Im Folgenden werden die Begründungen für die Regulierung des Rundfunks und damit für die spezielle Konzentrationskontrolle für den Rundfunk analysiert.

Frequenzknappheit als Rechtfertigung

Der Beginn des Radiozeitalters schuf in den USA und in Deutschland ähnliche Probleme. Auf beiden Seiten des Atlantiks waren die Gesetzgeber mit der Knappheit der Frequenzen konfrontiert: Die geringe Anzahl von Frequenzen, die für Radioübertragungen zur Verfügung standen, und die Tatsache, dass nur eine begrenzte Anzahl von Radiosendern ihre Programme gleichzeitig ausstrahlen konnten, ohne dass dadurch Interferenzen entstanden, zwang die Gesetzgeber dazu, Wege zu finden, das verfügbare Frequenzspektrum effizient auf einzelne Sender aufzuteilen. Der Umgang mit der Frequenzknappheit konnte diesseits und jenseits des Atlantiks allerdings nicht unterschiedlicher sein. Deutschland schuf dazu, wie die meisten Länder weltweit,[253] ein öffentliches Rundfunksystem. In den USA dagegen wurden die Frequenzen verstaatlicht und anschließend an ausgewählte kommerzielle Betreiber lizenziert, die fortan einer besonders ausgeprägten Regulierung unterlagen und deren Tätigkeit im Rahmen ihrer privatwirtschaftlichen Betätigung am Gemeinwohl ausgerichtet sein sollte. In beiden Modellen artikuliert sich das Bedürfnis, das neue Medium, dem großes Beeinflussungspotential zugestanden wurde, zu kontrollieren, und Missbrauch zu verhindern. Im Fall des staatlich kontrollierten, aber auf Neutralität bedachten Rundfunks in Deutschland kam dazu die Überzeugung, dass der Rundfunk eine wichtige gesellschaftliche Funktion ausübt und daher nicht der kommerziellen Verwertung überlassen werden sollte.

In späteren Urteilen haben die Verfassungsgerichte in beiden Ländern die ausgeprägte Regulierung des Rundfunks mit der Begrenztheit des Spektrums gerechtfertigt. Das Bundesverfassungsgericht und der Supreme Court der USA rechtfertigen die – gerade im Vergleich zur Presse – besonders ausgeprägte Regulierung des Rundfunks mit der dem Rundfunk eigenen Frequenzknappheit und kreieren so eine Sonderstellung des Rundfunks, die stärkere Eingriffe zulässt als bei der Presse. Das Knappheitsargument des Supreme Court, das so genannte *Scarcity Rationale*, bezieht sich nur auf die physikalische Knappheit von Frequenzen für den Rundfunk, die in seinen frühen Tagen bei ungeordneter Nutzung zu Interferenzproblemen führten. Das Bundesverfassungsgericht konstruierte in seiner ersten Rundfunkentscheidung ebenfalls eine so genannte *Sondersituation des Rundfunks*, die ebenfalls durch die Knappheit der Frequenzen charakterisiert ist, darüber hinaus aber auch durch die hohen Kosten, die für Gründung und Betrieb eines Fernsehsenders entstehen. Dadurch, so das Gericht, unterscheide sich der Rundfunk vom Pressewesen.

In der Anfangszeit des Rundfunks bestand meines Erachtens vermutlich tatsächlich eine Frequenzknappheit oder zumindest eine Situation, die von zeitgenössischen Beobachtern als Frequenzknappheit wahrgenommen wurde. Seit den 1980er Jahren wird das Argument der Frequenzknappheit jedoch in Frage gestellt. Substitute in Form von Kabel- und Satellitenfernsehen haben sich in beiden Ländern etabliert, in Deutschland empfangen sogar nur noch sechs Prozent der Fernsehhaushalte ihre Programme ausschließlich terrestrisch. Dank Digitalisierung und Datenkompression werden über Kabelnetze und Satelliten heute mehr als hundert Fernsehkanäle verbreitet. Selbst das Frequenzspektrum wurde durch die Digitalisierung soweit umgeformt, dass auf einer vormals für ein einziges Fernsehsignal genutzten Frequenz die Übertragung von sechs Programmen gleichzeitig möglich wird. Damit erodierte in den vergangenen Jahren auch die Begründung für die ausgeprägte Regulierung des Fernsehens.

Darauf haben die Gerichte in beiden Ländern in ähnlicher Weise reagiert. In den USA wurden vom Supreme Court bereits ab Ende der 1960er Jahre zusätzliche Begründungen für die spezielle Regulierung des Fernsehens eingeführt. Zunächst dienten diese Argumente dazu, das Knappheitsargument zu stärken, zunehmend aber auch, um es zu ersetzen. Diese supplementären und substitutiven

Begründungen beruhen vor allem auf einem wahrgenommenen Beeinflussungspotential des Fernsehens, das dem anderer Medien weit überlegen scheint. Der Supreme Court hat auch in jüngster Vergangenheit mehrfach betont, dass die staatliche Regulierung des Fernsehens nicht allein durch die Frequenzknappheit gerechtfertigt und weiterhin geboten sei. Das Bundesverfassungsgericht hat ebenfalls erklärt, dass auch nach der Beendigung der Frequenzknappheit und der Zulassung des privaten Rundfunks staatliche Intervention im Rundfunkbereich weiterhin geboten sei, weil der Markt allein die mit der Rundfunkfreiheit festgeschriebenen Ziele nicht erreichen könne. Die Sondersituation des Rundfunks, urteilte das Gericht, bleibe auch nach der Beendigung der Frequenzknappheit bestehen. Offensichtlich bleibt die wahrgenommene Notwendigkeit einer speziellen Regulierung des Fernsehens bestehen – ganz unabhängig von der Frequenzsituation.

So wie hierzulande häufig das Bundesverfassungsgericht als „Verbündeter"[254] des öffentlich-rechtlichen Fernsehens bezeichnet wird, wenn es um die Ausgestaltung der dualen Rundfunkordnung geht, so hat auch der Supreme Court der USA, die besondere Regulierung des Rundfunks immer wieder verteidigt und neue Gründe für eine besondere Behandlung des Rundfunks angeführt die US Variante der Sondersituation des Rundfunks. Diesseits wie jenseits des Atlantiks scheint zumindest bei den Gerichten ein Konsens bestanden zu haben, dass der Rundfunk nicht allein den Kräften des Marktes überlassen werden sollte. Dabei scheinen meines Erachtens vor allem die Suggestivkraft und das große Beeinflussungspotential des Mediums ausschlaggebend für diese Einstellung gewesen zu sein.

Inwieweit tatsächlich eine Knappheit der Frequenzen bestanden hat, läßt sich nur ambivalent beantworten. Die gegenwärtigen Kritiker des Knappheitsarguments argumentieren aus der heutigen Perspektive, in der nicht nur die Zahl der verfügbaren Frequenzen gestiegen ist, sondern auch jede einzelne Frequenz durch Digitalisierung und Datenkommpression mehr Informationen transportieren kann. Diese Entwicklung war in den 1920er Jahren nicht absehbar. Auch scheinen viele ihrer Kritikpunkte selbst aus heutigem Blickwinkel überzogen und spekulativ. Eine Abwägung der unterschiedlichen Standpunkte läßt die These zu, dass über mehrere Jahrzehnte tatsächlich eine ausgeprägte Knappheit der Frequenzen geherrscht hat oder zumindest die Frequenzsituation als eine Situation der Knappheit wahrgenommen wurde. Dafür spricht, dass selbst heute, in Zeiten in denen beständig zusätzliche Teile des Spektrums nutzbar gemacht werden und die Übertragungseffizienz bestehender Frequenzen kontinuierlich gesteigert wird, trotzdem Milliarden für Mobilfunkfrequenzen gezahlt werden, die Nachfrage nach Plätzen in analogen Kabelfernsehnetzen das Angebot übersteigt (Vgl.: Bardt 2002: 12 und 25), und neue Dienste um Frequenzen kämpfen müssen.[255]

Ebenso offensichtlich ist aber auch, dass die Frequenzknappheit von der Politik gerne instrumentalisiert wurde, um Kontrolle über den Rundfunk zu erhalten. Das wird auch daran deutlich, dass im Lauf der Jahre in den USA und in Deutschland weitere Argumente hinzugezogen wurden, die eine Sonderstellung des Rundfunks unter allen Industrien und Medien begründen sollten, und zwar vor allem dann, als die Knappheitsbegründung aufgrund der technologischen Entwicklung zu erodieren begann.

Die Frequenzknappheit war meines Erachtens also gleichermaßen *Grund* und *rhetorische Begründung* für die Verstaatlichung des Spektrums, die selektive Lizenzierung und die spezielle Regulierung des Rundfunks in den USA und die de-facto-Verstaatlichung des Rundfunks in Deutschland bereits in der Weimarer Republik. Die frequenztechnische Situation war meines Erachtens jedoch nur *ein* Grund für die dichte Regulierung des Rundfunks, hinter der ebenfalls erkennbar der Versuch stand, das neue Medium zu kontrollieren und es dem Prinzip des Gemeinwohls unterzuordnen. Vor diesem Hintergrund lassen sich auch die Auseinandersetzungen in den USA um die Verstaatlichung des Frequenzsystems erklären. Hier wird also eine *Diskrepanz* zwischen der *Regulierungsrhetorik*, das heißt der öffiziösen Begründung dieser speziellen Form von Regulierung und dem gesamten Spektrum der *tatsächlichen Beweggründe* – technische und politische – offensichtlich.

Im US-amerikanischen Fall hat diese Inkongruenz ungleich dramatischere Folgen: Da in den USA die Frequenzknappheit als vorrangige Rechtfertigung für Regulierung des Rundfunks gesehen wird, entfällt dort zunehmend die Legitimation für eine Regulierung des Rundfunks, die zwischen Rundfunk und anderen Medien unterscheidet. Selbst der gegenwärtige FCC-Vorsitzende Kevin Martin und sein

Vorgänger Michael Powell sehen unter diesen Voraussetzungen einen Abbau eines Großteils der speziellen Regulierung für den Rundfunk als sinnvoll an.

In Deutschland wird zwar ebenfalls angemahnt, dass angesichts zunehmender Medienkonvergenz und dem Anstieg der Übertragungskapazitäten eine Sondersituation des Rundfunks nicht mehr bestehe, so dass auch die Sonderbehandlung des Rundfunks nicht mehr gerechtfertigt sei. Dem steht allerdings die Spruchpraxis des Bundesverfassungsgerichts entgegen, das schon sehr früh die technisch-finanzielle Sondersituation des Rundfunks als zeitlich begrenzt deklariert hat und sehr früh die dienende Funktion des Rundfunks und die Gefahr vorherrschender Meinungsmacht in das Zentrum seiner Begründung für die allgemeine Rundfunkregulierung und eine positive Rundfunkordnung gestellt hat.

8.2.2 Ziele der Konzentrationskontrolle

Die spezielle Konzentrationskontrolle für das Fernsehen wird in beiden Ländern auf ähnliche Weise mit einer zweigeteilten Begründung gerechtfertigt. Die Konzentrationskontrolle soll demnach, positiv ausgedrückt, die Vielfalt im Gesamtprogramm fördern und, negativ formuliert, starke Konzentrationen von Meinungsmacht und deren Missbrauch verhindern.

Ziel 1: Verhinderung von Meinungsmacht

Während in der Rechtfertigung der Konzentrationskontrolle in den USA die Betonung des Vielfaltsgedankens überwiegt, ist in der Begründung des deutschen Regulierungsregimes die Eindämmung publizistischer Macht prominent verankert. Grundlage der speziellen Konzentrationskontrolle in Deutschland ist die vom Bundesverfassungsgericht formulierte Forderung, dass Einzelne, besonders wenn sie über die entsprechenden finanziellen Ressourcen verfügen, die öffentliche Meinung nicht einseitig beeinflussen dürfen. Die Konzentration und der Missbrauch von (Meinungs-)macht im Rundfunk muss nach Ansicht des Gerichts verhindert werden. Das Bundesverfassungsgericht betrachtet den Rundfunk als Machtinstrument und sieht deshalb den Markt allein nicht in der Lage, eine Konzentration ökonomischer und publizistischer Macht im Rundfunk zu verhindern. Daher sei es Aufgabe der Legislative, ausgewogene und vielfältige Kommunikationsstrukturen zu schaffen.

Die spezielle Konzentrationskontrolle für das Fernsehen durch die FCC hat ebenfalls zum Ziel, Ballungen von Meinungsmacht und deren Missbrauch zu verhindern. Allerdings tritt in der Begründung der speziellen Konzentrationskontrolle in den USA die Verhinderung von Meinungsmacht hinter einer starken Betonung der positiven Ziele von Regulierung der Herstellung von Vielfalt zurück. In der vorhandenen Literatur wurde diese erhebliche Diskrepanz zwischen Begründung und Beweggrund bisher nicht problematisiert, deshalb finden sich in der der Literatur auch keine Erklärungen für diesen Unterschied.

Ziel 2: Herstellung von Vielfalt

Das Konzept des *Marktplatzes der Ideen* ist eine der tragenden Leitideen der amerikanischen Medienpolitik und besonders der speziellen Konzentrationskontrolle für das Fernsehen. Dieses Konzept betont – ähnlich wie die Verfassungsinterpretation des Bundesverfassungsgerichts – den Nutzen der Meinungsfreiheit für das politische Gemeinwesen. Die Idee, dass dort, wo alle Standpunkte vorgetragen werden können, sich letztlich die Wahrheit durchsetzen wird, entspricht einem liberalen Staatsideal, das die positive Wirkung von Wettbewerb und Konkurrenz betont. Ideen und Meinungen entfalten demnach im Wettbewerb ihre produktive Kraft und treiben sich in der Konkurrenz wechselseitig zu einem Höchstmaß an Produktivität und Entwicklung an. Das Prinzip vom Markt als sich selbst regulierende Ordnung, die dem Wohlergehen des Ganzen nützt, gilt in der liberalen Tradition des europäischen Denkens eben nicht nur für ökonomische Transaktionen, sondern auch für den Wettbewerb der Ideen. Damit diese Prozesse ablaufen können, ist jedoch Wettbewerb nötig – die spezielle Konzentrationskontrolle für den Rundfunk verfolgt daher einen zweifachen Wettbewerbsgedanken: Sie soll zusätzlich zu den allgemeinen Regeln des Wettbewerbsrechts das Funktionieren des ökonomischen Wettbewerbs in Fernsehmarkt garantieren. Darüber hinaus soll sie aber auch – und daher ist sie soviel strenger als das Wettbewerbsrecht –den Wettbewerb der Ideen befördern. Diese Sichtweise betont – in Analogie zum allgemeinen Wettbewerbsrecht – den ungehinderten Zugang des Einzelnen zum Meinungsmarkt und das Funktionieren des Marktes. Dieser inhaltliche Wettbewerb zwischen verschiedenen Programmen wird auch externer Pluralismus genannt.

Das Vielfaltsverständnis in Deutschland unterscheidet sich erheblich von dieser US-amerikanischen Sichtweise. Auch in Deutschland gelten der Rundfunk und andere Medien als Foren der öffentlichen Meinung und der persönlichen politischen Willensbildung als konstitutiv für die gesellschaftliche und politische Ordnung. Die deutsche Verfassungsinterpretation vertritt jedoch die Ansicht, dass im Rundfunk die Bandbreite der existierenden Meinungen so breit und tief wie möglich wiedergegeben werden, und dass der Zuschauer umfassende Information erhalten sollte. Deshalb fordert das Bundesverfassungsgericht, dass alle gesellschaftlich relevanten Gruppen im Programm vertreten sind und dass auch die Interessen von Minderheiten bedient werden. Auf diese Weise soll der Zuschauer ein pluralistisch ausgewogenes Gesamtprogramm erhalten, so dass er Zugang zu allen relevanten Fakten, Meinungen und Ansichten erhält. Dazu kommt in Deutschland ein spezifisches Verständnis vom Rundfunk, der vor allem als Kulturgut verstanden wird und nicht primär als Wirtschaftsgut, wie in den USA oder auf der Ebene der EU. In dieser Sichtweise stehen die staatspolitische und kulturelle Bedeutung des Rundfunks im Vordergrund der Betrachtung: Der Rundfunk wird als Gemeinwohlaufgabe verstanden, deren gesellschaftliche Bedeutung sich nicht in Marktbeziehungen verbriefen lasse. Ja, die öffentlich-rechtlichen Veranstalter betonen selbst gerne, dass sie mit ihren Programmen meritorische Güter erbringen – Güter wie politische Teilhabe und Integration, deren großem gesellschaftlichen Wert keine entsprechende Zahlungsbereitschaft des Marktes gegenüberstehe. Vor diesem Hintergrund entwickelt das Bundesverfassungsgericht auch ein qualitatives Vielfaltsziel.[256] Der Vielfaltsbegriff des Bundesverfassungsgerichts umfasst nicht nur eine Vielzahl und Varianz von Standpunkten sondern auch Vielfalt hinsichtlich Präsentationsformen und qualitativer Niveaus. In der dualen Rundfunkordnung wird die Verantwortung dieser Ansprüche weitgehend an die öffentlich-rechtlichen Sender delegiert. Die deutsche Sichtweise einer Spiegelung gesellschaftlicher Vielfalt in den Programmen verlangt, dass der Rundfunk als Medium in sich vielfältig sein muss, wie auch die einzelnen öffentlich-rechtlichen Programme.

Die US-amerikanische Sichtweise verlangt hingegen, wie in dieser Untersuchung herausgearbeitet wurde, nur nach genügend Verbreitungskanälen für die Meinung des Einzelnen – nach *Outlets*. Während das deutsche Vielfaltsziel auch qualitative Aspekte umfasst, ist der US-amerikanische Vielfaltsanspruch weitgehend quantitativ formuliert, entsprechend der vielzitierten FCC-Formulierung, wonach 51 Stimmen in einem Markt besser seien als 50.[257] In der US-amerikanischen Literatur dominiert die Sichtweise, dass eine größtmögliche Zahl von empfangbaren Fernsehkanälen bereits der Erfüllung des Vielfaltszieles dient. Die FCC hat ebenfalls Vielfalt zu allen Zeiten rein quantitativ bemessen; qualitative Aspekte sind dem US-amerikanischen Vielfaltsbegriff – sowohl in der Verfassungsinterpretation als auch in Regelungen der FCC und in der täglichen Regulierungsarbeit, fremd. Offensichtlich herrscht die Überzeugung vor, dass sich im Wettbewerb auf dem Marktplatz der Ideen nicht nur die richtigen Ansichten durchsetzen, sondern auch die Auffassung, dass sich durch Marktkräfte ein ausgewogenes und qualitätsvolles Gesamtprogramm einstellen werde.

Diese unterschiedlichen Herangehensweisen können meines Erachtens zunächst auf die divergierenden gesellschaftlichen Strukturen beider Länder zurückgeführt werden. Für eine sehr heterogene Gesellschaft wie die der USA ist vermutlich ein Vielfaltsmodell, nach dem die persönliche Meinung sich über die Mechanismen eines Meinungsmarktes bildet, eine angemessene Operationalisierung von öffentlichem Diskurs und öffentlicher und individueller Meinungsbildung. Die vom Bundesverfassungsgericht geprägte Vielfaltsinterpretation, die von der Repräsentation des gesellschaftlichen Meinungsspektrums in Breite und Tiefe ausgeht, ist nur in einem relativ homogenen Gemeinwesen wie der Bundesrepublik überhaupt praktikabel.

Die beiden unterschiedlichen Herangehensweisen an Vielfalt können jedoch primär durch unterschiedliche Staatsverständnisse erklärt werden: Während in den USA ein liberales Verständnis des Staates und der Beziehung von Staat und Bürger die Fernsehregulierung prägte, war es in Deutschland ein eher paternalistisches sozialstaatliches Verständnis von Staat. So schreibt etwa der Supreme Court in liberaler Tradition dem Einzelnen die Fähigkeit zu, sich auf dem Markt der Wahrheiten und Ideen zurechtzufinden und die richtigen Ansichten herauszufinden. Im Kontrast dazu fordert das Bundesverfassungsgericht für die öffentlich-rechtlichen Programme eine umfassende und ausgewogene Sammlung und Präsentation der Meinungen in der Gesellschaft. Während in den USA also vor allem die Zugangsmöglichkeit betont wird – „Kann jeder sein Meinung verbreiten?" – wird in der deutschen Verfassungsinterpretation der Vielfaltsbegriff im Kontext der Rezeption gesehen. *Kann der Zuschauer alle Meinungen hören? Kann jeder Vertreter einer Meinung gehört werden?* Diese Fragen sind hierzulande der Lackmustest für die Vielfalt im Programm.

Diese unterschiedlichen Sichtweisen haben erhebliche Implikationen für die Formulierung und Durchsetzung der Konzentrationskontrolle – besonders jedoch für ihren Fortbestand: Diese Untersuchung argumentiert, dass mit dem technologischen Fortschritt nicht nur wie weiter oben ausgeführt die Frequenzknappheit erodiert sondern auch die die hier skizzierte Vielfaltsbegründung der spezifischen Konzentrationskontrolle für den Rundfunk in den USA. Denn in dieser quantitativ orientierten Betrachtungsweise kann ein hochkonzentrierter lokaler Fernsehmarkt durch die Vielfalt im Internet, das dem Einzelnen minimale Hürden für die Verbreitung seiner Ansichten setzt, ausgeglichen werden. Diese Sichtweise spiegelt sich auch in einigen weiter oben zitierten Begründungen der FCC für Regellockerungen wider, die auch unter Verweis auf die Vielfalt des Internets erfolgen. In einer weitergehenden Argumentation vertreten einige Autoren die These, dass mit der Entwicklung des Internets zum Massenmedium in den gesamten USA ausreichende Vielfalt in den Medien gegeben sei und eine spezielle Konzentrationskontrolle für das Fernsehen daher nicht mehr gerechtfertigt sei. Diese Diskussion spielt sich vor dem weiter oben skizzierten Hintergrund der verschwindenden Frequenzknappheit ab.

Die Alternative zur speziellen Konzentrationskontrolle für das Fernsehen ist in den USA das allgemeine Wettbewerbsrecht. Dieses, so die Kritiker der Konzentrationskontrolle, reiche für die Kontrolle der Besitzverhältnisse im Fernsehen allemal aus, zumal die Vervielfältigung der Fernsehkanäle dafür sorge, dass der Fernsehmarkt dem Zeitschriftenmarkt, der ebenfalls nach dem allgemeinen Regeln des Wettbewerbsrecht geregelt wird, immer ähnlicher werde.

Das im Kontext des spezifisch deutschen Vielfaltskonzepts geforderte pluralistische und ausgewogene Gesamtprogramm kann hingegen durch das Internet nicht ersetzt werden. Das Internet gefährdet damit in Deutschland anders als in den USA nicht die spezielle Konzentrationskontrolle. Darüber hinaus ständen einer Ablösung der speziellen Konzentrationskontrolle für den Rundfunk durch das allgemeine Wettbewerbsrecht nach der vorherrschenden Ansicht in der Literatur die Anforderungen des Grundgesetzes gegenüber. Hierzulande wird der Rundfunk auch heute noch primär hinsichtlich seiner kulturellen und gesellschaftlich-politischen Bedeutung bewertet. Eine rein oder überwiegend ökonomische Betrachtungsweise des Rundfunks wird in Deutschland (bisher) noch abgelehnt.

8.3 Die Form der Konzentrationskontrolle im Vergleich

8.3.1 Die Verortung der Regelungskompetenz

In Deutschland und den USA ist die Regelungskompetenz für den Rundfunk unterschiedlich verortet. In den USA liegt die Regelungskompetenz für den Rundfunk und damit auch für das Fernsehen auf der Ebene des Bundesstaates, in Deutschland liegt sie auf der Ebene der Länder. Grundlage für die umfassende Regelung des Rundfunks durch den US-Bundesstaat ist die *Interstate Commerce Clause*, die dem Bund Regelungsgewalt über einzelstaatenübergreifende ökonomische Aktivitäten zuweist. Der Rundfunk fällt schon deshalb unter diese Regelung, weil ausgestrahlte Radio- und Fernsehsignale die Grenzen von Bundesstaaten überschreiten. In Deutschland hat das Bundesverfassungsgericht in seinem ersten Rundfunkurteil den Ländern auf der Basis ihrer Kulturhoheit die Regelungskompetenz zugewiesen. Diese Einordnung unterstreicht die oben ausgearbeitete unterschiedliche Bewertung des Rundfunks in beiden Ländern. Die Klassifikation des Rundfunks als Kulturgut in der deutschen Verfassungsinterpretation offenbart ein deutlich anderes Verständnis von Bedeutung und Funktion des Mediums als die in der US-Verfassungsinterpretation vorherrschende. Dort wird der Rundfunk als föderalstaatsüberschreitende ökonomische Aktivität klassifiziert, die der Kompetenz des Bundesstaates für den staatsübergreifenden Handel unterliegt. Kurioserweise ist die Verortung von Aufsicht und Regulierung des Mediums in beiden Ländern nicht deckungsgleich mit den Ausprägungen des jeweiligen Fernsehsystems. Die publizisitisch und ökonomisch relevanten Fernsehsender in Deutschland werden zwar bundesweit verbreitet, jedoch von den Landesmedienanstalten lizenziert und kontrolliert.[258] Währendessen kontrolliert die auf Bundesebene angesiedelte FCC Fernsehsender, die nur für die lokale beziehungsweise regionale Verbreitung zugelassen werden. Beiden Fernsehsystemen ist gemein, dass sie die durch die Politik getroffene Festlegung auf eine lokale, beziehungsweise regionale Struktur überbrückt haben, die den ökonomischen und publizistischen Regeln des Mediums widerspricht; in beiden Ländern verbreiten die publizistisch relevanten Veranstalter ihre Programme bundesweit. In den USA sind das die Networks, in Deutschland die bundesweit verbreiteten Privatsender und die öffentlich-rechtlichen Anstalten, deren Haupt- und Spartenprogramme zentral für die bundesweite Verbreitung produziert werden.

8.3.2 Übertragungsweg und Lizenz – Veranstalter und Sender

Zwischen dem deutschen und dem US-Fernsehmarkt besteht ein weiterer erheblicher Unterschied, der bisher in der Literatur nicht beachtet wurde, allerdings für die Regulierung des Fernsehens von ganz erheblicher Bedeutung ist: Der deutsche Fernsehmarkt wird grundsätzlich von Programm*veranstaltern* bedient, der US-amerikanische terrestrische Fernsehmarkt hingegen von tatsächlichen Fernseh*sendern*. Die amerikanische FCC vergibt in den lokalen Rundfunkmärkten Lizenzen für Sender (engl.: *broadcaster*), so dass die Unternehmen, in deren Verantwortung die inhaltliche Gestaltung des Programms liegt, auch die Infrastruktur bereitstellen müssen, um das Programm in dem jeweiligen Verbreitungsgebiet auszustrahlen. In Deutschland hingegen lizenzieren die Landesmedienanstalten im Fernsehbereich Programmveranstalter. Die unterschiedlich zugeordneten Verantwortlichkeiten für die Rundfunk-Infrastruktur sind vermutlich auf die Entwicklungsgeschichte des Rundfunks zurückzuführen: Wie in Deutschland waren auch in den USA die ersten Sendeanlagen für den Rundfunk in privater Initiative entstanden und wurden in dieser privaten Verantwortung überlassen, während in Deutschland bald die Reichspost und später die Bundespost die Verantwortung für die Rundfunkinfrastruktur, den Einzug der Fernsehgebühren[259] und den Ausbau des Breitbandkabels übernahmen. Die Bereitstellung der technischen Infrastruktur für den Rundfunk wurde in Deutschland als originär öffentliche Aufgabe betrachtet; in den USA dagegen waren privat finanzierte Bemühungen die Regel. Dort existierte auch keine staatliche Behörde für die Telekommunikation – das Telegrafie- und Telefonunternehmen AT&T war seit jeher privat.

Die Unterscheidung zwischen *Sender* und *Veranstalter* begründet erhebliche Unterschiede in der Zulassung von Fernsehen in den USA und in Deutschland. In Deutschland unterliegen alle Programmveranstalter unabhängig von der

Verbreitungsart ähnlichen Lizenzanforderungen. In den USA hängt das Zulassungsverfahren stark von der Übertragungsart ab, und vom Übertragungsweg hängt wiederum die Stärke der Regulierungsgewalt der FCC ab. So prüft die FCC bei der Zulassung terrestrisch ausstrahlender Fernsehsender die wirtschaftliche Situation des Anbieters und die Konzentrationslage sehr genau. Bei Lizenzen für die Satellit- und Kabelausstrahlung wird hingegen auf diese Prüfungen verzichtet. Die Regulierung des Kabel- und Satellitenfernsehens ist ebenfalls stark abgeschwächt: Satellitenradio beispielsweise unterliegt nicht den gleichen Bestimmungen zum Jugendschutz wie das Fernsehen. Und eine spezielle Konzentrationskontrolle für den Bereich der Kabelfernsehsender beziehungsweise Satellitenfernsehsender gibt es nicht; in diesen Industrien wird Konzentration einzig mit Hilfe des Kartell- und Wettbewerbsrechts bekämpft. Diese Unterscheidung verdeutlicht, dass in den USA die spezifischen Regulierung an den einzelnen Verbreitungswegen ansetzt und nicht an den Inhalten.

In Deutschland hingegen werden die Lizenzbedingungen und die Aufsicht nicht hinsichtlich des genutzten Übertragungsweges differenziert. Zwar gibt es unterschiedliche Lizenzklassen für die terrestrische Verbreitung und die Ausstrahlung über Satellit, aber in beiden Fällen sind die Anforderungen in Bezug auf die gesellschaftliche Verträglichkeit der Inhalte, die Konzentration und die wirtschaftliche Situation der Anbieter ähnlich, und es wird nach ähnlichen Regeln geprüft. Diese Lizenzpolitik hat Auswirkungen auf die Verbreitung der zugelassenen Programme: In Deutschland ist mit der ersten Lizenzvergabe der Übertragungsweg oder das Verbreitungsgebiet des veranstalteten Programms nicht determiniert. Der Spartensender Super RTL beispielsweise kann in Deutschland über Kabel, Satellit und das digitale terrestrische Fernsehen DVB-T empfangen werden. Selbst beim von Frequenzknappheit charakterisierten analogen terrestrischen Fernsehen kam es vor, dass einem im Ausland produzierten Programm - *BBC World* – und einem Einkaufskanal – *Home Shopping Europe* (*HSE*) – Frequenzen zugeteilte wurden.[260] In den USA hingegen sind die lizenzierten Fernsehprogramme nur in den designierten Verbreitungsgebieten terrestrisch empfangbar, die Parallelausstrahlung dieser Programme über Satellit und Kabel dient einzig und allein der Versorgung der Multikanal-Haushalte im jeweiligen Lizenzgebiet. Umgekehrt würden Programme, die für das Kabel-

beziehungsweise das Satellitenfernsehen produziert werden, niemals terrestrisch ausgestrahlt.

8.3.3 Die Regulierer – zentral und föderal, stark und schwach

In den USA ist eine zentrale Regulierungsbehörde, die FCC, mit der Regulierung unterschiedlicher Aspekte des Fernsehens und damit auch der speziellen Konzentrationskontrolle beauftragt. In Deutschland ist die Aufsicht über das Privatfernsehen föderal organisiert und bei den Landesmedienanstalten der Länder verortet. Von der rechtlichen Stellung her sind sich FCC und LMAs relativ ähnlich: Die LMAs sind entsprechend des Grundsatzes der Staatsfreiheit des Rundfunks als unabhängige autonome *selbständige Anstalt des öffentlichen Rechts* ausgestaltet, analog zu den öffentlich-rechtlichen Rundfunkanstalten. Sie stehen also außerhalb der Exekutiven und Legislativen und sind nur sehr eingeschränkt der Aufsicht durch die Exekutive unterworfen – anders als etwa die ungleich größere *Bundesnetzagentur*. Eine ähnliche Stellung innerhalb des politischen Systems hat die FCC, die zwar der Exekutiven nahe steht, aber trotzdem einen ausgeprägten Grad von Unabhängigkeit von allen drei Staatsgewalten hat. Man kann sowohl die FCC als auch die LMA als Prototypen von Regulierern bezeichnen. Gleichwohl ist die FCC mit weit mehr Kompetenzen ausgestattet als die Landesmedienanstalten: Der FCC ist die Aufsicht über eine Vielzahl von Kommunikationsindustrien zugeordnet, vor allem über den Rundfunk und die Telekommunikation. Dadurch kann sie eine Medienpolitik aus einem Guß entwickeln, die unterschiedliche Verbreitungswege und Industrien berücksichtigt. Die rechtliche Stellung der FCC als so genannte *Independent Agency* macht die Kommission zu einem sehr starken Regulierer, der legislative, exekutive und quasi-judikative Gewalt in einer Körperschaft vereint. So wurden die in dieser Arbeit beschriebenen Regeln der US-amerikanischen Konzentrationskontrolle allesamt von der FCC erlassen. Obwohl sie zu den kleineren Regulierern gehört, ist die FCC dank der beschriebenen sachlichen und fachlichen Kompetenzen eine mächtige Agentur.

Das gilt besonders im Vergleich mit den deutschen Landesmedienanstalten, die gemessen an der FCC sehr viel schwächere Institutionen sind. Sie sind an die Vorgaben der einschlägigen Gesetzestexte gebunden und ihre Aufsichtskompetenz ist auf den Rundfunkbereich beschränkt. Insbesondere die föderale Struktur der

Aufsicht hat sich in der Vergangenheit als dysfunktional erwiesen, vor allem weil sich die von den jeweiligen Landesregierungen häufig stark beeinflussten LMAs nicht nur als Kontrolleure und Aufseher des Privatfunks verstehen, sondern auch als Förderer der Medienwirtschaft des eigenen Bundeslandes. In der Praxis ermöglichten die Vorschriften eine Zulassungspraxis, die stark von Standortinteressen geleitet war, und in deren Rahmen für die Ansiedlung von Rundfunkunternehmen eine stärkere Konzentration im Rundfunksektor in Kauf genommen wurde. Die hohe Konzentration im deutschen Privatfernsehmarkt kann deshalb auch auf die Balkanisierung der Aufsicht und das dadurch geförderte Primat der Standortpolitik zurückgeführt werden. Mit der Schaffung von KEK und der KDLM wurde 1997 die Konzentrationskontrolle für den Rundfunk de facto zentralisiert. Die dysfunktionale Inkongruenz von Konzentrationskontrolle und Verbreitungsgebiet wurde damit im Bereich der speziellen Konzentrationskontrolle für den Rundfunk beendet. Die Übertragung der Konzentrationskontrolle auf die KEK kann auch als Eingeständnis der LMAs interpretiert werden, dass die länderbezogene Aufsicht über den Rundfunk einem vor allem bundesweit ausgerichteten Fernsehsystem nicht gerecht wird. Daher gibt es auch für die übrigen Bereiche der Rundfunkaufsicht immer wieder Überlegungen, diese Aufgaben ebenfalls in einer Behörde auf Bundesebene zusammenzufassen (Vgl.: Schellenberg 1997: 41). Das Bundesverfassungsgericht hatte die Landesmedienanstalten bereits 1986 angewiesen, in den wichtigen Fragen der Rundfunkordnung und eben auch im Bereich der speziellen Konzentrationskontrolle zusammenzuarbeiten.

Die Schaffung der KEK bedeutete aber nicht nur eine Überführung der Konzentrationskontrolle von der Länderebene auf die Bundesebene. Darüber hinaus stellt sie einen Schritt zur Entpolitisierung der Rundfunkregulierung und eine Annäherung an die US-amerikanische Konzentrationskontrolle dar. Die KEK wurde als unabhängige Expertenkommission geschaffen, die eine relativ große Unabhängigkeit genießt. Ihre Etablierung und die Übertragung der Konzentrationskontrolle auf diese Organisation war also ein Schritt von der stärker politisierten Konzentrationskontrolle durch die Landesmedienanstalten hin zu einer Regulierung durch Experten, wie sie von der FCC seit jeher praktiziert wird.

Wenn im Folgenden auf die Organisation und Arbeitsweise der Regulierer eingegangen wird, ist das verfügbare Material zur Arbeit der FCC weitaus größer als das Material zur Arbeit der LMAs und insbesondere der KEK. Die Arbeitsweise der FCC wurde in den vergangenen Jahrzehnten wiederholt intensiv untersucht – vergleichbare Erkenntnisse zur Arbeitsweise der LMAs und vor allem der KEK fehlen. Die Literatur stützt sich bei der Bewertung der Arbeit von LMAs und KEK zudem auf weit weniger beobachtete Fälle. Das liegt zum einen daran, dass die FCC ein sehr viel umfangreicheres Segment der Volkswirtschaft reguliert als die LMAs und vor allem die KEK. Allein im Rundfunkbereich, der nur ein kleines Segment der FCC-Arbeit ausmacht, beaufsichtigt die FCC Tausende von Fernseh- und Radiosendern. Zum anderen verfügt die FCC über eine Regulierungshistorie von siebzig Jahren, während beispielsweise die KEK erst seit 1997 existiert.

8.3.4 Die Politisierung der Gremien

Mit dem Problem der Politisierung der Gremien kämpfen sowohl die deutsche als auch die US-amerikanische Konzentrationskontrolle, allerdings war vor der Schaffung der KEK die Rundfunkaufsicht in Deutschland sehr viel stärker politisiert als in den USA. Die Direktoren der LMAs werden von der jeweiligen Landesregierung nominiert und vom jeweiligen Landesparlament gewählt; man kann also von einer politischen Besetzung dieser Stellen sprechen, umso mehr als die Direktoren und Direktoriumsmitglieder der LMAs meist ehemalige oder sogar gegenwärtige Berater von Ministerpräsidenten oder Länderregierungen sind. Auch die unter Pluralismusgesichtspunkten zusammengesetzten Räte der LMAs sind insoweit politisch beeinflusst, als die darin vertretenen entsendeberechtigten Verbände in den jeweiligen Landesmediengesetzen festgelegt werden. Die Parteiaffinitäten vieler dieser Verbände sind bekannt, daher sind die Entsenderegeln in den Landesmediengesetzen oft intensiv verhandelte und sorgsam austarierte politische Kompromisse. Gleichwohl gelten die LMA-Räte als weniger stark politisiert als die Exekutive der LMAs; ein Grund dafür ist wohl der geringe Einfluss, den die Räte nehmen können: Die Verbandsvertreter galten aufgrund ihrer häufig inadäquaten Qualifikation und der geringen Frequenz ihrer Sitzungen als weitgehend ungeeignet, eine effiziente Rundfunkaufsicht zu garantieren. Zudem wird die Aufsicht durch die LMAs von der Exekutiven der Anstalten dominiert: Entscheidungen werden von der Geschäftsführung der LMAs getroffen, und die Rundfunkräte dienen vor allem als Akklamationsorgan, dem primär die Aufgabe zufällt, den Regulierungsentscheidungen der jeweiligen LMA gesellschaftliche Legitimation zu verleihen und durch die Inklusion wichtiger Verbände LMA-Entscheidungen gegen Kritik zu immunisieren. Ein Ergebnis dieser Politisierung ist, dass die Landesmedienanstalten in SPD-regierten Ländern in der Vergangenheit Fernsehsender der Bertelsmann/CLT-ufa/RTL-Group favorisiert haben, während in CDU-regierten Ländern Fernsehsender der Springer/Kirch-Gruppierung bevorzugt wurden (Vgl.: Müller 2002: 148).

In den USA sind die Besetzung der Leitungsebene der FCC und deren tägliche Arbeit ebenfalls stark politisiert. Die Leitungsebene wird zwischen den beiden Parteien aufgeteilt und Präsident und Regierung versuchen durch die Besetzung der Kommissarposten Einfluss auf die Arbeit der FCC nehmen. Das gilt besonders für die Besetzung des Postens des Chairmans, der vom Präsident ausgewählt wird und bei der Abstimmung über wichtige Entscheidungen, vor allem in Patt-Situationen, oft das Zünglein an der Waage ist. Das politische Verfahren, in dessen Verlauf die Kommissare ausgewählt werden, schafft ein stark politisiertes Leitungsgremium, das zudem noch mit Personen besetzt ist, denen oft die Expertise und die Einsatzbereitschaft fehlen, die der Communications Act von ihnen verlangt. Zudem gelten die Kommissare als geneigt, das Gemeinwohl sehr eng auszulegen, weil sie darauf hoffen, nach ihrer Amtszeit hoch dotierte Stellen in der Privatwirtschaft zu übernehmen. Doch anders als bei den LMAs, wo dem Direktor ein schwaches, systematisch benachteiligtes und fachlich vorwiegend unqualifiziertes Legislativgremium gegenübersteht, steht den FCC-Kommissaren ein Heer von Experten gegenüber: Die Behörde stützt sich bei ihrer Regulierungstätigkeit vor allem auf das in jahrzehntelanger Tätigkeit bei ihr entwickelte Fachwissen der Belegschaft, die deswegen einen erheblichen Einfluss auf die tägliche Arbeit und die langfristige Politik der Behörde ausübt.

Diese Untersuchung vertritt deshalb die These, dass zwar die Leitungsebenen bei LMAs wie FCC gleichermaßen politisiert sind, dass allerdings im Fall der FCC diese Politisierung durch die starke Stellung der Experten innerhalb des Regulierungsapparates kompensiert wird. Die KEK ist dem Problem der Politisierung weitgehend entzogen. Sie ist qua Zusammensetzung bereits ein Expertengremium; und weil sich alle Länderregierungen einstimmig auf sechs Kandidaten einigen müssen, scheinen parteipolitische Einflussnahmen oder von

Länderregierungen zumindest im Rahmen der Organisationsstruktur ausgeschlossen. Im Fall der KEK besteht viel eher die Gefahr eines Agency Capture:

Agency Capture

Das weiter oben beschrieben Phänomen des *Agency Capture* umschreibt die Angleichung der Interessen der Regulierer an die der Regulierten. Die Grundlagen dafür scheinen bei der KEK gegeben, weil mehrere Kommissionsmitglieder als Anwälte, Berater oder Gutachter für die gleichen Fernsehveranstalter arbeiten, deren Meinungsmacht sie im Rahmen ihres KEK-Mandats kontrollieren sollen. Interessenskonflikte scheinen hier möglich.

Eine Betrachtung der FCC, die ähnlich unabhängig ist wie die KEK, liefert ein gemischtes Bild. Grundsätzlich scheint sich die FCC als Unterstützer der etablierten Rundfunksender und der bestehenden Organisationsstrukturen zu sehen. Bereits die kontinuierliche Bevorzugung bestehender Lizenznehmer bei der Erneuerung von Lizenzen unterstreicht diese grundsätzliche Bevorzugung langfristiger und erprobter Beziehungen. In diesen Kontext passen zwei weitere Beobachtungen: Zum einen, dass die FCC marginale Änderungen gegenüber abrupten Kursänderungen vorzieht, und zum anderen, dass sie in Einzelentscheidungen Lösungen im Konsens zu erzielen versucht (Vgl.: Hoffmann-Riem 1996: 55f.). Sowohl bei Einzelentscheidungen als auch bei Regelerlassen versucht sie einen Interessensausgleich der involvierten Parteien zu erzielen. Grundsätzlich ist ein kooperativer Regulierungsstil nicht identisch mit einer Bevorzugung industrieller Interessen, gleichwohl gilt die FCC in der Literatur als sehr industrienah; häufig wird konstatiert, dass sie eher die Interessen der Fernsehunternehmen vertrete als die des Gemeinwohls, deren Wahrung ihr Auftrag ist. Wo diese industriefreundliche Haltung ihre Wurzeln hat, läßt sich schwer bestimmen; ob in der stärker politisierten Leitungsebene oder im Expertentum des Apparats. Beide formen die Arbeit der FCC, und auf beiden Ebenen ist Agency Capture zu beobachten.

Naturgemäß steht der FCC-Apparat mit Vertretern der beaufsichtigten Industrien in einem regen Austausch, so dass eine teilweise Übernahme bestimmter Standpunkte der Rundfunkindustrie durch die FCC-Angehörigen wahrscheinlich ist. Das bedeutet meines Erachtens jedoch nicht notwendigerweise, dass die Effektivität der Aufsicht im Dienste des Gemeinwohls dadurch kompromittiert ist. Allerdings kamen in der Vergangenheit auch Korruptionsfälle in der FCC vor (Vgl.: Kleinsteuber 1984: 45f.). Die Besetzung der Kommissarsposten gilt grundsätzlich als stark von der Rundfunkindustrie beeinflusst. Die Kommissare, die den unterschiedlichen Parteien nahe stehen, unterscheiden sich in ihren Ansichten hinsichtlich der Konzentrationskontrolle: Die der republikanischen Partei nahe stehenden Kommissare sind meist ausgesprochen industriefreundlich. Die der demokratischen Partei nahe stehenden Kandidaten sind zwar keineswegs industriefeindlich – solche Kandidaten würden niemals oder nur als „Betriebsunfall" in das Gremium gelangen –, bewerten aber unter Umständen die gesellschaftlichen Auswirkungen von Medienkonzentration kritischer als ihre republikanischen Kollegen. Mit anderen Worten: Eine republikanisch dominierte Kommission, das heißt eine Kommission mit einem den Republikanern nahe stehenden Vorsitzenden, wird grundsätzlich in der Konzentrationskontrolle eher industriefreundliche Strategien wählen. Agency Capture in dem Sinne, dass der Regulierer Entscheidungen trifft, die den Interessen der regulierten Industrien entspricht, ist in dieser Konstellation systemimmanent. Allerdings gibt das Leitungsgremium nur die großen Linien der Kommissionspolitik vor; konkrete Regulierungsentscheidungen werden von dem Expertenstab getroffen. Empirische Untersuchungen deuten darauf hin, dass der von Experten dominierte Apparat nicht nur über Regierungswechsel und Wechsel an der FCC-Spitze hinweg die Kontinuität der FCC-Arbeit sichert, sondern zudem auch einen erheblichen Einfluss auf die tägliche Arbeit und die grundsätzliche Positionen der FCC ausübt. Agency-Capture-Tendenzen des Leitungsgremiums können also vom Apparat in begrenztem Umfang neutralisiert, aber auch verstärkt werden.

Auch die Arbeit der Landesmedienanstalten liefert Anhaltspunkte dafür, dass sich die Interessen der Regulierer den Interessen der Regulierten angleichen und dass die LMAs sich als Vertreter der Interessen des privaten Rundfunks verstehen. So vertreten die LMAs und deren Koordinationsorgane wichtige Positionen der privaten Rundfunkindustrie (Vgl.: Müller 2002: 148f.). Besonders in den ersten Jahren des privaten Rundfunks in Deutschland war die Identifikation der LMA-Räte mit der Sache des privaten Rundfunks hoch, vermutlich auch aufgrund der damaligen Pioniersituation (Vgl.: Hoffmann-Riem 1996: 146f.). Das ist umso interessanter, als in den Räten der LMAs viele Verbände repräsentiert sind, die sich vor der Einführung des privaten Rundfunks gegen den privat-kommerziellen Rundfunk ausgesprochen hatten. Scheinbar änderten sich hier durch die Aufsichtsarbeit Überzeugungen bezüglich des privaten Fernsehens. Dies könnte ein Hinweis darauf sein, dass Agency Capture mitverantwortlich ist für die oben beschriebene Tendenz, in der Aufsichtsarbeit der LMA-Gremien dogmatische Überzeugungen zugunsten pragmatischer Lösungen hintenanzustellen.

Agency Capture ist also in beiden Ländern zu beobachten und scheint ein regelmäßiges Phänomen der Rundfunkaufsicht zu sein. Das ist meines Erachtens wenig erstaunlich, da es in der Natur einer Regulierungsbehörde liegt, einen Ausgleich zwischen den wirtschaftlichen Interessen der Regulierten und dem Gemeinwohl zu finden. Das gilt besonders für die FCC, die insoweit eine größere Verantwortung trägt als die LMAs, als sie mit ihrer ausgeprägten Regulierungsgewalt und ihren weiter gefassten Zuständigkeiten die Rahmenbedingungen für die Telekommunikations- und Rundfunkmärkte setzt und damit die Entwicklung dieser Märkte nachhaltig beeinflussen kann. In diesem Sinn verfolgen die Institutionen in beiden Ländern einen sehr kooperativen Regulierungsstil, der unter den Vorzeichen von Interessensausgleich, Konfliktvermeidung und informeller Aufsicht stattfindet.

Für die Arbeit der KEK gilt, dass angesichts des begrenzten, eindimensionalen Kontroll-Auftrags und dem geringen Austausch mit den Regulierten im Rahmen der täglichen Arbeit weniger Möglichkeiten für die Etablierung eines klassischen Agency Capture bestehen. Allerdings können in der Arbeit der Kommissionsmitglieder Interessenskonflikte auftreten. Zwar hat die KEK qua Gesetz den Auftrag, in problematischen Fällen im Einvernehmen mit den Regulierten eine Lösung zu suchen, gleichwohl entspricht ein harter Regulierungsstil im Sinne eines Kontrolleurs eher dem Auftrag und der begrenzten Sachkompetenz der KEK. Im Fall der geplanten Übernahme von *ProSiebenSat1* durch den Axel Springer Verlag ist die KEK tatsächlich kompromisslos aufgetreten und wurde dafür sogar von einigen Landesmedienanstalten kritisiert und mit einem gegensätzlichen Votum der KDLM konfrontiert. Diese Auseinandersetzung kann als Zeichen für divergierende Auffassungen bei LMAs und KEK bezüglich des eigenen Regulierungsauftrags interpretiert werden. Der eher kooperative Regulierungsstil von LMAs und FCC und der eher konfrontative Stil der KEK scheinen jedoch im Kontext der jeweiligen Regulierungsaufgabe als durchaus pragmatisch und angemessen. In dieser Hinsicht scheint die Einsetzung der KEK durchaus zu einer Verbesserung der Effektivität der Konzentrationskontrolle geführt zu haben – dadurch, dass die Durchsetzung der Konzentrationskontrolle außerhalb des multivarianten Interessen- und Verantwortungsgeflechts zwischen LMAs und regulierten Rundfunkunternehmen angesiedelt wurde, ist es möglich, diese Aufgabe ohne Rücksicht auf andere Dimensionen der Regulierungsarbeit zu erfüllen.

8.3.5 Die Rolle der Gerichte

In den USA wie in Deutschland wurden die bestehenden Regulierungsregime für das Fernsehen maßgeblich von den Gerichten und insbesondere den Verfassungsgerichten mitgeformt. Diese Untersuchung argumentiert jedoch, dass die Gerichte der beiden Länder ihre jeweilige Rolle in diesem Kontext unterschiedlich ausgefüllt haben. Während das Bundesverfassungsgericht seit den 1960er Jahren kontinuierlich als Bewahrer des Status quo und Verbündeter der öffentlich-rechtlichen Anstalten auftrat, agierten die US-Gerichte als Reformmotoren und brachen etablierte Regulierungsregime auf.

Die bundesdeutsche Rundfunkordnung ist vermutlich stärker als jede andere Rundunkordnung von den Gerichten geformt. In der Literatur werden die Gerichte sogar als „super-regulator" bezeichnet (Vgl.: Müller 2002: 130). Das Bundesverfassungsgericht hat mit einer Reihe von Entscheidungen seit den 1960er Jahren nicht nur die Grundzüge des Dualen Systems gelegt, sondern auch die Grundlagen der Fernsehaufsicht und der speziellen Konzentrationskontrolle für das Fernsehen. Damit hat das Gericht die herrschenden Regulierungsregimes für den Rundfunk weitgehend präjudiziert; die Politik hat in der grundlegenden Ausrichtung der Fernsehregulierung in Deutschland keine führende Rolle gespielt, sie hätte auch die Möglichkeit gar nicht gehabt: Die Verfassungsrichter ließen in ihrer Konzeption des Dualen Systems der Politik nur wenig Entscheidungsfreiheit; vielmehr gaben sie die zu errichtende Ordnung und die Ausformung dieser Ordnung weitgehend vor.

In den USA spielten die Gerichte eine viel weniger starke Rolle bei der Gestaltung der Rundfunkordnung als in Deutschland. Gleichwohl wurde der Supreme Court seit der Verstaatlichung der Frequenzen in den 1920er Jahren immer wieder angerufen, um über Regulierungsprinzipien, Regeln, Befugnisse der FCC und ihre Entscheidungen zu urteilen. Die FCC vereint zwar in ihrem rechtlichen Status legislative, exekutive und judikative Elemente, aber die Regeln und Entscheidungen der FCC können vor den ordentlichen Gerichten, insbesondere Berufungsgerichten auf Bundesebene angefochten werden. Diese Untersuchung hat herausgearbeitet, dass die Gerichte in dieser Konstellation in den vergangenen fünfzehn Jahren zu wichtigen Treibern des Abbaus der Konzentrationskontrolle wurden, da sie wiederholt Regeln der FCC für willkürlich gesetzt erklärten und entweder zur Überarbeitung an die FCC zurückverwiesen oder außer Kraft setzten. Seit 1992 haben Berufungsgerichte auf Bundesebene fast alle Regeln der Konzentrationskontrolle für ungültig erklärt, das gilt auch für den Entwurf einer umfassende Neuschreibung der Regeln von 2003, der komplett an die FCC zurückverwiesen wurde. Die FCC hat in den Fällen, die in dieser Untersuchung besprochen wurden, den Auftrag der Gerichte genutzt, um die fraglichen Regeln ganz abzubauen. Beispiele dafür sind der Verzicht auf die FinSyn-Regeln 1995 oder die Streichung der Regeln, die den gemeinsamen Besitz von Rundfunksendern und Kabelfernsehsystemen im gleichen Markt verboten im Jahr 2002.

Während also die Gerichte in den USA in den vergangenen Jahren die Deregulierung im Bereich der speziellen Konzentrationskontrolle für das Fernsehen vorangetrieben haben, war das Bundesverfassungsgericht nie ein Motor von Reformen, sondern ist vielmehr seit den 1960er Jahren als Verfechter des Status quo aufgetreten. Vor allem die Institution des öffentlich-rechtlichen Rundfunks wurde von dem Gericht verteidigt, daher wird es in der Literatur auch als „Verbündeter" des öffentlich-rechtlichen Rundfunks bezeichnet. Auch zur Liberalisierung der Rundfunkordnung Mitte der 1980er Jahre hat es nicht aus eigenem Antrieb beigetragen, sondern hat erst unter dem Druck von Politik, wirtschaftlichen Interessen und technologischer Entwicklung die duale Rundfunkordnung skizziert.

8.4 Mechanismen

Die Regeln der Konzentrationskontrolle für den Rundfunk

Die Rundfunkaufsicht verlässt sich weder in den USA noch in Deutschland auf die Regeln des allgemeinen Wettbewerbsrechts und die allgemeine

Konzentrationskontrolle, sondern stellt diesen eine zusätzliche spezielle Konzentrationskontrolle für den Rundfunk zur Seite. Deren Ziel ist die Vermeidung vorherrschender Meinungsmacht und die Schaffung von Vielfalt.

In Deutschland ist die Konzentrationskontrolle für das Fernsehen vor allem auf den nationalen Fernsehmarkt bezogen, während die Regulierung in den USA zweigeteilt ist: es existieren Regeln für den nationalen Markt und Regeln für die lokalen Medienmärkte, unter letzteren finden sich viele Cross-Ownership-Regeln. Den Regeln für die lokalen Fernsehmärkte kommt dabei große Bedeutung zu. In Deutschland hingegen sind solche Regeln praktisch unbekannt. Privates Fernsehen auf der Ebene von Städten, Landkreisen, Ballungsräumen oder Bundesländern spielt in Deutschland ökonomisch und publizistisch praktisch keine Rolle – Zuschauer, Werbetreibende und Politik sind im Fernsehbereich auf den nationalen Markt ausgerichtet, und diese Perspektive spiegelt sich auch in der Konzentrationskontrolle für das Fernsehen wider.

Die Konzentrationskontrolle auf nationaler Ebene ist in beiden Ländern unterschiedlich ausgerichtet. Während die deutsche Konzentrationskontrolle primär die horizontale Integration und den Mehrfachbesitz von Fernsehsendern im Blick hat, war das entsprechende Regulierungsregime in den USA lange daraufhin angelegt, vertikale Integration zu reduzieren und zu verhindern. Dieser grundlegende Unterschied der beiden Regulierungsregime ist in der Literatur bisher nicht herausgearbeitet worden. Als Folge des Fokus der US-Konzentrationskontrolle auf die vertikale Integration hat sich in den USA ein Fernsehmarkt entwickelt, der sehr viel stärker vertikal segmentiert ist als der deutsche: Die großen Filmstudios dominieren die Programmproduktion, die Networks stellen Einzelproduktionen zu einen Gesamtprogramm zusammen, für deren Verbreitung wiederum die lokalen Fernsehsender und Kabelsysteme zuständig sind.

Die Regeln für die US-Konzentrationskontrolle auf Bundesebene dienen vor allem dazu, die ökonomische und publizistische Macht der Networks – der Programmanbieter mit bundesweiter Verbreitung – zu kontrollieren. Das ist konsequent, denn die Networks sind die Unternehmen mit dem größten Einfluss auf die Programminhalte des US-Fernsehens – gleichermaßen für Information und Unterhaltung. Damit sind sie von ihrer Bedeutung her den bundesweit verbreiteten großen Privatsendern in Deutschland ähnlich, die im Fokus der bundesdeutschen Konzentrationskontrolle stehen. Dieser Fokus der Regelungen in Deutschland und den USA sind auch eine Konzession daran, dass die Verortung des Rundfunks auf Länderebene in Deutschland und die US-amerikanische Lokalismusdoktrin der Logik der Fernsehwirtschaft widersprechen, und dass in beiden Ländern die publizistisch relevanten Fernsehangebote auf der nationalen Ebene agieren.

Meines Erachtens ist die Fokussierung der US-Konzentrationskontrolle auf der vertikalen Integration in zweierlei Hinsicht eine Folge der Struktur des US-Fernsehmarktes. Einerseits ist sie eine Reaktion darauf, dass sich sehr früh[261] die Gefahr eines landesweiten Network-Oligopols abzeichnete: Die Networks waren sehr früh die stärksten Kräfte auf dem US-Fernsehmarkt, und ohne entsprechende Regeln der Konzentrationskontrolle hätte sich bald ein landesweites Dreieroligopol herausgebildet, das in jedem lokalen Markt der USA über Fernsehsender verfügt hätte. Zum anderen wurde allerdings das Regulierungsziel einer vertikalen Segmentierung des Fernsehmarktes überhaupt erst durch die vorhandene strukturelle Trennung von Programmvertrieb und Fernsehsendern möglich, die es der FCC erlaubte durch die Konzentrationskontrolle die ökonomische und publizistische Macht innerhalb des Fernsehsystems gleichmäßiger zu verteilen. Meines Erachtens läßt sich das Ziel der Trennung der unterschiedlichen Produktionsstufen im Fernsehmarkt damit erklären, dass so der Wettbewerb auf jeder einzelnen Produktionsstufe intensiviert wird. Wenn es einem Unternehmen möglich ist, seine starke Marktstellung auf einer Ebene auf angrenzende Produktionsstufen zu übertragen, ist wie weiter oben ausgeführt wurde, tendenzielle eine Hemmung des Wettbewerbs auf dieser angrenzenden Produktionsstufe zu erwarten. Ein eindrucksvolles Beispiel hierfür ist die US-Fernsehproduktion: Nachdem die FCC ihre *FinSyn-Regeln* zurückgenommen hatte, die *Networks* zuvor davon abgehalten hatten, Fernsehprogramme zu produzieren, entwickelten sich die Networks innerhalb weniger Monate zu den größten Fernsehproduzenten. Inzwischen sind kleine networkunabhängige Fernsehproduzenten nahezu völlig aus dem Markt verschwunden.

Die wichtigsten Regeln zu diesem Zweck sind in den USA die so genannten *Multiple Ownership Rules*, jene Regeln, mit der die Zahl der Fernsehsender, die ein Unternehmen besitzen darf, beschränkt wird – diese Regel kann auch als *Lex*

Network bezeichnet werden; sie dient vor allem dazu, die Zahl der Fernsehsender, die ein Network besitzen kann, zu kontrollieren. Die deutsche Forschung hat dieses Ziel der Regeln bislang ignoriert, möglicherweise weil die FCC dieses Ziel nie explizit formuliert hat und selbst die neuere amerikanische Literatur dieses Ziel nicht erwähnt. Ein anderer Grund könnte sein, dass die dahinter stehende Logik der deutschen Konzentrationskontrolle völlig fremd ist. Indem die FCC durch ihre Regeln die Zahl der Fernsehsender beschränkt, die ein Network besitzen kann, stärkt sie die Position der Fernsehsender vis-a-vis der Networks und festigt damit die Position der Fernsehsender als eigenständige Ebene im US-Fernsehmarkt.

Der FCC war zu allen Zeiten daran gelegen, die Unterscheidung zwischen den Networks als Programmlieferanten und den Fernsehsendern als Verbreitungskanäle aufrechtzuerhalten, um so auch in diesem Bereich eine vertikale Verflechtung beider Ebenen zu verhindern. Andere wichtige Regeln zur Eindämmung vertikaler Integration waren die FinSyn Regeln, die bis zu ihrer Streichung 1995 den Networks und mit ihnen verbundenen Unternehmen den Handel mit Fernsehrechten verboten und so den Zusammenschluss von Networks und Fernsehproduzenten wenig attraktiv machten. Ein weiteres Bündel von Regeln, die so genannten Chain Broadcasting Rules, dienten und dienen ebenfalls dazu, die ökonomische und publizistische Macht der nationalen Networks zu begrenzen. Die Vorschriften verbieten Network-Praktiken, die den Handlungsspielraum der Vertragssender stark einschränken, und sollen so die inhaltliche und wirtschaftliche Souveränität der Vertragssender sichern. Eine weitere Regel, die Dual Network Rule, verbietet außerdem, dass ein Unternehmen mehr als ein Network besitzt.

In Deutschland waren die Regeln der Konzentrationskontrolle lange ausschließlich auf die horizontale Integration und die Kontrolle von Fernsehprogrammen bezogen. Die ersten Regeln zur Beschränkung von Marktmacht, Konzentration und Meinungsmacht, die von 1992 bis 1996 galten, kannten zwei Anknüpfungspunkte: den Umfang der Beteiligung eines Unternehmens, an einem Fernsehprogramm und die Anzahl der Fernsehprogramme, an denen ein Unternehmen beteiligt sein konnte. Beide Größen waren miteinander verknüpft; so war die Höhe der Beteiligung an einem Sender maßgeblich dafür, an wie vielen Fernsehprogrammen ein Unternehmen beteiligt sein durfte. Diese Regelung durch Beteiligungsgrenzen, die in ähnlicher Form auch in anderen europäischen Ländern verbreitet war und ist, hat sich in Deutschland als konzentrationsfördernd erwiesen.

Vor diesem Hintergrund und angesichts der Entwicklung neuer Medien- und Fernsehformen wurde das alte Modell 1996 durch ein neues abgelöst, dessen Anknüpfungspunkt der kumulierte Zuschauermarktanteil ist: Ab einem Marktanteil von 30 Prozent wird eine vorherrschende Meinungsmacht des Unternehmens vermutet. Dieses leicht bestimmbare Kriterium entbindet also den Regulierer von dem praktisch nicht zu erbringenden Nachweis, dass ein Unternehmen tatsächlich über eine dominante Meinungsmacht verfügt und diese ausnutzt. Diese Form der Konzentrationskontrolle ist nach meiner Auffassung strukturell fortschrittlich, weil sie auch neue Rundfunkangebote einschließt und die betriebswirtschaftliche Logik des Fernsehmarktes berücksichtigt. Ähnliche Regelungen finden sich deshalb auch in anderen europäischen Ländern, und sind auf der EU-Ebene in den Vorschlägen für eine Richtlinie zur Medienkonzentration ebenfalls aufgegriffen worden. Die Fortschrittlichkeit dieser Regelung wird allerdings weitgehend neutralisiert durch die Ausgestaltung der praktisch unerreichbaren Konzentrationsobergrenzen, die das Privatfernseh-Duopol auf dem deutschen Fernsehmarkt zementieren und nur ein Monopol auf dem Fernsehmarkt verhindern können.

In den USA ist die FCC ist auf der nationalen Ebene inzwischen ebenfalls von einem rein numerischen Modell zu einem Reichweitenmodell übergegangen. Die traditionellen Multiple Ownership-Regeln begrenzten zunächst die Zahl der Fernsehsender, die ein Unternehmen (d.h. vor allem ein Network) landesweit besitzen konnte. Diese Regeln wurden in der Vergangenheit zunehmend gelockert, von drei auf fünf (1944), dann auf sieben (1953) und schließlich auf zwölf (1984). Seit 1996 operiert die FCC ebenfalls ausschließlich mit einem prozentualen Modell: Die Obergrenze für den Besitz von Fernsehsendern liegt bei einer technischen Reichweite von 35 Prozent – ein Unternehmen darf demnach mit seinen Fernsehsendern potentiell 35 Prozent der Fernsehhaushalte erreichen.

Diese Regel scheint zunächst deutlich strenger als das deutsche Äquivalent, weil sie nur die technische Erreichbarkeit und nicht den tatsächlich erreichten Zuschauermarktanteil erfasst. Die US-Vorschrift regelt allerdings auch einen völlig anderen Sachverhalt: Sie hat nicht zum Ziel, die Erreichbarkeit der Network-Inhalte zu beschränken – diese erreichen ohnehin über die angeschlossenen Vertragssender mit ihren Programmen 100 Prozent der Fernsehhaushalte. Die Regeln streben vielmehr in der Hauptsache zwei andere Ziele an: Zum einen sollen sie das lokale Eigentum an Fernsehsendern fördern und zum anderen die Machtbalance zwischen Networks und ihren Vertragssendern aufrechtzuerhalten. Die Vertragssender haben als Verbreiter der Network-Programme eine große Bedeutung für die Networks, was die Sender in ihrer Gesamtheit zu sehr mächtigen Akteuren auf dem US-Fernsehmarkt macht. Mit jedem weiteren Sender, den die Networks betreiben, verschiebt sich die Machtbalance hin zu ihnen. Dem will die FCC, wie weiter oben ausgeführt, mit den Multiple Ownership Rules vorbeugen.

Gemeinsam ist beiden Reichweiten-Modellen, dem deutschen wie dem amerikanischen, ein starker Bezug zum Richtwert Meinungsmacht, und eine ausgeprägte Fähigkeit, unterschiedliche Sachverhalte zu erfassen und im Sinne des jeweiligen Regulierungsregimes zu regeln. So erlaubt die US-Regelung mit ihrer ausgesprochen hohen Obergrenze der technischen Reichweite von mehr als einem Drittel der Bevölkerung den Zusammenschluss von Dutzenden lokalen Fernsehsendern in kleinen und kleinsten Märkten in einem Unternehmen. Die FCC hat in den vergangenen Jahren deutlich gemacht, dass sie für viele Fernsehsender in kleineren Märkten nur dann die ökonomischen Möglichkeiten für eine publizistische Mindestqualität sieht, wenn diese Sender in einem größeren Verbund Skaleneffekte ausnutzen können. Gleichzeitig beschränkt die Regel das Engagement der Networks auf die größten Märkte: Ein Unternehmen, dass sich nur in den 13 größten Fernsehmärkten gleichzeitig engagiert, stößt bereits an die 35-Prozent-Obergrenze. Und genau in diesen Märkten engagieren sich die Networks: bereits unter den alten Regeln betrieben die Networks nur in den größten Märkten eigene Fernsehsender, um ihren Grundbedarf an Publikumsreichweite kostengünstig zu decken. Ein Engagement in den größten Märkten wirkt jedoch in den Augen der FCC nicht einschränkend auf die Vielfalt der Inhalte und der lokalen Informationen in den betroffenen Märkten: In diesen großen Märkten konkurriert ohnehin eine Vielzahl von Fernsehsendern um Zuschauer, so dass die Vielfalt entsprechend des Vielfaltsverständnisses der FCC dort sehr hoch ist. Zudem bedeutet die 35-Prozent-Grenze, dass die Networks immer noch auf Vertragssender angewiesen sind, um die übrigen 65 Prozent der Bevölkerung zu erreichen. Die deutsche Reichweiten-Obergrenze hingegen ist vor allem offen für die Digitalisierung des Fernsehens und seine damit zu erwartende Fragmentierung und Verspartung, die bereits heute dazu geführt hat, dass in digitalen Fernsehhaushalten bis zu 110 Fernsehkanäle empfangen werden können. Die damit verbundenen Plattform- und Geschäftsmodelle wären unter den alten Regeln nicht möglich gewesen.

Cross Ownership-Regeln

Für den lokalen Markt gibt es in den USA Regeln, die den gleichzeitigen Besitz von Medien unterschiedlichen Typs verbieten – so genannte Cross Ownership-Regeln. Diese Vorschriften regeln beispielsweise Kombinationen wie Rundfunk-Kabel, Rundfunk-Zeitung oder Zeitung-Kabelfernsehen und sollen den publizistischen Wettbewerb der unterschiedlichen Medienangebote auf der Ebene der Gemeinden sicherstellen. Die Prominenz der Cross-Ownership-Regeln beruht meines Erachtens auf der großen Bedeutung des publizistischen Wettbewerbs für den lokalen Medienmarkt.

In Deutschland gibt es entsprechende Regelungen in den Landesmediengesetzen, die lokalen Zeitungen die Beteiligung an einem Rundfunksender im gleichen Verbreitungsgebiet verbieten. Cross Ownership-Regelungen auf der nationalen Ebene, auf die die Rundfunkregulierung hauptsächlich bezogen ist, existieren dagegen erst seit 1997. Anders als die spezifisch für bestimmte Medienkombinationen geschrieben Regeln der FCC sind sie jedoch sehr allgemein gehalten und beziehen sich auf die Verflechtung von Rundfunkveranstaltern mit Unternehmen, die in anderen „medienrelevanten verwandten Märkten" eine dominante Marktstellung haben. Die Stellung eines Rundfunkunternehmens auf anderen relevanten Märkten wird allerdings nur dann einbezogen, wenn das Rundfunkunternehmen einen schwer zu erreichenden Zuschaueranteil von knapp unter 30 Prozent erreicht. Die nationalen Cross-Ownership-Regelungen sind damit in Deutschland weitgehend ohne Relevanz. Diese allgemeine Formulierung wurde vor allem als eine *Lex Kirch* verstanden, die im Hinblick auf den Markt für Filmrechte geschaffen wurde. Trotz ihrer fehlenden Relevanz in der derzeitigen Konstellation ist die Einbeziehung so genannter medienrelevanter verwandter Märkte meiner Ansicht nach dennoch insofern fortschrittlich, als sie auf unterschiedliche Industrien angewandt werden kann und so für sich entwickelnde Mediensegmente offen ist. Sie stellt damit eine äußerst zukunftsfähige Form flexibler Regulierung dar. Diese Regel weist damit in eine Richtung, in die sich die Medienkonzentrationskontrolle in Zukunft entwickeln könnte.

Meines Erachtens deuten darauf auch die neuesten Entwicklungen in den USA hin. Dort wurde Ende 2003 mit dem Entwurf einer Neuregelung der Konzentrationskontrolle für die lokalen Märkte ein neues Modell für die Cross-Ownership-Kontrolle eingeführt. Ein so genannter Vielfaltsindex soll zukünftig unter Einbeziehung aller in dem Markt verfügbaren Medien die Vielfalt in den Rundfunkmärkten messen und so die rundfunkzentrierten bisherigen Regeln ablösen. Allerdings scheint dieses Modell, das von zwei Berufungsgerichten an die FCC zur Überarbeitung zurück überwiesen wurde, äußerst unausgegoren: Berechnung und Aussagekraft des Vielfaltsindex waren nicht klar erkennbar; ebenso wenig, wie er für die Konzentrationskontrolle eingesetzt werden sollte. Die unzureichende Ausgestaltung des Indikators und seine fehlende Verzahnung mit den übrigen Regeln legt die Vermutung nahe, dass der Vielfaltsindex vor allem als ein Indikator für Fortschrittlichkeit in das Regelwerk aufgenommen wurde. Damit unterstreicht meines Erachtens die FCC, vermutlich ohne es zu wollen, zwei Dinge: Zum einen die Tatsache, dass – zumal mit zunehmender Konvergenz und Parallelität von Übertragungswegen und Präsentationsformen – die Konzentrationskontrolle im Bereich der audiovisuellen Medien umfassender und allgemeiner gestaltet werden sollte: Die auf ein Medienprodukt reduzierte Betrachtung würde dabei durch einen Indikator ersetzt werden, der den Einfluss über mehrere Mediensektoren (Fernsehen, Radio, Zeitungen, Suchmaschinen, etc.) hinweg erfasst. Der Regelentwurf der FCC macht jedoch meines Erachtens gleichzeitig deutlich, wie schwierig es ist, eine solche umfassende und medienübergreifende Konzentrationskontrolle zu formulieren: Allein die Frage, welche Mediengattungen im Rahmen eines solchen Index einbezogen werden sollten und in welchem Verhältnis ihr jeweiliger potentieller Einfluss in eine solchen Index einfließen könnte, scheint problematisch. Noch viel problematischer erscheinen die Messung und die Gewichtung der Meinungsmacht für die einzelnen Medienprodukte. Das gilt umso mehr, als die Medienwirkungsforschung der vergangenen Jahrzehnte zwar die Folgen des Konsums einzelner Medien untersucht hat, aber weit von einem Konsens hinsichtlich der Folgen von Medienkonsum entfernt, geschweige denn in der Lage ist, den Einfluss einzelner Medien quantitativ bestimmen zu können. So gab es in England bereits 1996 Vorschläge, im Rahmen der Neuformulierung der Regeln zur Medienkonzentration, langfristig ein medienmarktübergreifendes Modell zur Bestimmung der Meinungsmacht zu schaffen.[262] Angesichts der oben dargestellten Umsetzungsprobleme verwarf die britische Regierung dieses Modell allerdings wieder. Grundsätzlich halte ich wie weiter oben dargelegt die Idee einer medienmarktübergreifenden Messung des publizistischen Einflusses für begrüßenswert, allerdings ist – wie bereits an anderer Stelle dieser Arbeit ausführlich erläutert – die Idee, Einfluss auf die Meinungsbildung messen zu können, realitätsfremd. Dieser Widerspruch legt meines Erachtens den Schluss nahe, dass der Gesamtmarktindikator für publizistischen Einfluss ein Irrweg ist. Es scheint vielmehr sinnvoller, die medienspezifische Konzentrationskontrolle jeweils auf einzelne Mediengattungen zu begrenzen, und dem Regulierer mit geeigneten Cross-Ownership-Regeln genügend Entscheidungsspielraum zu geben, um im Einzelfall die cross-mediale Ballung von Meinungsmacht zu verhindern. Die deutschen Cross-Ownership-Regeln sind ein Beispiel für solch eine sinnvolle Ausgestaltung und haben sich auch in der Praxis bei der versuchten Übernahme der ProSiebenSat.1 Media AG durch die Springer AG als eine hervorragende Basis für die Arbeit der KEK erwiesen.

Insgesamt exemplifizieren die Cross-Ownership-Regeln eine Grundproblematik der Konzentrationskontrolle: Die Kombination aus Rundfunk und anderen Medien in einem Unternehmen gehört zu den Konstellationen, die dem Ziel der Konzentrationskontrolle zuwiderläuft, eine Ballung von Meinungsmacht in einem Unternehmen zu verhindern. In der Regel verfügen jedoch nur wenige Unternehmen über die Verbindung von finanziellen Mitteln und publizistischer Kompetenz, die für den erfolgreichen Betrieb von Rundfunksendern notwendig sind. Meist handelt es sich dabei um Unternehmen, die bereits im Mediensektor aktiv sind, etwa Zeitungs- und Zeitschriftenverlage. Hier sind die Regulierer gefragt, im Sinne des Allgemeinwohls einen Kompromiss zwischen den Zielen der rundfunkspezifischen Konzentrationskontrolle und dem Wunsch der Zuschauer nach handwerklich und inhaltlich gut gemachten Rundfunkprogrammen zu finden. So werden die Cross-Ownership-Regeln in Deutschland und den USA vor allem für die lokalen Märkten geschaffen, in denen diese Problematik sehr viel virulenter ist als in den nationalen Märkten. Gleichzeitig gehen die Regulierer hier häufig Kompromisse ein: So erklärt die FCC inzwischen selbst, dass es Märkte zu geben scheint, in denen nur die Zeitungsverlage gut gemachtes Fernsehen produzieren können.

Die US-Cross-Ownership-Regeln umfassten lange nicht nur publizistische Medienangebote, sondern bezogen auch Verbreitungsinfrastrukturen mit ein. So diente das Verbot der Verbindung von Telefonnetzen, Kabelnetzen und oder Rundfunksendern in einem Unternehmen dazu, die Entwicklung miteinander konkurrierender Verbreitungswege zu fördern. Auch die einzige Cross-Ownership-Regel mit nationaler Reichweite, die den gleichzeitigen Besitz von Networks und Kabelfernsehnetzen verbietet, dient diesem Zweck. In Deutschland fehlten ähnliche Regeln, mit denen die Herausbildung miteinander konkurrierender Verbreitungswege gefördert werden sollten. Die Verbreitungswege Terrestrik, Breitbandkabel und Telefonnetz wurden allesamt vom Staatsmonopolisten Bundespost aufgebaut und betrieben, und Staatsbetriebe erfordern per se keine Regulierung. Erst nach der Privatisierung der Bundespost verkaufte die Deutsche Telekom 2001 ihre Breitbandkabelnetze. Der Bundespost war in der Vergangenheit zudem wegen der Staatsferne des Rundfunks grundsätzlich jede inhaltliche Beteiligung am Rundfunk untersagt, das gilt auch heute noch für die Deutsche Telekom, an der der Bundes weiterhin etwas mehr als 20 Prozent hält.[263]

Eine andere Problematik ist die vertikale Integration auf dem Kabelfernsehmarkt: Die großen Kabelgesellschaften in Deutschland betreiben inzwischen eigene Fernsehangebote im digitalen Kabel – der Gesetzgeber hat darauf noch nicht mit spezifischen Regelungen reagiert. Ob Regelungen, die spezifisch auf diesen Sachverhalt angelegt sind, nötig werden, oder ob diese neuartigen Verflechtungen vom bestehenden Regulierungsregime abgedeckt werden, bleibt abzuwarten. Eine gesonderte Regulierung scheint wenig dringend: Bei den von den Kabelfirmen veranstalteten Programmen handelt es sich um Programme, die im digitalen Kabel angeboten werden – das heißt einer Verbreitungsplattform, auf der jeder einzelne Kanal mit Dutzenden von anderen Programmen um die Aufmerksamkeit der Zuschauer buhlt. In diesem Umfeld vorherrschende Meinungsmacht und hohe Zuschauermarktanteile zu erlangen, scheint schwierig bis unmöglich. Das gilt selbst für massenattraktive Programminhalte.[264] Ein mögliches Problem, das in Zukunft verstärkt auftreten könnte, ist jedoch die Diskriminierung von einzelnen Programmveranstaltern zugunsten anderer oder gar verbundener Unternehmen.

Solche Praktiken werden jedoch in beiden Ländern durch das Wettbewerbsrecht abgedeckt.

Deregulierung durch die Gerichte

Die formaljuristische Begründung, mit denen US-amerikanische Berufungsgerichte seit 1992 die wichtigsten Regeln der speziellen Konzentrationskontrolle für den Rundfunk für ungültig erklärt oder zur Überarbeitung an die FCC zurückverwiesen haben, lautete in allen Fällen, die Regeln seien willkürlich (Original: *arbitrary and capricious*) gesetzt. Nach Meinung der Gerichte waren entweder der Regelinhalt oder die genutzten Obergrenzen nicht ausreichend begründet. Inzwischen wurden alle Regeln der FCC, die mit Höchstgrenzen arbeiten, von Berufungsgerichten als willkürlich eingestuft. Auch hochrangige Mitarbeiter der FCC erkannten in Gesprächen für die vorliegende Untersuchung diese Einschätzung an: Die jeweiligen Regeln und insbesondere die Schwellenwerte für die jeweiligen Regeln seien nicht ausreichend begründet gewesen.[265]

Die Gerichtsurteile und die korrespondierenden Einschätzungen der FCC-Vertreter betonen eine besondere Problematik, die für die Regulierungsregime in beiden Ländern gilt, denn auch die 30-Prozent-Obergrenze im deutschen Zuschauermarktanteilsmodell wird nicht begründet. Wie oben ausgeführt, kann diese Regel als strukturell fortschrittliche Lösung gewertet werden, wenngleich der genutzte Schwellenwert in der Literatur als sehr hoch gilt.[266] Gleichwohl gilt auch für diese Regel, dass der 30-Prozent-Schwellenwert nicht begründet und damit ebenso angreifbar ist wie die US-amerikanischen Regeln. In diesem Fall sogar umso mehr, als in der Literatur weitgehend davon ausgegangen wird, dass mit dem Rundfunkstaatsvertrag, der 1997 das Zuschaueranteilsmodell einführte, der bestehende Status quo eines Duopols auf dem privaten Fernsehmarkt einfach sanktioniert wurde – die Festlegung der 30-Prozent-Grenze also offensichtlich den tatsächlichen Verhältnissen auf dem regulierten Markt geschuldet war und nicht in einem speziellen Bezug zur Meinungsvielfalt im privaten Fernsehmarkt stand.

Die deutschen Länder und die amerikanische FCC stehen hier meines Erachtens vor einem Dilemma: Grundsätzlich sind Obergrenzen, wie sie in den Regeln der FCC oder dem deutschen Zuschauermarktanteilsmodell genutzt werden, nur schwer zu begründen und daher im Einzelfall anfechtbar. Andererseits scheint es schwierig, auch unter Aspekten der Rechtsstaatlichkeit, die zu verhindernden Tatbestände allgemein zu formulieren und die Regulierer so mit allzu großer Entscheidungs- und Handlungsfreiheit auszustatten. Das Wettbewerbsrecht tut sich hier leichter, weil es mit quantifizierbaren Marktvolumina, Marktanteilen, Konzentrationsgraden und Preisen operieren kann.[267] In dieser Hinsicht scheint die 30-Prozent-Grenze des deutschen Zuschauermarktanteilsmodells den in der amerikanischen Konzentrationskontrolle genutzten Schwellenwerten überlegen, die sich immer auf die technische Erreichbarkeit beziehen. Der Zuschauermarktanteil erscheint mir, auch unter Berücksichtigung der oben beschriebenen Defizite, am ehesten mit der Regelungsgröße Meinungsmacht in Beziehung zu stehen.

Inhaltliche Regelungen zur Sicherung der Meinungsvielfalt

In beiden betrachteten Rundfunkordnungen existieren neben der speziellen Konzentrationskontrolle für den Rundfunk Vorschriften, die zur Sicherung der Meinungsvielfalt in die inhaltliche Gestaltung der Programme eingreifen. In Deutschland sind das zum einen die umfassenden Vorgaben des Bundesverfassungsgerichts zur Darstellung von gesellschaftlichen Meinungen in ihrer Breite und Vielfalt im Programm der öffentlich-rechtlichen Sender. Für das privatwirtschaftliche Fernsehen gilt eine abgeschwächte verfassungsrechtliche Verpflichtung auf den so genannten Grundstandard ausgewogener Vielfalt, der auf die Widerspiegelung der Meinungsvielfalt im Wesentlichen abzielt. Eine weitaus wichtigere Rolle spielt die Verpflichtung reichweitenstarker Sender, anderen Veranstaltern Sendezeit in so genannten Fensterprogrammen innerhalb des Hauptprogramms zur Verfügung zu stellen. Diese von den Landesmedienanstalten ausgewählten Sender im Sender sollen die Vielfalt des jeweiligen Programms erhöhen.

Gerade das, was in Deutschland demokratietheoretisch gerechtfertigt scheint, würde in den USA als erheblicher Eingriff in die Meinungsfreiheit wahrgenommen, die dort hoch geschätzt wird. Bis Ende der 1980er Jahre setzten allerdings Regeln der FCC ganz erhebliche inhaltliche Vorgaben für das Programm der Fernsehsender, indem sie beispielsweise vorschrieben, dass jeder Rundfunkveranstalter einen angemessenen Anteil seiner Sendezeit der Berichterstattung über kontroverse Themen widmen sollte und dass bei der

Behandlung dieser Themen die vorherrschenden unterschiedlichen Standpunkte berücksichtigt werden sollten. Diese so genannte *Fairness Doctrine* und ähnliche Regelungen wurden allerdings 1987 aufgehoben, weil die Kontrolle der Einhaltung der äußerst umstrittenen Regeln erheblichen Verwaltungsaufwand erzeugte. Diese inzwischen ausgelaufenen Regeln sind nur vor dem Hintergrund der US-Rundfunkordnung zu verstehen, in deren Rahmen die Bevölkerung primär durch kommerzielle Sender mit Fernsehprogrammen versorgt wird.

Konzentrationskontrolle und Wettbewerbsrecht

In den USA und in Deutschland unterliegt der private Rundfunk dem allgemeinen Wettbewerbsrecht und der speziellen Konzentrationskontrolle für den Rundfunk. Die Zielsetzungen der speziellen Konzentrationskontrolle für den Rundfunk unterscheiden sich dabei erheblich von den allgemeinen Wettbewerbsregeln, dem Antitrust-Recht. Während mit letzterem das Ziel eines funktionierenden Wettbewerbs verfolgt wird, wurde die spezielle Konzentrationskontrolle für den Rundfunk entwickelt, um der Ballung von Meinungsmacht vorzubeugen sowie Vielfalt zu schaffen und zu erhalten. Rundfunkunternehmen sind demnach hinsichtlich Konzentration und Zusammenschlüssen zweifach reguliert. In den USA kamen daher in der Vergangenheit die doppelte Regulierung des gleichen Sachverhalts vor: beispielsweise verpflichtete das Justizministerium die Networks Anfang der 1970er Jahre dazu, sich nicht im Programmhandel zu engagieren, obwohl bereits die zusätzlich zu den von der FCC erlassenen FinSyn-Regeln galten. Grundsätzlich fördert jedes der beiden Regulierungsregime die Ziele des jeweils anderen. Die Sonderregeln für den Rundfunk fördern den Wettbewerb, während der durch die Wettbewerbsregeln intendierte funktionierende Wettbewerb tendenziell den Zutritt neuer Anbieter erleichtert und damit ein potentielles Ansteigen der Vielfalt des Gesamtangebotes fördert. Allerdings spielt das Wettbewerbsrecht im Rundfunkbereich beider Länder nur eine untergeordnete Rolle, weil die Regeln der speziellen Konzentrationskontrolle für den Rundfunk weit niedrigere Erfassungsgrenzen haben als das allgemeine Wettbewerbsrecht.

In den USA sind allerdings die FCC und die Gerichte zunehmend unwillig, neben den allgemeinen Antitrust-Regeln weiterhin die speziellen konzentrationsrechtlichen Regelungen für den Rundfunk aufrecht zu erhalten.

Nachdem jahrzehntelang die speziellen Eigentümerregeln für Rundfunk und Telekommunikation mit den besonderen demokratischen Aufgaben dieser Medien und ihrer speziellen Natur begründet worden waren, haben sich Regulierer und Gerichte von dieser Argumentation abgewandt. Dafür sind industriepolitische Zielsetzungen wie die angestrebte Bildung großer integrierter Medienkonzerne ebenso verantwortlich wie die zunehmende Betrachtung des Fernsehens als Wirtschaftsgut, die sich in den vergangenen Jahren bei vielen Juristen, Politikern und Fernsehmachern durchgesetzt zu haben scheint. Beide Strömungen waren meines Erachtens mitverantwortlich für den starken Abbau der speziellen Eigentümerbeschränkungen im Rundfunkbereich seit dem Anfang der 1990er Jahre. Gleichzeitig setzte sich die Ansicht durch, dass das allgemeine Wettbewerbsrecht, das *Antitrust*-Recht, zur Regulierung der Rundfunkbranche unter Wettbewerbsgesichtspunkten ausreichend sei und daher das spezielle Konzentrationsrecht ersetzen könne.

Tatsächlich findet bereits jetzt der Ersatz der speziellen Konzentrationskontrolle für das Fernsehen durch das allgemeine Wettbewerbsrecht statt. Mit der Marginalisierung der speziellen Konzentrationskontrolle für das Fernsehen seit Anfang der 1990er Jahre gewann das allgemeine Wettbewerbsrecht automatisch an Bedeutung für die Regulierung des Rundfunks. So wird die Fernsehbranche heute bereits in vielen Wettbewerbsaspekten ausschließlich durch das allgemeine Antitrust-Recht geregelt.[268] Die alleinige Kontrolle des Fernsehens durch das Wettbewerbsrecht erscheint jedoch meines Erachtens problematisch: Die Wettbewerbsbehörden in beiden Ländern betrachten zwar wie die FCC und die KEK Marktanteile und Besitzverhältnisse, haben dabei allerdings nur das Funktionieren des Wettbewerbs im Blickfeld, in einer engeren Interpretation sogar nur die Auswirkungen von Wettbewerbshandlungen auf Verbraucherpreise. Dies legt die These nahe, dass Wettbewerbsbehörden zukünftig nur gegen Handlungen von Unternehmen einschreiten können, die pekuniäre Elemente des Fernsehmarktes betreffen, also beispielsweise die Schaltpreise für Werbetreibende oder die Preise für Transfers zwischen unterschiedlichen Produktionsstufen des Fernsehmarktes. Soziokulturelle und demokratietheoretische Aspekte des Rundfunks bleiben dabei unberücksichtigt und damit auch die Leitideen der Konzentrationskontrolle, die Schaffung und der Erhalt von Vielfalt, sowie die prophylaktische Begrenzung vorherrschender Meinungsmacht. Daher wäre nur vor dem Hintergrund eines bewussten Verzichts auf die aktive Verfolgung dieser Ziele ein Verzicht auf die spezielle Konzentrationskontrolle für den Rundfunk möglich.

In Deutschland hingegen, wo die Eigentumsregelungen nur einen Teilbereich der Regeln zur Sicherung der Meinungsfreiheit ausmachen, scheint ein Ersatz durch die allgemeinen Regeln der Wettbewerbsaufsicht derzeit unwahrscheinlicher als in den USA. Einer Ablösung der speziellen Konzentrationskontrolle für den Rundfunk durch das allgemeine Wettbewerbsrecht stehen die hohen Anforderungen des Grundgesetzes und des Bundesverfassungsgerichts an den Rundfunk und seine Regulierung gegenüber.

Der öffentlich-rechtliche Rundfunk in Deutschland

Privatwirtschaftlicher Rundfunk ist in Deutschland nur möglich, weil das Bundesverfassungsgericht die Erfüllung der Grundversorgung an die öffentlich-rechtlichen Anstalten verwiesen hat. Das läßt meines Erachtens die These zu, dass der öffentlich-rechtliche Rundfunk Bestandteil des Regulierungregimes für den privaten Rundfunk ist. Der Gesetzgeber delegiert die Grundversorgung der Bevölkerung mit Rundfunk an den öffentlich rechtlichen Rundfunk und verbindet diesen Grundversorgungsauftrag mit der anspruchsvollen Vorgabe, die in der Gesellschaft vorhandenen Meinungen umfassend im Programm darzustellen. Der privatwirtschaftliche Rundfunk wird dadurch weitgehend von der Aufgabe entlastet, die für das Funktionieren der demokratischen Ordnung notwendige Meinungsvielfalt bereitzustellen – Verfassungsgericht und Gesetzgeber fordern von den privatwirtschaftlichen Programmveranstaltern nur ein abgesenktes Mindestmaß an Vielfalt. Das Bundesverfassungsgericht hat mit dieser Konstruktion, die sich nicht zwingendermaßen aus dem Grundgesetz ableitet, einerseits den öffentlich-rechtlichen Rundfunk gestärkt, gleichzeitig aber auch den privaten Rundfunk weitgehend von gesellschaftlichen Ansprüchen entlastet. Der private Rundfunk kann so dank der Existenz des öffentlich-rechtlichen Rundfunks weitgehend befreit vom Ballast einer öffentlichen Aufgabe das Ziel der Gewinnerzielung verfolgen.

Diese Konstruktion läßt nach meiner Auffassung die These zu, dass der öffentlich-rechtliche Rundfunk gleichzeitig – auch wenn das möglicherweise nicht intendiert ist – als Substitut für eine effiziente Konzentrationskontrolle des

Rundfunks funktioniert. Die hohen Eingriffsschwellen von 30 Prozent des Zuschauermarktes, die ein Greifen der Konzentrationskontrolle unter den gegebenen Bedingungen ausschließen, haben das langjährige Duopol auf dem privaten Fernsehmarkt zementiert. Berücksichtigt man die Vorgaben des Verfassungsgerichts zur Vielfalt im Rundfunk, erscheint das Duopol aus demokratietheoretischer Sicht bedenklich. Diese Bedenklichkeit leitet sich nicht aus den tatsächlichen Inhalten der Fernsehprogramme ab, die zugegebenermaßen ausgesprochen apolitisch sind. Vielmehr resultierte die Problematik der Situation aus den potentiellen Möglichkeiten der Einflussnahme, die mit einer starken Stellung auf dem Fernsehmarkt verbunden sind und aus der Diskrepanz zwischen dem Anspruch der Verfassungsinterpretation und der Situation auf dem Fernsehmarkt. Die Wirkung dieses Duopols auf Meinungsvielfalt und Qualität des Gesamtprogramms wird jedoch dadurch abgemildert, dass gut die Hälfte des Zuschauermarktes von öffentlich-rechtlichen Programmen bedient wird, die an die strengen Auflagen des Bundesverfassungsgerichts hinsichtlich der Repräsentation gesellschaftlicher Vielfalt in ihren Programmen gebunden sind und die versuchen, die Einhaltung dieser Auflagen mit sorgfältig austarierten, nach pluralistischen Kriterien besetzten Aufsichtsgremien zu gewährleisten.[269] Ohne die öffentlich-rechtlichen Sender wäre die Konzentrationssituation auf dem deutschen Fernsehmarkt in den vergangenen Jahren gesellschaftspolitisch höchst bedenklich gewesen und die hohen Eingriffsschwellen der speziellen Konzentrationskontrolle für das Fernsehen nicht vertretbar. sondern vielmehr aus der potentiellen Möglichkeit, Der öffentlich-rechtliche Rundfunk kann deshalb meines Erachtens durchaus als Substitut für eine effiziente Konzentrationskontrolle bezeichnet werden, die in Deutschland fehlt – eine Situationsbeschreibung, die auch auf andere europäische Länder wie Italien und Frankreich zutrifft, in denen ein öffentlich-rechtlicher Rundfunk neben einem hochkonzentrierten privaten Fernsehsektor besteht. Das gilt insbesondere dann, wenn man das vom Bundesverfassungsgericht vertretene Vielfaltsideal anlegt, das nicht nur die Repräsentanz relevanter gesellschaftlicher Gruppen sondern auch vielfältige Präsentationsformen und Qualitätsniveaus umfasst.

In den USA hingegen erfüllt der öffentliche Rundfunk nur die Funktion eines Komplementärsystems, das inhaltliche Defizite des kommerziellen Fernsehens ausgleichen soll und dabei vor allem die Interessen gebildeter und inhaltlich anspruchsvoller Zuschauer bedient. Der öffentliche Rundfunk ist nicht verfassungsrechtlich abgesichert wie in Deutschland, gesetzlich ist nur die Reservierung von Frequenzen für den öffentlichen Rundfunk verbrieft. Ein Bezug der beiden Systeme aufeinander, wie ihn das Bundesverfassungsgericht in Deutschland konstruiert hat, existiert in den USA nicht, würde der öffentliche Rundfunk in den USA heute seinen Betrieb einstellen, hätte das wohl keine direkten Konsequenzen für den kommerziellen Rundfunk, abgesehen davon, dass zusätzliche Frequenzen für kommerzielle Programme verfügbar wären. Eine zugewiesene Aufgabe, ähnlich dem deutschen Grundversorgungsauftrag, hat in den USA keines der beiden Systeme, eine solche Aufgabe würde auch der amerikanischen Interpretation der Meinungsfreiheit widersprechen. Der öffentliche Rundfunk in den USA kann also nicht als Bestandteil des Regulierungregimes für den kommerziellen Rundfunk betrachtet werden.

9 Zusammenfassung und Ausblick

In dieser Untersuchung wurden die Regulierungsregime der speziellen Konzentrationskontrolle für das Fernsehen in den USA und in Deutschland einer komparativen Analyse unterzogen. Geleitet wurde diese Untersuchung von einer kombinierten Fragestellung. Zunächst galt es gleichermaßen Unterschiede und Gemeinsamkeiten der Regulierungsregime in beiden Ländern herauszuarbeiten: *Was sind herausragende Gemeinsamkeiten der beiden Regulierungsregime? Was sind relevante Unterschiede?* Dabei konnten Gemeinsamkeiten und Unterschiede herausgearbeitet werden, die in der vorhandenen Literatur entweder gar nicht oder nur ansatzweise dargestellt werden.

In der zweiten, weitergehenden Leitfrage ging es um die Gründe für die teilweise erheblichen Unterschiede der Regulierungsregime in beiden Ländern: *Wie können diese Gemeinsamkeiten und Unterschiede erklärt werden? Welche Faktoren sind für die divergierenden Ausprägungen verantwortlich? Wie lassen sich teilweise überraschende Gemeinsamkeiten erklären?* Bei der Erarbeitung der Gemeinsamkeiten und Unterschiede wurden unter anderem historische Entwicklungen, die Struktur der Fernsehmärkte und die jeweils herrschende Verfassungsinterpretation einbezogen. Im Folgenden werden die wichtigsten Untersuchungsergebnisse aus den vorangegangenen Kapiteln thesenartig zusammengeführt und die zweite weitergehende Leitfrage nach den Faktoren für die Gemeinsamkeiten und Unterschiede beantwortet. Dabei werden Ergebnisse der vorangegangenen Kapitel mit zusätzlichen neuen Überlegungen und Thesen verknüpft. Im Anschluss daran werden in einem eigenen Abschnitt auf der Basis der

Untersuchungsergebnisse ein Ausblick auf die künftige Entwicklung der Konzentrationskontrolle in beiden Ländern gegeben und Handlungsempfehlungen formuliert.

Die Abfolge der Untersuchungsergebnisse folgt der Struktur der Untersuchung: Zunächst werden die Ergebnisse aus dem Vergleich der beiden Fernsehmärkte und danach die Ergebnisse aus der komparativen Analyse der Konzentrationskontrolle dargestellt.

Die Fernsehmärkte

1. Die Fernsehmärkte in den USA und in Deutschland ähneln sich stärker, als es ihre sehr unterschiedlichen Strukturen auf den ersten Blick erscheinen lassen: Die Grundstruktur des US-Marktes bilden lokale Fernsehsender mit begrenzter Reichweite; nationale Fernsehsender fehlen völlig. Dieses Strukturprinzip wurde nach dem Zweiten Weltkrieg ansatzweise in Form der Landesrundfunkanstalten auf Deutschland übertragen. Diese Organisationsformen laufen jedoch den ökonomischen Prinzipien der Fernsehproduktion zuwider und wurden deshalb in beiden Systemen auf ähnliche Weise überbrückt: In den USA stellen zentrale Programmvermarkter, die *Networks*, für ein landesweites Publikum Programme bereit, die als Träger für nationale Fernsehwerbung dienen. Im deutschen öffentlich-rechtlichen Fernsehen bildeten sehr früh zentral produzierte Programme (*Das Erste, ZDF*) für die bundesweite Verbreitung heraus. Spezifische, aber ähnliche Mechanismen, den Gegensatz aus rechtlich vorgegebener Marktstruktur und betriebswirtschaftlicher Logik zu überbrücken, haben so zu sehr unterschiedlich organisierten Fernsehmärkten geführt.

2. Beide Rundfunkmärkte unterscheiden sich hinsichtlich der Kontinuität ihrer Grundstrukturen: Der US-Rundfunkmarkt entwickelte sich seit den 1920er Jahren in privatwirtschaftlicher Organisation und Initiative gleichmäßig und konstant bis heute. Die Entwicklung der deutschen Rundfunkordnung ist hingegen durch mehrere tiefe Strukturbrüche gekennzeichnet – analog zur

Gesamtentwicklung in Staat, Wirtschaft und Gesellschaft im 20. Jahrhundert. Seit den 1920er Jahren hat der deutsche Rundfunkmarkt daher verschiedene Organisationsstrukturen durchlaufen: privatwirtschaftlich, privates Kapital und staatliche Kontrolle, rein staatlich, öffentlich-rechtlich und gegenwärtig gemischt öffentlich-rechtlich und privat.

3. Der Einfluss der Politik auf die Strukturen des Rundfunkmarktes war in Deutschland ausgeprägter als in den USA: Die Rundfunkentwicklung in Deutschland war von den 1920er Jahren bis heute weitgehend von der Politik determiniert. Diese politisierte Historie steht in starkem Kontrast zur weitgehend staatsfernen Entwicklung des Rundfunksystems in den USA. Staatliche Eingriffe beschränkten sich in den USA vor allem darauf, wahrgenommenes Marktversagen im Nachhinein zu korrigieren. Die strukturelle Entwicklung des Mediums wurde in den USA anders als in Deutschland nicht durch die Gesetzgebung vorweggenommen. Den unterschiedlichen Entwicklungshistorien des Rundfunks in den USA und in Deutschland liegen divergierende Konzeptionen des Verhältnisses von Staat und Gesellschaft, bzw. Staat und Markt zugrunde. Die Organisation des US-Rundfunksystems ist Ausdruck einer liberalen Interpretation der Rundfunkfreiheit, in der freies Unternehmertum und Meinungsfreiheit betont werden. Demgegenüber steht in Deutschland eine sozialstaatliche und tendenziell paternalistische Interpretation der Rundfunkfreiheit im Sinne einer Fürsorgepflicht des Staates.

4. Beide Fernsehordnungen sind geprägt durch ähnliche, aber nicht identische Dualismen: In den USA wird primär zwischen kommerziellen und nicht-kommerziellen Sendern unterschieden, zu letzteren gehört auch das *public television,* das aber trotz teilweiser Finanzierung aus Steuergeldern privatwirtschaftlich betrieben wird. In Deutschland wird die primäre Unterscheidung zwischen öffentlich-rechtlichem und privatem (also nicht öffentlich-rechtlichem, aber nicht notwendigerweise kommerziellem) Fernsehen getroffen. In der vorhandenen komparativen Literatur sind diese Bedeutungsunterschiede bisher nicht herausgearbeitet worden.

5. In Deutschland stehen sich private und öffentlich-rechtliche Anbieter hinsichtlich Marktanteils, Finanzkraft und Einflusses gleichgewichtig gegenüber und sind strukturell aufeinander bezogen: Während dem öffentlich-rechtlichen Rundfunk qua Gesetz in Deutschland die Aufgabe der Grundversorgung zugewiesen wurde, erfüllt das Privatfernsehen de jure eine Komplementärfunktion, der allerdings seine tatsächliche Stellung auf dem Fernsehmarkt nicht entspricht. In den USA kommt hingegen dem *public broadcasting* de jure und de facto eine Komplementärfunktion zu, die sich nicht nur in den rechtlichen Vorgaben, sondern auch im – verglichen mit dem kommerziellen Rundfunk – geringen Zuschauermarktanteil und kleinen Budget widerspiegelt.

6. Das US-amerikanische und das deutsche Fernsehsystem haben sich in den vergangenen Jahren stark angenähert. Mit der Ergänzung des öffentlich-rechtlichen Systems durch privat-kommerzielle Sender wurde der deutsche Fernsehmarkt dem US-amerikanischen sowohl strukturell als auch publizistisch ähnlicher, wenngleich jedoch weiterhin erhebliche Unterschiede bestehen. Auch die starke Verbreitung von Kabel- und Satellitenfernsehen in beiden Fernsehmärkten hat zu einer strukturellen Konvergenz der beiden Märkte beigetragen: In beiden Märkten empfängt die weit überwiegende Mehrheit der Fernsehhaushalte ihre Fernsehprogramme über einen Mehrkanaldienst und kann unter einer Vielzahl von Programmen auswählen: Verbreitungswege und Auswahlmöglichkeiten haben sich also durch das Kabel- und Satellitenfernsehen teilweise angeglichen.

Konzentrationskontrolle – die Legitimation

7. In beiden betrachteten Ländern werden der Rundfunk und besonders das Fernsehen in vielen Aspekten wesentlich dichter reguliert als andere Medien und Industrien – etwa durch eine spezielle Konzentrationskontrolle für das Fernsehen. Die Verfassungsgerichte beider Länder rechtfertigen die ausgeprägte Regulierung des Rundfunks mit der Begrenztheit des

Frequenzspektrums und der Knappheit von Sendefrequenzen und kreieren so eine Sonderstellung des Rundfunks.[270]

8. In dieser Untersuchung wurde argumentiert, dass die Frequenzknappheit in den Anfangsjahren des Rundfunks nicht nur eine rhetorische Begründung, sondern auch ein tatsächlicher Grund für die dichte Regulierung des Rundfunks war. Ein weiteres Motiv für die Verstaatlichung des Spektrums in den USA und die de facto Verstaatlichung des Rundfunks in der Weimarer Republik war offensichtlich der politische Wunsch, das neue Medium mit seinem großen Beeinflussungspotential zu kontrollieren und es dem Prinzip des Gemeinwohls unterzuordnen.

9. Die spezielle Konzentrationskontrolle für das Fernsehen dient sowohl in Deutschland als auch in den USA zwei Zielen: Sie soll zum einen Vielfalt im Gesamtprogramm herstellen und zum anderen eine starke Konzentrationen von Meinungsmacht und deren Missbrauch verhindern. Die Konzentrationskontrolle beruht dabei auf einem wahrgenommenen Konnex von ökonomischer Konzentration und publizistischem Einfluss.

10. Allerdings liegen der Konzentrationskontrolle in beiden Ländern unterschiedliche Verständnisse von Vielfalt zugrunde. Das US-amerikanische Vielfaltsideal eines *Marktplatzes der Ideen*, auf dem alle Standpunkte vorgetragen werden können und wo sich letztlich die Wahrheit durchsetzen wird, entspringt einem liberalen Staatsideal, das von einer positiven Wirkung von Wettbewerb und Konkurrenz ausgeht. Deshalb betont das US-Modell den *Zugang des Einzelnen zum Meinungsmarkt* und das Funktionieren dieses Marktes. Demgegenüber steht ein deutsches Vielfaltskonzept, das ein pluralistisch ausgewogenes Gesamtprogramm fordert. Der in Deutschland verwendete Vielfaltsbegriff betont demnach die Vielfalt im Kontext der Rezeption: *Sind alle relevanten, in der Gesellschaft vorhandenen Meinungen repräsentiert und zugänglich?* Während das deutsche Vielfaltsziel außerdem qualitative Aspekte umfasst – etwa hinsichtlich der Varianz der Qualitätsniveaus und Präsentationsformen – ist das US-amerikanische

Vielfaltsziel weitgehend quantitativ formuliert, im Sinne von Auswahlmöglichkeiten des Fernsehkonsumenten.

11. Die Unterschiede im Vielfaltsverständnis beruhen primär auf unterschiedlichem Staatsverständnis und Unterschieden im gesellschaftlichen Kontext. Das liberale US-amerikanische Staatsverständnis setzt die Fähigkeit des Einzelnen voraus, auf dem Markt der Ideen die richtigen und wahren zu erkennen. Demgegenüber steht in Deutschland ein eher paternalistisches Staatsverständnis, in dessen Kontext die Sammlung, Gewichtung und Repräsentation der gesellschaftlichen Meinungen an den öffentlich-rechtlichen Rundfunk delegiert wird. Außerdem korrespondieren die Vielfaltskonzepte mit den gesellschaftlichen Strukturen beider Länder: Für eine heterogene Gesellschaft wie die der USA ist das Modell eines Wettbewerbs der Ideen eine angemessene Operationalisierung von öffentlicher und individueller Meinungsbildung. Die deutsche Vielfaltsinterpretation ist dagegen nur in einem relativ homogenen Gemeinwesen überhaupt praktikabel.

12. In dieser Untersuchung wurde herausgearbeitet, dass es sich bei der Konzentrationskontrolle für das Fernsehen primär um eine Form von Sozialregulierung handelt und nur nachrangig um eine Form ökonomischer Regulierung. Diese Form der Regulierung dient nicht dazu, ökonomisches Marktversagen auszugleichen – dazu wäre die allgemeine Wettbewerbsregulierung in der Lage – sondern vielmehr dazu, Marktergebnisse zu verhindern, die von der Politik als sozial unerwünscht wahrgenommen werden. Dabei streben die Regulierungsregime ihre Ziele – Vielfalt und Verhinderung von geballter Meinungsmacht – über das Zwischenziel eines funktionierenden Wettbewerbs an. Wie diese Untersuchung herausgearbeitet hat, könnte man in beiden Ländern von einer besonderen politischen Form der Sozialregulierung oder sogar von *politischer Regulierung* sprechen, weil die Konzentrationskontrolle letztlich dem Bestand und der Entwicklung der politischen und gesellschaftlichen Ordnung in beiden Ländern dienen soll.

Die Form der Konzentrationskontrolle

13. Die rechtliche Stellung der Regulierer in den USA und in Deutschland ist ähnlich; Autonomie und Macht der FCC sind jedoch ausgeprägter als die der Landesmedienanstalten. Sowohl FCC als auch die LMAs sind innerhalb des politischen Systems autonom verortet und gehören keiner der drei Gewalten an. Während die Landesmedienanstalten an die Vorgaben der einschlägigen Gesetzestexte gebunden sind, ist die FCC durch ihre legislativen, exekutiven und quasi-judikativen Gewalten eine ungleich mächtigere Institution – zumal die FCC eine Vielzahl von Kommunikationsindustrien beaufsichtigt, die Kompetenzen der Landesmedienanstalten jedoch auf den Rundfunkbereich beschränkt sind.

14. Die zentralen Gremien der Rundfunkaufsicht in beiden Ländern kämpfen mit dem Problem der Politisierung – die Landesmedienanstalten allerdings in größerem Ausmaß als die FCC. Die Geschäftsleitungen der Landesmedienanstalten werden in einem politisierten Verfahren von Landesregierungen und –parlamenten bestimmt. Diesen politisch bestimmten Direktoren steht ein schwaches, systematisch benachteiligtes und fachlich teilweise unqualifiziertes, binnenplural besetztes Legislativgremium gegenüber. Die Besetzung der FCC-Leitungsebene und deren tägliche Arbeit sind ebenfalls stark politisiert. Den häufig fachlich gering qualifizierten Kommissaren steht jedoch die Experten-Belegschaft der Behörde gegenüber, die in der täglichen Arbeit die Kontinuität der FCC-Politik sichern. Während also die Leitungsebenen der FCC und der Landesmedienanstalten gleichermaßen politisiert sind, wird meines Erachtens diese Politisierung im Fall der FCC durch die starke Stellung der Experten innerhalb des Regulierungsapparates kompensiert. Allerdings wurde meines Erachtens in der deutschen Konzentrationskontrolle das Phänomen der Politisierung inzwischen reduziert: Die Übertragung der Konzentrationskontrolle von den Landesmedienanstalten auf die Kommission zur Ermittlung der Konzentration im Medienbereich (KEK) kann als ein Schritt von der stärker

politisierten Konzentrationskontrolle durch die Landesmedienanstalten hin zu einer Regulierung durch Experten, wie sie seit jeher von der FCC praktiziert wird, gewertet werden. Als reines Expertengremium, das von den Landesregierungen gemeinschaftlich ernannt wird, scheint die KEK qua Statut dem Problem der Politisierung entzogen.

15. Die Fernsehmärkte sind in beiden Ländern qua Gesetz kleinteiliger strukturiert, als es ihrer tatsächlichen Form entspricht. Trotz der Lokalstruktur des US-Fernsehmarktes und der Rundfunkkompetenz der deutschen Länder agieren in beiden Ländern die publizistisch und ökonomisch relevanten Fernsehakteure auf der nationalen Ebene. In den USA war deshalb schon sehr früh die Aufsicht über den Rundfunk bei der FCC auf Bundesebene zentralisiert. In Deutschland war die Konzentrationskontrolle lange auf Länderebene bei den Landesmedienanstalten angesiedelt. Diese föderale Struktur der Konzentrationskontrolle erwies sich als dysfunktional, weil Ziele der Konzentrationskontrolle regelmäßig Standortinteressen und industriepolitischen Erwägungen untergeordnet wurden, so dass sich auf dem deutschen Fernsehmarkt hohe Grade von Marktanteils- und Eigentümerkonzentration bildeten. Erst mit der Schaffung der KEK wurde die spezielle Konzentrationskontrolle zentralisiert und damit der Regulierung in den USA ähnlicher. Die Einrichtung der KEK kann daher als Eingeständnis der Länderregierungen interpretiert werden, dass die länderbezogene Aufsicht über den Rundfunk einem bundesweit ausgerichteten Fernsehsystem nicht gerecht wird.[271]

Die Mechanismen der Konzentrationskontrolle

16. Der Fokus der konzentrationsrechtlichen Regelungen in Deutschland und den USA liegt auf der nationalen Ebene – meines Erachtens eine Konzession an die Tatsache, dass die rechtliche Verortung des Rundfunks auf der lokalen Ebene (USA), bzw. Länderebene (Deutschland) der wirtschaftlichen Logik

der Fernsehproduktion widerspricht, so dass in beiden Ländern die publizistisch relevanten Fernsehangebote auf nationaler Ebene agieren.

17. Allerdings divergieren die Strategien der Konzentrationskontrolle: Während die deutsche Konzentrationskontrolle primär horizontaler Integration auf der Ebene der Fernsehprogramme vorbeugen soll, bekämpft das entsprechende Regulierungsregime in den USA seit jeher vorrangig ausgeprägte Formen vertikaler Integration. So zielen zentrale US-Vorschriften, die in der deutschen Literatur bisher fälschlich als Formen horizontaler Konzentrationskontrolle behandelt wurden, tatsächlich auf die Begrenzung vertikaler Integration ab. Im Vordergrund steht hierbei offenbar der Versuch, die publizistische und ökonomische Macht der Networks zu begrenzen, indem ihnen die Möglichkeit genommen wird, ihre dominante Stellung im Programmvertrieb auf angrenzende Verwertungsstufen (Produktion, Fernsehsender) zu übertragen. Meines Erachtens ist die Fokussierung der US-Konzentrationskontrolle auf der vertikalen Integration in zweierlei Hinsicht eine Folge der Struktur des US-Fernsehmarktes: Einerseits ist sie eine Reaktion darauf, dass sich sehr früh[272] die Gefahr eines landesweiten Network-Oligopols abzeichnete, das gleichzeitig Programmvertrieb und Fernsehsender kontrolliert hätte. Andererseits wurde die Betonung der vertikalen Segmentierung überhaupt erst durch die strukturelle Trennung von Programmvertrieb und Fernsehsendern möglich, die es der FCC erlaubte, mit Hilfe der Konzentrationskontrolle die ökonomische und publizistische Macht innerhalb des Fernsehsystems zu streuen.

18. In den USA existieren, anders als in Deutschland, umfangreiche Regelungen für die Konzentrationskontrolle im lokalen Fernsehmarkt. Drei Faktoren können diese umfangreiche Regulierung erklären: Zunächst das Lokalprinzip, in dem sich das Ideal einer lokaldemokratischen Bürgergesellschaft ausdrückt und dem die lokale Orientierung der Massenmedien folgt. Zudem ist, zweitens, der lokale Fernsehmarkt in den USA sehr viel bedeutender als in Deutschland – so gehören Nachrichtensendungen mit lokalem Inhalt zu den reichweitenstärksten Sendungen der Fernsehsender. Gleichzeitig ist jedoch,

drittens, gerade in kleineren lokalen Märkten die Ballung von ökonomischer und publizistischer Macht in Medienbetrieben ein virulentes Problem. In den vergangenen Jahren hat sich die lokale Orientierung des Fernsehmarktes zugunsten einer stärker zentralisierten nationalen Arbeitsweise verändert. In Folge dieser Entwicklung hat sich auch der Fokus der Konzentrationskontrolle von den lokalen Märkten auf den nationalen Markt verschoben.[273]

19. Die Regeln zur intermediären Verflechtung, die so genannten Cross-Ownership-Regeln, sind in den USA weitgehend auf den lokalen Markt beschränkt und unterstreichen damit die Bedeutung des lokalen Marktes im US-Mediensystem. Die publizistische Relevanz des lokalen Fernsehmarktes ist in Deutschland – anders als in den USA – marginal; trotzdem galten lange Zeit die einzigen Cross-Ownership-Regeln der deutschen Konzentrationskontrolle nur für lokale Märkte. Diese Gemeinsamkeit beruht auf der offensichtlich in beiden Ländern vorhandenen Wahrnehmung, dass der publizistische Wettbewerbs im lokalen Markt besonders gefährdet ist und mit abnehmender Marktgröße nicht nur an Intensität verliert, sondern auch ganz zum Erliegen kommen kann. Nationale Cross-Ownership-Regelungen gibt es hingegen nur in Deutschland.

20. Die betrachteten Regulierungsregime haben in beiden Ländern unterschiedliche Anknüpfungspunke: Die Regulierung der FCC und damit auch die Konzentrationskontrolle knüpfen an den Verbreitungsweg an. So reguliert die FCC grundsätzlich nur Fernsehsender und deren terrestrisch verbreitete Programme; Kabelfernseh- oder Satellitenfernsehprogramme, deren Veranstalter und die Betreiber von Kabelfernsehnetzen unterliegen hingegen nicht ihrer Kontrolle – abgesehen von wenigen Ausnahmen. Konzentrationsphänomene in der Kabelfernseh- und Satellitenfernsehindustrie werden daher mit Hilfe des allgemeinen Wettbewerbsrechts geregelt. In Deutschland knüpft die Konzentrationskontrolle, so wie die gesamte Rundfunkregulierung, an den Rundfunkbegriff an; aus diesem Grund hat das Bundesverfassungsgericht den

Rundfunkbegriff mehrfach konkretisiert. Dieser Bezug auf den Rundfunkbegriff wird jedoch zunehmend problematisch: Denn mit der Konvergenz der Übertragungswege und Endgeräte entstehen neue Medien, und es fällt es zunehmend schwer, diesen alte Begriffe wie Rundfunk, die an Trennschärfe verlieren, zuzuordnen. Mit der Einführung des digitalen Fernsehens und der fortschreitenden Konvergenz zeichnet sich zudem ab, dass die positive Vielfaltssicherung in Form der Konzentrationskontrolle zunehmend durch eine Regulierung des Zugangs und der Verbreitungswege ergänzt und möglicherweise abgelöst werden wird.[274]

21. In der Vergangenheit hat die FCC versucht, mit der Regulierung von Netzinfrastruktur Vielfalt zu schaffen: So hat die US-Konzentrationskontrolle in der Vergangenheit mit Vorschriften, die den gleichzeitigen Besitz von Kabelfernsehnetzen und Networks, bzw. Fernsehsendern verboten, auf nationaler und lokaler Ebene die Entwicklung des Verbreitungsmediums Kabelfernsehen gefördert. Auch diese Vorschriften fokussierten vertikale Verflechtung und hatten offensichtlich das Ziel, mit dem Kabelfernsehen eine Verbreitungsalternative zum terrestrischen Verbreitungsmedium Fernsehsender (im technischen Sinn) zu fördern, um so die Entstehung einer publizistischen Konkurrenz zu Fernsehsendern und Networks zu unterstützen. Diese Zielsetzung spiegelt den Ansatz wider, Vielfalt vorrangig durch eine Förderung des Wettbewerbs zu schaffen. Ähnliche Regeln fehlten in Deutschland, wo die Bundespost lange Zeit Terrestrik, Breitbandkabel und Telefonnetz betrieb, als Staatsbetrieb jedoch vom Rundfunk ausgeschlossen war.

22. In beiden Regulierungsregimen wechselten die Regeln der Konzentrationskontrolle Mitte der 1990er Jahre von numerischen Obergrenzen hin zu prozentualen Begrenzungen. In Deutschland ist seit 1997 statt der Maximalzahl der Programme, die ein Unternehmen besitzen darf, nur vorgeschrieben, welchen Marktanteil es mit seinen Programmen erreichen darf. In den USA war vor 1996 eine landesweite Maximalzahl von Fernsehsendern festgelegt; nun dürfen Unternehmen mit ihren

Fernsehsendern maximal 35 Prozent der Bevölkerung technisch erreichen.[275] Diese Untersuchung argumentiert, dass mit beiden Änderungen eine Verbesserung hin zu einer flexiblen Form von Regulierung stattgefunden hat: Die neuen prozentualen Obergrenzen sind eher als die alten numerischen Begrenzungen in der Lage, unterschiedliche Sachverhalte zu erfassen und im Sinne des jeweiligen Regulierungsregimes zu regeln.[276] Zudem stehen beide Maße stärker als die zuvor verwandten in Bezug zum Regulierungswert Meinungsmacht.

23. Der relativ simultane Wechsel von numerischen zu prozentualen Obergrenzen könnte meines Erachtens ein Indiz dafür sein, dass sich das transatlantische *Policy Learning*[277] in der Konzentrationskontrolle verändert hat. Bei der erstmaligen Formulierung der deutschen Konzentrationskontrolle 1987 diente die Konzentrationskontrolle der FCC als Blaupause.[278] Die fast zeitgleich durchgeführten Änderungen in der Konzentrationskontrolle scheinen darauf hinzudeuten, dass der transatlantische Erfahrungsaustausch in diesem Bereich nicht mehr nur in eine Richtung verläuft, sondern in beide Richtungen – dass also tatsächlich ein *Austausch* über Formen und Mechanismen der Regulierung stattfindet.[279] Die Verbreitung des Privatfernsehens in Europa seit Mitte der 1980er Jahre hat, wie zu erwarten war, von Land zu Land unterschiedliche Regulierungsregime für das private Fernsehen hervorgebracht.[280] Diese Vielfalt unterschiedlicher Ansätze bietet die Chance, im Sinne von Policy Learning aus den unterschiedlichen Problemlösungsansätzen die erfolgversprechendsten zu isolieren und auf die eigene Situation zu übertragen. Die technische, publizistische und strukturelle Konvergenz der Fernsehmärkte in Europa und den USA fördert dabei meines Erachtens das transatlantische *Policy Learning*.

24. In den USA wurde die Konzentrationskontrolle seit 1992 sukzessive gelockert und in großen Teilen abgebaut. Auch in Deutschland fand 1996 mit dem Wechsel vom Beteiligungsgrenzenmodell zum Marktanteilsmodell eine weitgehende Deregulierung der Konzentrationskontrolle statt, die in ihrer derzeitigen Form ein gleichgewichtiges Duopol auf dem Privatfernsehmarkt

erlaubt. Die ausgeprägte Deregulierung ist demnach beiden Ländern gemeinsam; die Akteure der Deregulierung unterscheiden sich jedoch: Während in Deutschland die Deregulierung zwischen den Ministerpräsidenten der Länder ausgehandelt wurde, wurde der Abbau der US-Konzentrationskontrolle von Akteuren aus allen Teilbereichen des politischen Systems vorangetrieben: von Regierung (Exekutive), Kongress (Legislative), Bundesgerichten (Judikative) und dem Regulierer FCC.

25. Auch die Erklärungen für den Regelabbau fallen für beide Länder unterschiedlich aus: Aus der Fülle der Erklärungsmuster für die Deregulierung in den USA lassen sich drei Komplexe herauslösen: Erstens die starke Verbreitung von Kabel- und Satellitenfernsehen, durch die nicht nur die Frequenzknappheit neutralisiert wurde, sondern auch in den meisten Haushalten eine Vielfalt geschaffen wurde, die dem quantitativen Vielfaltsverständnis der US-Konzentrationskontrolle entspricht. Zweitens ging mit dieser Entwicklung ein ökonomischer und publizistischer Bedeutungsverlust der großen Fernseh-Networks einher. Diese Entwicklung bestärkte Gerichte, Politiker und Angehörige der FCC in der Auffassung, dass der Bedeutungsverlust der Networks viele Regeln, die deren Macht einschränken sollten, überflüssig machte. Gleichzeitig löste der Zuschauerschwund ein ausgeprägtes Lobbying der Networks zugunsten eines Regelabbaus aus. Drittens wandelte sich das Verständnis der gesellschaftlichen Bedeutung des Fernsehen: Das kommerzielle Marktmodell des US-Fernsehens war jahrzehntelang von Elementen eines amorphen öffentlichen Auftrags durchsetzt. Dieses Konzept wird zunehmend durch ein reines Marktmodell abgelöst, in dem Informationen und Unterhaltung als Wirtschaftgüter betrachtet werden. Der solchermaßen von demokratietheoretischem Ballast befreite Rundfunkbegriff reduziert die Arbeit von Fernsehsendern auf die Ausübung des freien Unternehmertums, wenngleich auch unter dem Schutz des First Amendments. Diese Faktoren wirkten vor dem Hintergrund eines erstarkenden Vertrauens in die steuernde Wirkung von Marktkräften und einer daraus resultierenden regulierungsskeptischen Haltung. Auch bei der Deregulierung in Deutschland

spielte Druck seitens der Fernsehindustrie eine große Rolle: Die neuen Beteiligungsgrenzen können daher zum einen mit industriepolitischen Erwägungen erklärt werden. Zum anderen stellten die neuen Regeln zum Zeitpunkt ihrer Formulierung eine Legalisierung des Status quo dar, der sich unter Umgehung der alten Regeln gebildet hatte – sie sind also auch Ausdruck dafür, dass die Politik nicht gewillt war, Marktstrukturen, die sich unter Umgehung der bisherigen Regeln gebildet hatten, anzutasten.

26. In Deutschland kann, anders als in den USA, der öffentlich-rechtliche Rundfunk als Teil der Rundfunkregulierung aufgefasst werden. Diese Arbeit vertritt die These, dass der deutsche öffentlich-rechtliche Rundfunk, der mit einer institutionell verankerten, binnenpluralen Struktur das Ziel eines in sich vielfältigen Gesamtprogramms verfolgt, als Substitut für eine in Deutschland fehlende funktionierende und effiziente Konzentrationskontrolle betrachtet werden kann. Die gegenwärtigen Regeln der deutschen Konzentrationskontrolle können nur ein Monopol auf dem deutschen Privatfernsehmarkt verhindern; ein Duopol, das zusammen 100 Prozent des privaten Fernsehmarktes kontrolliert, wäre unter den gegenwärtigen Regeln möglich. Nur dadurch, dass der öffentlich-rechtliche Rundfunk ein in sich vielfältiges und ausgewogenes Gesamtprogramm bereitstellt, ist diese Gesetzeslage akzeptabel.[281]

Ausblick

Die oben dargestellten Untersuchungsergebnisse lassen Aussagen über die weitere Entwicklung der Konzentrationskontrolle in den USA und in Deutschland zu. Im Folgenden werden auf der Grundlage der oben dargestellten Ergebnisse Prognosen hinsichtlich der Entwicklung der Konzentrationskontrolle und der Rundfunkregulierung in beiden Ländern getroffen. Dabei werden auch neue Überlegungen und Fakten in die Überlegungen miteinbezogen.

27. Mit steigenden Übertragungskapazitäten durch Kabel- und Satellitenfernsehen ist die auf der Frequenzknappheit basierende Sondersituation des Rundfunks in beiden Ländern beendet. In den USA, wo

die Frequenzknappheit die vorrangige Rechtfertigung für eine spezielle Regulierung des Rundfunks ist, entfällt daher zunehmend die Legitimation für die spezielle Konzentrationskontrolle für das Fernsehen. In Deutschland hat hingegen das Bundesverfassungsgericht sehr früh die gesellschaftliche Bedeutung und die Meinungsmacht des Rundfunks in die Begründungen für eine besonders dichte Rundfunkregulierung integriert. Der Wegfall der Frequenzknappheit stellt daher hierzulande den Fortbestand der Konzentrationskontrolle weniger stark in Frage als in den USA.

28. Auch das unterschiedliche Verständnis von Vielfalt in beiden Ländern dürfte sich auf den Fortbestand der Konzentrationskontrolle auswirken. In den USA nähert sich mit der Verbreitung von Mehrkanaldiensten und dem Internet die Situation dem Ideal des Marktplatzes der Ideen an. In der rein quantitativen Betrachtungsweise der FCC kann selbst ein hochkonzentrierter lokaler Fernsehmarkt durch die Vielfalt im Internet, das dem Einzelnen minimale Hürden für die Verbreitung seiner Ansichten setzt, ausgeglichen werden. Damit erodiert neben der frequenzbedingten Sondersituation des Rundfunks auch die US-spezifische Vielfaltsbegründung der Konzentrationskontrolle – ein weiterer Faktor, der auf einen Abbau dieser Regeln hinarbeitet. Das im Kontext des spezifisch deutschen Vielfaltskonzepts geforderte pluralistische und ausgewogene Gesamtprogramm im Sinne von Meinungsvielfalt kann hingegen durch das Internet und die große Anzahl von Fernsehkanälen in Mehrkanalhaushalten nicht ersetzt werden. Diese Technologien gefährden damit in Deutschland, anders als in den USA, nicht die Begründung und den Fortbestand der fernsehspezifischen Konzentrationskontrolle.

29. Die in den beiden vorangegangenen Thesen beschriebenen Entwicklungen werden, so die Argumentation dieser Arbeit, die Konzentrationskontrolle in den USA und in Deutschland auf unterschiedliche Weise beeinflussen: In den USA und in Deutschland unterliegt die Fernsehindustrie gleichermaßen der fernsehspezifischen Konzentrationskontrolle und dem allgemeinen Wettbewerbsrecht. Bisher spielte das Wettbewerbsrecht für die Regelung des Fernsehens in beiden Ländern eine untergeordnete Rolle, weil die Regeln der

speziellen Konzentrationskontrolle niedrigere Erfassungsgrenzen haben. Es ist davon auszugehen, dass sich diese Situation in Deutschland in den kommenden Jahren nicht ändern wird. In den USA wird vermutlich das allgemeine Wettbewerbsrecht die Konzentrationskontrolle in den meisten Regelungsbereichen ablösen. Amerikanische Gerichte und die FCC scheinen zunehmend unwillig, neben den allgemeinen Wettbewerbsregeln weiterhin eine Konzentrationskontrolle für den Rundfunk aufrechtzuerhalten. Dazu tragen nicht nur industriepolitische Erwägungen bei, sondern auch die oben beschriebene Tendenz, Fernsehen primär als ein Wirtschaftsgut zu betrachten. Bedingt durch die Marginalisierung der Konzentrationskontrolle seit Anfang der 1990er Jahre wird die Fernsehindustrie heute bereits in vielen Aspekten ausschließlich durch das allgemeine Wettbewerbsrecht kontrolliert. Ein Verzicht auf die Konzentrationskontrolle bedeutet jedoch auch, die aktive Verfolgung der Ziele der Konzentrationskontrolle – Schaffung von Vielfalt und Begrenzung vorherrschender Meinungsmacht - aufzugeben. In Deutschland hingegen wird der vom Bundesverfassungsgericht aus der Verfassung abgeleitete Auftrag, Vielfalt im Fernsehmarkt zu schaffen, einer solchen Entwicklung entgegenstehen. Eine Ablösung der speziellen Konzentrationskontrolle durch die allgemeinen Regeln der Wettbewerbsaufsicht scheint daher in Deutschland unwahrscheinlich zu sein, wenngleich auch hierzulande zumindest das Privatfernsehen zunehmend als Wirtschaftsgut betrachtet wird, wozu die Ökonomisierung des Fernsehens[282] und der Einfluss der EU, auf deren Ebene das Fernsehen vorrangig als Dienstleistung definiert wird, maßgeblich beitragen.

30. Diese Arbeit argumentiert vor dem Hintergrund der neuesten Entwicklungen, dass im Moment die Voraussetzungen für eine stärkere Anwendung des Wettbewerbsrechts auf dem Fernsehmarkt geschaffen werden. Die bisher frei empfangbaren Fernsehprogramme wollen demnächst auf allen digitalisierten Übertragungswegen verschlüsselt senden und ihre Programme nur noch Zuschauern zugänglich machen, die dafür zahlen.[283] Das bedeutet, dass die Fernsehveranstalter nicht nur mit den Werbetreibenden, sondern auch mit den Zuschauern pekuniäre Geschäftsverbindungen aufnehmen. Dies wird es dem

Bundeskartellamt stärker als bisher erlauben, bei zukünftigen Zusammenschlüssen und Kooperationen einzuschreiten, da sich dank der Monetarisierung der Beziehung zwischen Sendern und Kunden künftig Märkte, Marktanteile und Preise genauer bestimmen lassen. So zeichnet sich ab, dass in Deutschland zukünftig weiterhin die Regeln des allgemeinen Wettbewerbsrechts und die Regeln der Konzentrationskontrolle für die Fernsehindustrie gelten werden, dass aber die Kartellwächter leichter als bisher in den Fernsehmarkt eingreifen können.

31. Nicht nur in den USA und Deutschland scheint Konsens darüber zu bestehen, dass eine effektive Konzentrationskontrolle Meinungsmacht medienmarktübergreifend messen und begrenzen sollte. Dies gilt umso mehr angesichts der zunehmenden Konvergenz und Parallelität von Übertragungswegen und Mediengattungen, vor deren Hintergrund es problematisch erscheint, die Konzentrationskontrolle am traditionellen Rundfunkbegriff und althergebrachten Erscheinungsbildern von Medien anzusetzen. Die auf ein einzelnes Medienprodukt reduzierte Betrachtung würde dabei im Idealfall durch einen Indikator ersetzt, der Meinungsmacht über mehrere Sektoren (Fernsehen, Zeitungen, Suchmaschinen, etc.) hinweg erfasst. Meines Erachtens ist solch ein grundsätzlich wünschenswerter Gesamtmarktindikator für publizistischen Einfluss ein Irrweg, insbesondere angesichts der kaum lösbaren Probleme bei der Messung und Gewichtungen des medialen Einflusses über mehrere Mediengattungen hinweg. Es scheint vielmehr sinnvoller, die medienspezifische Konzentrationskontrolle jeweils auf einzelne Mediengattungen zu begrenzen und dem Regulierer mit geeigneten Cross-Ownership-Regeln genügend Entscheidungsspielraum zu geben, um im Einzelfall die cross-mediale Ballung von Meinungsmacht zu verhindern. Die deutschen Cross-Ownership-Regeln auf nationaler Ebene sind dafür nicht nur in der Theorie ein gutes Beispiel, sondern haben sich auch praktisch bewährt. Der geplante *Diversity Index* der FCC, der Bestandteil der gescheiterten Reform der US-Konzentrationskontrolle von 2003 war, ist dagegen ein anschauliches Beispiel dafür, wie realitätsfremd

und folglich unpraktikabel es ist, publizistische Konzentration und Vielfalt mediengattungsübergreifend messen und quantifizieren zu wollen.

32. Vor dem Hintergrund der zunehmend erodierenden Legitimationsbasis der speziellen Konzentrationskontrolle in den USA vertritt diese Untersuchung die These, dass die Sondersituation des Rundfunks - und damit die spezielle Konzentrationskontrolle - in Deutschland nachhaltiger begründet und damit fester im positiven Recht verankert wurde als in den USA. Die FCC und die US-Politik begründen bis heute die Konzentrationskontrolle mit der Frequenzknappheit und Vielfaltszielen. Eine Frequenzknappheit besteht nicht mehr, und die Vielfalt im spezifischen US-amerikanischen Verständnis scheint heute gegeben, so dass die Begründungen für die US-Konzentrationskontrolle weitgehend nicht mehr haltbar sind. Das Bundesverfassungsgericht hat hingegen in vorausschauender Weise sehr früh den frequenztechnischen Aspekt der Sondersituation als temporär bezeichnet und die Konzentrationskontrolle primär damit begründet, dass der Rundfunk eine hohe gesellschaftlich-politische Bedeutung habe und es folglich notwendig sei, die Ballung und den Missbrauch von Meinungsmacht zu verhindern. Daraus leitet sich folgende Handlungsempfehlung ab: Wollen die FCC und der US-Gesetzgeber die spezielle Konzentrationskontrolle unter den gegenwärtigen Bedingungen erhalten, sollten sie in der Begründung der Konzentrationskontrolle die politisch-sozialen Ziele dieser Regulierung klarer als bisher formulieren. Der politische Wille dafür ist allerdings im Moment nicht zu erkennen; vielmehr scheint mittelfristig ein vollständiger Abbau der Konzentrationskontrolle in den USA wahrscheinlich.[284]

Materialien: Verfassungen, Gesetzgebung und Urteile

USA

Constitution of the United States. Published for the Bicentennial of its Adoption in 1787, Washington: Library of Congress in Association with Arion Press.

The Radio Act of 1927. In: Kahn, Frank (Hrsg.): Documents of American Broadcasting, Cliff, NJ: Prentice-Hall, S. 40-56.

Deutschland

Grundgesetz in der Fassung von 2002: Grundgesetz für die Bundesrepublik Deutschland vom 23. Mai 1949 (BGBl. S. 1), zuletzt geändert durch Gesetz vom 26. Juli 2002 (BGBl. I S. 2863).

1. Rundfunkentscheidung (Deutschland-Fernsehen GmbH-Urteil) vom 28.02.1961. In: Entscheidungssammlung des Bundesverfassungsgerichts (BVerfGE), 12: 205.

2. Rundfunkentscheidung (Umsatzsteuer-Urteil) vom 27.07.1971. In: Entscheidungssammlung des Bundesverfassungsgerichts (BVerfGE), 31: 314.

3. Rundfunkentscheidung (FRAG-Urteil) vom 16.06.1981. In: Entscheidungssammlung des Bundesverfassungsgerichts (BVerfGE), 57: 295.

4. Rundfunkentscheidung (Niedersachsen-Urteil) vom 04.11.1986. In: Entscheidungssammlung des Bundesverfassungsgerichts (BVerfGE), 73: 118.

5. Rundfunkentscheidung (Baden-Württemberg-Beschluß) vom 24.03.1987. In: Entscheidungssammlung des Bundesverfassungsgerichts (BVerfGE), 74: 297.

6. Rundfunkentscheidung (Radio NRW-Urteil) vom 05.02.1991. In: Entscheidungssammlung des Bundesverfassungsgerichts (BVerfGE), 83: 238.

7. Rundfunkentscheidung (HR 3-Beschluß) vom 06.10.1992. In: Entscheidungssammlung des Bundesverfassungsgerichts (BVerfGE), 87: 181.

8. Rundfunkentscheidung (Rundfunkgebühren-Urteil) vom 22.04.1992. In: Entscheidungssammlung des Bundesverfassungsgerichts (BVerfGE), 90: 60.

9. Rundfunkentscheidung (EG-Fernsehrichtlinie) vom 22.03.1995. In: Entscheidungssammlung des Bundesverfassungsgerichts (BVerfGE), 92: 203

10. Rundfunkentscheidung (DSF-Beschluß) vom 18.12.1996. In: Neue Juristische Wochenschrift, 1997: S. 1147.

JMStV Fassung von 2004: Staatsvertrag über den Schutz der Menschenwürde und den Jugendschutz in Rundfunk und Telemedien (Jugendmedienschutz-Staatsvertrag - JMStV) vom 10. bis 27. September 2002, zuletzt geändert durch den Achten Rundfunkänderungsstaatsvertrag vom 8./15. Oktober 2004.

MDStV Fassung von 2004: Staatsvertrag über Mediendienste (Mediendienste-Staatsvertrag – MDStV) vom 20. Januar/12. Februar 1997 (GVBl. I S. 135 ff.), zuletzt geändert durch den Achten Rundfunkänderungsstaatsvertrag vom 8./15. Oktober 2004 (Nicht amtliche Fassung).

RStV Fassung von 1996: Dritter Staatsvertrag zur Änderung rundfunkrechtlicher Staatsverträge (Dritter Rundfunkänderungsstaatsvertrag) (abgedruckt in Media Perspektiven Dokumentation I/1996, S. 1-34).

RStV Fassung von 2001: Rundfunkstaatsvertrag vom 31. August 1991, in der Fassung des fünften Rundfunkänderungsstaatsvertrags, in Kraft seit dem 1. Januar 2001 (Art. 8 des Rundfunkänderungsstaatsvertrages).

RStV in der Fassung von 2002: Staatsvertrag über den Rundfunk im vereinten Deutschland in der Fassung des sechsten Staatsvertrages zur Änderung des Rundfunkstaatsvertrages, des Rundfunkfinanzierungsvertrages und des Mediendienste-Staatsvertrages (Sechster Rundfunkänderungsstaatsvertrag) in Kraft seit 1. Juli 2002 (dokumentiert in Media Perspektiven Dokumentation I/2002).

RStV Fassung von 2004: Staatsvertrag über den Rundfunk im vereinten Deutschland (Rundfunkstaatsvertrag - RStV) vom 31.08.1991, zuletzt geändert durch Artikel 1 des Achten Staatsvertrages zur Änderung rundfunkrechtlicher Staatsverträge vom 8. bis 15.10.2004, (GBl. BW 2005 S. 190), in Kraft getreten am 01.04.2005.

RStV Fassung von 2006: Staatsvertrag für Rundfunk und Telemedien (Rundfunkstaatsvertrag - RStV) zuletzt geändert durch Artikel 1 des Neunten Staatsvertrages zur Änderung rundfunkrechtlicher Staatsverträge vom 22.06.2006 (GBl 2007), gültig ab dem 01.03.2007. (Das Inkrafttreten zum 01.03.2007 steht unter dem Vorbehalt der Zustimmung aller Landesparlamente.).

Begründung zum Staatsvertrag über den Rundfunk im vereinten Deutschland vom 31. August 1991 (dokumentiert in Media Perspektiven Dokumentation IIIb/1991, S. 173-267).

EG-Fernsehrichtlinie: Richtlinie des Rates vom 3. Oktober 1989 zur Koordinierung bestimmter Rechts- und Verwaltungsvorschriften der Mitgliedstaaten über die Ausübung der Fernsehtätigkeit (89/552/EWG) (ABl. L 298 vom 17.10.1989, S. 23). Geändert durch: Richtlinie 97/36/EG des Europäischen Parlaments und des Rates vom 30. Juni 1997. Berichtigt durch: Berichtigung, ABl. L 331 vom 16.11.1989, S. 51 (89/552).

Grenzüberschreitendes Fernsehen: Europäisches Übereinkommen über das grenzüberschreitende Fernsehen vom 5. Mai 1989 geändert durch das Protokoll des Europarats vom 9. September 1998, in Kraft getreten am 01.März 2002.

Literatur

[Ohne Verf.] (2004): Gabler Wirtschaftslexikon, 16., vollst. überarb. und akt. Aufl., Wiesbaden: Gabler.

[Ohne Verf.] (2006): Es gibt keinen Teppichhandel. In: Die Zeit online, am 30.12.2005 (http://www.zeit.de/online/2006/01/doerr_interview, gesehen am 25.09.2006).

Adams, W. P./ Czemiel, E.-O./ Ostendorf, B./ Shell, K.L./ Spahn P.B./ Zöller, M. (Hrsg.) (1992): Länderbericht USA. Band II. Außenpolitik, Gesellschaft, Kultur-Religion-Erziehung, Bonn: Bundeszentrale für Politische Bildung.

Albarran, Alan B. (1996): Media Economics. Understanding Markets, Industries and Concepts, Ames: Iowa University Press.

Alger, Dean (1998): Megamedia. How Giant Corporations Dominate Mass Media, Distort Competition, and Endanger Democracy, Lanham u. a.: Rowman & Littlefield.

Arbeitsgemeinschaft der öffentlich-rechtlichen Rundfunkanstalten der Bundesrepublik Deutschland / ARD (Hrsg.) (1975): ARD-Jahrbuch 1975, Hamburg: Hans-Bredow-Institut.

Arbeitsgemeinschaft der öffentlich-rechtlichen Rundfunkanstalten der Bundesrepublik Deutschland / ARD (Hrsg.) (2005): ARD Jahrbuch 2005, Hamburg: Hans-Bredow-Institut.

Aufderheide, Patricia (1999): Communications Policy and the Public Interest. The Telecommunications Act of 1996, New York und London: Guilford Press.

Ayres, Ian/ Braithwaite, John (1992): Responsive Regulation. Transcending the Deregulation Debate, New York: Oxford University Press.

Bachem, Christian (1995): Fernsehen in den USA. Neuere Entwicklungen von Fernsehmarkt und Fernsehwerbung, Opladen: Westdeutscher Verlag

Bähr, G./ Fleschner, F./ Hofmeir, S. (2006): Lizenz zum Abkassieren. In: Focus 36/2006, S. 150-152.

Baker, C. Edwin (2002): The Law and Policy of Media Ownership in the United States. In: Blaurock, Uwe (Hrsg.): Medienkonzentration und Angebotsvielfalt zwischen Kartell- und Rundfunkrecht, Baden-Baden: Nomos 2002 [Verhandlungen der Fachgruppe für vergleichendes Handels- und Wirtschaftsrecht anlässlich der Tagung der Gesellschaft für Rechtsvergleichung in Hamburg vom 19. - 22. September 2001], S. 9-89.

Baker, C. Edwin/ Kübler, Friedrich (2004): Sicherung der Meinungsvielfalt durch mehr Markt?. In: Media Perspektiven, 2/2004, S. 81-88.

Baldwin, David A. (Hrsg.) (1993): Neorealism and Neoliberalism. The Contemporary Debate, New York: Columbia University Press.

Baldwin, Robert/ Cave, Martin (1999): Understanding Regulation. Theory, Strategy and Practice, Oxford u.a.: Oxford University Press.

Bardt, Hubertus (2002): Die Rundfunkordnung in Deutschland. Vom Monopol zum Wettbewerb, Köln: div.

Baughman, James L. (1985): Television's Guardians. The FCC and the Politics of Programming 1958-1967, Knoxville: University of Tennessee Press.

Bausch, Hans (1975): Zweieinhalb Jahrzehnte Rundfunkpolitik. Resümee anläßlich des Jubiläums der ARD. In: ARD - Arbeitsgemeinschaft der öffentlich-rechtlichen Rundfunkanstalten der Bundesrepublik Deutschland (Hrsg.): ARD-Jahrbuch 1975, Hamburg: Hans-Bredow-Institut, S. 18-37.

Beck, Hanno (2005): Medienökonomie. Print, Fernsehen und Multimedia, Berlin, Heidelberg, New York: Springer.

Beebe, Jack H. (1977): Institutional Structure and Program Choice in Television Markets. In: The Quarterly Journal of Economics, Vol. 91, S. 15-37.

Bender, Gunnar (1997): Cross-Media-Ownership, eine rechtsvergleichende Untersuchung der Kontrolle multimedialer Unternehmenskonzentration in der Bundesrepublik Deutschland und den Vereinigten Staaten von Amerika, Diss. Univ. Münster.

Bergei, Manfred u. a. (Hrsg.) (1978): Kulturpolitisches Wörterbuch der DDR, 2. erw. und überarb. Aufl., Ost-Berlin: Dietz.

Berresford, John W. (2005): The Scarcity Rationale for Regulating Traditional Broadcasting: An Idea Whose Time Has Passed, FCC Media Bureau Staff Research Paper.

Black, Jane/ Kharif, Olga (2001): A Way Out of the HDTV Mess. In: Business Week Online, 01.03.2000 (http://www.businessweek.com:/print/bwdaily/dnflash/.../nf2001031_278.htm, gesehen am 24.10.2001).

Blaurock, Uwe (Hrsg.) (2002): Medienkonzentration und Angebotsvielfalt zwischen Kartell- und Rundfunkrecht, Baden-Baden: Nomos [=Verhandlungen der Fachgruppe für vergleichendes Handels- und Wirtschaftsrecht anlässlich der Tagung der Gesellschaft für Rechtsvergleichung in Hamburg vom 19.-22. September 2001].

Blind, Sofia (1997): Das Vielfaltsproblem aus der Sicht der Fernsehökonomie. In: Kohl, Helmut (Hrsg.): Vielfalt im Rundfunk: Interdisziplinäre und internationale Annäherungen, Konstanz: UVK-Medien 1997, S. 43-62.

Blumenthal, Howard J./ Goodenough, Oliver R. (1991): This Business of Television, New York, NY: Billboard Books.

Browne, Donald R. (1989): Comparing Broadcasting Systems. The Experiences of Six Industrialized nations. A Comparative Study, Iowa State University Press.

Browne, Donald R. (1999): Electronic Media and Industrialized Nations. A Comparative Study, Ames: Iowa State University Press.

Buchwald, Manfred (1999): Fernsehen im Wettbewerb. In: Schwarzkopf, Dietrich (Hrsg.): Rundfunkpolitik in Deutschland. Wettbewerb und Öffentlichkeit, Bd. 2, München: Deutscher Taschenbuch Verlag, S. 615-642.

Bundesnetzagentur (2006): Status der Bundesnetzagentur (http://www.bundesnetzagentur.de/enid/f1cb923975e241e0f1745ea1532c6063,0/Die_Bundesnetzagentur/Ueber_die_Agentur_sa.html, gesehen am 25.09.2006).

Bundeszentrale für Politische Bildung (Hrsg.) (1992): Privatkommerzieller Rundfunk in Deutschland. Entwicklungen, Forderungen, Regelungen, Folgen (Redaktion: Tilman Ernst und Susanne Hiegemann), Bonn: Bundeszentrale für Politische Bildung.

Burda, Michael C./ Wyplosz, Charles (2003): Makroökonomie. Eine europäische Perspektive, ?, völlig überarb. Aufl., München: Vahlen.

Burgeois, Isabelle (1999): Privatrechtliches Fernsehen. In: Schwarzkopf, Dietrich (Hrsg.): Rundfunkpolitik in Deutschland. Wettbewerb und Öffentlichkeit, Bd. 1, München: Deutscher Taschenbuch Verlag 1999, S. 436-502.

Burkart, Roland (1998): Kommunikationswissenschaft. Grundlagen und Problemfelder. Umrisse einer interdisziplinären Sozialwissenschaft, 3., überarb. und akt. Aufl., Wien u.a.: Böhlau.

Carter, Bill (2002): Ownership Ruling is Latest Boon to Industry Once Seen as Doomed. In: The New York Times, 21.02.2002 (http://www.nytimes.com/2002/02/21/business/media/21NETW.html, gesehen am 21.02.2002).

Carter, Bill (2006): With Focus on Youth, 2 Small TV Networks Unite. In: The New York Times, 25.01.2006 (http://www.nytimes.com/2006/01/25/business/25network.html, gesehen am 30.01.2006).

Carter, T. Barton/ Franklin, Marc A./ Wright, Jay B. (1996): The First Amendment and the Fifth Estate. Regulation of Electronic Mass Media, 4. Aufl., Westbury und New York: The Foundation Press.

Clark, John Maurice (1940): Towards a Concept of Workable Competition. In: The American Economic Review, Vol. 30, Nr. 2, S. 241-256.

Clark, John Maurice (1954): Sicherheit in Freiheit. Unsere Gesellschaft zwischen Anarchie und Planung, Frankfurt und Wien: Humboldt-Verlag [=Sammlung Die Universität, Bd. 46].

Clark, John Maurice (1980): Competition as a dynamic process, Westport, CT: Greenwood Press [=Reprint of the 1961 edition, Brookings Institution, Washington].

CLT-Ufa (2000): Geschäftsbericht 1999, Luxemburg.

Coase, R. H. (1966): The Economics of Broadcasting and Government Policy. In: The American Economic Review, Vol. 56, Nr. 1/2, S. 440-447.

Commission on Freedom of the Press (1948): Eine freie und verantwortliche Presse, Nürnberg: Nest-Verlag.

Comor, Edward A. (1998): Communication, Commerce and Power. The Political Economy of America and the Direct Broadcast Satellite, 1960-2000, London u.a.: Macmillan Press.

Compaine, Benjamin M. (Hrsg.) (1979): Who Owns the Media? Concentration of Ownership in the Mass Communications Industry, White Plains, NY: Knowledge Industry Publications.

Corn-Revere, Robert (Hrsg.) (1997): Rationales & Rationalizations. Regulating the Electronic Media, Washington, D. C.: The Media Institute.

d'Haenens, Leen/ Saeys, Frieda (Hrsg.) (1997): Media Dynamics & Regulatory Concerns in the Digital Age, Berlin: Quintessenz.

Davis, Jonathan/ Fletcher, Amelia/ Goodwin, Peter u. a. (1998): Industriepolitische Wunschvorstellungen bei Kabel und Satellit gescheitert. Erfahrungen mit der Regulierung neuer Medien in Großbritannien. In: Media Perspektiven, 06/1998, S. 298-309.

Day, Sherri (2001): F.C.C. Approves Fox Takeover of 10 Chris-Craft TV Station. In: The New York Times, 25.07.2001.

Derthick, Martha/ Quirk, Paul J. (1985): Why the Regulators Chose to Deregulate. In: Noll, Roger G. (Hrsg.): Regulatory Policy and the Social Sciences, Berkeley u.a.: University of California Press 1985, S. 200-231.

Diller, Ansgar (1980): Rundfunkpolitik im Dritten Reich, München: Deutscher Taschenbuch-Verlag [=Bausch, Hans (Hrsg.) (1980): Rundfunk in Deutschland, Bd. 2].

Dörr, Dieter (1998): Die KEK - ein taugliches Instrument zur Bekämpfung der Medienkonzentration? In: Media Perspektiven, 2/1998, S. 54-60.

Dörr, Dieter (1996): Maßnahmen zur Vielfaltssicherung gelungen? Der Dritte Rundfunkänderungsstaatsvertrag aus verfassungsrechtlicher Sicht. In: Media Perspektiven, 12/1996, S. 621-628.

Dominick, Joseph/ Sherman, Barry L./ Copeland, Gary (1990): Broadcasting/Cable and Beyond. An Introduction to Modern Electronic Media, New York u. a.: McGraw-Hill.

Dominick, Joseph/ Sherman, Barry L./ Copeland, Gary (1996): Broadcasting/Cable and Beyond. An Introduction to Modern Electronic Media, 3. Aufl. New York u. a.: McGraw-Hill.

Dominick, Joseph R./ Pearce, Millard C. (1976): Trends in Network Prime-Time-Programming 1953-1974. In: Journal of Communication, Jg. 26, S. 70-80.

Donges, Patrick (2004): Selbstregulierung - ideologisches Schlagwort oder tragfähiges Regulierungskonzept. In: Friedrichsen, Mike/ Seufert, Wolfgang (Hrsg.): Effiziente Medienregulierung. Marktdefizite oder Regulierungsdefizite?, Baden-Baden: Nomos 2004, S. 215-227.

Downey, Kevin (2001a): Upfront blues? Not for Hispanic TV. Booming viewership could mean 10-15% hikes. In: Media Life, 06.04.2001 (http://www.medialifemagazine.com/pages/templates/scripts/prfr.asp, gesehen am 11.10.2001).

Downey, Kevin (2001b): UPN may now grow into long pants. FCC ruling is a breath of life. In: Media Life, 10.10.2001 (http://www.medialifemagazine.com/news2001/apr01/apr23/1_mon/news1monday.html, gesehen am 11.10.2001).

Doyle, Gillian (1996): Deregulierung für den Multimediamarkt. In: Media Perspektiven, 03/1996, S. 164-170.

Edelman, Murray (1980): The Licensing of Radio Services in the United States, 1927 to 1947. In: Kittross, John M. (Hrsg.): Administration of American Telecommunication Policy, New York: Arno Press.

Eifert, Martin/ Hoffmann-Riem, Wolfgang (1999): Die Entstehung und Ausgestaltung des dualen Rundfunksystems. In: Schwarzkopf, Dietrich (Hrsg.): Rundfunkpolitik in Deutschland. Wettbewerb und Öffentlichkeit, Bd. 1, München: Deutscher Taschenbuch Verlag, S. 50-116.

Eisenach, Jeffrey August/ May, Randolph Jay/ The Progress & Freedom Foundation (Hrsg.) (2001): Communications Deregulation and FCC Reform. Finishing the Job, Boston u.a.: Kluwer Academic Publishers.

Ellmore, R. Terry (1982): Broadcasting law and regulation, Blue Ridge Summit, Pa.: TAB Books.

Evans, David S. (2002): The Antitrust Economics of Two-sided Markets, Washington D. C.: AEI-Brookings Joint Center for Regulatory Studies.

Federal Communications Commission (1995): FCC 95-314. Report and Order, In Review of the Prime Time Access Rule, Section 73.658(k) of the Commission's Rules.

Federal Communications Commission (1996a): FCC 96-90. Order, In the Matter of Implementation of Sections 202(a) and 202(b)(1) of the Telecommunicatiosn Act of 1996 (Broadcast Radio Ownership), 47 C.F.R. Section 73.3555.

Federal Communications Commission (1996b): FCC 96-91. Order, In the Matter of Implementation of Sections 202(c)(1) and 202(e) of the Telecommunications Act of 1996

(National Broadcast Television Ownership and Dual Network Operations) 47 C.F.R. Sections 73.658(g) and 73.3555.

Federal Communications Commission (1999): FCC 99-209. Report and Order, In the Matter of Review of the Commission's Regulations Governing Television Broadcasting and Television Satellite Stations Review of Policy and Rules.

Federal Communications Commission (2001a): FCC 01-133. Report and Order, In the Matter of Amendment of Section 73.658(g) of the Commission's Rules - The Dual Network Rule.

Federal Communications Commission (2001b): FCC 01-262. Order and Notice of Proposed Rule Making, In the Matter of Cross-Ownership of Broadcast Stations and Newspapers, Newspaper/Radio Cross-Ownership Waiver Policy.

Federal Communications Commission (2001c): News Release. FCC Affirms Rules for Satellite Carriage of Local TV Signals, 5. September 2001.

Fisher, Franklin M. (1985): The Financial Interest and Syndication Rules in Network Television: Regulatory Fantasy and Reality. In: Ders. (Hrsg.): Antitrust and Regulation: Essays in Memory of John J. McGowan, Cambridge, MA u. a.: MIT Press, S. 263-298.

Flannery, Gerald V. (1995): Commissioners of the FCC. 1927-1994, Lanham u.a.: University Press of America.

Francis, John G. (1993): The Politics of Regulation. A Comparative Perspective, Oxford: Blackwell.

Francois, William E. (1990): Mass Media Law and Regulation, 5. Aufl., Ames : Iowa State University Press.

Frank, Angela (1987): Vielfalt durch Wettbewerb? Organisation und Kontrolle privaten Rundfunks im außenpluralen Modell, Frankfurt am Main u. a.: Lang.

Frank, Robert H. (1997): Microeconomics and Behavior, 3., internat. Aufl., Boston u.a.: Irwin McGraw-Hill.

Friedrichsen, Mike/ Seufert, Wolfgang (Hrsg.) (2004): Effiziente Medienregulierung. Marktdefizite oder Regulierungsdefizite?, Baden-Baden: Nomos.

Galperin, Hernan (2004): New Television, Old Politics. The Transition to Digital TV in the United States and Britain, Cambridge: Cambridge University Press.

GE (2005): GE 2004 Annual Report.

Glotz, Peter/ Groebel, Jo/ Mestmäcker, Ernst (1998): Zur Wirklichkeit der Grundversorgung. Über den Funktionsauftrag öffentlich-rechtlicher Rundfunkanstalten. In: Hamm, Ingrid (Hrsg.): Fernsehen auf dem Prüfstand. Aufgaben des Dualen Rundfunksystems. Internationale Studien im Rahmen der Kommunikationsordnung 2000, Gütersloh: Verlag Bertelsmann-Stiftung 1998, S. 87-100.

Goldberg, David/ Prosser, Tony/ Verhulst, Stefaan (Hrsg..) (1998): Regulating the Changing Media. A Comparative Study, Oxford: Clarendon Press.

Gräfrath, Bernd (1992): John Stuart Mill: „Über die Freiheit". Ein einführender Kommentar, Paderborn u. a.: Schöningh.

Grande, Edgar (1989): Vom Monopol zum Wettbewerb? Die neokonservative Reform der Telekommunikation in Großbritannien und der Bundesrepublik Deutschland, Wiesbaden: Deutscher Universitäts-Verlag [zugl. Diss. Univ. Konstanz].

Grande, Edgar (1998): Entlastung des Staats durch Liberalisierung und Privatisierung? Zum Funktionswandel des Staates im Telekommunikationssektor. In: Voigt, Rüdiger (Hrsg.): Abschied vom Staat - Rückkehr zum Staat?, München: Univ. der Bundeswehr, Institut für Staatswissenschaften, S. 373-394.

Grande, Edgar/ Eberlein, Burkard (1999): Der Aufstieg des Regulierungsstaates im Infrastrukturbereich. Zur Transformation der politischen Ökonomie der Bundesrepublik Deutschland, München: Technische Universität München, Lehrstuhl für Politische Wissenschaft, Arbeitspapier Nr. 2/1999.

Grow, Brian (2006): Not Your Papi's Network. In: Business Week, 5. Juni 2006, S. 82-84.

Gruber, Utta/ Kleber, Michaela (1997): Grundlagen der Volkswirtschaftslehre, 3., überarb. und erw. Aufl., München: Vahlen.

Hallenberger, Gerd (1997): Dimensionen des Begriffs „Vielfalt". In: Kohl, Helmut (Hrsg.): Vielfalt im Rundfunk: Interdisziplinäre und internationale Annäherungen, Konstanz. UVK-Medien 1997, S. 10-20.

Hamann, Götz (2005): Außer Kontrolle. In: Die Zeit, 17/2005, 21.04.2005 (http://www.zeit.de/2005/17/springer-psm, gesehen am 25.09.2006).

Hamann, Götz (2006): Gut so. In: Die Zeit online, 01.02.2006 (http://www.zeit.de/online/2006/05/springer_neu, gesehen am 25.09.2006).

Hamm, Ingrid (Hrsg.) (1995): Fernsehen in den USA. Erfahrung mit Regulierung und Selbstkontrolle. Ergebnisse eines Symposiums der Bertelsmann-Stiftung und des Columbia Institute for Tele-Information am 10. März 1995 in New York, Gütersloh: Verlag Bertelsmann-Stiftung.

Hamm, Ingrid (Hrsg.) (1998a): Fernsehen auf dem Prüfstand. Aufgaben des Dualen Rundfunksystems. Internationale Studien im Rahmen der Kommunikationsordnung 2000, Gütersloh: Verlag Bertelsmann-Stiftung [online: http://www.ko2010.de/deutsch/download/tvtext.pdf].

Hamm, Ingrid (Hrsg.) (1998b): Die Zukunft des Dualen Systems, Gütersloh: Verlag Bertelsmann-Stiftung.

Hans-Bredow-Institut für Medienforschung, Arbeitsgruppe Kommunikationsforschung München (Hrsg.) (2005): Beschäftigte und wirtschaftliche Lage des Rundfunks in Deutschland 2003/2004.

Studie im Auftrag der Direktorenkonferenz der Landesmedienanstalten (DLM), Federführung: Bayerische Landeszentrale für neue Medien (BLM), Berlin: Vistas.

Hansen, Camille (1998): Broadcast. In: Knaur, Leon T./ Tollin, Andrew L./ Zachem, Kathryn, A. u. a. (Hrsg.): Beyond the Telecommunications Act. A Domestic and International Perspective for Business, Rockville, MD: Government Institutes 1998, S. 93-112.

Hazlett, Thomas W. (1997): Market Failure as a Justification to Regulate Broadcast Communications. In: Corn-Revere, Robert (Hrsg.): Rationales & Rationalizations. Regulating the Electronic Media, Washington, D.C.: The Media Institute, S. 151-182.

Head, Sydney W./ Sterling, Christopher H./ Schofield, Lemuel B./ Spann, Thomas/ McGregor Michael A. (1998): Broadcasting in America. A Survey of Electronic Media, 8. Aufl., Boston und New York: Houghton Mifflin.

Heinrich, Jürgen (1994a): Medienökonomie. Band 1: Mediensystem, Zeitung, Zeitschrift, Anzeigenblatt, Opladen: Westdeutscher Verlag.

Heinrich, Jürgen (1994b): Keine Entwarnung bei Medienkonzentration. Ökonomische und publizistische Konzentration im deutschen Fernsehsektor. In: Media Perspektiven, 6/1994, S. 297-310.

Heinrich, Jürgen (1999): Medienökonomie. Band 2: Hörfunk und Fernsehen, Opladen: Westdeutscher Verlag.

Heinrich, Jürgen (2001): Medienökonomie. Band 1: Mediensystem, Zeitung, Zeitschrift, Anzeigenblatt, 2., überarb. Aufl., Opladen: Westdeutscher Verlag.

Helm, Burt (2005): Cable a la Carte: Choice vs. Cost? In: Business Week Online, 07.12.2005 (http://www.businessweek.com/technology/content/dec2005/tc20051207_647629.htm, gesehen am: 25.09.2006).

Herkel, Günter (2006): Chancen mit TV. In: Journalist, 05/2006, S. 46-47.

Herman, Edward S./ McChesney, Robert W. (1997): The Global Media. The new Missionaries of Corporate Capitalism, London und Washington D.C.: Carroll

Heuser, Uwe-Jean (1992): Hochauflösendes Fernsehen: Fallstudie und Analyse des internationalen Standardisierungsprozesses, Köln.

Hiegemann, Susanne (1992): Die Entwicklung des Mediensystems in der Bundesrepublik Deutschland. In: Bundeszentrale für Politische Bildung (Hrsg.): Privatkommerzieller Rundfunk in Deutschland. Entwicklungen, Forderungen, Regelungen, Folgen (Redaktion: Tilman Ernst und Susanne Hiegemann), Bonn: Bundeszentrale für Politische Bildung, S. 31-88.

Hilliard, Robert L./ Keith, Michael C. (1992): The Broadcast Century. A Biography of American Broadcasting, Boston u. a.: Focal Press.

Hilliard, Robert L./ Keith, Michael C. (1996): Global Broadcasting Systems, Boston: Focal Press.

Hilliard, Robert L./ Keith, Michael C. (2005): The Quieted Voice. The Rise and Demise of Localism in American Radio, Carbondale, IL: Southern Illinois University Press.

Hoffmann-Riem, Wolfgang (1980): Kommerzielles Fernsehen in den USA. Ein Beispiel für die Bundesrepublik Deutschland? In: Media Perspektiven, 6/1980, S. 362-379.

Hoffmann-Riem, Wolfgang (1987): National Identity and Cultural Values: Broadcasting Safeguards. In: Journal of Broadcasting, Vol. 31, S. 57-72.

Hoffmann-Riem, Wolfgang (1992): Der Schutz der Meinungsbildungsfreiheit im privaten Rundfunk. In: Bundeszentrale für Politische Bildung (Hrsg.): Privatkommerzieller Rundfunk in Deutschland. Entwicklungen, Forderungen, Regelungen, Folgen (Redaktion: Tilman Ernst und Susanne Hiegemann), Bonn: Bundeszentrale für Politische Bildung, S. 89-102.

Hoffmann-Riem, Wolfgang (1996): Regulating Media. The Licensing and Supervision of Broadcasting in Six Countries, New York u. a.: The Guilford Press.

Holznagel, Bernd (1996). Rundfunkrecht in Europa, Auf dem Weg zu einem Gemeinrecht europäischer Rundfunkordnungen, Tübingen: Mohr.

Holznagel, Bernd (1997): Zugangsprobleme beim digitalen Fernsehen, Bonn: Forschungsinstitut der Friedrich-Ebert-Stiftung.

Holznagel, Bernd/ Grünwald, Andreas (Hrsg.) (2001): Die Landesmedienanstalten. Meinungsvielfalt im Kommerziellen Fernsehen. Medienspezifische Konzentrationskontrolle in Deutschland, Grossbritannien, Frankreich, Italien, den USA und auf der Ebene von Europarat und Europäischer Gemeinschaft, Berlin: Vistas [=Schriftenreihe der Landesmedienanstalten, Bd. 19].

Horwitz, Robert Britt (1989): The Irony of Regulatory Reform: The Deregulation of American Telecommunications, New York: Oxford University Press.

Huber, Peter (1997): Law and Disorder in Cyberspace. Abolish the FCC and let Common Law Rule the Telecosm, Oxford: Oxford University Press.

James, Meg (2006): "Buffy" Fight May Have Slain WB / UPN Networks on the Edge. In: The Los Angeles Times, 29.01.2006 (http://www.whedon.info/article.php3?id_article=13658, gesehen am: 25.09.2006).

Jarren, Otfried (1999): Medienregulierung in der Informationsgesellschaft?. In: Publizistik, Jg. 44, Nr. 2, S. 149-164.

Jarren, Otfried/ Meier, Werner A. (2001): Ökonomisierung der Medienindustrie. Ursachen, Formen und Folgen. In: Medien & Kommunikationswissenschaft, 49. Jg., Heft 2, S. 145-158.

Jarren, Otfried/ Schulz, Wolfgang (1999): Rundfunkaufsicht zwischen Gemeinwohlsicherung und Wirtschaftsförderung. In: Schwarzkopf, Dietrich (Hrsg.): Rundfunkpolitik in Deutschland. Wettbewerb und Öffentlichkeit, Bd. 1, München: Deutscher Taschenbuch Verlag, S. 117-149.

Jebb, Sir Richard C. (1918): Commentary on Milton's "Areopagitica". In: Milton, John: Areopagitica. With a Commentary by Sir Richard C. Jebb and with supplementary Material, Cambridge: Cambridge University Press 1918 (Nachdruck 1979, Norwood Editions), S. xxiii-xl.

Johnson, Peter (1998): The United States. In: Goldberg, David/ Prosser, Tony/ Verhulst, Stefaan (Hrsg.): Regulating the Changing Media. A Comparative Study, Oxford: Clarendon Press, S. 201-246.

Kahn, Frank (Hrsg.) (1984): Documents of American Broadcasting, 4. Aufl., Cliff, NJ: Prentice-Hall.

Kaiser, Tobias (2002): Fernsehregulierung im Spannungsfeld von Marktkräften und Vielfaltsideal. Die Entwicklung der Konzentrationskontrolle für das US-amerikanische Fernsehen von 1992 bis Februar 2002, Dipl.-Arb. Univ. München, unveröffentlicht.

Kehrberg, Jan Otto Clemens (1996): Die Entwicklung des Elektrizitätsrechts in Deutschland. Der lange Weg zum Energiewirtschaftsgesetz von 1935, Frankfurt/Main u. a.: Lang [=Rechtshistorische Reihe, Bd. 157].

Kiefer, Marie Luise (2004): Der Fernsehmarkt in Deutschland - Turbulenzen und Umbrüche. In: Aus Politik und Zeitgeschichte. Beilage zur Wochenzeitung Das Parlament, B 12-13, S. 14-21.

Kiefer, Marie Luise (2005a): Medienökonomik. Einführung in eine ökonomische Theorie der Medien, 2., vollst. überarb. Aufl., München und Wien: Oldenbourg.

Kiefer, Marie Luise (2005b): Ökonomisierung der Medienbranche - Herausforderungen für die Publizistikwissenschaft und die Medienpolitik. In: Schade, Edzard I. (Hrsg.): Publizistikwissenschaft und öffentliche Kommunikation, Konstanz: UVK, S. 191-208.

Kirchgaessner, Stephanie (2005): Cable groups attack pay-TV reforms. In: Financial Times, 29.11.2005 (http://www.ft.com/cms/s/ca62e8c6-60ff-11da-9b07-0000779e2340.html, gesehen am 25.09.2006).

Kirschnek, Oliver (1998): Landesmediengesetz Baden-Württemberg. Verfassungsrechtliche Grundprinzipien und Probleme, Berlin: Duncker & Humblot.

Kittross, John M. (Hrsg.) (1980): Administration of American Telecommunication Policy, New York: Arno Press.

Kleber, Claus-D. (1986): Privater Rundfunk. Gestaltungsmöglichkeiten im Verfassungsrahmen, Bamberg: difo-druck schmacht.

Kleinsteuber, Hans J. (1984): Die USA. Politik, Wirtschaft, Gesellschaft, vollst. überarb. Neuausg., Hamburg: Hoffmann und Campe.

Kleinsteuber, Hans J./ Rossmann, Thorsten (1994): Europa als Kommunikationsraum. Akteure, Strukturen und Konfliktpotentiale, Opladen: Leske und Budrich.

Kliment, Tibor/ Brunner, Wolfram (1998): Angebotsprofile und Nutzungsmuster im dualen Rundfunksystem. In: Hamm, Ingrid (Hrsg.): Die Zukunft des Dualen Systems, Gütersloh: Verlag Bertelsmann-Stiftung, S. 231-321.

Kommission der Europäischen Union (1992): Pluralismus und Medienkonzentration im Binnenmarkt, Bewertung der Notwendigkeit einer Gemeinschaftsaktion. Grünbuch der Kommission vom 23.12.1992, Dok. KOM (92) 480 endg.

Kommission zur Ermittlung der Konzentration im Medienbereich (KEK) (1999): Zuschaueranteile als Maßstab vorherrschender Meinungsmacht: die Ermittlung der Zuschaueranteile durch die KEK nach § 27 des Rundfunkstaatsvertrages, Berlin [=Dokumentation des Symposiums der Kommission zur Ermittlung der Konzentration im Medienbereich (KEK) im November 1998 in Potsdam].

Kommission zur Ermittlung der Konzentration im Medienbereich (KEK) (2005a): Medienkonzentration. Zuschaueranteile (Online: http://www.kek-online.de/cgi-bin/esc/zuschauer.html, gesehen am 30.11.2005).

Kommission zur Ermittlung der Konzentration im Medienbereich (KEK) (2005b): Programmliste 2005.

Kommission zur Ermittlung der Konzentration im Medienbereich (KEK) (2006a): Zuschaueranteile der Fernsehprogramme der öffentlich-rechtlichen Rundfunkanstalten und der Fernsehsender, die der RTL-Group oder der ProSiebenSAT.1 Media AG zugerechnet werden. (Online: http://www.kek-online.de/kek/medien/zuschauer/gruppen.pdf, gesehen am 02.07.2006).

Kommission zur Ermittlung der Konzentration im Medienbereich (KEK) (2006b): Jahreszahlen: Zuschaueranteile von 1985 bis 2005 (Onlinequelle: http://www.kek-online.de/kek/medien/zuschauer/jahr.pdf gesehen am 25.09.2006).

Knaur, Leon T./ Tollin, Andrew L./ Zachem, Kathryn, A. u. a. (Hrsg.) (1998): Beyond the Telecommunications Act. A Domestic and International Perspective for Business, Rockville, MD: Government Institutes.

König, Klaus/ Benz, Angelika (Hrsg.) (1997): Privatisierung und staatliche Regulierung. Bahn, Post und Telekommunikation, Rundfunk, Baden-Baden: Nomos.

Kohl, Helmut (Hrsg.) (1997): Vielfalt im Rundfunk: Interdisziplinäre und internationale Annäherungen, Konstanz: UVK-Medien.

Koschnick, Wolfgang J. (1990): Rupert Murdoch. Der Medientycoon, Düsseldorf: Econ.

Krasnow, Erwin G./ Longley, Lawrence D./ Terry, Herbert A. (1982): The Politics of Broadcast Regulation, 3. Aufl., New York: St. Martin's Press.

Krattenmaker, Thomas G./ Powe, Lucas A. (1994): Regulating Broadcast Programming, Cambridge, MA; Washington, DC: MIT Press und AEI Press.

Krausnick, Daniel (2005): Das deutsche Rundfunksystem unter dem Einfluss des Europarechts, Berlin: Duncker & Humblot [=Tübinger Schriften zum Internationalen und Europäischen Recht, Bd. 74].

Kreye, Andrian (2002): Pointen statt Politik. Eine neue Karriere für Talkmaster David Letterman. In: Süddeutsche Zeitung, 6. März 2002, S. 21.

Kröger, Gerfried (1997): Digitales Satellitenfernsehen in den USA. Entwicklungsgeschichte, Marktanalyse und Erfolgschancen von Direct Broadcasting by Satellite (DBS), Sternenfels: Verlag Wissenschaft & Praxis.

Krüger, Udo Michael (1992): Programmprofile im deutschen Fernsehsystem 1985-1990. Eine Studie der ARD/ZDF-Medienkommission, Baden-Baden [=Schriftenreihe Media Perspektiven, Bd. 10].

Krüger, Udo Michael (2001): Programmprofile im dualen Rundfunksystem 1991-2000. Eine Studie der ARD-Medienkommission, Baden-Baden: Nomos.

Krüger, Udo Michael (2004): Spartenstruktur und Informationsprofile im deutschen Fernsehangebot. Programmanalyse von ARD/Das Erste, ZDF, RTL, SAT.1 und Pro Sieben. In: Media Perspektiven, 5/2004, S. 194-207.

Krüger, Udo Michael (2006): Fernsehnachrichten bei ARD, ZDF, RTL und SAT.1: Strukturen, Themen und Akteure. Jahresbilanz 2005 des InfoMonitors. In: Media Perspektiven, 2/2006, S. 50-74.

Krüger, Udo Michael/ Zapf-Schramm, Thomas (2006): Sparten, Sendungsformen und Inhalte im deutschen Fernsehangebot. Programmanalyse 2005 von ARD/Das Erste, ZDF, RTL, SAT.1 und ProSieben. In: Media Perspektiven, 4/2006, S. 201-221.

Kübler, Friedrich (2002): Medienkonzentration und Angebotsvielfalt zwischen Kartell- und Rundfunkrecht. In: Blaurock, Uwe (Hrsg.): Medienkonzentration und Angebotsvielfalt zwischen Kartell- und Rundfunkrecht, Baden-Baden: Nomos 2002 [Verhandlungen der Fachgruppe für vergleichendes Handels- und Wirtschaftsrecht anlässlich der Tagung der Gesellschaft für Rechtsvergleichung in Hamburg vom 19.-22. September 2001], S.111-130.

Kühn, Michael (2003): Meinungsvielfalt im Rundfunk. Die Sicherung von Pluralismus in den Rundfunksystemen Deutschlands und der USA, München: C.H. Beck.

Labaton, Stephen (2001): Broadcasters Ask Senate to Let F.C.C. Loosen Rules. In: The New York Times, Online, 18.07.2001 (www.nytimes.com/2001/07/18/business/media/18MEDI.html, gesehen am 21.02.2002).

Labaton, Stephen (2002): Appellate Court Eases Limitations for Media Giants. In: The New York Times, 20.02.2002 (http://www.commondreams.org/headlines02/0220-05.htm, gesehen am: 25.09.2006).

Lieberman, David (2005): TVs turn into vending machines for programs. In: USA Today, 29.11.2005 (http://www.usatoday.com/tech/news/2005-11-29-tv-vod_x.htm , gesehen am 25.09.2006).

Litman, Barry R. (1979): The Television Networks, Competition and Program Diversity. In: Journal of Broadcasting, 23. Jg, S. 393-409.

Machill, Marcel (1998): Der französische Fernsehmarkt im digitalen Zeitalter. Entwicklungen in der Medienpolitik Frankreichs. In: Media Perspektiven, 03/1998, S. 132-143.

Mailänder, Peter (2000): Konzentrationskontrolle zur Sicherung von Meinungsvielfalt im privaten Rundfunk. Eine vergleichende Untersuchung der Rechtslage in Deutschland, Frankreich, Italien, Großbritannien, Spanien, Österreich sowie den Niederlanden und im Europäischen Recht, Baden-Baden: Nomos [=Schriftenreihe des EUROPA-KOLLEGS HAMBURG zur Integrationsforschung, Bd. 26; zugl. Diss. Univ. Hamburg 1998/99].

Mankiewicz, Frank/ Swerdlow, Joel (1979): Ratings. In: Wright, John W. (Hrsg.): The Commercial Connection. Advertising and the American Mass Media, New York: Delta, S. 108-119.

Mattern, Klaus/ Künstner, Thomas (1998). Fernsehsysteme Im internationalen Vergleich. In: Hamm, Ingrid (Hrsg.): Die Zukunft des Dualen Systems, Gütersloh: Verlag Bertelsmann-Stiftung.

Mattern, Klaus/ Künstner, Thomas/ Zirn, Markus u. a. (1998): Fernsehsysteme im internationalen Vergleich. In: Hamm, Ingrid (Hrsg.): Fernsehen auf dem Prüfstand. Aufgaben des Dualen Rundfunksystems. Internationale Studien im Rahmen der Kommunikationsordnung 2000, Gütersloh: Verlag Bertelsmann-Stiftung 1998, S. 12-48.

McQuail, Denis (1992): Media Performance. Mass Communication and the Public Interest, London u. a.: Sage.

Meier, Werner A. (2004): Gesellschaftliche Folgen der Medienkonzentration. In: Aus Politik und Zeitgeschichte. Beilage zur Wochenzeitung Das Parlament, 15.03.2004, S. 3-13.

Merten, Klaus (1994): Konvergenz der deutschen Fernsehprogramme. Eine Langzeituntersuchung 1980-1993, Münster und Hamburg: Lit.

Mikos, Lothar (1992): Das Mediensystem in der ehemaligen DDR im Umbruch. In: Bundeszentrale für Politische Bildung (Hrsg.): Privatkommerzieller Rundfunk in Deutschland. Entwicklungen, Forderungen, Regelungen, Folgen (Redaktion: Tilman Ernst und Susanne Hiegemann), Bonn: Bundeszentrale für Politische Bildung, S. 103-119.

Mill, John Stuart (1989): On Liberty. Edited by Stefan Collini, Cambridge u. a.: Cambridge University Press.

Milton, John (1918): Areopagitica. With a Commentary by Sir Richard C. Jebb and with supplementary Material, Cambridge: Cambridge University Press (Nachdruck 1979, Norwood Editions).

Mitnick, Barry (1980): The Political Economy of Regulation. Creating, Designing, and Removing Regulatory Forms, New York: Columbia University Press.

Montag, Helga (1978): Privater oder öffentlich-rechtlicher Rundfunk? Initiativen für einen privaten Rundfunk in der Bundesrepublik Deutschland, Berlin: Spiess [=Rundfunkforschung, Bd. 6].

Mueller, Dennis C. (1995): The United States's Antitrust Policy. Lessons for Europe, Wien: Ludwig Boltzmann Institut zur Analyse wirtschaftspolitischer Aktivitäten [=Forschungsbericht 9505].

Müller, Markus M. (2002): The New Regulatory State in Germany, Birmingham: The University of Birmingham Press.

Müller, Markus M./ Sturm, Roland (1998): Ein neuer regulativer Staat in Deutschland? Die neuere Theory of the Regulatory State und ihre Anwendbarkeit in der deutschen Staatswissenschaft. In: Staatswissenschaften und Staatspraxis, Nr. 3, S. 385-412.

Müller, Monica (1998): Markt- und Politikversagen im Fernsehsektor, Frankfurt a. M. u. a.: Lang.

Müller, Werner (1979): Die Ökonomik des Fernsehens: Eine wettbewerbspolitische Analyse unter besonderer Berücksichtigung unterschiedlicher Organisationsformen, Göttingen: Eichhorn-Verlag [zugl. Diss. Univ. Saarbrücken].

Muris, Timothy J./ Clarkson, Kenneth W. (1981): The Federal Trade Commission since 1970. Economic Regulation and Bureaucratic Behavior., Cambridge: Cambridge University Press.

National Cable & Telecommunications Association (NCTA) (2006): Statistics (Onlinequelle: http://www.ncta.com/ContentView.aspx?contentId=54, gesehen am 25.09.2006).

Negroponte, Nicholas (1996): Being Digital, New York: Vintage Books.

Neumann, Uwe (1988): Publizistischer versus ökonomischer Wettbewerb im Fernsehsektor. Eine wettbewerbstheoretische Analyse, Frankfurt am Main: Lang.

New York Daily News (2006): Not much to show for UPN, WB tie-up, 25.01.2006 (http://www.nydailynews.com/entertainment/ent_radio/v-pfriendly/story/385471p-327145c.html, gesehen am 25.09.2006).

News Corporation (Hrsg.) (2005): Annual Report 2005.

Niepalla, Peter (1990): Grundversorgung durch die öffentlich-rechtlichen Rundfunkanstalten, München: C.H. Beck.

Noam, Eli (1987): A Public and Private-Choice Model of Broadcasting. In: Public Choice, Vol. 55, S. 163-187.

Noam, Eli (1991): Television in Europe, New York und Oxford.

Noam, Eli (1995): Die Entwicklungsstufen des Fernsehens. In: Bertelsmann-Stiftung (Hrsg.): Fernsehen in den USA. Erfahrungen mit Regulierung und Selbstkontrolle, Gütersloh: Verlag Bertelsmann-Stiftung, S. 15-28.

Noam, Eli (1998): Public Interesting Programme im kommerziellen Fernsehmarkt der USA In: Hamm, Ingrid (Hrsg.): Die Zukunft des Dualen Systems, Gütersloh: Verlag Bertelsmann-Stiftung, S. 205-230.

Noam, Eli/ Waltermann, Jens (Hrsg.) (1998): Public Television in America, Gütersloh: Bertelsmann Foundation Publisher.

Noelle-Neumann, Elisabeth/ Ronneberger, Franz/ Stuiber, Heinz-Werner (1976): Streitpunkt lokales Pressemonopol. Untersuchungen zur Alleinstellung von Tageszeitungen, Düsseldorf: Droste [=Journalismus, Bd. 8].

Noll, Roger G. (Hrsg.) (1985): Regulatory Policy and the Social Sciences, Berkeley: University of California Press.

Noll, Roger G. (1985): Government Regulatory Behaviour. A Multidisciplinary Survey and Synthesis. In: Ders. (Hrsg.): Regulatory Policy and the Social Sciences, Berkeley: University of California Press, S. 9-63.

Nußberger, Ulrich (1984): Das Pressewesen zwischen Geist und Kommerz, Konstanz: Universitäts-Verlag.

O'Neil, John (2006): News Corp. Creates New Network for Orphaned Affiliates. In: The New York Times, 22.02.2006 (http://www.nytimes.com/2006/02/22/business/media/22cnd-fox.html?ex=1298264400&en=7ef6d15fcee6728b&ei=5090&partner=rssuserland&emc=rss, gesehen am 25.09.2006).

Organisation for Economic Cooperation and Development / OECD (1993): Glossary of Industrial Organisation Economics and Competition Law, commissioned by the Directorate for Financial, Fiscal and Enterprise Affairs.

Ogus, Anthony I. (1994): Regulation. Legal Form and Economic Theory. Oxford: Clarendon Press.

Ogus, Anthony I. (1996): Regulation. Legal Form and Economic Theory. Oxford: Clarendon Press.

Ogus, Anthony I. (2004): Regulation. Legal Form and Economic Theory, Oxford u. a.: Hart.

Ostendorf, Berndt (1992): Radio und Fernsehen. In: Adams, W. P./ Czemiel, E.-O./ Ostendorf, B. u. a. (Hrsg.): Länderbericht USA. Band II. Außenpolitik, Gesellschaft, Kultur-Religion-Erziehung, Bonn: Bundeszentrale für Politische Bildung 1992, S. 691-709.

Ostroff, David (1997): Electronic Media Policy in the United States. In: d'Haenens, Leen/ Saeys, Frieda (Hrsg.): Media Dynamics & Regulatory Concerns in the Digital Age, Berlin: Quintessenz, S. 342-359.

Owen, Bruce M./ Wildman, Steven S. (1992): Video Economics, Cambridge, MA: Harvard University Press.

Packard, Vance (1957): The Hidden Persuaders, New York: McKay.

Poll, Karolin (1999): Fernsehspartenprogramme und Pluralismus, Berlin: Duncker & Humblot [=Schriften zu Kommunikationsfragen, Bd. 25; zugl Diss. Univ. München, 1998.]

Post, James E./ Lawrence, Anne T./ Weber, James (1999): Business and Society. Corporate Strategy, Public Policy, Ethics, 9. Aufl., Boston u. a.: McGraw-Hill.

Price, Monroe E./ Weinberg, Jonathan (1996): United States (2). In: [Ohne Verf.]: Media Ownership and Control in the Age of Convergence, London: International Institute of Communication, S. 265-278.

Primosch, Robert D. (1998): Cable and Wireless Cable. In: Knaur, Leon T./ Tollin, Andrew L./ Zachem, Kathryn, A. u. a. (Hrsg.): Beyond the Telecommunications Act. A Domestic and International Perspective for Business, Rockville, MD: Government Institutes 1998, S. 113-139.

Radeck, Bernd (1994): Werbung bei ARD und ZDF sichert Programmfreiheit. In: Media Perspektiven, 06/1994, S. 278-285.

Reich, Norbert (1984): Staatliche Regulierung zwischen Marktversagen und Politikversagen. Erfahrungen mit der amerikanischen Federal Trade Commission und ihre Bedeutung für die Entwicklung des Verbraucherschutzrechtes, Heidelberg: C.F. Müller [=Forum Rechtswissenschaft, Bd. 12].

Rochet, Jean-Charles/ Tirole, Jean (2005): Two-Sided Markets: A Progress Report, Toulouse: IDEI Working Paper.

Rodger, Will (2001): How Michael Powell will guide the FCC. In: Business Week Online, 23.01.2001 (http://www.businessweek.com/bwdaily/dnflash/jan2001/nf20010123_691.htm?mainwindow, gesehen am 24.10.2001.

Röper, Horst (1996): Mehr Spielraum für Konzentration und Cross ownership im Mediensektor. Analyse der Vielfaltssicherungen des neuen Rundfunkstaatsvertrags mit Beispielrechnungen. In: Media Perspektiven, 12/1996, S. 610-620.

Röper, Horst (1997): Konzentration und Vielfalt im deutschen Rundfunk. In: Kohl, Helmut (Hrsg.): Vielfalt im Rundfunk: Interdisziplinäre und internationale Annäherungen, Konstanz: UVK-Medien, S. 70-75.

Romano, Allison (2006): Declaration of Independents. In: Broadcasting & Cable, 20.02.2006 (http://www.broadcastingcable.com/article/CA6308643.html?display=Feature, gesehen am 25.09.2006).

Rosenthal, Phil (2005): On-demand deals a new dawn for TV. In: Chicago Tribune, 09.11.2005 (http://www.chicagotribune.com/business/columnists/chi-0511090177nov09, gesehen am 10.11.2005).

Rowland, Willard D. Jr. (1998): The Institution of U.S. Public Broadcasting. In: Noam, Eli/ Waltermann, Jens (Hrsg.): Public Television in America, Gütersloh: Bertelsmann Foundation Publishers 1998.

Rudzio, Wolfgang (1996): Das politische System der Bundesrepublik Deutschland, 4., völlig überarb. Aufl., Opladen: Leske + Budrich.

Sadler, Roger L. (2005): Electronic Media Law, Thousand Oaks, CA: Sage.

Schade, Edzard I. (Hrsg.) (2005): Publizistikwissenschaft und öffentliche Kommunikation. Beiträge zur Reflexion der Fachgeschichte, Konstanz: UVK

Schellenberg, Martin (1997): Rundfunk-Konzentrationsbekämpfung zur Sicherung des Pluralismus im Rechtsvergleich. Rundfunkstaatsvertrag 1997 und Landesmediengesetze im Vergleich mit den Kontrollsystemen in Frankreich, Italien und Großbritannien, Baden-Baden: Nomos [=Wirtschaftsrecht der internationalen Telekommunikation, Bd. 32].

Scherer, F. M./ Ross, D. (1990): Industrial Market Structure and Economic Performance, Boston: Houghton Mifflin.

Schiesel, Seth/ Carter, Bill (2002). Court Ruling May Change Landscape for Media. In: The New York Times, 20.02.2002.

Schlosser, Joe (2001): The Mouse that Roared. In: Broadcasting & Cable, 30. Juli 2001, S. 4.

Schulz, Wolfgang/ Seufert, Wolfgang/ Holznagel, Bernd (1999): Digitales Fernsehen. Regulierungskonzepte und Perspektiven, Opladen: Leske + Budrich [=Schriftenreihe Medienforschung der Landesanstalt für Rundfunk Nordrhein-Westfalen, Bd. 31].

Schuster, Detlev (1990): Meinungsvielfalt in der Dualen Rundfunkordnung, Berlin: Duncker & Humblot [=Veröffentlichungen des Instituts für Internationales Recht an der Universität Kiel, Bd. 109; zugl. Diss. Univ. Kiel 1988].

Schwarz, Mathias (1999): Überblick über die seit 1987 vom Bundesverfassungsgericht erlassenen kommunikationspolitisch bedeutsamen Entscheidungen. In: Publizistik, 44. Jg, Heft 1, S. 1-34.

Schwarzkopf, Dietrich (Hrsg.) (1999a): Rundfunkpolitik in Deutschland. Wettbewerb und Öffentlichkeit, Bd. 1., München: Deutscher Taschenbuch Verlag.

Schwarzkopf, Dietrich (Hrsg.) (1999b): Rundfunkpolitik in Deutschland. Wettbewerb und Öffentlichkeit, Bd. 2., München: Deutscher Taschenbuch Verlag.

Shapiro, Carl/ Varian, Hal R.(1999): Online zum Erfolg. Strategie für das Internet-Business, München: Wissenschaftsverlag Langen Müller / Herbig.

Siepmann, Ralf (2006): Im Gebühren-All. In: Journalist, 6/2006, S. 52-54.

Stahmer, Frank (1995). Ökonomie des Presseverlages, München: Fischer

Stein, Arthur (1993): Coordination and Collaboration: Regimes in an Anarchic World. In: Baldwin, David A. (Hrsg.): Neorealism and Neoliberalism. The Contemporary Debate, New York: Columbia University Press, S. 29-53.

Steiner, Peter O. (1952): Program Patterns and Preferences, and the Workability of Competition in Radio Broadcasting. In: The Quarterly Journal of Economics, Vol. 66, S.194-223.

Steiner, Peter O. (1961): Monopoly and Competition in Television: Some Policy Issues. In: The Manchester School of Economics and Political Science, Vol. 29, S. 107-131.

Sterling, Christopher H. (1979): Television and Radio Broadcasting. In: Compaine, Benjamin M. (Hrsg.): Who Owns the Media? Concentration of Ownership in the Mass Communications Industry, White Plains, NY: Knowledge Industry Publications, S. 61-125.

Stipp, Horst (2004): Die Fernsehentwicklung in den USA - 10 Jahre danach. Was aus einer Prognose aus dem Jahr 1994 wurde. In: Media Perspektiven, 12/2004, S. 569-575.

Stock, Martin (1997): Konzentrationskontrolle in Deutschland nach der Neufassung des Rundfunkstaatsvertrags. In: Ders./ Röper, Horst/ Holznagel, Bernd (Hrsg.): Medienmarkt und Meinungsmacht. Zur Neuregelung der Konzentrationskontrolle in Deutschland und Großbritannien, Berlin, Heidelberg, New York: Springer, S. 1-78.

Stock, Martin/ Röper, Horst/ Holznagel, Bernd (Hrsg.) (1997): Medienmarkt und Meinungsmacht. Zur Neuregelung der Konzentrationskontrolle in Deutschland und Großbritannien, Berlin, Heidelberg, New York: Springer.

Streul, Charlotte (1999): Rundfunk und Vereinigung der beiden deutschen Staaten. In: Schwarzkopf, Dietrich (Hrsg.): Rundfunkpolitik in Deutschland. Wettbewerb und Öffentlichkeit, Bd. 2, München: Deutscher Taschenbuch Verlag, S. 874-926.

Stuiber, Heinz-Werner (1998a): Medien in Deutschland. Band 2. Rundfunk, 1. Teil. Zum Rundfunkbegriff, Rundfunktechnik, Geschichte des Rundfunks, Rundfunkrecht, Konstanz: UVK-Medien.

Stuiber, Heinz-Werner (1998b): Medien in Deutschland. Band 2. Rundfunk, 2. Teil. Privater Rundfunk, Organisation des Rundfunks, Finanzierung des Rundfunks, Rundfunkprogramme, Anmerkungen zur Rundfunkpolitik, Konstanz: UVK-Medien.

Taenzer, Uwe (1994): Wettbewerb und Konzentration, Stuttgart: Klett-Verlag.

TBI (1995): Yearbook 1994, London: 21st Century Publications.

The Economist (1997): The Dash for the Off Switch. In: The Economist, 05.06.1997.

The Economist (2005a): Television Wars. The government continues to have too much influence over the media. In: The Economist, 20.08.2005.

The Economist (2005b): Matchmakers and trustbusters. "Two-sided" industries intrigue economists and incite regulators. In: The Economist, 08.12.2005, (http://www.economist.com/PrinterFriendly.cfm?story_id=5278464, gesehen am 06.07.2006).

The Economist (2005c): Beyond Janet Jackson's breast.In: The Economist, 22.01.2005, S. 62.

The Walt Disney Corporation (2005): 2005 Annual Report.

Tielsch, Elfriede Walesca (1980): John Milton und der Ursprung des neuzeitlichen Liberalismus. Studienausgabe der politischen Hauptschriften John Miltons in der Zeit der englischen Revolution, Hildesheim: Gerstenberg.

Tieschky, Claudia/ Jakobs, Hans-Jürgen (2006): „Es darf keine zweite Gebühr geben". In: Süddeutsche Zeitung, Nr. 143, 24./25.06.2006, S. 17.

Time Warner Inc. (2000): 1999 Financials, New York, NY.

Time Warner Inc. (2005): Annual Report 2004, New York. NY.

Tollin, Andrew L., Satten, Kenneth E., Zachem Kathryn A. (1998): Overview of Telecommunications Regulation in the United States. In: Knaur, Leon T./ Tollin, Andrew L./ Zachem, Kathryn u. a. (Hrsg.) Beyond the Telecommunications Act. A Domestic and International Perspective for Business, Rockville, MD: Government Institutes, S. 1-10.

Verity, A. W. (1918): Life of Milton. In: Milton, John: Areopagitica. With a Commentary by Sir Richard C. Jebb and with supplementary Material, Cambridge: Cambridge University Press (Nachdruck 1979, Norwood Editions), S. vii-xxii.

Viacom (2001): UPN (United Paramount Network). The Facts (http://www.viacom.com/prodbyunit1.tin?ixBusUnit=30, gesehen am 11.10.2001).

Viscusi, W. Kip/ Vernon, John M./ Harrington, Joseph E. (1996): Economics of Regulation and Antitrust, Cambridge. Mass.: MIT Press.

Vogel, Steven K. (1999): Freer Markets, More Rules. Regulatory Refom in Advanced Industrial Countries, Ithaca: Cornell University Press.

Voigt, Rüdiger (Hrsg.) (1998): Abschied vom Staat - Rückkehr zum Staat?, München: Univ. der Bundeswehr, Institut für Staatswissenschaften.

Wakshlag, Jacob (1985): Trends in Program Variety and the Prime Time Access Rule. In: Journal of Broadcasting, 29. Jg., S.23-34.

Waterman, David/ Weiss Andrew A. (1997): Vertical Integration in Cable Television, Cambridge, MA u.a. und Washington, D.C.: MIT Press und AEI Press [=AEI Studies in Telecommunications Deregulation].

Weaver, Suzanne (1980): Antitrust Division of the Department of Justice. In: Wilson, James Q. (Hrsg.): The Politics of Regulation, New York: Basic Books 1980, S. 123-151.

Wehmeier, Stefan (1998): Fernsehen im Wandel. Differenzierung und Ökonomisierung eines Mediums, Konstanz: UVK [−Forschungsfeld Kommunikation, Bd. 9].

Wentzel, Dirk (2002): Medien im Systemvergleich. Eine ordnungsökonomische Analyse des deutschen und amerikanischen Fernsehmarktes, Stuttgart: Lucius & Lucius [=Schriften zu Ordnungsfragen der Wirtschaft, Bd. 69; zugl.: Habil.-Schr. Univ. Marburg, 2001].

White, Elizabeth (2001): PAX attacks with original shows. Will it matter? Minor league network plots iffy course to majors. In: Media Life, ohne Datum (http://www.medialifemagazine.com/pages/templates/scripts/prfr.asp, gesehen am 11. 10.2001).

Williams, Ray B. (1990): FCC. The Ups and Downs of Radio-TV Regulation, Ames: Iowa State University Press.

Williamson, Oliver E. (1987): Vertical Integration. In: Eatwell, John/ Milgate, Murray/ Newman, Peter (Hrsg.): The New Palgrave: A Dictionary of Economics, Bd. 4, London: Macmillan 1987, S. 807-811.

Wilson, James Q. (Hrsg.) (1980): The Politics of Regulation, New York: Basic Books.

Wöste, Marlene (1996): Ballungsraumfernsehen – Rentabilität und publizistische Leistungsfähigkeit fraglich. In: Media Perspektiven, 05/1996, S. 266-281.

Woldt, Runar (2002): Pay-TV: Marktbereinigung auf breiter Front. In: Media Perspektiven, 11/2002, S. 534-543.

Wright, John W. (Hrsg.) (1979): The Commercial Connection. Advertising and the American Mass Media, New York: Delta.

Yegyazarian, Anush (2005): TV a la Carte. In: Washington Post, 07.12.2005 (http://www.washingtonpost.com/wp-dyn/content/article/2005/12/07/AR2005120700197_pf.html , gesehen am: 25.09.2006).

Zuckman, Harvey L./ Corn-Revere, Robert/ Frieden, Robert u. a. (1999): Modern Communication Law, St. Paul, MN: West Group.

Anmerkungen

Einleitung

[1] Diese Definitionen entstanden zwar in Anlehnung an bestehende Definitionen, wurden aber spezifisch für den Zweck dieser Untersuchung formuliert.

[2] Holznagel, Bernd (1996): Rundfunkrecht in Europa. Auf dem Weg zu einem Gemeinrecht europäischer Rundfunkordnungen.

[3] Schellenberg, Martin (1997): Rundfunk-Konzentrationsbekämpfung zur Sicherung des Pluralismus im Rechtsvergleich. Rundfunkstaatsvertrag 1997 und Landesmediengesetze im Vergleich mit den Kontrollsystemen in Frankreich, Italien und Großbritannien.

[4] Mailänder, Peter (2000): Konzentrationskontrolle zur Sicherung von Meinungsvielfalt im privaten Rundfunk. Eine vergleichende Untersuchung der Rechtslage in Deutschland, Frankreich, Italien, Großbritannien, Spanien, Österreich sowie den Niederlanden und im Europäischen Recht.

[5] Bender, Gunnar (1997): Cross-Media-Ownership, eine rechtsvergleichende Untersuchung der Kontrolle multimedialer Unternehmenskonzentration in der Bundesrepublik Deutschland und den Vereinigten Staaten von Amerika.

[6] Kühn, Michael (2003): Meinungsvielfalt im Rundfunk. Die Sicherung von Pluralismus in den Rundfunksystemen Deutschlands und der USA.

[7] Blaurock, Uwe (Hrsg.) (2002): Medienkonzentration und Angebotsvielfalt zwischen Kartell- und Rundfunkrecht.

[8] Hoffmann-Riem, Wolfgang (1996): Regulating Media. The Licensing and Supervision of Broadcasting in Six Countries.

[9] Wentzel, Dirk (2002): Medien im Systemvergleich. Eine ordnungsökonomische Analyse des deutschen und amerikanischen Fernsehmarktes, Stuttgart: Lucius & Lucius.

[10] McQuail, Denis (1992): Media Performance: Mass Communication and the Public Interest.

[11] Eine Unterscheidung der beiden Formen der Konzentrationskontrolle findet sich bei Meier 2006: 5.

[12] Neben den Sendern des *public television* gibt es in den USA weitere nicht-kommerzielle Sender, die meisten davon mit religiösem Inhalt (Vgl.: Dominick, Sherman und Copeland 1990: 37f.).

[13] Die Definition ist hier in einer verkürzten Form wiedergegeben.

Regulierung

[14] Die ursprünglichen englischen Begriffe wurden in diesen Fällen den deutschen Begriffen bei der ersten Erwähnung hintangestellt.

[15] Reine *öffentliche Güter*, bzw. *Kollektivgüter* sind ein ökonomischer Extremfall. Lehrbücher zählen dazu beispielsweise nationale Verteidigung und Außenpolitik. Diese Güter sind *nicht rivalisierend im Konsum*, das heißt, ihr Konsum durch eine Person beeinträchtigt nicht die Möglichkeit anderer Personen, das Gut zu nutzen. Und öffentliche Güter sind *nicht ausschließbar im Konsum*: Wird das Gut erst einmal zur Verfügung gestellt, kann niemand davon abgehalten werden, es kostenlos zu nutzen (Vgl.: Burda und Wyplosz 2003: 546f.). Deshalb stellen Private diese Güter gar nicht oder nur unzureichend zur Verfügung, weil sie nicht erwarten können, dass ihre Kosten gedeckt werden (Vgl.: Kiefer 2005: 136). Viele öffentliche Güter werden deshalb vom Staat bereitgestellt, wenn Konsens drüber herrscht, dass die Bereitstellung der entsprechenden Güter wünschenswert sei (Vgl.: Steiner 1969).

[16] Auch der traditionelle terrestrische Rundfunk ist gekennzeichnet durch die Nichttrivialität und die Nichtausschließbarkeit im Konsum. Daher gilt er auch als öffentliches Gut (Vgl.: Heinrich 1994a: 36).

[17] In der volkswirtschaftlichen Betrachtung entstehen Externalitäten wenn die Handlungen eines Wirtschaftssubjekts ungewollt die Wohlfahrt oder das Verhalten eines oder mehrerer anderer Wirtschaftssubjekte beeinflussen. Der Handelnde ignoriert dabei die Kosten oder Gewinne, die anderen durch sein Verhalten entstehen. Solche Externalitäten können positiver oder negativer Natur sein, und im Allgemeinen trägt die Gesellschaft die Kosten von negativen Externalitäten (Vgl.: Frank 1997: 582ff.).

[18] Der Regime-Begriff entstand ursprünglich im politikwissenschaftlichen Teilbereich der Internationalen Beziehungen und wurde in weitere Bereiche der Politikwissenschaft übernommen. Auf den Regime-Begriff in der übrigen Politikwissenschaft bzw. in den Internationalen Beziehungen geht diese Arbeit nicht ein. Aufschlussreich ist beispielsweise die Überblicksdarstellung von Stein 1993.

[19] Ein Beispiel ist die Unterstützung für *meritorische Güter*, d.h. Güter wie Bildung oder Gesundheit, die bei der alleinigen Bereitstellung durch den Markt von Konsumenten in einem geringeren Ausmaß konsumiert werden, als es gesellschaftlich wünschenswert wäre. Ein Beispiel aus dem Medienbereich ist die politische Information, d... Dis.... die Meinungsbildung ermöglichen soll (Vgl.: Kiefer 2005: 85).

[20] Beispiele die Ogus (1996: 51) anführt, umfassen die Gurtpflicht beim Autofahren oder die Sozialversicherungspflicht.

[21] In diese Kategorie fallen Umweltschutz oder Kulturförderung (Vgl: Ogus 1994: 29).

[22] Das Konzept des ansonsten frei handelnden Marktteilnehmers ist natürlich stark idealisiert.

[23] Mögliche Durchsetzungsmechanismen geordnet nach ihrer Eingriffstiefe finden sich bei Ayres und Braithwaite 1992: 35. Erstellt teilweise nach Müller 2002: 30.

[24] Siehe dazu eine ausführlichere Darstellung im Kapitel zum US-Fernsehmarkt.

[25] Ein Beispiel dafür sind die Rundfunkräte der öffentlich-rechtlichen Anstalten in Deutschland.

[26] Nur drei Jahre nach dem ICA wurde der Sherman Antitrust Act verabschiedet, der die damaligen Monopolprobleme lösen sollte. Eine Welle von Firmenzusammenschlüssen hatte in den vorangegangenen Jahren Firmenkonglomerate geschaffen und in vielen Industrien eine erhebliche Konzentration herbeigeführt (Vgl.: Mueller 1995: 33).

[27] Der volle Name lautet *Cable Television Consumer Protection and Competition Act.*

[28] Der volle Name lautet *Cable Communications Policy Act.*

Vielfalt, Konzentration und Konzentrationskontrolle

[29] Das Konzept der workable competition gründet in der Überlegung, dass perfekter Wettbewerb in der Realität nicht existiert und dass daher Wettbewerbspolitik nicht auf der Annahme perfekten Wettbewerbs basieren sollte. Clark, der das Konzept 1940 zum ersten Mal formulierte, befand, es sei Aufgabe von Wettbewerbspolitik, den Wettbewerb praktikabel und nicht notwendigerweise perfekt zu machen. Clarks ursprüngliche Kriterien, nach denen beurteilt werden sollte, ob Wettbewerb praktikabel sei, wurden in der Folge kritisiert, modifiziert und ergänzt. Kriterien sind beispielsweise, dass die Zahl der Firmen mit den erzielbaren Skaleneffekten korrespondiert, das Werbeausgaben nicht zu hoch sein sollten und dass Werbung informierend sein sollte. Bis heute herrscht kein Konsens über die Beschaffenheit von praktikablem Wettbewerb, trotzdem berücksichtigen die Akteure der Wettbewerbspolitik das Konzept in ihrer Arbeit (Vgl · Clark 1940 und Scherer und Ross 1990; 53f.).

[30] Methodisch anspruchsvoll und beispielsweise genutzt von den US-Kartellbehörden ist der *Herfindahl-Hirschman-Index,* der die quadrierten Marktanteile aller Firmen in einem Markt addiert. Je höher die dabei entstehende Summe ist, desto konzentrierter ist der Markt, ab einem Indexwert von 1800 gilt der Markt als hochkonzentriert (Vgl.: Albarran 1996: 47ff.).

[31] Beispielsweise die folgende Definition (OECD 1993: 58): *"Horizontal Merger*: Merger between firms that produce and sell the same products, i.e., between competing firms. Horizontal mergers, if significant in size, can reduce competition in a market and are often reviewed by competition authorities."

[32] Etwa die folgende Definition (OECD 1993: 58): „*Vertical Merger*: Merger between firms operating at different stages of production, e.g., from raw materials to finished products to distribution. An example would be a steel manufacturer merging with an iron ore producer."

[33] Etwa diese Definition der OECD (1993: 58): „*Conglomerate Merger*: Merger between firms in unrelated business, e.g., between an automobile manufacturer and a food processing firm."

[34] Ein Beispiel: „Der US-Kabelfernsehmarkt ist vertikal stark konzentriert." Der Inhalt des vorangegangenen Satzes ist zunächst mehrdeutig. So bleibt dem Leser die Deutung überlassen: geht es um die Tiefe der vertikalen Integration oder um hohe Konzentrationsgrade? Viel aussagekräftiger und eindeutiger ist der folgende Satz: „Der US-Kabelfernsehmarkt ist geprägt durch eine hohe Marktanteilskonzentration und vertikale Verflechtungen."

[35] Fixkosten sind Kosten, die unabhängig von Auflage oder Reichweite entstehen, wie zum Beispiel Personalkosten, Kosten für Fremdprodukte wie Agenturdienste, Lizenzgebühren, etc.

[36] Für das Pay-TV gilt diese Aussage nicht, das eigen Schulz, Seufer und Holznagel (1999: 47) am Beispiel des britischen Pay-TV-Anbieters *BSkyB*, bei dem variable Kosten, etwa für Abonnentengewinnung und -verwaltung, Marketing und die Instandhaltung der Dekoderinfrastruktur beinahe ein Drittel der Gesamtkosten ausmachen.

[37] DVB-T ist die englische Abkürzung für *Digital Video Broadcasting – Terrestrial* und bezeichnet die terrestrische, das heißt erdgebundene, Verbreitung digitalen Fernsehens.

[38] IPTV ist die englische Abkürzung für *Internet Protocol Television* (dt.: Internet-Protokoll-Fernsehen), die die Übertragung digitalisierter Videoprogramme über das Internet bezeichnet. Dabei wird das dem Internet zugrunde liegende *Internet-Protokoll* (IP) verwandt.

[39] Ökonomen beschäftigen sich erst seit wenigen Jahren systematisch mit diesen Industrien (Vgl.: Rochet und Tirole 2005 oder Evans 2002). Zweiseitige Industrien funktionieren grundsätzlich anders als Industrien, die nur einen Markt bedienen, deshalb können diese Industrien mit den etablierten ökonomischen Regeln kaum erklärt werden. So sind Ökonomen beispielsweise noch nicht in der Lage, die Preissetzung in diesen zweiseitigen Industrien zu erklären.

[40] Werbefinanzierte Fernsehsender verfügen teilweise über weitere Einnahmequellen, wie Erlöse aus Teleshopping, Telefonaktionen, Lizenzgebühren oder Programmhandel, die aber im Regelfall nur in geringem Umfang zu den Gesamterlösen beitragen.

[41] Das Konzept stammt ursprünglich aus der medienökonomischen Betrachtung des Zeitungsmarktes. Ulrich Nußberger (1984) hat das entsprechende Konzept der Auflagen-Anzeigen-Spirale 1984 entwickelt. Ursächlich für den vermuteten Mechanismus ist vor allem der Verbund von redaktionellem Produkt und Werbeträger, der dazu führt, dass Erfolg im Lesermarkt die Position auf dem Anzeigenmarkt positiv beeinflusst und umgekehrt (Stahmer 1995: 153f.). Das Konzept ist weit verbreitet, wird aber in Teilaspekten kritisiert. So gilt als fraglich, ob eine verbesserte Gewinnsituation der Zeitung immer zu einer Qualitätsverbesserung der Zeitung führt. Angezweifelt wird ebenfalls, ob die Qualitätsverbesserung von den bisherigen Nichtlesern wahrgenommen und in eine Kaufentscheidung umgesetzt wird. Ein Gewinn an Lesern setzt außerdem in den gesättigten Zeitungsmärkten den Verlust dieser Leser bei Mitbewerbern voraus – dem stehen aber die enge Leser-Blatt-Bindung entgegen und die geringe Wahrscheinlichkeit, dass Leser, die Qualitäten zweier Zeitungen miteinander vergleichen (Vgl.: Kiefer 2005: 97, 322f.).

[42] *EPG* ist die englische Abkürzung für *Electronic Programm Guide* (dt.: *Elektronishcer Programmführer*). Dieser Ausdruck hat sich auch in Deutschland als Bezeichnung für die Programmnavigation des digitalen Fernsehens etabliert. Dabei werden Programmübersichten auf dem Fernsehschirm dargestellt – ähnlich den graphischen Benutzeroberflächen beim Computer. Andere Bezeichnungen für EPGs sind unter anderem *Navigationssysteme*, *Elektronische Benutzerführungssysteme* und *Elektronische Programmzeitschrift* (Vgl.: Holznagel 1997: 14ff.)

[43] So entsprach der Werbemarktanteil, den das *Deutsche Sportfernsehen* (*DSF*) 1994 hielt, genau seinem Zuschauermarktanteil. Der Werbemarktanteil des privaten Marktführers *RTL* war hingegen mehr als doppelt so hoch wie sein Zuschauermarktanteil (Vgl.: Heinrich 1994b: 305).

[44] HDTV ist die englische Abkürzung für *High Definition Television* (dt.: *hochauflösendes Fernsehen*). HDTV ist ein Sammelbegriff für eine Reihe von Fernsehnormen weltweit, die sich durch eine höhere Auflösung des Fernsehbildes von herkömmlichem Fernsehen unterscheiden

[45] Aus diesem Grund nutzen Kartellbehörden Konzentrationsmaße nur um in einem ersten Schritt die wettbewerbsrechtliche Relevanz von Zusammenschlüssen zu etablieren, bevor sie im Anschluss den Einzelfall untersuchen.

[46] Zum Beispiel bei Frank 1987: 132; Neumann 1988: 126, Mailänder 2000: 34, Röper 1997: 70f..

[47] Hallenberger (1997: 11) begrüßt sogar die Tatsache, dass der Begriff der Meinungsvielfalt selbst Gegenstand politischer Auseinandersetzungen ist, „denn jede offiziell verordnete und en detail empirisch nachprüfbare „Meinungsvielfalt" würde dem demokratischen Willensbildungsprozess allenfalls schaden, da so eine wichtige Form politischer Metakommunikation unterbunden würde."

[48] Als einschlägige Arbeiten dieser Art führt Hallenberger (1997: 14) auf: Dominick und Pearce 1976, Litman 1979 und Wakshlag 1985.

[49] Hallenberg bezieht sich auf Arbeiten von Donsbach 1992, Krüger 1992 und Merten 1994. Neuere Arbeiten zum Thema liegen vor von Kliment und Brunner 1998, Krüger 2004, Krüger 2006, Krüger und Zapf-Schramm 2006 und besonders Krüger 2001.

[50] Beispielsweise Hoffmann-Riem 1987 und 1992.
[51] Zum Begriff des gesellschaftlichen Pluralismus finden sich ausführliche Abhandlungen in Müller 2002: 126f. und Schuster 1990: 124ff..
[52] Ähnliche Untersuchungen für die Presse lieferten uneinheitliche Ergebnisse (Vgl.: Mailänder 2000: 176).
[53] Etwa Müller 1979: 286ff.; Müller 1998: 103ff. und Wentzel 2002: 75ff..
[54] Die Fragestellung lautete, inwieweit sich in Monopol- und Wettbewerbsstrukturen optimale Rundfunkordnungen etablieren können. Empirische Referenzpunkte der Untersuchung waren zwar das öffentlich-rechtliche Monopol der britischen BBC und der privatwirtschaftlich organisierte US-Fernsehmarkt, für die Modellergebnisse war die Rechtsform jedoch nicht relevant.
[55] Steiner schließt aus den Ergebnissen des Modells von 1961, dass ein ideales Fernsehsystem mit zwei Kanälen privatrechtlich organisierte und öffentliche Anbieter einschließen sollte, wobei der privatrechtlich organisierte Anbieter gewinn- und Zuschauermarktanteil-maximierend arbeitet und der öffentliche Sender ergänzend und kompensierend vernachlässigte Zuschauersegmente bedient (Vgl.: Steiner 1961. 118ff.).
[56] Die Normalverteilung der Qualitätspräferenzen ist dabei ein Spezialfall. Geht man davon aus, dass die Zuschauerpräferenzen nicht normalverteilt, sondern eher linksschief hin zu niedrigen Qualitätsniveaus verteilt sind – für Noam eine sehr plausible Annahme - dann resultiert aus dem Modell nicht zwangsläufig die Bereitstellung von qualitativ besonders hochwertigen Programmen. Ginge man darüber hinaus davon aus, dass besonders qualitätsvolle Programme auch besonders teuer in der Herstellung sind, dann besteht im privatwirtschaftlichen Wettbewerb die Möglichkeit, dass besonders hohe Programmniveaus nicht angeboten werden. Noam folgert hieraus, dass unter diesen Bedingungen öffentliches nicht-kommerzielles Fernsehen nicht nur unter kulturpolitischen und publizistischen Gesichtspunkten wünschenswert sei, sondern dass es auch unter wohlfahrtstheoretischen Gesichtspunkten gerechtfertigt sei, solange es nicht das Ziel der Zuschauermaximierung verfolge. Das gilt auch für frühe Marktphasen in Fernsehmärkten, gleich wie die Qualitätspräferenzen verteilt sind, wenn der Programmmarkt noch nicht ausdifferenziert genug ist, um hohe Programmqualitäten bereitzustellen.
[57] Eine bemerkenswerte Ausnahme ist Neuseeland, siehe dazu ausführlich Mattern und Künstner 1998: 157ff. sowie Beck 2005: 279.
[58] Oft wird auch die Sichtbarkeit von Regulierung als Unterscheidungsmerkmal herangezogen: Während ökonomische Regulierung meist indirekte Konsequenzen für den Konsumenten hat, sind die Resultate sozialer Regulierung wie die Gurtpflicht im Auto häufig eher sichtbar. Müller (2002: 12) hingegen argumentiert, dass die Sichtbarkeit von Regulierung kein geeignetes Unterscheidungskriterium sei. So sei die Zulassung eines neuen Telefonanbieters eine auch für Konsumenten sehr wahrnehmbare Maßnahme ökonomischer Regulierung, während strengere Sicherheitsvorkehrungen bei der Produktion bestimmter Konsumgüter möglicherweise für den Konsumenten unsichtbar blieben.

Das Fernsehsystem der USA

[59] Dieses Wechselspiel ist gut beschrieben bei Hilliard und Keith (1996).
[60] Hervorragende Darstellungen zur historischen Entwicklung des US-Fernsehmarktes finden sich unter anderem in Kittross (1980), Edelman (1980) und dem Standardwerk von Dominick, Sherman und Copeland (1996).

[61] Aufgrund internationaler Vereinbarungen besitzen Rundfunkstationen ein vierstelliges sogenanntes Rufzeichen. Die Rundfunkstationen der USA tragen an erster Stelle ihres Kürzels ein W, wenn sie östlich des Mississippi liegen, und ein K, wenn sie westlich des Mississippi liegen. Einige, sehr früh gegründete Stationen besitzen ein dreistelliges Rufzeichen (Vgl.: Head u. a.1998: 29).

62 Die in den verschiedenen Quellen angegebene Zahl der vernetzten Radiostationen schwankt zwischen sechs (Vgl.: Head u. a. 1998) und sechzehn (Vgl.: Bachem 1995).

63 *AT&T* sah das Radio als eine Variante des Telefons und plante, seine Frequenzen, ähnlich wie Telefonleitungen, gegen ein Entgelt Dritten zur Verfügung zu stellen (Vgl.: Head u. a. 1998: 32).

[64] Ein viertes Network, das *DuMont*-Network, existierte nur für kurze Zeit.

[65] Bevor sich vor wenigen Jahren die Kurzform *Cable* zur Bezeichnung des Kabelfernsehens durchsetzte, wurde in den USA Kabelfernsehen mit CATV abgekürzt.

[66] In den 1990er Jahren trat außerdem das Satellitenfernsehen dazu.

[67] Der *Cable Communications Act* von 1984 und der *Cable Television Consumer Protection and Competition Act* von 1992 werden im Kapitel zur Konzentrationskontrolle in den USA detailliert behandelt.

[68] Krasnow, Longley und Terry 1982 widmen eine ausführliche Fallstudie der ökonomischen Entwicklung des UHF-Spektrums, die von der US-Regierung und der FCC vorangetrieben wurde.

69 Die Bedeutung der Mittelzuflüsse aus staatlichen Quellen ist in den vergangenen 20 Jahren erheblich gesunken. Anfang der 1980er Jahre bestanden noch über zwei Drittel der Umsätze des nicht-kommerziellen Rundfunks aus Steuergeldern; in den 1990er Jahren pendelte sich der Anteil der Steuergelder an den Gesamtumsätzen des nicht-kommerziellen Rundfunks bei etwas weniger als der Hälfte ein (Vgl.: Head u. a. 1998: 202).

70 Weil es sich dabei hauptsächlich um Gelder von Ölfirmen handelt, wird PBS oft als Petroleum Broadcasting System bezeichnet (Vgl.: Ostendorf 1992: 699).

71 Sesame Street (Die Sesamstrasse) ist die wohl bekannteste Sendung im Vertrieb von PBS (Vgl.: Ostendorf 1992: 699).

[72] Anm..: Diese Entschädigungszahlungen, die nur einen geringen Teil der Gesamteinnahmen der Vertragssender ausmachen, haben mit dem Aufkommen der neuen Networks in den 1980er und 1990er Jahren teilweise ihren Charakter verändert. So ist Fox dazu übergegangen, die Ausgleichszahlungen erfolgsabhängig zu gewähren, UPN stellt seine Programme unentgeltlich zur Verfügung und WBN verlangt sogar eine Zahlung von den Fernsehsendern (Vgl.: Wentzel 2002: ???)

73 Neben den national operierenden Networks existiert eine Vielzahl kleinerer Networks, die regional arbeiten und oft nur dem Austausch einer einzigen Sendung dienen.

[74] ABC gehört zur Walt Disney Company, die Networks CBS und UPN zu CBS, die Networks NBC, Telemundo und Mu2 zu NBCUniversal, das Network FBC zur News Corporation und WBN zu AOL Time Warner (Vgl.: Time Warner Inc. 2005, GE 2005, The Walt Disney Company 2005, News Corporation 2005). Das neue CW Network wird zur Hälfte Time Warner und CBS gehören (Vgl.: Carter 2006).

[75] Nach Angaben der L.A. Times machte das Network UPN in den elf Jahren seines Bestehens bis Ende Januar 2006 insgesamt mehr als eine Milliarde US-Dollar Verlust und das Network WBN verlor im gleichen Zeitraum mehr als 850 Millionen US-Dollar (Vgl.: James 2006).

76 Der Begriff der Hispanics wird hier der Einfachheit halber verwendet. Der Begriff ist jedoch definitorisch unsauber und durch das Heranziehen der Sprache als definierendes Merkmal einer

Ethnie unangemessen simplifizierend ist. Eine ausführliche Diskussion der definitorischen Unzulänglichkeit des Begriffs findet sich in Palmié (1994).

[77] Fernsehsender, deren Programmquelle eines der landesweiten Networks ist, werden *Network Affiliates* oder einfach *Affiliates* genannt. Fernsehsender, die ihre Programme nicht von den Networks, sondern aus anderen Quellen beziehen, werden *Independents* – unabhängige Sender – genannt.

78 Zur Bedeutung des Kabelfernsehens für die Entwicklung der UHF-Sender siehe Abschnitt 2.2.

[79] Selbst der Verband der unabhängigen Sender, *Association of Independent Television Stations* (*INTV*), sah sich deswegen 1996 gezwungen, seinen Namen in *Association of Local Television Stations* (*ALTV*) zu ändern (Vgl.: Head u. a. 1998: 160).

[80] Fox Television nutzte diese Situation und kündigte weniger als einen Monat nach Bekanntgabe der Fusion an, ab September 2006 ein neues Mini-Network mit nur zwei Stunden Sendezeit pro Tag zu betreiben. Das neu gegründete My Network TV werde seine Programme gezielt den von der Fusion betroffenen Fernsehsendern anbieten (Vgl.: O'Neil 2006).

[81] Diese Sender werden im Englischen als *Owned & Operated*, oder kurz *O&O*, bezeichnet.

[82] Die 33 Fernsehsender von Fox erreichten im vierten Quartal 2001 gar eine Gewinnmarge vor Steuern und Abschreibungen von 50 Prozent. Keine andere Einheit der weltweit operierenden Konzernmutter News Corporation erbrachte im gleichen Zeitraum einen höheren Cash Flow als die O&Os, die 259 Mio. Dollar generierten (Vgl.: Schiesel und Carter 2002).

[83] So versorgen allein die beiden größten Anbieter *Time Warner Cable* und *Comcast* zusammen 32 Millionen der insgesamt rund 73 Millionen US-Kabelhaushalte.

[84] Diese Verpflichtung ist in den so genannten *Must-Carry Rules* festgelegt (Vgl. Ostroff 1997: 353).

[85] In Europa senden zwei konkurrierende DBS-Systeme: Eutelsat Hot Bird und der Marktführer Astra.

[86] Aus zwei weiteren wichtigen Gründen konnte sich DBS in den USA erst relativ spät etablieren. Zum einen hatten die großen Kabelfernsehnetzbetreiber mit Kabelfernsehsendern Exklusivverträge ausgehandelt, auf deren Grundlage die Kabelgesellschaften die Ausstrahlung von Kabelfernsehsendern über DBS-Satelliten verboten. Zudem waren beliebte Kabelsender im Besitz von Unternehmen, die ebenfalls Kabelfernsehnetze betreiben. Der *Cable Act* von 1992 ermächtigte die FCC, gegen diese Exklusivverträge vorzugehen (Vgl.: Hoffmann-Riem 1996: 58). Außerdem hatten die Verbände der Networks und Fernsehsender durchgesetzt, dass im *Satellite Home Viewer Act* von 1988 DBS-Veranstaltern verboten wurde, lokale Fernsehsender zu übertragen. Deswegen blieben viele potentielle DBS-Kunden bei ihren Kabelgesellschaften. Erst der *Satellite Home Viewer Improvement Act* von 1999 erlaubte den DBS-Betreibern die Übertragung von lokalen Fernsehsendern für die Abonnenten im jeweiligen Markt (Vgl.: Comor 1998: 65f. und Sadler 2005: 93).

[87] Einen guten Überblick über die Entwicklung des DBS-Marktes in den USA liefert Kröger 1997.

[88] Der europäische DBS-Marktführer Astra plant, von den deutschen Nutzern seiner Dienste eine Gebühr für den Empfang bisher kostenlos empfangbarer Programme wie RTL und Sat 1 zu verlangen (Vgl.: Siepmann 2006, Tieschky und Jakobs 2006 sowie Bähr, Fleschner und Hofmeir 2006).

[89] Sadler (2005: 93ff.): stellt diese Regeln detailliert dar.

[90] Angelehnt an das englische Wort für Werbespot, Commercial, werden Sender, die sich primär über Werbung finanzieren als *commercial broadcasting* bezeichnet (Hoffmann-Riem 1996: 14). Im Deutschen wurde daraus kommerzielles Fernsehen als Begriff für privatwirtschaftlich organisiertes Fernsehen.

[91] Kabelkunden bezahlen eine Monatsgebühr, die sich nach der Anzahl der abonnierten Sender richtet, wobei die Kanäle in Paketen gebündelt werden. Die Angebote der großen Kabelfernsehnetzbetreiber

sind fast identisch und pyramidenartig aufgebaut: Im Grundpreis der meisten Anbieter sind die in der Gegend terrestrisch empfangbaren Sender enthalten (engl.: *Basic Cable*). Dazu können die Abonnenten ein Paket mit mehreren Dutzend Kabelfernsehsendern bestellen. Auf diese Kombination können die Kunden wiederum aufsatteln, mit einem Paket, das mehrere Dutzend stark fokussierte Special-Interest-Kanäle umfasst. Diese letzte Ausbaustufe mit mehr als 100 Kanälen wird von den Unternehmen und umgangssprachlich als *Digital* oder *Digital Cable* bezeichnet. Auf Anordnung der FCC müssen die Kabelunternehmen jedoch im Laufe des Jahres 2006 diese lukrative Vermarktungspraxis um einen Verkauf von Kanälen à la carte ergänzen. Dabei werden Zuschauer, die sich für einen einzelnen Sender interessieren, diesen Sendern einzeln abonnieren können, ohne dafür Pakete mit vierzig oder mehr Sendern abonnieren zu müssen. Hintergrund für diese neue Vorschrift ist nicht der Verbraucherschutz sondern der Jugendschutz. Der Vertrieb der Kanäle en détail soll es Eltern ermöglichen, zu kontrollieren, zu welchen Kanälen ihre Kinder Zugang haben (Vgl.: Kirchgaessner 2005, Yegyazarian 2005, Helm 2005).

[92] *Pay TV* wird in den USA als *Premium Cable* bezeichnet.

[93] Der für Produzenten äußerst lukrative Handel mit Film- und Fernsehrechten wird als *Syndication* bezeichnet.

[94] Beispielsweise *Oprah Winfrey* oder *Wheel of Fortune* (dt.: *Glücksrad*).

Die Konzentrationskontrolle für das Fernsehen in den USA

[95] Die im Jahr 1787 auf der *Constitutional Convention* formulierte Verfassung schuf die Bundesregierung mit ihren drei Gewalten. Die Constitution legte die Organisation des Bundesstaates und das Verhältnis zwischen Bundes- und Einzelstaaten fest, enthielt aber keine Aussagen über Bürgerrechte. Erst am 15. Dezember 1791 wurde vom ersten Kongress eine *Bill of Rights* bestehend aus 10 Zusatzartikeln ratifiziert (Vgl.: Carter, Franklin und Wright 1996: 11f. und Constitution Of The United States 1987: 45 Fußnote).

[96] Der Kongress ist der legislative Arm der US-Bundesregierung und besteht aus zwei Kammern, dem Senat und dem Repräsentantenhaus.

[97] Die Anwendung des First Amendment auf die Einzelstaaten leitet die Verfassungsinterpretation aus dem vierzehnten Zusatzartikel ab: „[...] No State shall make or enforce any law which shall abridge the privilege or immunities of citizens of the United States; nor shall any State deprive any person of life, liberty, or property, without due process of law [...]" (Constitution Of The United States, Amendment XIV, Section 1 zitiert aus: Constitution Of The United States 1987: 51). Nach der Auslegung des Supreme Courts sind die Garantien des First Amendments ein fundamentales Element der im vierzehnten Zusatzartikel erwähnten Freiheit (im Original: *liberty*) (Vgl.: Carter, Franklin und Wright 1996: 14).

[98] Uneinigkeit herrscht in der amerikanischen Verfassungsinterpretation darüber, ob ausnahmslos alle Meinungsäußerungen durch das First Amendment geschützt sind. In einer über Jahrzehnte geführten Debatte bildeten sich dabei zwei Lager heraus, wobei immer die Interpretation, die von einem selektiven Wirkungsbereich ausging, die Debatte dominierte. Alexander Meiklejohn, Rechtsphilosoph und prominentester Vertreter dieser Richtung, argumentierte, dass durch das First Amendment nur solche Kommunikationshandlungen geschützt seien, durch die Bürger ihr Recht auf Selbstregierung ausüben. Nur diese von ihm *political speech* genannte Kommunikation, die auch Äußerungen zu Themen der Wissenschaft, Kunst und Moral umfasse, stehe unter dem absoluten Schutz des First Amendment. Diese Unterscheidung überläßt es den Gerichten, die Äußerungen, die absoluten Schutz

genießen, von weniger oder gar nicht geschützten Äußerungen zu unterscheiden. Das ideologische Gegenlager, die sogenannten Absolutisten, vertraten die Ansicht, dass ausnahmslos jede Form von Meinungsäußerung vor Eingriffen des Staates geschützt sei. Diese absolute Auslegung des First Amendment, repräsentiert durch den Verfassungsrichter Black, hat im Supreme Court nur selten eine Mehrheit gefunden, vielmehr zog das Gericht es vor, zwischen geschützten Meinungsäßerungen und solchen, die nicht durch das First Amendment gedeckt sind, zu unterscheiden (Vgl. Francois 1990: 32ff.). Wäre Blacks absolute Interpretation des First Amendment die vorherrschende Meinung in der amerikanischen Justiz, fände die Regulierung von Rundfunk und Fernsehen de facto nicht statt.

[99] Diese Aufgabe erfüllen der Staatsvertrag über den Rundfunk im vereinten Deutschland vom 31. August 1991 und die in ihm enthaltenen Einzelstaatsverträge zum Rundfunk (Vgl.: Stuiber 1998a: 331ff.).

[100] Laut Ellmore (1982: 13) wurde der Radio Act als Reaktion auf den Untergang der Titanic verabschiedet. Dies ist allerdings die einzige Quelle, in der dieser Zusammenhang hergestellt wird.

[101] Tatsächlich urteilte 1926 ein Gericht des Bundesstaates Illinois unter Verwendung von Common Law Prinzipien, dass der Nutzer einer Frequenz mit der Nutzung gewisse Schutzrechte gegenüber anderen erwerbe (Vgl.: Huber 1997: 29). Diese ad hoc Privatisierung der Frequenzen kontrastiert stark mit der Entwicklung des Rundfunks in Europa. In Deutschland beispielsweise wurden die Frequenzen seit 1908 durch das Reichspostamt verwaltet (Vgl.: Stuiber 1998a: 137), von dem auch die ersten regelmäßigen Radiosendungen initiiert wurden (Vgl.: ebd: 51).

[102] Herbert Hoover war von 1929 bis 1933 Präsident der USA.

[103] Seit den frühen 1920er Jahren war mit der Übertragung von Bildern über Funkwellen experimentiert worden. Im Jahr 1925 gelang in den USA die erste drahtlose Bildübertragung. Bereits 1929 hatte die FCC 18 Fernsehsender lizenziert, die mit der neuen Technik experimentierten (Vgl.: Dominick, Sherman und Copeland 1996: 52).

[104] Primäres Motiv für die Verabschiedung des *Communications Act* war die Regulierung des Monopols der Telefonfirma AT&T. Telefondienste wurden damals als natürliches Monopol vergleichbar dem der Eisenbahn betrachtet, das akzeptiert werden könne, vorausgesetzt, der Staat reguliert die Gebühren und Dienstleistungen des Monopolisten (Vgl.: Tollin, Satten und Zachem 1998: 1f.).

[105] Nach Gruber und Kleber (1997: 132ff.) ist ein Allmendegut gekennzeichnet durch 1.Nicht-Ausschließbarkeit: Anders als bei Gütern, für deren Nutzung gezahlt werden muss, kann niemand von der Nutzung des Gutes ausgeschlossen werden und das Gut ist für einen größeren Kreis von Nutzern frei zugänglich. 2. Rivalität in der Nutzung: Indem einer das Gut nutzt, wird anderen die Nutzung unmöglich gemacht, bzw. die gemeinschaftliche Nutzung stößt an Kapazitätsgrenzen, so dass jeder weitere Nutzer die Nutzungsmöglichkeiten der übrigen beeinträchtigt.

[106] Der Begriff der negativen Externalität stammt aus der Volkswirtschaftslehre: Externalitäten entstehen, wenn die Handlungen eines Wirtschaftssubjekts ungewollt die Wohlfahrt oder das Verhalten eines oder mehrerer anderer Wirtschaftssubjekte beeinflussen. Der Handelnde ignoriert dabei die Kosten oder Gewinne, die Anderen durch sein Verhalten entstehen. Solche Externalitäten können positiver oder negativer Natur sein und im Allgemeinen trägt die Gesellschaft die Kosten von negativen Externalitäten (Vgl.: Frank 1997: 582ff.).

[107] Gleichwohl es nach der Ansicht vieler Kritiker hätte wachsen können. Siehe den nächsten Abschnitt.

[108] Video hat in den USA zu allen Zeiten einen größeren Platz im Medienmenü eingenommen als in Deutschland. Die wenigsten US-Videonutzer zeichnen Fernsehsendungen auf, vielmehr leihen sie Videofilme aus und nutzen so einen zusätzlichen Distributionskanal.

[109] Diese Berechnung ist 14 Jahre später bereits überholt, sie illustriert trotzdem anschaulich die hier wiedergegebene Position.

[110] Kodierte Radiowellen können in unterschiedlichen Längen produziert werden und die Länge einer Welle bestimmt die Frequenz, mit der sie auftritt. Je kürzer eine Welle, desto häufiger wiederholt sie sich und desto höher ist folglich ihre Frequenz. Die Maßeinheit für Frequenzen ist Hertz.

[111] Ein Megahertz ist gleich eintausend Hertz und ein Gigahertz ist gleich eine Mio. Hertz.

[112] Diese Ausweitung wurde während des Zweiten Weltkrieges vor allem durch militärische Forschung vorangetrieben.

[113] In dem Red Lion-Urteil wurde die *Fairness Doctrine* aufrechterhalten, die vorschrieb, dass jeder Rundfunkveranstalter einen angemessenen Anteil seiner Sendezeit der Berichterstattung über kontroverse Themen widmen solle und dass bei der Behandlung dieser Themen die unterschiedlichen Standpunkte berücksichtigt werden sollten. In dem Prozess ging es um eine Sendung eines Radiosenders aus Red Lion, Pennsylvania, in der ein Geistlicher den Autor des Buches persönlich angegriffen hatte. Der Autor forderte Sendezeit für eine Entgegnung auf Kosten des Radiosenders, die FCC gab ihm Recht und das Gericht bestätigte die FCC-Entscheidung (Vgl.: Schuster 1990: 210).

[114] Der Psychologe Vance Packard hatte 1957 sein vielbeachtetes Buch *The Hidden Persuaders* (dt.: *Die geheimen Verführer*) veröffentlicht, das sich populärwissenschaftlich mit der Manipulation der Bevölkerung durch die Medien auseinandersetzt (Vgl.: Packard 1957).

[115] Das Immediacy Rationale ist eine Abwandlung der oben dargestellten Argumentation

[116] In der deutschsprachigen Literatur zum Thema wird häufig der Terminus „Public Interest" benutzt; allerdings scheint die Übersetzung *Gemeinwohl* treffender als die wortgetreue Übersetzung *Interesse der Öffentlichkeit*.

[117] Die Senatoren, so berichtet zumindest Francois (1990: 551), die den Radio Act formulierten, verwandten den Begriff des Public Interest, weil er bereits von der ICC für die Regulierung von Eisenbahnen und Versorgern genutzt wurde und ihnen kein besserer Begriff einfiel.

[118] Die Auflage der Tampa Tribune lag damals bei 110.000 Exemplaren (Vgl.: Krattenmaker und Powe 1994: 147f.).

[119] Krattenmaker und Powe (1994: S. 148) sehen als Hintergrund für die beiden Entscheidungen, dass die Tribune als republikanisch orientierte Zeitung den damaligen Präsidenten Eisenhower im Wahlkampf publizistisch unterstützt hatte, die Times in ihren Kommentaren jedoch Eisenhowers demokratischen Gegenkandidaten Governor Stevenson.

[120] Krattenmaker und Powe (1994: 157ff.) beschreiben, wie das Prinzip des Public Trustee in den Untersuchungen nach dem *Quiz Show Scandal*, einem der größten Skandale der amerikanischen Fernsehgeschichte, entwickelt wurde. CBS hatte 1955 begonnen, die erste Fernsehquizshow *The $64 000 Question* auszustrahlen. Das sehr erfolgreiche Konzept wurde mehrfach imitiert. Das erfolgreichste Format dieser Art war *Twenty-One*. Durch Indiskretionen von Produktionsmitarbeitern wurde bekannt, dass mehrere Sendungen von *Twenty-One* manipuliert waren, was der jungen Fernsehindustrie ihren ersten Skandal bescherte. Obwohl die Praktiken der Networks nicht rechtswidrig gewesen waren, wurde ihnen vorgeworfen, ihrer gesellschaftlichen Verantwortung nicht gerecht geworden zu sein. Der Kongressabgeordnete Steven Derounian, ein Mitglied des Harris-Untersuchungsausschusses, der sich mit den Quizsendungen befasste, formulierte das Konzept des Public Trustee in einem Kommentar für das Magazin *Life*: „The networks are responsible to the

people. They are given free channels over which to telecast, and they cannot afford, or be permitted, to violate this public trust".

[121] Neben diesen drei Prinzipien hat die FCC seit Mitte der 60er Jahre die Beteiligung von ethnischen Minderheiten an der Veranstaltung von Rundfunk als ein weiteres aus dem Grundprinzip des Gemeinwohls abgeleitetes Prinzip entwickelt (Vgl.: Kühn 2003: 175f.).

[122] Hilliard und Keith (2005) beschäftigen sich in einer einschlägigen Monographie ausführlich mit dem Prinzip der Ortsbezogenheit.

[123] Der Titel Areopagitica entlehnte Milton einem gleichnamigen Werk von Isokrates (355 v.Chr.). Das klassische Vorbild ist ebenfalls wie eine Rede formuliert und handelt vom *Aeropagus*, einem Hügel in Athen, der Sitz sowohl mythologischer als auch realer antiker Gerichtsbarkeit war (Vgl.: Jebb 1918: xxiii). Isokrates kritisiert in seiner Rede die Athener Demokratie seiner Zeit und fordert, „den altväterlichen richterlich-moralischen Ältestenrat des <<Areopag>> der früheren Athener Verfassung wiederzubeleben. […] Als Rhetor ist Isocrates also praktisch ein Vertreter der athenischen Redefreiheitsinstitution; der Gesinnung nach, im Gegensatz zu Milton, aber konservativ. Die Titelparallele bleibt demnach äußerlich und schief (Tielsch 1980: 51)".

[124] Die FCC wird im Folgenden nur knapp dargestellt. Ausführliche Darstellungen finden sich bei Baughman 1985, Williams 1990 und Flannery 1995. Eisenach 2001 beschäftigt sich mit der Reform der FCC seit den 1990er Jahren. Coase 1966 ist eine frühe Kritik an der Arbeit der FCC.

[125] Die Unterscheidung von zwischen- und innerstaatlicher Kommunikation war in der Praxis immer schon problematisch. So ist eine Telefongesellschaft automatisch staatenübergreifend tätig, wenn sie Ferngespräche in einen anderen Bundesstaat anbietet. Der Supreme Court hat in mehreren Urteilen die Abgrenzung der Zuständigkeiten vereinfacht: „Danach ist die FCC nunmehr auch in allen Bereichen der „intrastate communcation" zuständig, wenn sie in irgendeiner Weise staatenübergreifenden Charakter haben." (Kühn 2003: 162)

[126] Neben der FCC besitzen weitere Bundesbehörden Regulierungskompetenzen für Teilbereich des Rundfunks. Für verschiedene Aspekte der Werbeaufsicht sind die Federal Trade Commission und das Bureau of Alcohol, Tobacco and Firearms zuständig. Die Allokation des Frequenzspektrums auf verschiedene Technologien und Nutzungsarten fällt ebenfalls nicht in die Zuständigkeit der FCC (Vgl.: Schuster 1990: 205).

[127] Eine interessante Diskussion zur Bedeutung von Standards aus Industriesicht bieten Shapiro und Varian 1999).

[128] Es handelt sich um die Begründung der *One-to-a-Market Rule* aus dem Jahr 1970, die weiter unten im Detail erläutert wird.

[129] Das Organisationskonzept des *Binnenpluralismus*, nach dem der öffentlich-rechtliche Rundfunk in Deutschland organisiert ist, verpflichtet hingegen Veranstalter, die Vielfalt der bestehenden Auffassungen in einem sich ausgewogenen Programm umfassend darzustellen.

[130] Die genauen Angaben zu den entsprechenden Gesetzestexten finden sich im Literaturverzeichnis.

[131] Der frühe Einsatz von Cross-Ownership-Regeln rührt daher, dass die FCC vor allem das Ziel der Meinungsvielfalt im l o k a l e n Markt verfolgt.

[132] Diese Regel war Ausfluss eines Lizenzierungsfalls vor der FCC im Jahr 1938

[133] Das englische Wort *duopoly* bezeichnet ein aus zwei Firmen bestehendes Oligopol (Vgl.: Frank 1997: 430). Daher ist die englische Originalbezeichnung der Regelung missverständlich, da die Vorschrift einen anderen Sachverhalt regelt.

[134] Vor der Verbreitung des Fernsehens galt die Regel nur für Radiosender.

[135] Für die FCC gilt ein Sender als gescheitert, wenn er mindestens vier Monate nicht mehr gesendet hat oder sich in einem unfreiwilligen Insolvenzverfahren befindet. Die Definition der FCC für einen im Scheitern begriffenen Sender ist weniger klar. Die FCC versteht darunter einen Sender, der einen niedrigen Zuschauermarktanteil in dem betreffenden Markt hat und sich seit einigen Jahren in finanziellen Schwierigkeiten befindet (Original: *struggling financially*) (Vgl.: Sadler 2005: 113).

[136] Der FCC-Vorsitzende Michael Powell vertrat 2005 die Ansicht, dass LMAs ein aussterbendes Phänomen seien. Er kündigte mehrfach Vorschriften zur Konzentration im lokalen Markt an, unter denen die meisten LMAs durch den direkten Besitz an den betroffenen Sendern ersetzt werden könnten, ohne dass die neuen Besitzer gegen konzentrationsrechtliche Beschränkungen verstoßen würden (Vgl.: Sadler 2005: 123).

[137] Die Vorschrift wird in einigen Quellen auch als *One-to-a-Customer-Rule* bezeichnet.

[138] Bereits 1996 hatte die FCC auf Anweisung des Kongresses angekündigt, künftig in großen Märkten großzügig bei der Erteilung von Ausnahmegenehmigungen für diese Vorschrift vorzugehen (Vgl.: Carter, Franklin und Wright: 542f.).

[139] Bei der Zählung der Fernsehsender werden die mit schwacher Leistung sendenden Low-Power-Television-Sender nicht berücksichtigt. Diese Fernsehsender werden in dieser Arbeit aufgrund ihrer marginalen publizistischen und kommerziellen Bedeutung ausgeklammert. Es werden nur Tageszeitungen berücksichtigt, die mindestens fünf Prozent aller Haushalte in dem Fernsehmarkt erreichen. Das Vorhandensein von Kabelfernsehnetzen zählt als eine Stimme, unabhängig von der Anzahl der Netze unterschiedlicher Firmen.

[140] Die daraufhin erlassene Regelung stellte einen Bruch mit der bisherigen FCC-Politik dar, denn in vorangegangenen Jahren hatte die FCC Verlage sogar dazu ermuntert, sich um Senderlizenzen in ihrem Verbreitungsgebiet zu bewerben, weil neben den Zeitungsverlegern nur wenige publizistisch ausreichend qualifizierte Bewerber zur Verfügung standen. Anfang der 70er Jahre, zum Zeitpunkt des Regelerlasses, erklärte die FCC jedoch, die Situation habe sich geändert und es stünden befähigte Lizenzbewerber in ausreichender Zahl zur Verfügung (Vgl.: Carter, Franklin und Wright 1996: 545).

[141] Bereits 1999 hatte die FCC der Tribune Company eine solche Ausnahmeregelung für den Fernsehmarkt Miami – Fort Lauderdale zugelassen (Vgl.: Sadler 2005: 107).

[142] Der Kongress hatte bereits 1993 ein Gesetz verabschiedet, das es der FCC erlaubte, in den größten Märkten Fusionen von Radio- und Zeitungsunternehmen zu genehmigen,. Voraussetzung dafür war, dass nach einem Zusammenschluss noch 30 weitere voneinander unabhängige Radio- und Fernsehsender (Original: *[...] radio and television voices*) sein würden. Die Kombination von Fernsehen und Zeitung in einem Markt war damit allerdings noch nicht erlaubt (Vgl.: Sadler 2005: 106f.).

[143] Der Cable Act von 1984 verbot auch Telefonfirmen, innerhalb der Gebiete, die sie mit Telefondienstleistungen versorgten, Fernsehen über Kabel zu verbreiten. Auch diese Regeln wurden 1996 erheblich gelockert (Vgl.: Kühn 205ff.).

[144] In der gleichen Verhandlung wurde die letzte verbliebene Multiple Ownership Rule zur Überarbeitung an die FCC zurückverwiesen.

[145] Der Kongress hatte diese Cross-Ownership-Rule mit dem Telecommunications Act von 1996 zwar bereits sechs Jahre zuvor aufgehoben, aber eine entsprechende FCC-Regelung bestand weiterhin (Vgl.: Hansen 1998: 104), weil die unter der Clinton-Regierung mehrheitlich mit Demokraten besetzte Kommission die Regelung aufrecht erhalten wollte. Weil Michael Powell die Regelung mit Verweis auf die gestiegene Zahl elektronischer Distributionskanäle bereits kurz nach seinem Amtsantritt in Frage gestellt hatte, sah AOL Time Warner den Zeitpunkt für gekommen, um gegen

die Cross-Ownership-Rule Berufungsklage einzulegen (Vgl.: Labaton 2002). Für AOL Time Warner wurde mit dem Urteil und der sich vermutlich anschließenden Regeländerung der Einstieg ins lokale Fernsehgeschäft möglich, der dem Unternehmen unter der Regel verwehrt war. AOL Time Warner besitzt den zweitgrößten Kabelfernsehnetzkonzern des Landes, Time Warner Cable, der zum Zeitpunkt des Urteils 12,8 Mio. Haushalte, unter anderem in New York und Los Angeles, versorgte. Mit solch bedeutenden Märkten außerhalb seiner Reichweite hatte sich das Unternehmen zuvor nicht im lokalen Fernsehgeschäft engagiert und deswegen mußte das zum Konzern gehörende Network WBN als einziges Network ohne die profitablen networkeigenen Rundrundfunksender in den wichtigsten Märkten auskommen (Vgl.: Schiesel und Carter 2002).

[146] *Arbitrary and capricious* (dt.: willkürlich und launisch) ist ein feststehender Begriff in der amerikanischen Rechtsterminologie und bezeichnet laut Carter, Franklin und Wright (1996: 607) Behördenverhalten, das von der jeweiligen Behörde nicht ausreichend oder nicht zur Zufriedenheit des prüfenden Gerichts begründet wurde.

[147] Zitat erscheint so in der Quelle.

[148] Die FCC schrieb dabei die gleiche Anzahl von UKW- und MW-Sendern vor, weil UKW-Sender meist in Kombination mit MW-Sendern betrieben wurden. So gehörten von den 600 UKW-Sendern, die 1953 in Betrieb waren, 538 zu Unternehmen, die im gleichen Markt einen MW-Sender betrieben.

[149] Ein Fernsehsender im Fernsehmarkt New York, der heute 7 Mio. Haushalte umfasst, wäre bei der Ermittlung der Eigentümerkonzentration genauso hoch gewertet worden wie ein Fernsehsender im Fernsehmarkt von Glendive, Montana, der 3900 Haushalte zählt.

[150] Dazu ein Rechenbeispiel: Der Fernsehmarkt New York umfasst heute rund 6,9 Prozent aller US-Fernsehhaushalte. Dem Besitzer eines VHF-Senders in New York werden 6,9 Prozent angerechnet, dem Besitzer eines UHF-Senders hingegen nur rund 3,45 Prozent.

[151] Die komplette Streichung der nationalen Obergrenzen für den Besitz an Radiosendern löste eine gewaltige Konsolidierung aus. Innerhalb eines Jahres fanden mehr als 1000 Fusionen und Übernahmen im Radiosektor statt. Es zeichnete sich ab, dass wenige große Unternehmen, den US-Radiomarkt unter sich aufteilen würden. So besaß das Rundfunkunternehmen Clear Channel Communications, eine Tochter des Medienkonzerns Viacom, bereits wenige Jahre nach der Streichung der Regel mehr als 1250 Radiosender in den ganzen USA (Vgl.: Sadler 2005: 108).

[152] Der Medienkonzern Viacom hatte 2001 den Kauf des Networks CBS abgeschlossen, und erreichte mit seinen Fernsehsendern 41 Prozent aller amerikanischen Haushalte. Das Network Fox hatte im Sommer 2001 die Sendergruppe Chris-Craft erworben, die zehn Fernsehsender besaß, und die technische Reichweite aller von Fox kontrollierten Fernsehsender auf über 40 Prozent anhob (Vgl.: Day 2001). Damit verstießen beide Unternehmen gegen die nationale Begrenzung von 35 Prozent und klagten gegen die Regel, um ihre Neuerwerbungen behalten zu können. Das Network NBC schloss sich der Klage an.

[153] Die Dual Network Rule ist Teil der Chain Broadcasting Rules, eines Regelpakets, mit dessen Vorschriften das Verhältnis von Networks und Affiliates geregelt wird. Diese Regeln, von denen die ersten in den 1930er Jahren erlassen wurden, dienen vor allem der Beschränkung der wirtschaftlichen Macht der Networks. Nur noch wenige der Regeln gelten heute noch.

[154] Auf diese Regel bezog sich der Supreme Court als er 1943 die Aufspaltung von NBC anordnete.

[155] Anm: Im Dezember 2005 hat Viacom CBS und UPN in dem neuen Unternehmen CBS zusammengefasst und im Januar 2006 als eigenständige Gesellschaft an die Börse gebracht.

[156] So kündigte UPN an, zukünftig Programme von CBS zu übernehmen und mit CBS in Bereichen wie dem Werbezeitenverkauf zu kooperieren (Vgl.: Downey 2001b).

[157] Die Hauptzielgruppen von UPN waren damals Schwarze.

[158] Im Januar 2006 haben die Konzernmütter CBS (ehemals Viacom) und Time Warner (ehemals AOL Time Warner) die beiden Networks UPN und WBN zu einem gemeinsamen Network verschmolzen, das unter dem Namen CW am 20. September 2006 seinen Betrieb aufnahm.

[159] Die technische Reichweite ist bei der Begrenzung des Kabelfernsehens die relevante Bezugsgröße, weil im Allgemeinen jedes Wohngebiet nur von einem Kabelnetz bedient wird.

[160] Die Vertragssender der Networks protestierten gegen die Neuregelungen von 1992 und 1996, weil sie fürchteten, in Konkurrenz zu ihren eigenen Networks treten zu müssen, wenn die Networks als die landesweit bedeutendsten Programmlieferanten dazu übergehen sollten, erfolgreiche Programme im Kabelfernsehen und nicht mehr als Network-Programme auszustrahlen (Vgl.: Carter, Franklin und Wright 1996: 557 und Schlosser 2001). Die Aufhebung der Regel hatte bis 1998 nicht zu signifikanten Aktivitäten der Networks im Kabelfernsehmarkt geführt.

[161] Dass sich ohne eine Verwertung im nachgelagerten Programmhandel die Produktion einer Serie kaum lohnt, illustriert Head mit einem Beispiel aus dem Jahr 1998 (217): Warner Brothers produzierte 1998 jede Folge der Krankenhausserie *ER* (In Deutschland: *Emergency Room*) für durchschnittlich rund 1,2 Mio. Dollar obwohl das Network NBC für die einmalige Ausstrahlung jeder Folge nur rund eine Mio. Dollar zahlte. Gewinne kann Warner Brothers mit der Produktion der Serie nur erzielen, wenn es die Serienfolgen auch nach der Erstausstrahlung international und auf dem nachgelagerten Fernsehrechtemarkt verkauft.

[162] Unabhängige Sender und Kabelsender senden diese Serien im so genannten Stripping-Verfahren, bei dem jeden Tag eine oder mehrere Serienfolgen gesendet weden. Durch diese Programmstruktur können die Sender den Werbetreibenden relativ stabile Einschaltquoten bieten und beim Kauf der Programme Mengenrabatte aushandeln. Um eine Serie strippen zu können, müssen genügend Folgen vorhanden sein, deshalb werden idealerweise nur Serien mit mehr als 130 Folgen gehandelt (Vgl.: Head u. a. 1998: 233).

[163] Es ist naturgemäß schwierig, zu beurteilen, ob die Produzenten die Recht im Vorfeld der Projekte unter Zwang oder gerne abgetreten haben. In der Literatur wird weitgehend die Meinung vertreten, dass die Networks vor allem kleinen Produzenten die Rechte abkauften, um deren Risiko zu übernehmen.

[164] Die FinSyn Rules sind ein ganzes Bündel von Vorschriften, die in verschiedenen Jahren erlassen wurden.

[165] Zudem waren die diese Regeln wegen der erheblichen Eingriffe in den Programmmarkt Anfang an umstritten (Vgl.: Kühn 2003: 231).

[166] Die FCC betrachtete die drei Networks der damaligen Zeit als ein einziges Network, das ein Verbreitungsmonopol für die Erstausstrahlung von Fernsehserien hatte und das seine Marktmacht ausnutzen konnte, um den Wettbewerb einzuschränken (Vgl.: Fisher 1985: 268).

[167] In den ersten Jahren seines Bestehens lieferte Fox, das ein Produktionsstudio, Fernsehsender und ein Network unter dem Dach der Fox Inc. verband, nur neun Stunden Programm pro Woche an seine 25 Affiliates, so dass die FCC, der aus Vielfaltsgesichtspunkten an der Etablierung eines vierten Networks gelegen war, Fox in den ersten Jahren eine befristete Ausnahmegenehmigung für die FinSyn Rules erteilen konnte, die sie mit dem geringen Programmvolumen von Fox rechtfertigte (Vgl.: Bachem 1995: 46).

[168] Formal gehört die PTAR zu den Chain Broadcasting Rules, wegen ihrer hohen Bedeutung wird sie jedoch separat behandelt.

[169] Zwei Entwicklungen im Programm-Markt waren hauptsächlich verantwortlich dafür, dass die FCC die PTAR erließ: In den 60er Jahren wurden Programme, die eigens für den Vertrieb über den network-unabhängigen Programmmarkt hergestellt wurden zunehmend durch Wiederholungen von Network-Serien verdrängt – auch weil die unabhängigen Sender zunehmend diese Wiederholungen ins Programm nahmen. Eine weitere Entwicklung hing eng damit zusammen: Das Volumen unabhängig produzierter Programme war in den 60er Jahren um 90 Prozent gesunken, während die Networks im gleichen Zeitraum ihre Ausgaben für Hauptsendezeitprogramme verdoppelt hatten (Vgl.: Carter, Franklin und Wright 1996: 609).

[170] Michael Powell ist der Sohn des ehemaligen US-Außenministers Colin Powell.

[171] Zu dieser Vorschrift galt eine Ausnahme: Sollte ein Unternehmen den Besitz von zwei Fernsehsendern im gleichen Markt anstreben, die beide in einem Markt zu den vier meistgesehenen Fernsehsendern gehörten, hätte es bei der FCC einen Antrag auf eine Ausnahmegenehmigung (Original.: *waiver*) stellen können. Dies wäre jedoch nur in Märkten mit bis zu elf Fernsehsendern möglich gewesen. In solche einem Fall hätte die FCC in jedem Fall individuell entschieden, ob die neue Kombination dem Gemeinwohl in dem betreffenden Markt (Original: *community*) stärker nutzen würde als die vorangegangene Situation (Vgl.: Sadler 2005: 114f.).

[172] Die FCC kann zu dieser Regel eine Ausnahmeregelung (Original: *waiver*) erteilen, wenn das betroffene Unternehmen nachweisen kann, dass der Fernsehsender innerhalb des Marktes ein anderes Gebiet abdeckt als die Zeitung oder der Radiosender (Vgl.: Sadler 2005: 115).

[173] In einem Markt mit mehr als 45 Radiosendern darf ein Unternehmen nach den Duopoly-Vorschriften von 1996 bis zu acht Sender besitzen. Ein Unternehmen, das bereits einen Fernsehsender betreibt, dürfte demnach gemäß der Cross-Media-Vorschrift von 2003 vier Radiosender betreiben.

[174] Diese Regelung wurde bis heute beibehalten, es ist allerdings zweifelhaft, ob es heute noch Sinn macht, UHF-Sender diskontiert zu zählen. Heute, wo alle Fernseher UHF-Signale empfangen können und die Qualität der UHF-Sender sich kaum mehr von der Qualität der VHF-Sender unterscheidet, erscheint die fortwährende Diskontierung vielmehr ein Zugeständnis an die Fernsehunternehmen zu sein.

[175] In dem Fall, ging es um den Tausch von Fernsehsendern zwischen den Unternehmen Westinghouse und NBC. Trotz Hinweisen, dass NBC den Tausch unter der Drohung erzwungen hatte, den Sendern von Westinghouse zukünftig Network-Programme vorzuenthalten, genehmigte die FCC die Transaktion. Das Justizministerium begann jedoch aufgrund der Anschuldigungen Ermittlung gegen NBC und verlangte von dem Network, den durch Tausch erworbenen Sender abzustoßen. RCA, die Muttergesellschaft von NBC klagte gegen die Entscheidung mit der Begründung, die FCC-Entscheidung habe die Antitrust-Frage geklärt und verhindere eine weitere Antitrust-Behandlung durch den Staat (Vgl.: Carter, Franklin und Wright 1996: 591f.)

[176] Die Sendungen von Teleshopping-Sendern dienen einzig oder überwiegend der Präsentation von Waren, die von den Zuschauern während der Sendung bestellt werden können. Für die Zuschauer ist dabei offensichtlich, dass die Sendung einzig dem Verkauf der Ware dient.

[177] Beispielhaft und beeindruckend – sowohl hinsichtlich der Einschaltquoten als auch der empörten Reaktionen – war ein im Jahr 2000 gesendetes politisches Interview mit Bill Clinton zur besten Sendezeit. Interviewt wurde der damalige Präsident von Leonardo di Caprio, einem 20jährigen Schauspieler, der vorher durch seine Hauptrolle im Kinofilm *Titanic* und durch Alkoholexzesse aufgefallen war, aber nicht durch journalistische Ambitionen. Ähnliche Beispiele für die Boulevardisierung von Informationsprogrammen gibt es in der jüngsten Geschichte der Networks dutzendfach (Vgl.: Kreye 2002).

[178] Ein Beispiel ist die Programmproduktion.

[179] Die Ergebnisse dieser Untersuchung wurden vom American Enterprise Institute herausgegeben, das in seinen Publikationen eine regulierungskritische Haltung vertritt. Vor diesem Hintergrund sind diese Ergebnisse als glaubwürdig einzuschätzen.

[180] Auch hier gilt die bekannte Grenze von fünf Prozent zur Ermittlung eines „cognizable" Anteils. Gleichwertig schätzt die FCC außerdem hohe Aufsichtsrats- und Managementposten (Vgl. Carter, Franklin und Wright 1996: 631).

Die Entwicklung des Fernsehens in Deutschland

[181] Die erste Rundfunksendung in Deutschland war das Cellosolo mit Klavierbegleitung „Andantino von Kreisler" (Vgl.: Stuiber 1998, Teil1: S.144).

[182] An den regionalen Funkgesellschaften beteiligten sich so unterschiedliche Investoren wie die *Deutsche Bank* (*Westdeutsche Rundfunk* AG), der örtliche Orchesterverein (*Schlesische Funkstunde* AG) oder Hamburger Kaufleute (*Norddeutsche Rundfunk* AG) (Vgl.: Stuiber 1998, Teil1:146ff.).

[183] Die Rundfunkgebühr von 24 Reichsmark musste jeder Radiobesitzer an die Reichspost zahlen, sie stellte also eine zweckgebundene Steuer auf den Besitz eines Radios dar und entspricht damit strukturell der heute von der GEZ eingezogenen Rundfunkgebühr (Vgl.: Wentzel 2002: 137) oder der so genannten *Licence Fee* für die BBC in Großbritannien.

[184] Zu diesem Zeitpunkt hatte sich das Radio bereits weitgehend zu einem reinen (durchaus anspruchsvollen) Unterhaltungsmedium gewandelt. Die Zentralisierung und das Bemühen, angesichts der damaligen politischen Instabilität das Radio weitgehend neutral zu halten, verstärkten diese Tendenz (Vgl.: Browne 1999: 222).

[185] Die Nationalsozialisten erklärten ihre Ausstrahlungen zum ersten regelmäßigen Fernsehdienst der Welt. Er wurde seit 1935 an drei Tagen der Woche zu festen Zeitpunkten ausgestrahlt, aber Fernseher wurden allerdings erst ab 1937 verkauft. Bis zum Ausbruch des Zweiten Weltkriegs, als die Produktion von Fernsehern eingestellt wurde, gab es erst 600 Fernseher in Deutschland und die Fernsehprogramme wurden schließlich 1944 eingestellt (Vgl.: Browne 1999: 224f.).

[186] So variierte die Einkommensbasis der Anstalten stark: Während der damalige Nordwestdeutsche Rundfunk Gebühren aus einem Gebiet mit 25 Millionen Einwohnern bekam, sendeten Radio Bremen oder der Saarländische Rundfunk für Gebiete mit rund einer Million Einwohnern (Vgl.: Browne 2002: 221).

[187] Auf die Entwicklung der einzelnen öffentlich-rechtlichen Sender geht diese Untersuchung nicht ein. Ein ausführliche Darstellung findet sich bei Stuiber 1998.

[188] Ein weiterer Gesetzesentwurf zur Einrichtung des Deutschlandfunks für die Versorgung deutschsprachiger Hörer außerhalb der Bundesrepublik, vor allem jener in der DDR, wurde jedoch verabschiedet. Ursprünglich waren beide Gesetze als Omnibus eingebracht worden, aber als sich das Scheitern des Gesetzentwurfs zum Deutschlandfernsehen abzeichnete, wurden beide getrennt voneinander in das Parlament eingeführt (Vgl.: Stuiber 1998a: 223).

[189] In vielen Regionen konnten außerdem Programme empfangen werden, die außerhalb des öffentlich-rechtlichen Systems oder nicht explizit für die westdeutsche Bevölkerung produziert wurden. Dazu gehörten der deutsche Auslandsradiosender *Deutsche Welle*, die an die Bewohner der DDR gerichteten westdeutschen Propagandaradios *RIAS Berlin* und *Deutschlandfunk*, Radio- und Fernsehprogramme für die in Deutschland stationierten Soldaten der Besatzungsmächte und Radio- und Fernsehsender aus dem deutsch- und fremdsprachigen Ausland, darunter auch kommerzielle

Radiosender aus Luxemburg und Frankreich, die deutschsprachige Programme gezielt für deutsche Hörer in den Grenzgebieten ausstrahlten. Zwei Propagandasender der DDR konnten in Teilen Westdeutschlands ebenfalls empfangen werden: Der an westdeutsche Soldaten gerichtete *Soldatensender* und der *Freiheitssender 904*. Der Freiheitssender diente der Deutsche Kommunistischen Partei (DKP) während ihres Verbots in Westdeutschland von 1956 bis 1971 als Organ. Beide Sender strahlten ihr Programm aus der DDR aus, erweckten aber im Programm den Eindruck als würden sie in der BRD produziert. Beide stellten ihre sehr BRD-kritischen Programme 1971 bzw. 1972 ein, als die DKP in der BRD wieder zugelassen worden war und mit der Neuen Ostpolitik die Ost-West-Beziehungen diplomatischer wurden (Vgl.: Browne 1999: 235).

[190] Geplant war die Übertragung von Programmen in deutscher und französischer Sprache und potentiell in weiteren europäischen Sprachen. Diese Pläne kulminierten im Luxemburgischen Satellitensystem *ASTRA*, über das heute mehrere hundert Kanäle für ganz Europa ausgestrahlt werden.

[191] Anm...: Das Großherzogtum Luxemburg war bis 1991 das einzige europäische Land, in dem der Rundfunk ausschließlich privatwirtschaftlich organisiert war. Die *Compagnie Luxembourgeoise de Radiodiffusion* (CLR) erhielt 1931 vom Staat Luxemburg ein privates Rundfunkmonopol für das Großherzogtum, das 1954 um ein Fernsehmonopol für das Großherzogtum ergänzt wurde (Vgl. Kleinsteuber und Rossmann 1994: 157f.). Das Unternehmen, inzwischen umbenannt in *Compagnie Luxembourgeoise de Télédiffusion* (CLT)[191], startete bereits 1955 das französischsprachige Fernsehprogramm *RTL 9*, das von Luxemburg aus nach Lothringen gesendet wurde (Vgl.: CLT-Ufa 2000). Die Fernsehaktivitäten der CLT bilden heute nach mehreren Zusammenschlüssen den Kern der *RTL Group*, die vollständig zu Bertelsmann gehört.

[192] Die CLT hatte bereits zuvor das deutschsprachige *Radio Luxemburg* nach Deutschland ausgestrahlt.

[193] In den 1970er Jahren scheiterten Versuche der bayerischen Staatsregierung und der Landesregierungen von Niedersachsen und Schleswig-Holstein, privaten Rundfunk zuzulassen, an den Landesparlamenten oder wurden wieder verworfen (Vgl.: Browne 1999: 236f.).

[194] Als Ausgangspunkt der Politisierung des bundesrepublikanischen Rundfunksystems gilt die Aufspaltung des *Nordwestdeutschen Rundfunks* (NWDR) in den *Norddeutschen Rundfunk* (NDR) und den *Westdeutschen Rundfunk* (WDR). Landespolitiker änderten dabei den Zugang zum Rundfunkrat: Während die übrigen Rundfunkgesetze die Repräsentation definierter gesellschaftlicher Gruppen in den Rundfunkräten vorschrieben, sahen die Gesetze für die beiden neuen Anstalten vor, dass die Mitglieder des Rundfunkrates von der jeweiligen Landesregierung entsandt ernannt werden sollten – ohne dass die Zugehörigkeit zu spezifizierten gesellschaftlichen Gruppen gegeben sein musste (Vgl.: Browne 1999: 231f.).

[195] In Griechenland, wo die Fernsehgebühr bis in die 1990er mit der Stromrechnung eingezogen wurde, war der zweite öffentliche Kanal vom Militär dominiert, in Italien wurden die drei RAI-Kanäle de facto von unterschiedlichen Parteien kontrolliert: RAI Uno von den Christdemokraten, RAI Due von den Sozialisten und RAI Tre von den Kommunisten (Vgl.: Noam 1991: 4 und 6).

[196] So standen die CDU und besonders der damalige rheinland-pfälzische Ministerpräsident Helmut Kohl der Idee eines privatwirtschaftlich organisierten Rundfunks wohlwollend gegenüber. Die Sozialdemokraten hingegen lehnten zunächst die Einführung des privat-kommerziellen Rundfunks ab, relativierten jedoch im Laufe der Debatte ihre Position – auch aus Gründen der Standort- und Beschäftigungspolitik. Das gilt besonders für einzelne SPD-geführte Landesregierungen. Bei den

Grünen und den Gewerkschaften hat sich die ablehnende Haltung gegenüber dem privatwirtschaftlich organisierten Rundfunk bis heute gehalten (Vgl.: Wentzel 2002: 145).

[197] Zum Hintergrund des Verfahrens: Nach einer Gesetzesänderung war im Saarland privater Rundfunk grundsätzlich möglich geworden, das Land weigerte sich aber, Konzessionen für privates Fernsehen zu vergeben. Daraufhin klagte ein Antragsteller, die *Freie Rundfunkaktiengesellschaft in Gründung (FRAG)*, auf Erteilung der Lizenz bis vor das Bundesverfassungsgericht.

[198] Die verfassungsrechtliche Zulässigkeit des privaten Rundfunks knüpfte das Gericht in diesem Urteil an zwei Bedingungen: Bei der Einführung des privatwirtschaftlich organisierten Rundfunks sei gesetzlich sicherzustellen, dass alle gesellschaftlich relevanten Kräfte im Programm des Veranstalters zu Wort kommen, und dass der Rundfunk nicht den freien Kräften des Marktes überlassen werde (Vgl.: Kühn 2003: 14).

[199] Mit diesem Urteil wurde die so genannte Bestands- und Entwicklungsgarantie für den öffentlich-rechtlichen Rundfunk formuliert, die im Kapitel zur Konzentrationskontrolle in Deutschland ausführlich dargestellt wird.

[200] Ein Grund dafür ist, dass die öffentlich-rechtlichen Sender nur in engen Grenzen Werbung ausstrahlen, während die Privatsender keinen zeitlichen und wenig restriktiven quantitativen Beschränkungen für die Ausstrahlung von Werbung unterliegen (Vgl.: Wentzel: 146).

[201] Diese Entscheidung wurde während eines Treffens des Rundfunkbeauftragen für die Einigung (Rudolf Mühlfenzl) und der Ministerpräsidenten der vier CDU-regierten neuen Bundesländer getroffen. Diese Entscheidung der CDU-geführten Regierungen am Bundestag vorbei stieß bei den Oppositionsparteien, den Privatsendern und andern Beobachtern auf starke Kritik: Die Rundfunkhoheit liege bei den neuen Ländern, die damit übergangen worden seien (Vgl.: Mikos 1992: 116). Manfred Stolpe, SPD-Ministerpräsident von Brandenburg, verglich das Vorgehen mit dem Gebaren der SED in der DDR (Vgl.: Browne 1999: 240).

[202] Dabei handelt es sich um *Das Erste, ZDF, Hessen Fernsehen, Bayerisches Fernsehen, WDR, SWR, NDR, RBB, MDR* und *3sat* (zusammen mit dem österreichischen und dem Schweizer Rundfunk) und die Spartenkanäle *Kinderkanal* (Ki.Ka), *Phoenix, arte* (zusammen mit einem französischen Partner)und *BR Alpha*.

[203] Der Rundfunkstaatsvertrag (in der Fassung von 2006, §2, Abs.2, 8) definiert Teleshopping als die Sendung direkter Angebote an die Öffentlichkeit für den Absatz von Waren oder die Erbringung von Dienstleistungen, einschließlich unbeweglicher Sachen, Rechte und Verpflichtungen, gegen Entgelt.

[204] Der Monitorteil im Dritten Programme wird in solchen Zusammenstellungen oft kumuliert dargestellt, als handele es sich bei den Dritten um ein einzelnes Programm.

[205] So beteiligte sich das französische Unternehmen *Canal Plus* an *Premiere* und der Turner-Konzern am neu gegründeten Nachrichtenkanal *n-tv*.

[206] Die KEK zählt die Einkaufskanäle als Fernsehsender, während der Gesetzgeber sie als Mediendienste bezeichnet.

[207] Besonders anschaulich dazu ist die Gegenüberstellung der beiden Tagesprogramme von BBC und ITV bei Steiner (1961 120f).

[208] Der deutsche Gesetzgeber unterscheidet zwischen Rundfunk, Mediendiensten und *Telediensten*. Zu den Mediendiensten, die im Mediendienste-Staatsvertrag geregelt werden, gehören Teleshopping, Fernsehtext, Radiotext, sonstige Textdienste, Video-on-Demand, Content-Provider und Access-Provider. Kurz formuliert fasst der Gesetzgeber unter dem Begriff Rundfunk jene Dienste zusammen, denen er eine höhere Suggestiv- und Überzeugungskraft zuordnet. Mediendienste nutzen das gleich Übertragungsmedium wie der Rundfunk, ihr Einfluss auf die individuelle und gesellschaftliche

Meinungsbildung wird jedoch vom Gesetzgeber als geringer eingeschätzt als beim Rundfunk – sie sind hinsichtlich ihrer publizistischen Wirkung harmloser. Deswegen ist ihre Regelung weniger streng und umfassend (Vgl.: Beck 2005: 294ff.).

[209] Mit der Ausnahme von Großbritannien, wo die Pay-TV-Plattform *British Sky Broadcasting (BSkyB)* äußerst erfolgreich sendet, konnten sich digitale Pay-TV-Plattformen in Europa bisher nicht durchsetzen und die Betreiber haben hohe Verluste angehäuft. So betrugen sie bis 2002 bei Premiere vier Milliarden Euro, beim italienischen Telepíu 1,65 Mrd. Euro, bei Canal Plus 4,5 Mrd. Euro und bei ITV Digital 1,3 Mrd. Euro (Vgl.: Woldt: 2002). Der Kollaps der Kirch-Gruppe 2002 wird in weiten Teilen auf die hohen Anlaufverluste der Pay-TV-Plattform Premiere zurückgeführt (Vgl.: Kiefer 2005: 18).

[210] Diese ordnungspolitische Neuorientierung schob beispielsweise auch die ebenso wenig technologiegetriebene Liberalisierung des Telekommunikationssektors an.

[211] Auf dem Zuschauer- und auf dem Werbemarkt.

[212] Besonders anschaulich dazu ist die Gegenüberstellung der beiden Tagesprogramme von BBC und ITV bei Steiner (1961 120f).

Die Konzentrationskontrolle für das Fernsehen in Deutschland

[213] Die Literatur spricht auch von der *Meinungsäußerungsfreiheit*, der *Meinungsverbreitungsfreiheit* und der *Informationsfreiheit*.

[214] Das Bundesverfassungsgericht fordert 1991 im so genannten *NRW-Urteil*, dass der öffentlich-rechtliche Rundfunk künftig weiterhin die notwendigen finanziellen und andere Mittel erhalten solle, um neben dem privaten Sektor voll wettbewerbsfähig zu bleiben – dabei spricht man von der *Bestands- und Entwicklungsgarantie* für den öffentlich-rechtlichen Rundfunk.

[215] Es wird jedoch immer wieder bemängelt, dass dieser Grundversorgungsauftrag noch nicht ausreichend spezifiziert ist (Vgl.: Stuiber 1998b: 409; Glotz, Groebel und Mestmäcker 1998: 89f.; Bardt 2002: 29f.). Niepalla (1999) diskutiert in einer entsprechenden Monographie die Grundversorgung.

[216] Das Sozialstaatsgebot begrenzt hierbei die Ausgestaltungsfreiheit des Gesetzgebers: Er darf die ökonomische Leistungsfähigkeit der privatwirtschaftlich organisierten Veranstalter nicht so weit durch inhaltliche Anforderungen belasten, dass dadurch die Existenzfähigkeit des Privatfunks an sich gefährdet wäre (Vgl.: Kühn 2003: 55).

[217] Diese Argumentation des Bundesverfassungsgerichts ist umstritten. Die Gegner staatlicher Ordnung argumentieren, auf dem Markt der Meinungen bilde sich ebenso wie auf dem Wirtschaftsmarkt ein Gleichgewicht am besten dann, wenn der Staat auf externe Steuerung verzichte. Die Befürworter einer umfangreichen Regulierung halten dagegen, dass die Bildung der öffentlichen Meinung nach anderen Gesetzen ablaufe als jenen, die im wirtschaftlichen Bereich gelten. Ohne staatliche Regulierung sei Vielfalt im Rundfunk nicht gesichert (Vgl.: Schellenberg 2003: 36).

[218] Diese Variante imitiert die binnenplurale Organisation der öffentlich-rechtlichen Rundfunkanstalten.

[219] In der rechtswissenschaftlichen Literatur divergieren die Meinungen darüber, ob das allgemeine Kartellrecht ausreicht, um eine Machtballung im Rundfunk zu verhindern, oder ob ein Medienrecht sinnvoller sei, in dem die an die wirtschaftlichen Eigentumsverhältnisse anknüpfende Konzentrationskontrolle nur eines einer Vielzahl von Mitteln ist, die Vielfalt im Rundfunk zu sichern.

[220] In Bayern ist die Bayerische Landesanstalt für Neue Medien außerdem Veranstalterin des privaten Hörfunks. Auf Ursprünge und Ausgestaltung dieses bayerischen Sonderwegs wird diese Arbeit nicht näher eingehen, aufschlussreich dazu ist Stuiber 1998b: 578ff. und 782ff.

[221] Ein weiteres Modell ist das so genannte *Ratsmodell*, bei dem auf die Repräsentation gesellschaftlicher Vielfalt verzichtet wird und stattdessen ein kleines, vom Parlament gewähltes Gremium Entscheidungen trifft. Dieses Modell wird in Berlin-Brandenburg, Sachsen und in eingeschränkter Form in Baden-Württemberg angewandt (Vgl.: Dörr 1996: 624).

[222] Hoffmann-Riem (1996: 126) beschreibt diese Problematik: „For many board members, difficulties are especially caused by the frequent argumentation involving legal terminology, a result of the statutory pervasion of the broadcasting order. This gives lawyers (including the Director and his staff, who usually have some legal training) an elevated position of power and leaves those members without a legal background with a feeling of relative helplessness. As a result, nonlawyers have also sought to cloak their arguments in legal terms – without, however, always being able to meet the professional standard of their legally trained colleagues. When legal experts state that a given law does not permit a certain solution, nonlawyers can usually only look on helplessly. Even when there is reason to suspect that legal arguments are only being used to mask other, especially politically motivated decisions, an influential advantage still exists in favour of the legal "pros"."

[223] Anm.. Ein extremes Beispiel ist die Ernennung von Beerstecher zum Vizepräsidenten der Baden-Württembergischen Landesanstalt für Kommunikation. Zwei Gesetzesänderungen waren nötig, damit der von der SPD nominierte Beerstecher den Posten antreten konnte. Eine Änderung setzte die notwendige Mehrheit für seine Berufung im Landesparlament herab, mit der anderen wurde ein Passus im Landesmediengesetz, der Interessenskonflikte von Mitgliedern des LMA-Direktoriums verhindern sollte, gestrichen (Vgl.: Kirschnek 1998: 156f.).

[224] Regeln zur intermediären Konzentration kamen bereits in den Landesmediengesetzen vor, etwa im Bereich der lokalen oder regionalen Doppelmonopole (Vgl.: Mailänder 2000: 292).

[225] Im europäischen Ausland ließ sich dieser Trend bereits beobachten; Bis Ende der 1990er Jahre wurden in vielen europäischen Ländern Digitalbouquets angeboten, beispielsweise von British Sky Broadcasting in Großbritannien, Canal Satellite und TSP in Frankreich oder Via Digital in Spanien (Vgl.: Davis u. a. 1998: 304f. und Machill und Lutzhöft 1998: 137ff.).

[226] Grundlage für die Jahresbetrachtung des Zuschaueranteils ist das Messverfahren der privaten GfK-Fernsehforschung, die auch zur Ermittlung der Werbereichweiten genutzt wird. In die Berechnung des jährlichen Zuschaueranteils werden Zuschauer ab drei Jahren der privaten und öffentlich-rechtlichen Sender einbezogen, Programme aus dem Ausland werden weitestgehend nicht berücksichtigt (Vgl.: Mailänder 2000: 298f. und Schellenberg 1997: 45f.). Zur Kritik am Messverfahren siehe ebd.

[227] Die 25-prozentige Beteiligung ist zwar das hauptsächliche aber nicht das einzige Kriterium, nach dem Programme einem Unternehmen zugerechnet werden. Andere Verbindungen wie Verwandtschaft können ebenfalls zur Zurechnung führen, wenn sie nach Ansicht der KEK zu einem Einfluss auf das Programm führen, der einem 25-prozentigen Anteil entspricht. Ausführlich dazu: RStV in der Fassung von 2006: §28. Die Einbeziehung der Angehörigenverhältnisse bezeichnet Röper (1996: 610) als „Rest der einst umfassender geplanten so genannten Lex Kirch." Thomas Kirch, der Sohn des Medienunternehmers Leo Kirch, besaß zum damaligen Zeitpunkt die Mehrheit am Programm Pro Sieben und galt als Strohmann seines Vaters.

[228] Solch ein binnenpluraler Sicherungsmechanismus kann zum Beispiel ein Programmbeirat sein.

[229] Das Gesetz zählt beispielhaft auf: Werbung, Hörfunk, Presse, Rechte und Produktion. Schellenberg (1997: 44) ergänzt diese Aufzählung um Kabelnetze, Onlinedienste, Plattformen für die Übertragung von digitalen Programmen und Elektronische Programmführer im Digitalfernsehen.

[230] Will sie trotzdem von der Entscheidung der KEK abweichen, muss sie die *Konferenz der Direktoren der Landesmedienanstalten* (*KDLM*) anrufen, die wiederum mit einer Mehrheit von drei Vierteln ihrer Mitglieder der Berufung stattgeben muss (Vgl.: RStV in der Fassung von 2006: §36, Abs. 1) (Vgl.: Kühn 2003: 61).

[231] Kühn (2003: 69ff.) erläutert das vielfaltssichernde Instrument des Programmbeirats. Das Organ soll die Programmverantwortlichen bei der Gestaltung des Programms beraten und Vorschläge und Anregungen zum Programm machen, die der Sicherung der Meinungsvielfalt dienen. Die Mitglieder des Beirats werden vom Veranstalter selbst bestimmt, zwingend vorgeschrieben sind jedoch jeweils ein Vertreter aus den Bereichen Kirche, Gewerkschaft, Arbeitgeber, Kunst und Kultur, Erziehung und Bildung. Sobald einem Veranstalter die Einrichtung eines Programmbeirats vorgeschrieben wurde, gelten auch höhere Anforderungen für die Meinungsvielfalt in seinen Programmen. Beim Rundfunk auf Landesebene, primär also bei landesweiten Radiosendern, arbeiten die einzelnen Landesmedienanstalten mit einem inversen Modell: Zunächst müssen die zugelassenen Veranstalter binnenpluralistische Strukturen einrichten, zu denen ein Programmbeirat mit Vertretern der wesentlichen Meinungsströmungen gehört, und erst ab einer bestimmten Anzahl zugelassener Veranstalter wird das binnenpluralistische Modell durch ein außenpluralistisches Modell abgelöst (Vgl.: Kühn 2003 69f.).

[232] Obwohl mit dem Rundfunkstaatsvertrag Fernsehen und Radio geregelt werden, gelten die Regelungen zur Konzentrationskontrolle, insbesondere das Zuschauermarktanteilsmodell, nur für das Fernsehen. Konzentrationsregeln für Hörfunkprogramme finden sich nur in den Landesmediengesetzen und Beschränkungen für die bundesweite Verbreitung gibt es im Rundfunkstaatsvertrag nicht. Schellenberg (1997: 42) vermutet als Grund für diese inhaltliche Trennung, dass privates Radio seit Bestehen weitgehend lokal, regional oder landesweit orientiert und veranstaltet war, so dass eine vorherrschende Meinungsmacht auf Bundesebene nicht zu befürchten war.

[233] Die Bestimmungen der Konzentrationskontrolle im Rundfunkstaatsvertrag gelten ausschließlich für *bundesweite Programme*. Mit dieser Bezeichnung bezieht sich das Gesetz auf die Veranstaltung und nicht die Verbreitungsform. Ein Programm, das sich an eine deutschlandweite Zielgruppe richtet und bundesweit empfangen werden kann bzw. soll, gilt als bundesweit. Das Verbreitungsgebiet eines Programms alleine ist hingegen nicht ausschlaggebend dafür, ob es sich um ein bundesweites Programm handelt. Schellenberg (1997: 42) zeigt dies an einem Beispiel: Wird ein Programm mit ausschließlich landesbezogenen Inhalten über einen Satelliten in die Kabelnetze des betreffenden Bundeslandes gespeist, unterliegt das Programm dem Landesmediengesetz des Bundeslandes, obwohl auch Haushalte in anderen Bundesländern mit entsprechenden Satellitenanlagen das Programm empfangen können.

[234] Der erste Rundfunkstaatsvertrag hatte strengere Regeln auf der Ebene des Landesrechts erlaubt (Vgl.: Mailänder 2000: 295).

[235] Beispielsweise war es bei der Lizenzierung des Spartenprogramms *Deutsches Sportfernsehen* (*DSF*) zwischen den Landesmedienanstalten von Bayern und Berlin zum Streit gekommen. Der Veranstalter des in Bayern zugelassenen bundesweiten Vollprogramms *Tele 5* beantragte im Sommer 1992 bei der *Bayerischen Landeszentrale für neue Medien* (*BLM*) die Umwandlung des Vollprogramms in einen Sportsender. Die Direktorenkonferenz der Landesmedienanstalten (DLM),

die als gemeinsames Beratungs- und Abstimmungsgremium eingerichtet worden war, konnte sich jedoch nicht darauf einigen, ob diese Umwandlung zulässig war im Hinblick auf die Erfüllung des Grundstandards der gleichgewichtigen Vielfalt im Programm. Die BLM genehmigte dessen ungeachtet am 28.12.1998 das neue Programm, das Anfang 1999 unter dem Namen Deutsches Sportfernsehen (DSF) über Satellit, Kabel und vereinzelte terrestrische Frequenzen verbreitet wurde, die es von Tele 5 übernommen hatte. Auf die Genehmigung der BLM folgte eine gerichtliche Auseinandersetzung zwischen den Landesmedienanstalten von Berlin und Bayern, die erst vor dem Bayerischen Verfassungsgerichtshof entschieden wurde. Zeitweilig war das Programm von DSF wegen der juristischen Auseinandersetzung vorübergehend suspendiert (Vgl.: Schellenberg 1997: 54).

[236] Die Berechnungen der Zuschaueranteile unter Berücksichtigung des vergleichbaren Einflusses stammen von Röper und lassen keinen Schluss dahingehend zu, wie die KEK bestehende Programmlieferungen und Angehörigenverhältnisse interpretiert und verrechnet hätte.

[237] Der Springer-Konzern besaß zum damaligen Zeitpunkt Anteile in Höhe von 20 Prozent an Sat.1 und in Höhe von 24,9 Prozent am DSF. Die Regeln des RStV lassen keine Berücksichtigung dieser Beteiligungen zu, nach der ursprünglich vorgesehenen Berücksichtigungsschwelle von 10 Prozent wären jedoch beide Beteiligungen zu berücksichtigen gewesen und hätten einem Zuschauermarktanteil von 16 Prozent entsprochen (Vgl.: Röper 1996: 61ff.).

[238] Vgl.: Ausführlich dazu: Kehrberg 1996 131ff.

[239] Landesweite Vollprogramme – das betrifft wiederum vor allem Radiosender – werden außerdem in vielen Landesmediengesetzen dazu verpflichtet, über die wichtigen politischen, wirtschaftlichen, sozialen und kulturellen Ereignisse im jeweiligen Land zu berichten (Vgl.: Kühn 2003: 90.).

[240] Im Rundfunkstaatsvertrag (RStV in der Fassung von 2006: §2, Abs. 2) werden zwei Arten von Fensterprogrammen unterschieden: [Ein] Satellitenfensterprogramm [ist] ein zeitlich begrenztes Rundfunkprogramm mit bundesweiter Verbreitung im Rahmen eines weiterreichenden Programms (Hauptprogramm) [und ein] *Regionalfensterprogramm* [ist] ein zeitlich und räumlich begrenztes Rundfunkprogramm mit im wesentlichen [Rechtschreibfehler im Original] regionalen Inhalten im Rahmen eines Hauptprogramms."

[241] Die Verpflichtung, Dritten Sendezeit einzuräumen, dient beim Überschreiten der 20-Prozent-Schwelle dazu, die vermutete vorherrschende Meinungsmacht einzudämmen; im anderen Fall dient sie dazu, präventiv die Vielfalt im Programm zu erhöhen (Vgl.: Schellenberg 1997: 50). Im September 2006 waren die Programme RTL und Sat.1, bzw. deren Konzernmütter RTL Group und ProSieben···1 ···················· ·················.

[242] Ist ein Veranstalter verpflichtet Fensterprogrammen Platz einzuräumen, müssen die Fenster pro Woche 260 Minuten, davon mindestens 75 Minuten in der Hauptsendezeit zwischen 20 und 23.30 Uhr umfassen. Inhaltlich sollen die Fenster die Vielfalt im betreffenden Programm erhöhen, vor allem in den Bereichen Information, Kultur und Bildung. Die zuständige Landesmedienanstalt schreibt das Fensterprogramm aus und trifft – möglichst im Einvernehmen mit dem Programmveranstalter – die Auswahl aus den Bewerbungen. Der Hauptsenderveranstalter darf keine Mitsprache bei der inhaltlichen Gestaltung des Fensterprogramms üben (Vgl.: RStV in der Fassung von 2006: §31).

[243] Eine außenpluralistische Vielfalt ist dann nicht gegeben, wenn im Verbreitungsgebiet nicht mindestens zwei bzw. drei bundes-, bzw. landesweite Fernsehvollprogramme verschiedener Veranstalter empfangbar sind oder wenn die betreffende Landesmedienanstalt feststellt, dass trotz der Mindestanzahl konkurrierender Programme die Vielfaltsanforderungen nicht erfüllt werden (Vgl.: Kühn 2003: 90f.).

[244] Neben den Religionsgemeinschaften gilt diese Regelung auch für die zu Wahlen für die Landesparlamente, zum Bundestag und zum Europaparlament zugelassenen Parteien und Vereinigungen. Die Details dieser Vorschrift finden sich für die bundesweit verbreiteten Programme im RStV in der Fassung von 2006, §42, und für die Landesmediengesetze in Kühn (2003: 96f.).

[245] Beispielsweise sieht das *Telekommunikationsgesetz* (*TKG*) weder ein Schiedsverfahren noch eine Schiedsstelle vor, falls BKartA und Bundesnetzagentur zu unterschiedlichen Bewertungen hinsichtlich eines Zusammenschlusses kommen sollten. Deshalb ist für die BKartA und Bundesnetzagentur die Kooperation im Telekommunikationsgesetz vorgeschrieben. Ausführlich zu dieser Problematik: Müller 2002: 86ff.

[246] Das im EG-Vertrag verankerte *Prinzip der begrenzten Einzelermächtigung* legt fest, dass die EU dort eine Regelungskompetenz besitzt, wo die Kompetenz entweder ausdrücklich festgelegt ist oder wo die Kompetenz aus den vorgegebenen Zielen und den vorgegebenen Befugnissen der EU-Organe abgeleitet werden kann. Ausnahmsweise können Kompetenzen auch implizit aus ausdrücklich zugewiesenen Kompetenzen abgeleitet werden (Vgl.: Mailänder 2000: 94 f.).

[247] Die kulturelle Regelungskompetenz, die so genannte *Kulturklausel*, findet sich in Artikel 128 des EG-Vertrags.

[248] Es existiert darüber hinaus eine Fernsehrichtlinie, deren Neufassung im September 2006 noch verhandelt wurde. In dieser Richtlinie sind, gemäß der Natur der EU, wirtschaftliche Aspekte des Fernsehens und Aspekte des Verbraucherschutzes geregelt, beispielsweise Werbung, Sponsoring, Jugendschutz, Quotenregelungen für europäische Werke, etc. (Vgl.: EG-Fernsehrichtlinie). Eine weitere Richtlinie ermächtigt die Mitgliedsländer, nationale Listen von Veranstaltungen zu erstellen, die im frei empfangbaren Fernsehen (Free TV) ausgestrahlt werden müssen und nicht dem Pay TV vorbehalten sein dürfen (Vgl.: Beck 2005: 264).

Deutschland und die USA im Vergleich

[249] Siehe dazu Romano 2006.

[250] Das ist ein Grund, weshalb die Networks oder ihre Konzernmütter eigene lokale Fernsehsender betreiben; vorrangig in den größten und damit lukrativsten Rundfunkmärkten.

[251] Vgl.: Hoffmann-Riem 1996: 267.

[252] Hoffmann-Riem (1996: 268) führt vier universelle Gründe auf, mit denen international der Schutz der Meinungsfreiheit gerechtfertigt wird: Sie dient demnach erstens der individuellen Selbstverwirklichung, zweitens der Wahrheitsfindung und Entwicklung des Wissens; sie unterstützt drittens die Demokratie, indem Machmissbrauch offen gelegt und so eine sich selbst regierende Gesellschaft ermöglicht wird. Viertens ist die Meinungsfreiheit ein Garant für das Funktionieren der Gesellschaft, vor allem, indem eine Balance zwischen Konflikt und Konsens hergestellt, sozialer Wandel erleichtert und soziale Integration gefördert wird.

[253] Vgl.: Herman und McChesney 1997: 14.

[254] Vgl.: Müller 2002: 120.

[255] So droht seit der letzten Genfer Wellenkonferenz im Juli 2006 dem ohnehin mit schweren Geburtsfehlern auf die Welt gekommenen digitalen Radio DAB in Deutschland ein dauerhaftes Nischendasein, weil die Bundeswehr Frequenzen für die Flugaufklärung reklamiert, die eigentlich für DAB vorgesehen waren und ohne die DAB in geschlossenen Räumen praktisch nicht empfangen werden kann.

[256] Siehe dazu beispielsweise Bender 1997: 187ff.

[257] Das weiter oben bereits angeführte Originalzitat aus der Begründung der One-to-a-Market-Rule von 1970: „We are of the view that 60 different licensees are more desirable than 50, and even that 51 are more desirable than 50. In a rapidly changing social climate, communication of ideas is vital. If a city has 60 frequencies available but they are licensed to only 50 different licensees, that number of sources for ideas is not maximized. It might be the 51st licensee that would become the communication channel [for a solution] to a severe social crisis" (Zitiert in Price und Weinberg 1996: 268).

[258] Hörfunkprogramme, die ebenfalls durch die Landesmedienanstalten lizenziert werden, werden allerdings vor allem für die regionale und lokale Verbreitugn lizensiert und nur in wenigen Fällen für die bundesweite.

[259] Bis zur Gründung der Gebühreneinzugszentrale GEZ.

[260] BBC World wurde in Berlin terrestrisch ausgestrahlt, Home Shopping Europe – HSE (vormals: Home Shopping Europe 24 - HSE 24 und davor Home Order Television - HOT) war beispielsweise in München über Antenne empfangbar.

[261] Diese Entwicklung zeichnete sich auf dem Radiomarkt bereits in den 1940er Jahren ab.

[262] Vgl.: Dazu ausführlich: Doyle 1996: 164ff., bes. 166f.

[263] Allerdings stellt die Deutsche Telekom als Dienstleister die Infrastruktur für die analoge und digitale terrestrische Verbreitung von Fernsehprogrammen zur Verfügung.

[264] Vermutlich wird selbst der von Kabelkonzernen betriebene Pay-TV-Bundesligasender Arena kaum nennenswerte Zuschauermarktanteile erreichen. Darauf deutet die Erfahrung mit dem Pay-TV-Anbieter Premiere, der 2005 mit Bundesligaübertragungen und einem Paket diverser Einzelkanäle 2005 einen Marktanteil von nur 2,4 Prozent erreichte (Vgl.: KEK 2005a).

[265] Interviews des Verfassers mit Jonathan Levy, Deputy Chief Economist der FCC, und Diego T. Ruiz, Deputy Chief des Office of Strategic Planning and Policy Analysis der FCC, am 08. Mai 2006.

[266] So hält Mailänder (2000: 305) die Obergrenze für „unerreichbar hoch gelegt".

[267] So arbeitet das US-Justizministerium mit dem Hirschmann-Herfindahl-Index, um Konzentrationsgrade und Auswirkungen von Zusammenschlüssen auf die Konzentration in einzelnen Märkten zu bestimmen. Das Bundeskartellamt vermutet eine beherrschende Stellung auf dem Markt ab einem Marktanteil von einem Drittel.

[268] Ein Beispiel ist die Programmproduktion.

[269] Inwieweit diese Gremien noch immer adäquat die gesellschaftlich relevanten Gruppen abbilden, ist ̇̇̇̇̇̇ diskutierbar. Fraglich ist auch, ob trotz des institutionell stark verankerten Binnenpluralismus vor der Einführung des Privatfernsehens tatsächlich das gesamte Spektrum der in der Gesellschaft vorhandenen Meinungen und Ansichten im Gesamtprogramm zum Ausdruck kam: Vor allem Personen aus einkommens- und bildungsschwachen Schichten und Personen mit Migrationshintergrund sind seit der Einführung des Privatfernsehens stärker als vorher im Gesamtprogramm repräsentiert – ein Zustand, der vermutlich dem proportionalen Anteil dieser Gruppen in der Gesellschaft und vor allem unter den Fernsehzuschauern eher gerecht wird als der frühere Zustand.

Zusammenfassung und Ausblick

[270] Das Bundesverfassungsgericht begründet diese Sonderstellung zudem mit den hohen Betriebskosten eines Fernsehprogramms.

[271] Trotzdem hat sich in den zehn Jahren seit Schaffung der KEK in anderen Bereichen des Rundfunks die länderbezogene Zulassung und Kontrolle des Rundfunks gehalten – obwohl regelmäßig die Schaffung einer zentralen gemeinsamen Medienanstalt der Länder diskutiert wird. Offensichtlich waren die Landesregierungen bisher nicht bereit, zugunsten eines effektiveren Regulierungsregimes auf ihren Zugriff auf den privaten Rundfunk zu verzichten.

[272] Diese Entwicklung zeichnete sich auf dem Radiomarkt bereits in den 1940er Jahren ab.

[273] Vgl.: Sadler 2005: 113ff.

[274] Siehe dazu z. B. Holznagel 1997a: 23ff.; Jarren und Schulz 1999: 146ff; Eifert und Hoffmann-Riem 1999: 112ff.; Krausnick 2005: 407ff.

[275] Die unterschiedlichen Maßstäbe Zuschauermarktanteil und technische Erreichbarkeit beruhen auf unterschiedlichen Zielsetzungen: Die deutsche Vorschrift kontrolliert Marktanteilskonzentration, die US-Regel hingegen die Machtbalance zwischen Networks und Fernsehsendern.

[276] So erlauben die neuen US-Regeln für die nationale Ebene Zusammenschlüsse, die unter den alten Regeln nicht möglich waren, und die das Überleben vieler Fernsehsender in kleinen und kleinsten Fernsehmärkten sichern können. Der Wechsel von der numerischen zur prozentualen Begrenzung ist daher als Verbesserung gegenüber der vorherigen Situation zu werten, als die FCC mit identischen Vorschriften stark unterschiedliche Sachverhalte geregelt hatte. Die neue Marktanteilsobergrenze in Deutschland steht wiederum weit stärker als die alten numerischen Grenzen in Bezug zum Regulierungswert Meinungsmacht.

[277] Unter Policy Learning versteht die Politikwissenschaft den Versuch, aus unterschiedlichen Problemlösungsansätzen und – erfahrungen Anderer die erfolgversprechendsten zu isolieren und auf die eigene Situation zu übertragen. Siehe dazu auch: Müller 2002: 35.

[278] Vergleiche dazu. Hoffmann-Riem 1980: 362ff., Kleber 1986: S. 185ff. und 260ff., Schuster 1990: 184ff. und Poll 1999: S.211.

[279] Ein weiterer Hinweis darauf ist die Aufnahme eines Vielfaltsindex in den FCC-Entwurf für eine Reform der Konzentrationskontrolle, wenige Jahre, nachdem ein ähnlicher Index anlässlich der Neuformulierung der britischen Konzentrationskontrolle diskutiert worden war.

[280] In Mailänder (2000) findet sich ein ausführlicher Vergleich verschiedener europäischer Regulierungsregime der Konzentrationskontrolle.

[281] Im Moment erreichen alle öffentlich-rechtlichen Programme zusammen einen Zuschauermarktanteil von 50 Prozent. Es ist zu vermuten, dass die Landesregierungen, die die hohen Marktanteilsobergrenzen gegen den Rat der beteiligten Experten durchgesetzt haben, dies in dem Bewusstsein taten, dass der öffentlich-rechtliche Rundfunk in der Lage sein würde, Vielfaltsdefizite und eine Ballung von Meinungsmacht auf dem privaten Fernsehmarkt auszugleichen.

[282] Vgl.: Kiefer 2005b: 195ff.; Jarren und Meier 2001 und Wehmeier 1998: 199ff.

[283] Vgl.: Bähr, Fleschner, Hofmeir 2006, Siepmann 2006 und Tieschky, Jakobs 2006.

[284] Vgl.: The Economist 2005c und Baker 2004: 82ff.

***ibidem*-**Verlag

Melchiorstr. 15

D-70439 Stuttgart

info@ibidem-verlag.de

www.ibidem-verlag.de
www.ibidem.eu
www.edition-noema.de
www.autorenbetreuung.de